Das SEPARATRIX Projekt

Katharina Grosse
Alexander Kluge

Spector Books

Katharina Grosse
Alexander Kluge

Das SEPARATRIX Projekt

1

Aquarelle

I

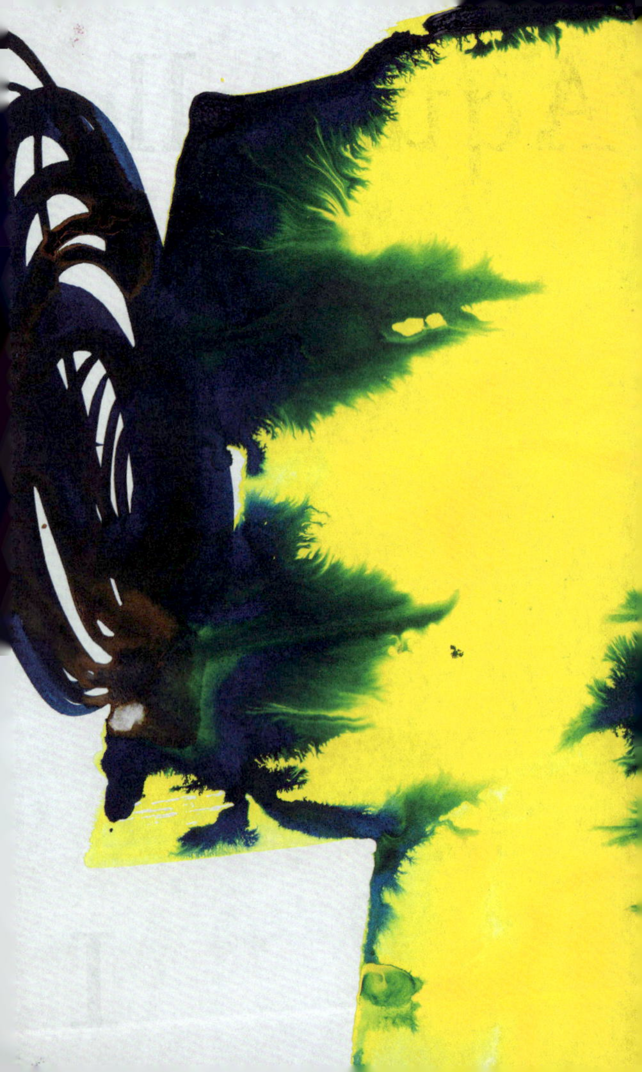

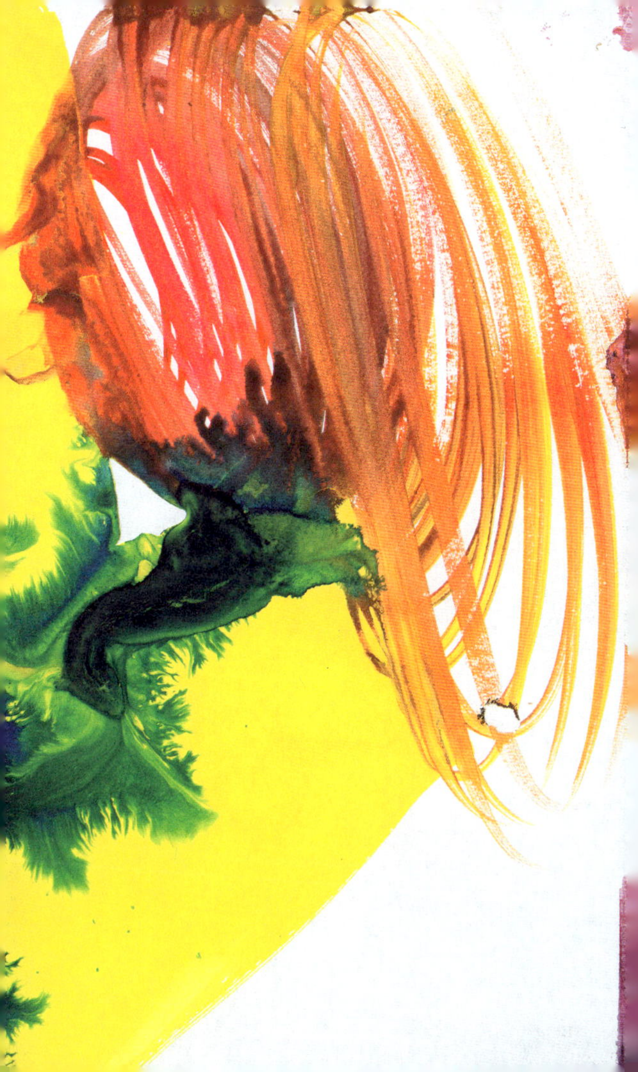

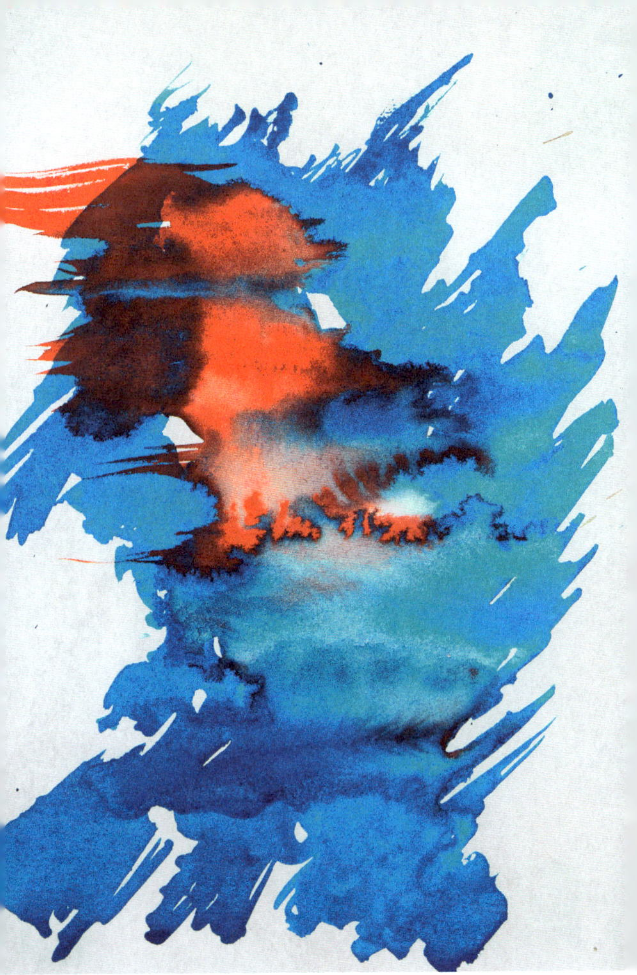

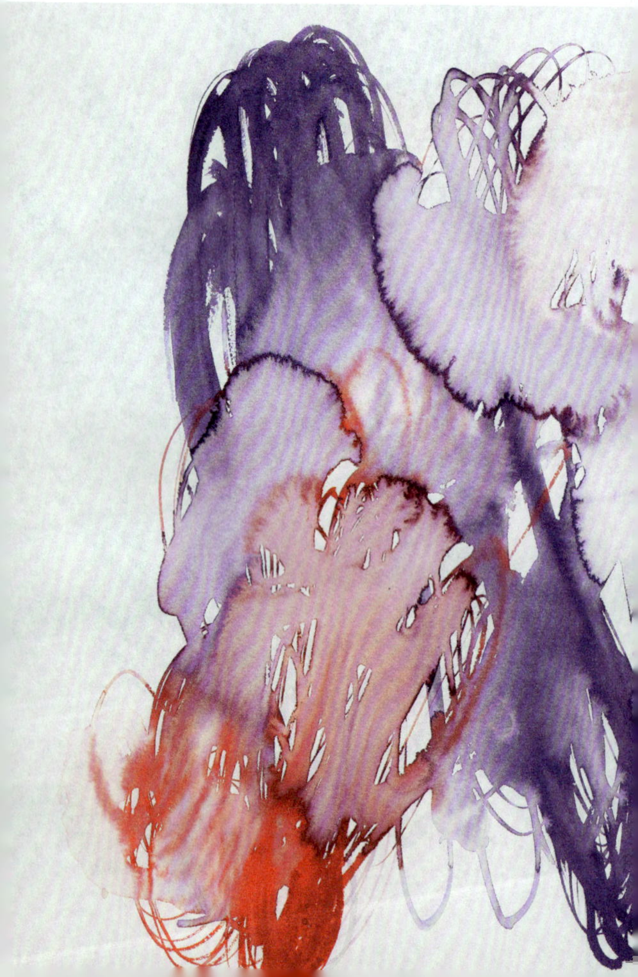

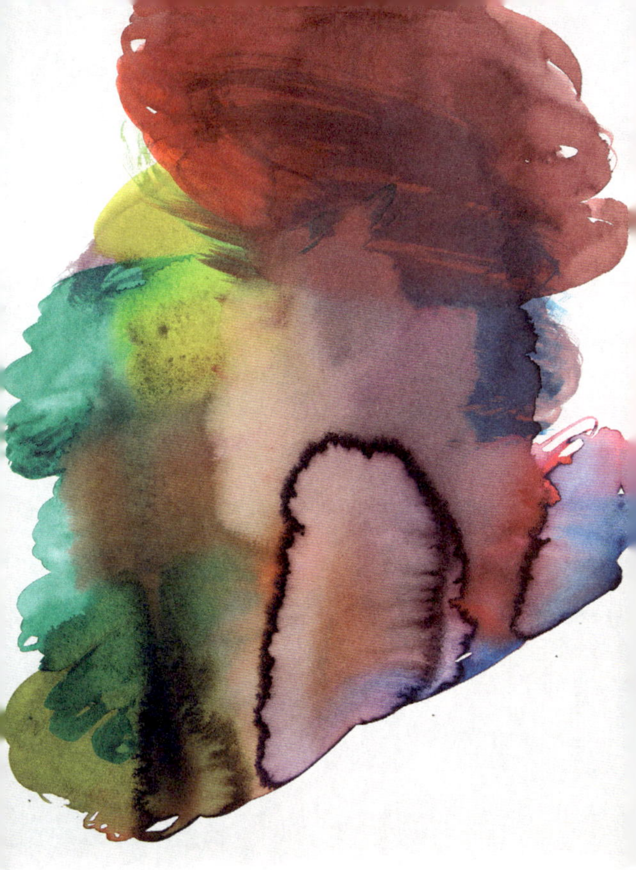

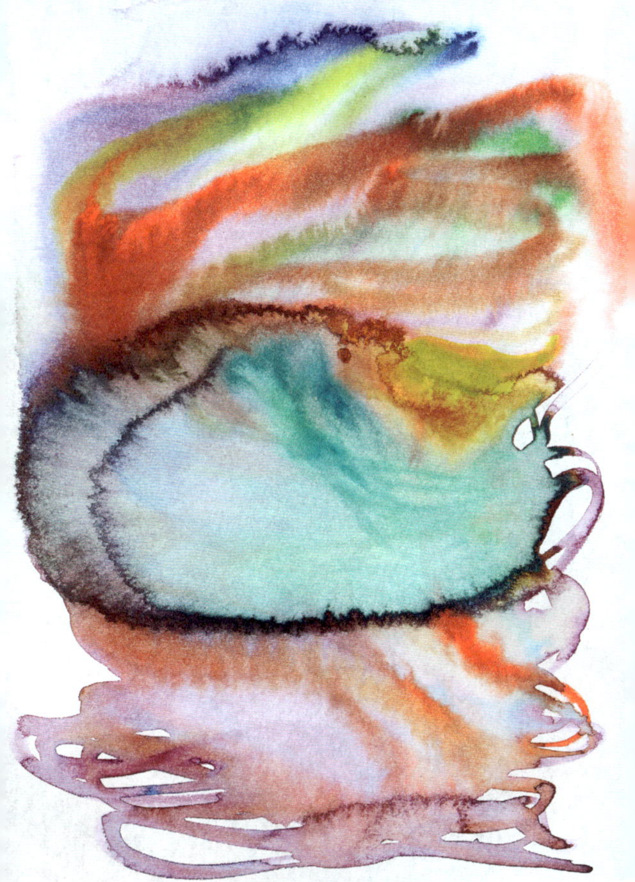

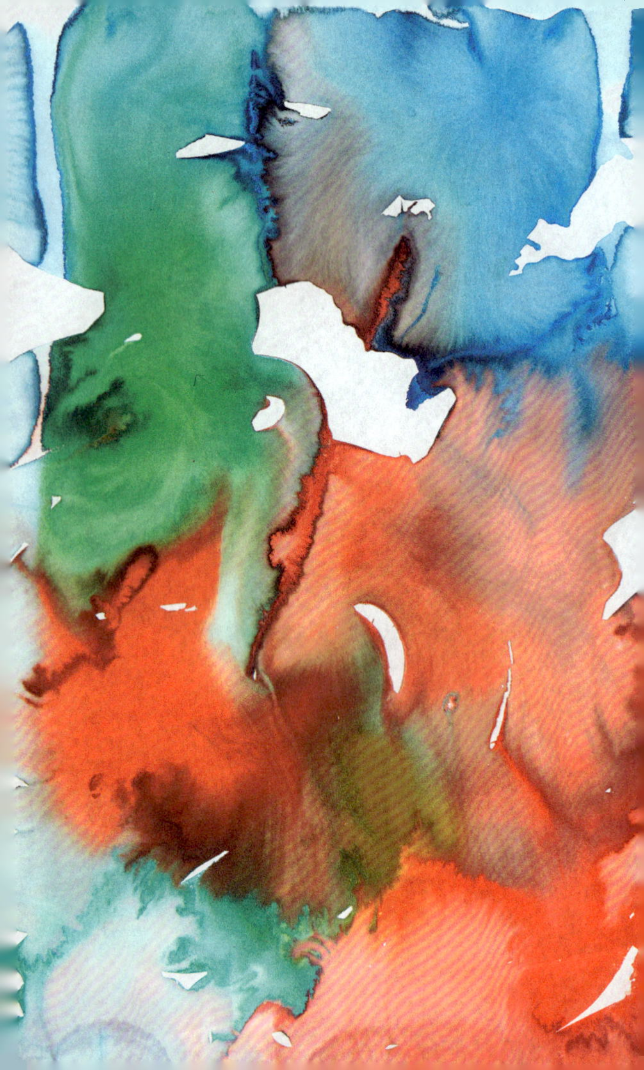

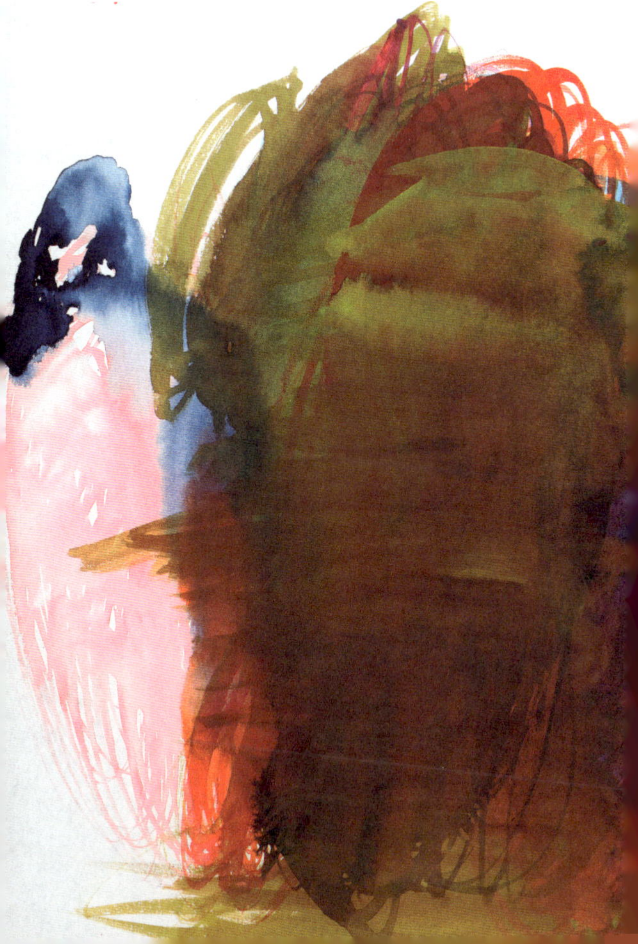

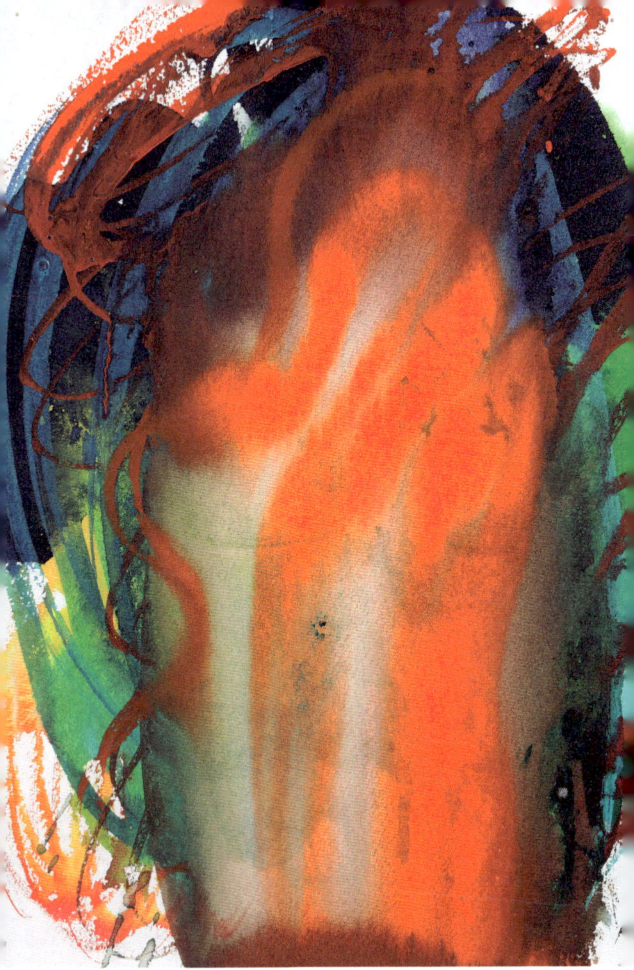

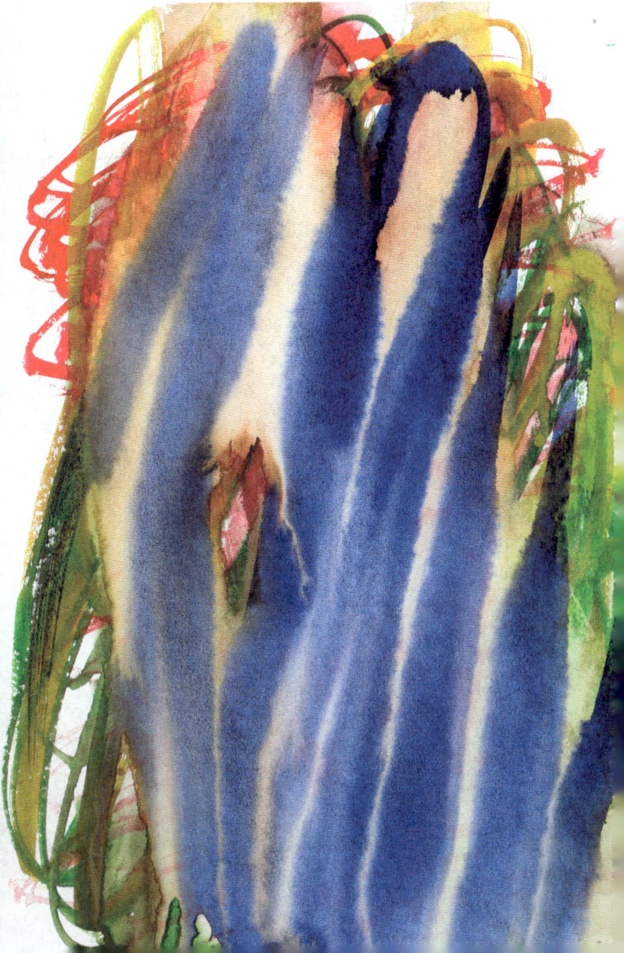

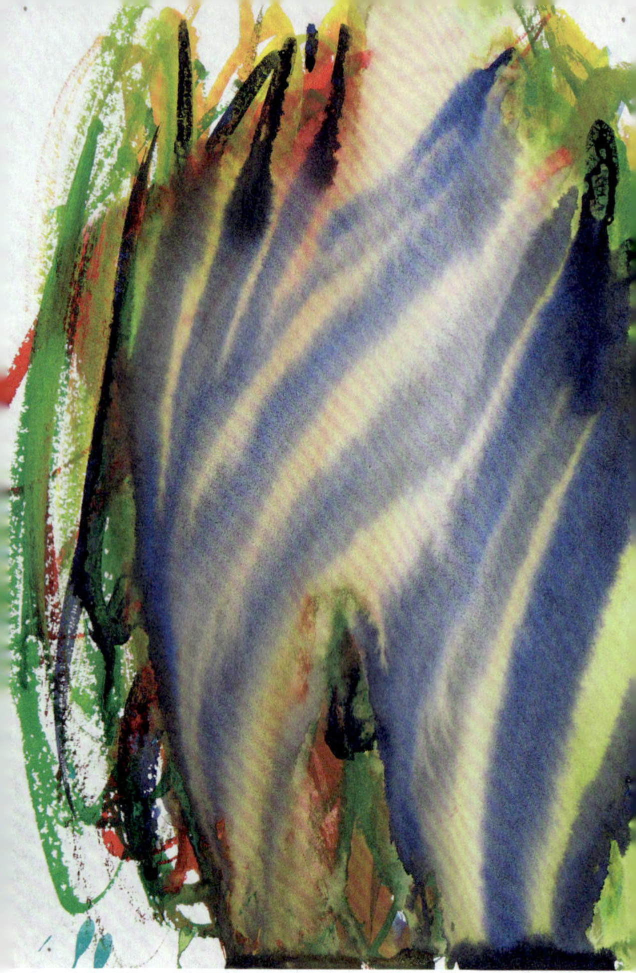

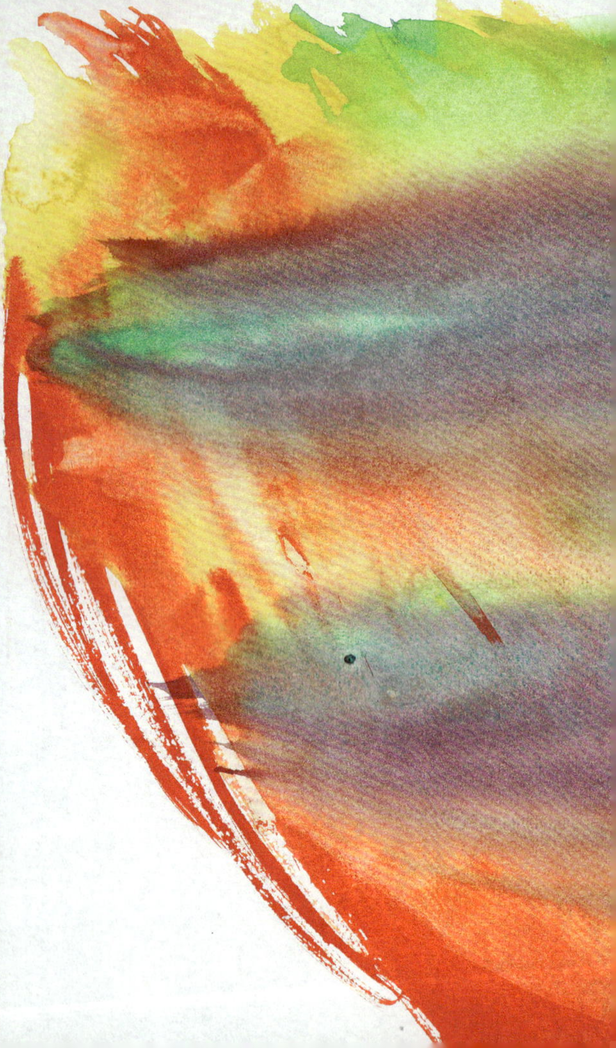

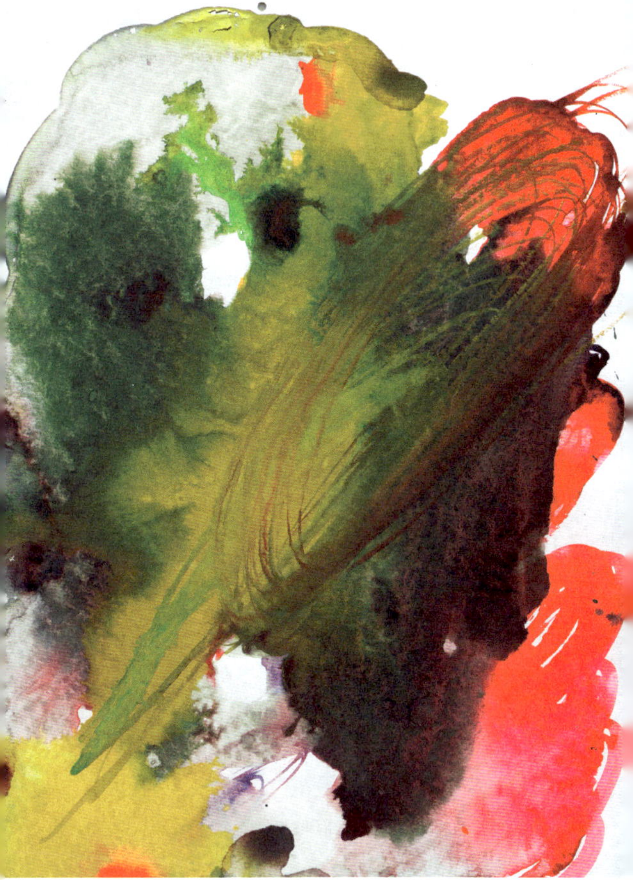

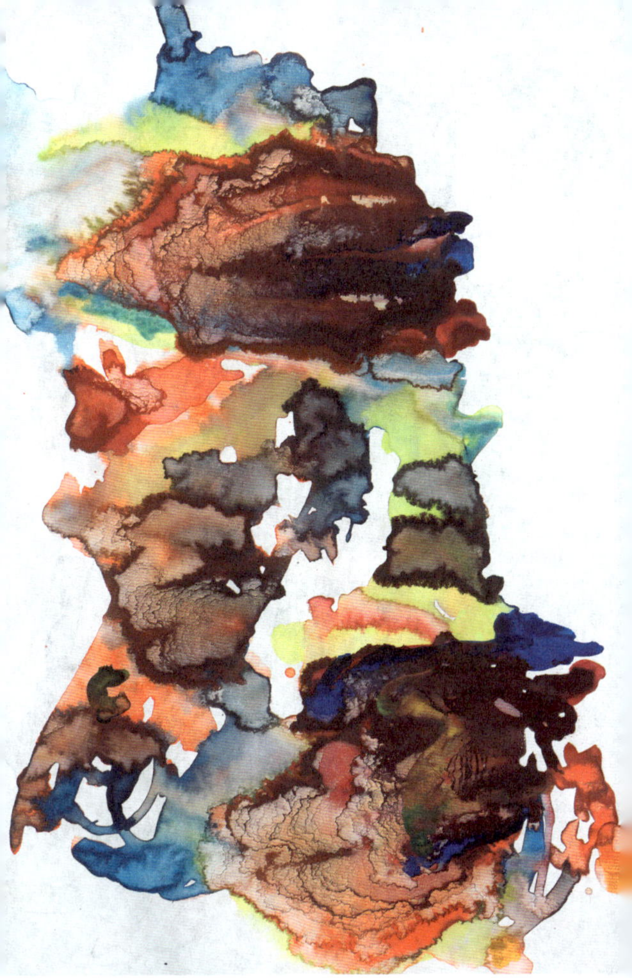

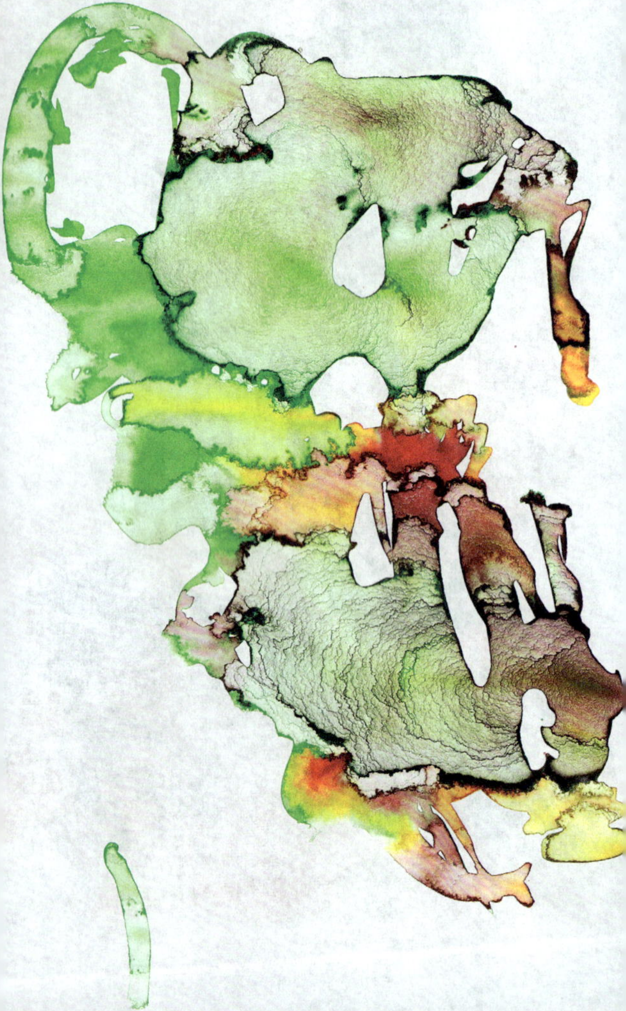

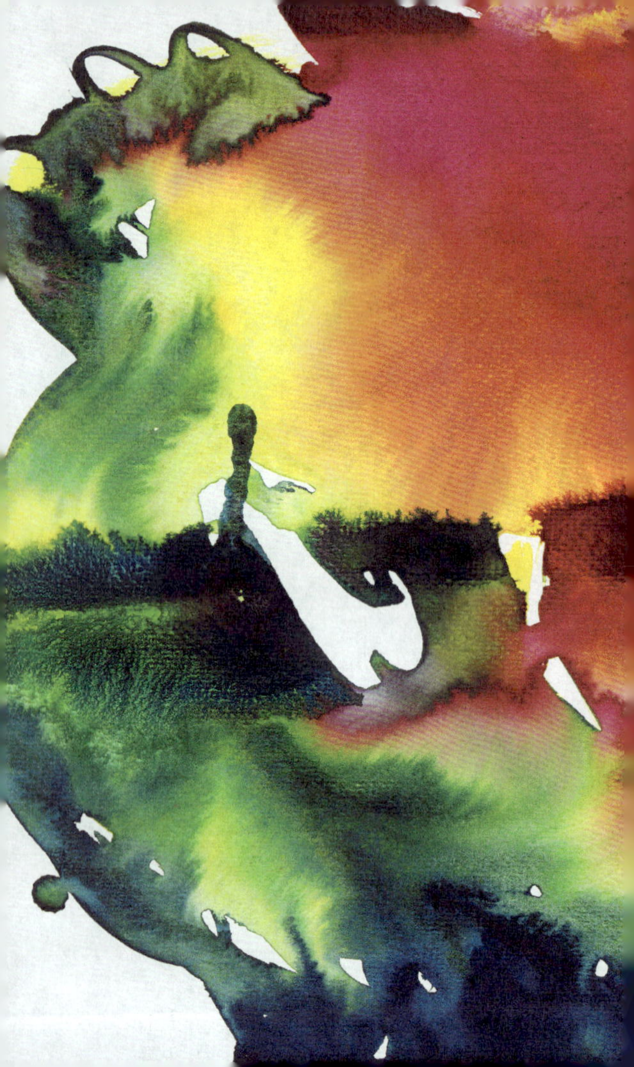

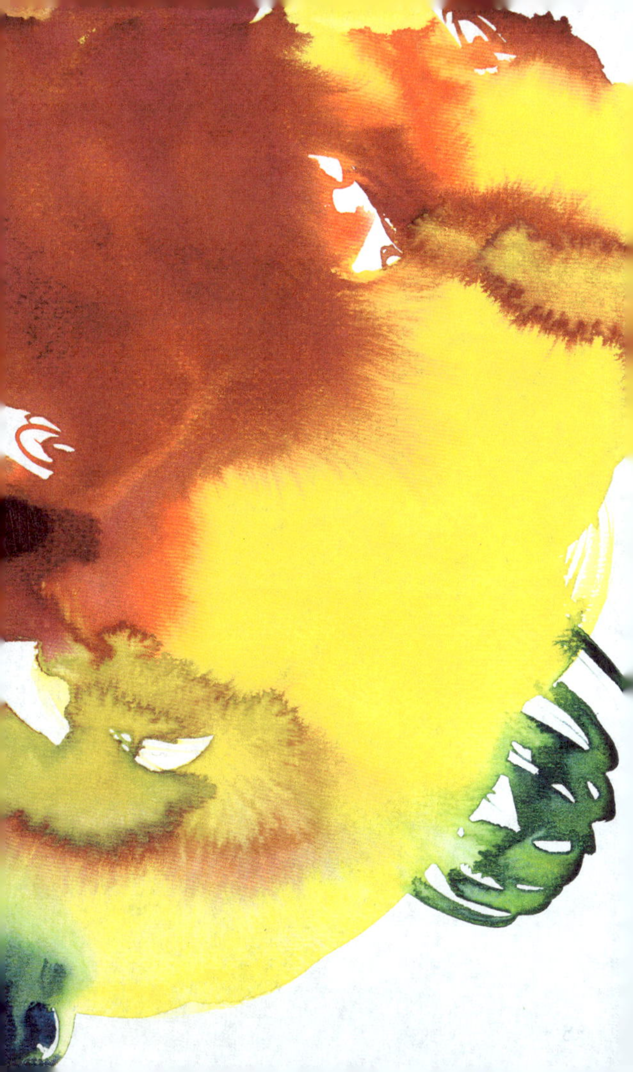

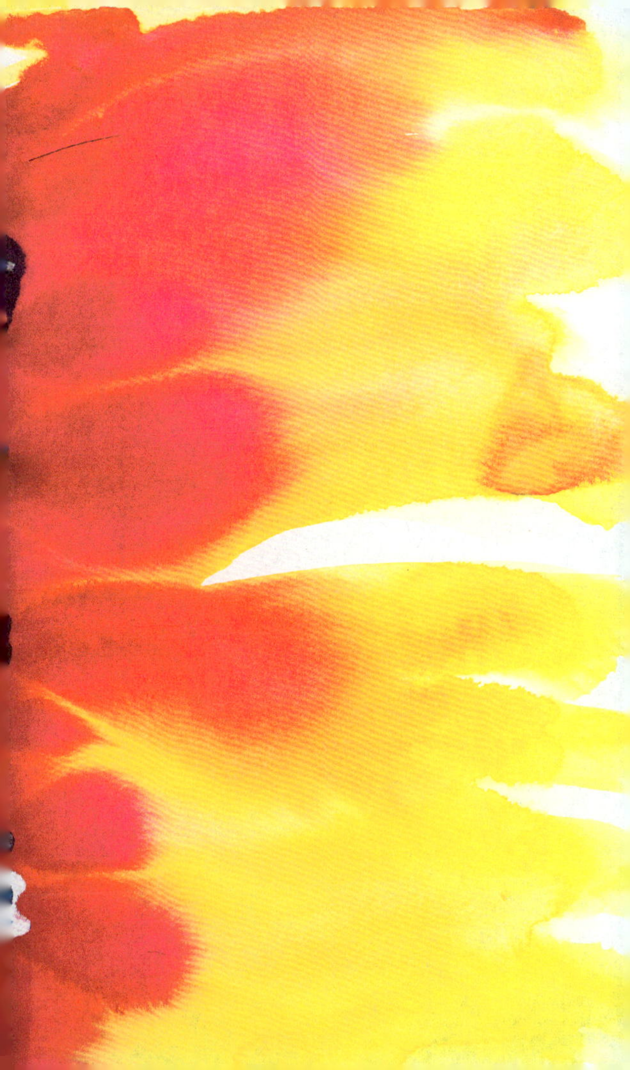

2

Leibniz

und

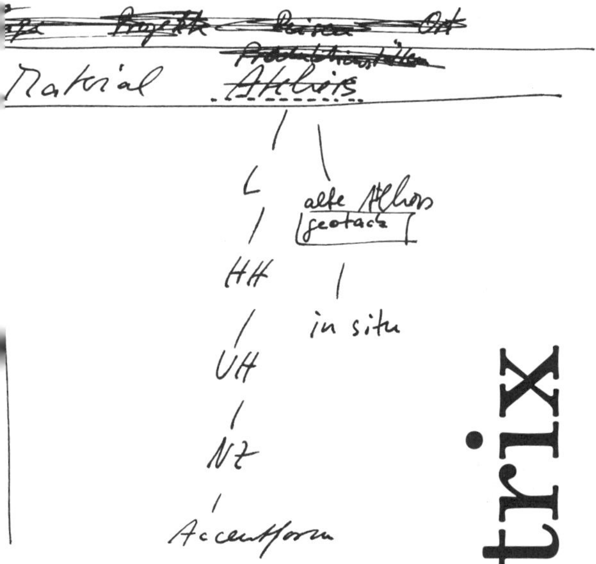

die Separatrix

Farben und Mathematik
01:37

L wie Leibniz
03:01

Das wüste Toben in Kosmos, Wald und Mathematik
02:37

Von Sigma bis Omega
01:20

LEIBNIZ BERICHTET VON DER ERSCHEINUNG GANZHEITLICHER INTELLIGENTER BILDER AM MORGEN KNAPP VOR DEM ERWACHEN

Von Leibniz ist bekannt, dass er früh zu Bett ging und bis zu zwölf Stunden schlief. Aufwachend, berichtet er, habe er häufig – nicht mehr schlafend, aber auch noch nicht wach –, aufblickend in sein »Schädeldach«, in den »Dom seines Gehirns«, Buchstaben und Zahlen gesehen, auch die fertige Gestalt eines Arguments, eines Beweises, einer »ideellen Konstellation«. Das seien »intelligente Bilder« gewesen, deren Mitteilung er zunächst nicht in Worten hätte deuten können. Immer aber sah er etwas Ganzes, Zusammenhängendes. Es war nicht ableitbar aus einzelnen Gedankenschritten oder einem Axiom. So habe er die lebhafte Wechselwirkung – nach Art einer ganzen Struktur aus Jakobsleitern – zwischen der ALLGEMEINEN HARMONIE GOTTES und der blinden, aber doch klugen Arbeit der Monaden als Bild gesehen, ehe er in Worten diese Anschauung rekonstruiert habe. Das Anfangsbild davon, reicher als der spätere Text, war da, ohne die Einzelschritte zu verraten, durch die sie vor das innere Auge getreten waren. »Sie verfielen auch rasch bei zunehmender Wachheit, sobald die Glieder meines Körpers sich regten.« Bedingung für das Phänomen, berichtet Leibniz, war offensichtlich, dass der Körper noch ruhte, das Tier nicht störte. »Feines Gespinst«.

DAS MÜHLENGLEICHNIS VON LEIBNIZ (1714)

(»Die Details des Gehirns erklären kein Bewusstsein«)

»... Denkt man sich etwa eine Maschine, die so beschaffen wäre, dass sie denken, empfinden und perzipieren könnte, so kann man sie sich derart proportional vergrößert vorstellen, dass man in sie wie in eine Mühle eintreten könnte. Dies vorausgesetzt, wird man bei der Besichtigung ihres Inneren nichts weiter als einzelne Teile finden, die einander stoßen, niemals aber etwas, woraus eine Perzeption zu erklären wäre. Also muss man diese in der einfachen Substanz suchen und nicht im Zusammengesetzten oder in der Maschine. Auch lässt sich in der einfachen Substanz nichts finden als eben dieses: Perzeptionen und ihre Veränderungen ...«

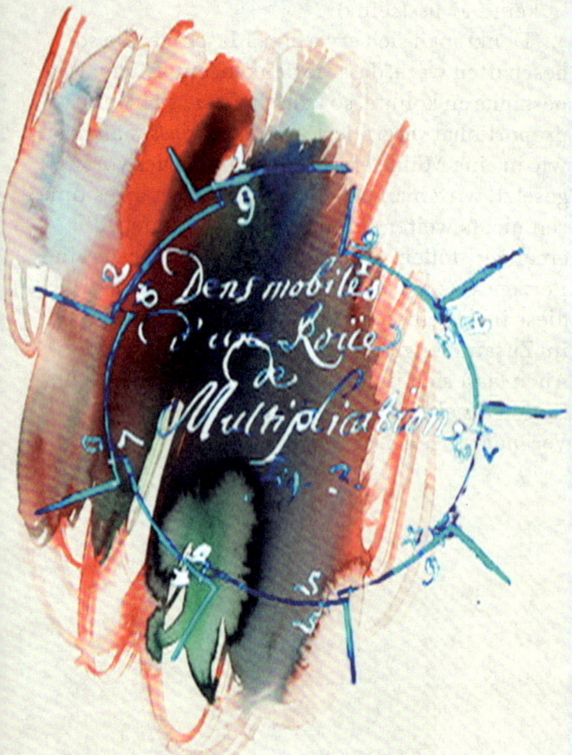
Dens mobiles
d'une Roüe
de
Multiplication

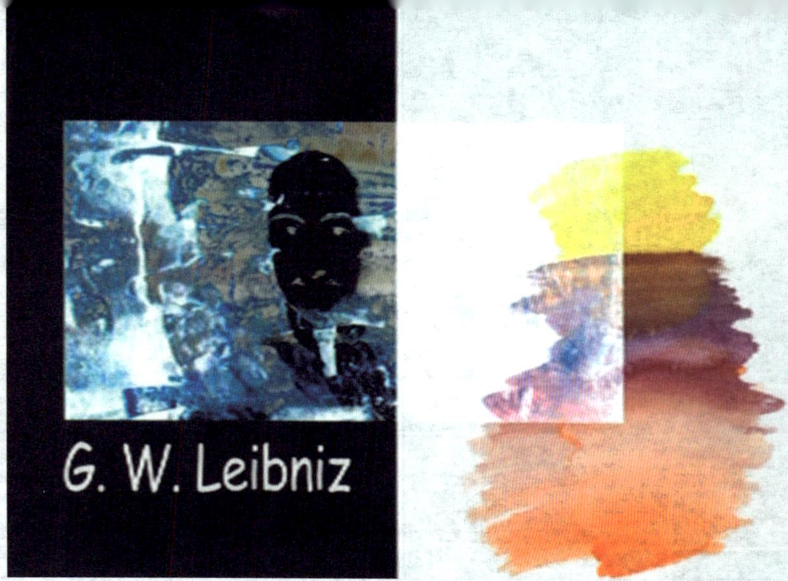
G. W. Leibniz

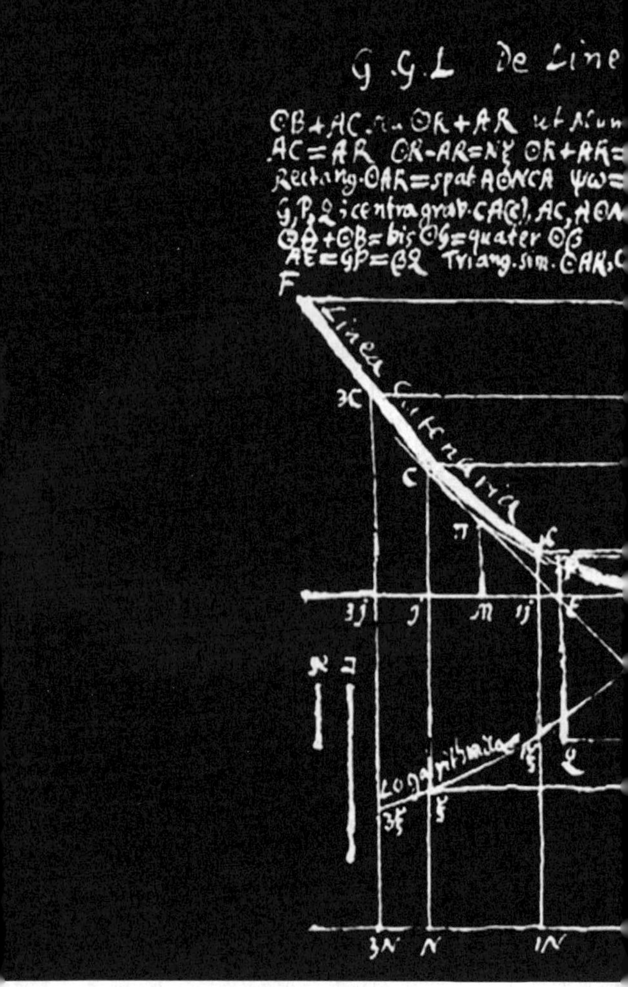
G. G. L. De Line
Linea Catenaria
Logarithmica

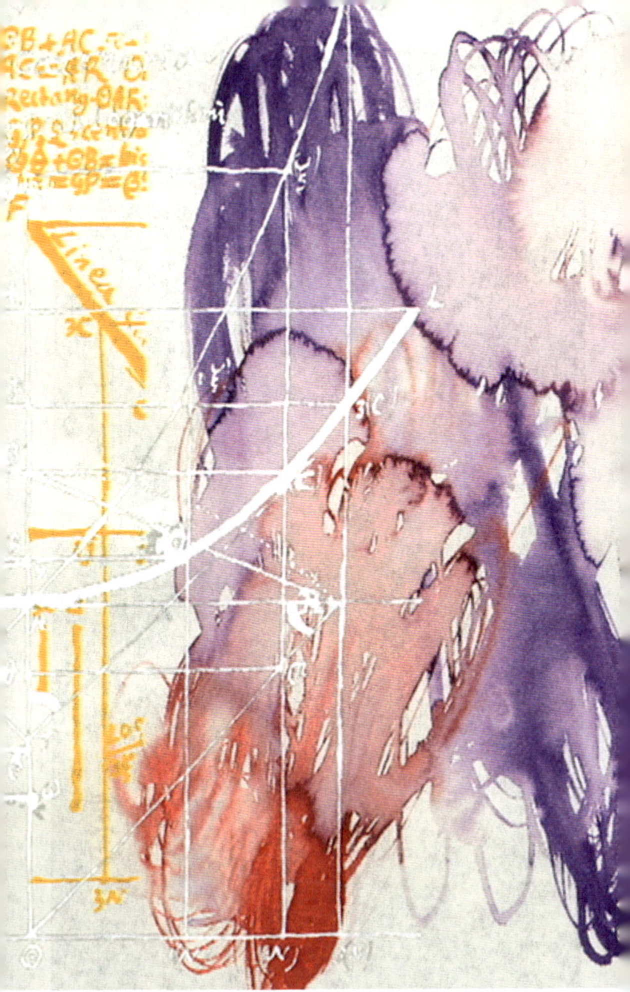

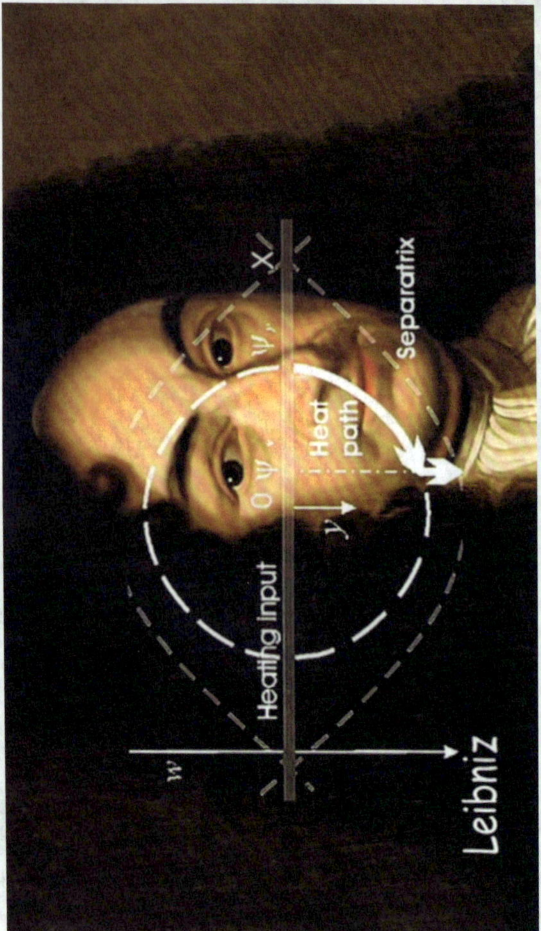
Leibniz
w
Heating Input
y
Heat
path
Separatrix
X

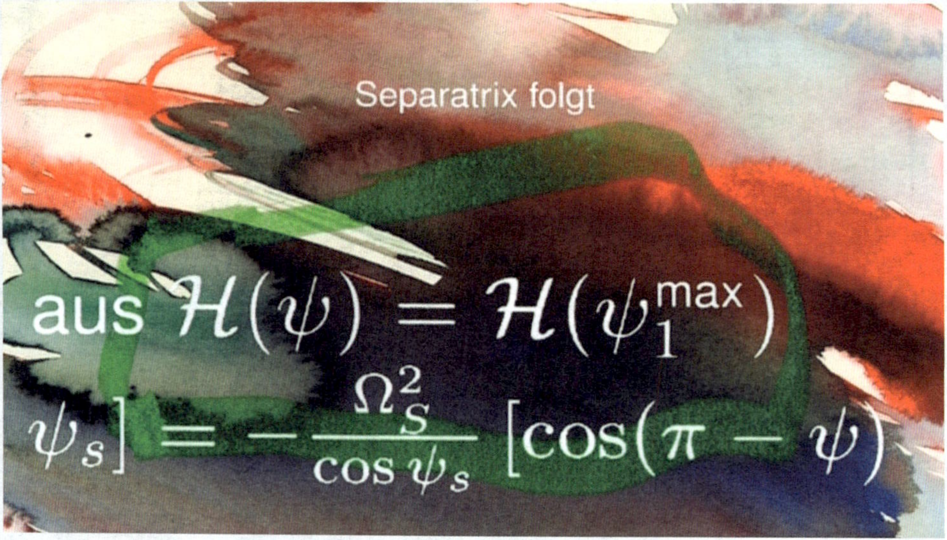
Separatrix folgt
aus $\mathcal{H}(\psi) = \mathcal{H}(\psi_1^{\max})$
$\psi_s] = -\frac{\Omega_S^2}{\cos\psi_s} [\cos(\pi - \psi)$

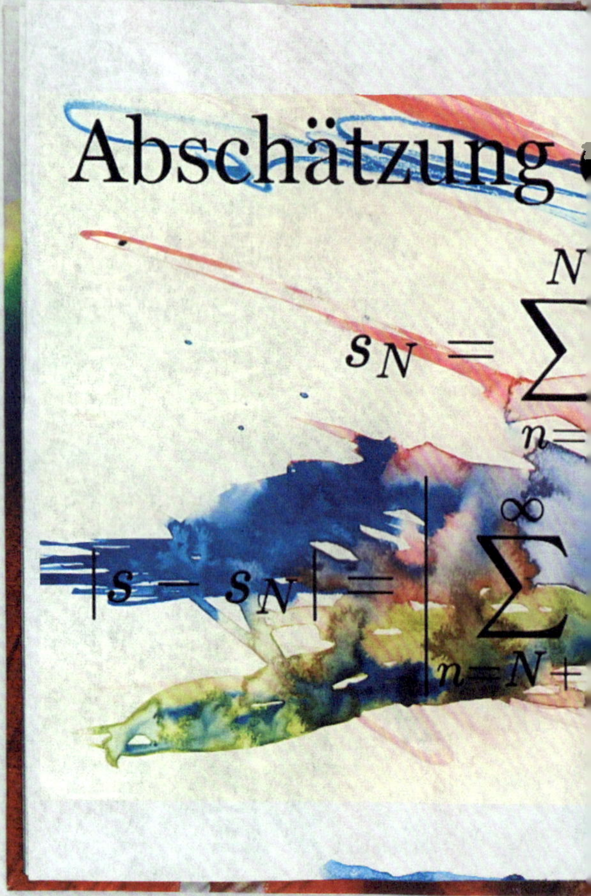
Abschätzung
N
$s_N =$
∞
$|s - s_N| =$

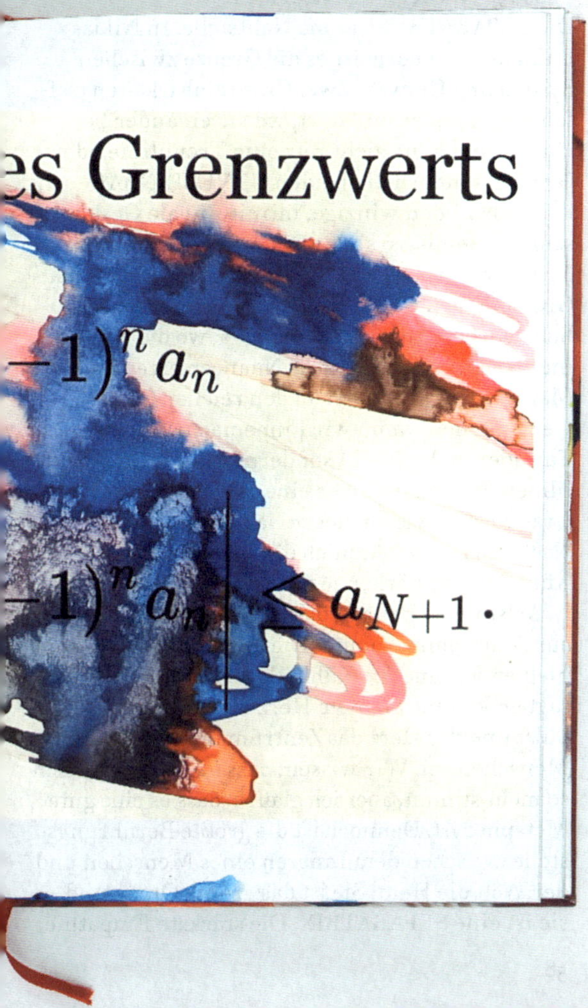
es Grenzwerts
$-1)^n a_n$
$-1)^n a_n\Big| \leq a_{N+1}.$

STICHWORT: »SEPARATRIX«
Die SEPARATRIX ist eine Nahtstelle. In Niklas Luhmanns Theorie ist es die Grenze zwischen System und Umwelt. Zwei Unvereinbarkeiten treffen aufeinander und dort, wo sie einander berühren, entsteht nicht nur eine Trennlinie oder Grenze, sondern die beiden UNVEREINBARKEITEN bilden winzige, infinitesimale Gesandschaften (embassys) des Einen im Anderen.
Man kann dies bei den Aquarellen von Katharina Grosse sehen, wo Blau und Rot, also gegensätzliche Farben, an den Übergängen, wo die Farben ineinanderlaufen, zahllose Nuancen erzeugen.
Man kann es aber auch an den reichen Grauwerten sehen, wenn wir Filmemacher nicht am Tag oder in der Nacht sondern in der Dämmerung filmen. Nirgends gibt es eine so reiche Skala an Grauwerten wie an dieser Nahtstelle von Tag und Nacht im Herbst. Ähnlich die Separatrix zwischen Künstlern, je stärker, je unterschiedlicher sie sind.

Aristoteles glaubte, dass das Denken nicht aus dem Gehirn kommt. Die Nervenzellen im Kopf hielt er für eine Art Kühlanlage. Die Erkenntnis, sagt er, komme aus dem Herzen, weil dort das Blut pulst und das Herz das Zentrum im Inneren des Menschen sei. Wir wissen, dass das physiologisch so nicht stimmt, aber ich glaube, dass es eine gute Metapher ist. Dennoch ist die größte Berührungsstelle zwischen dem Inneren eines Menschen und der Welt die Haut. Sie ist das größte Organ und sie ist eine SEPARATRIX. Die stärkste Empathie, aber auch die reichste Berührung mit unendlich vielen Zufallsketten (beides ist in Kunst, Film und Literatur die zentrale Mischung) findet sich »in Hautnähe«.

Katharina Grosse und ich kamen auf den Begriff SEPARATRIX durch G.W. Leibniz. Er war von dieser »Nahtstelle in allen Dingen« fasziniert. Katharina Grosse nannte dann die Ausstellung ihrer Aquarelle in Rom das »SEPARATRIX PROJEKT«. In einer Online-Debatte mit dem Titel »Theory of Separatrix« (24. November 2020, moderiert von Louise Neri, Direktorin bei Gagosian, mit Katharina Grosse aus Neuseeland, Alexander Kluge aus München sowie Joachim Bernauer und Julia Draganović aus der Ausstellung in Rom zugeschaltet) war mit Filmen, Aquarellen und Argumenten die Friktion (Reibung zwischen den Künsten) (als Attribut der Moderne) das Thema. KOOPERATIONEN DER WIDERSETZLICHKEITEN, der Unterschied des Metiers, die aber aufeinander antworten: Widersprüchlichkeit in Fülle ist die Forderung der Stunde. Nicht der Gestaltungswille, der selbstverständlich ist, sondern die Generosität, die ein Zustrom von Zufall zur Tür hereinlässt, bringt die Bodenhaftung der Kunst.

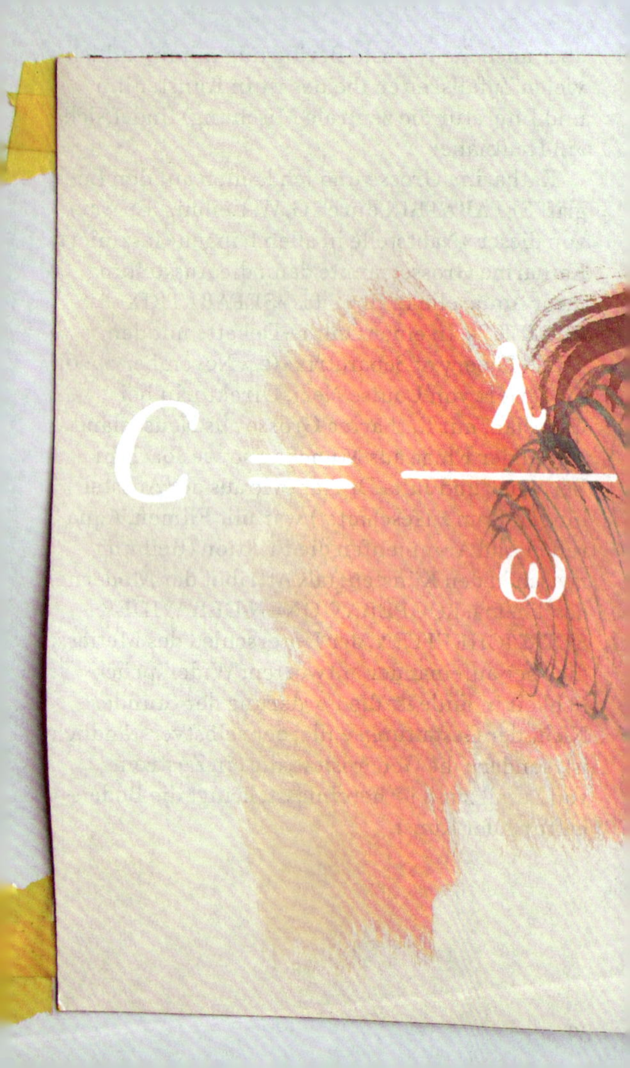
$C = \frac{\lambda}{\omega}$

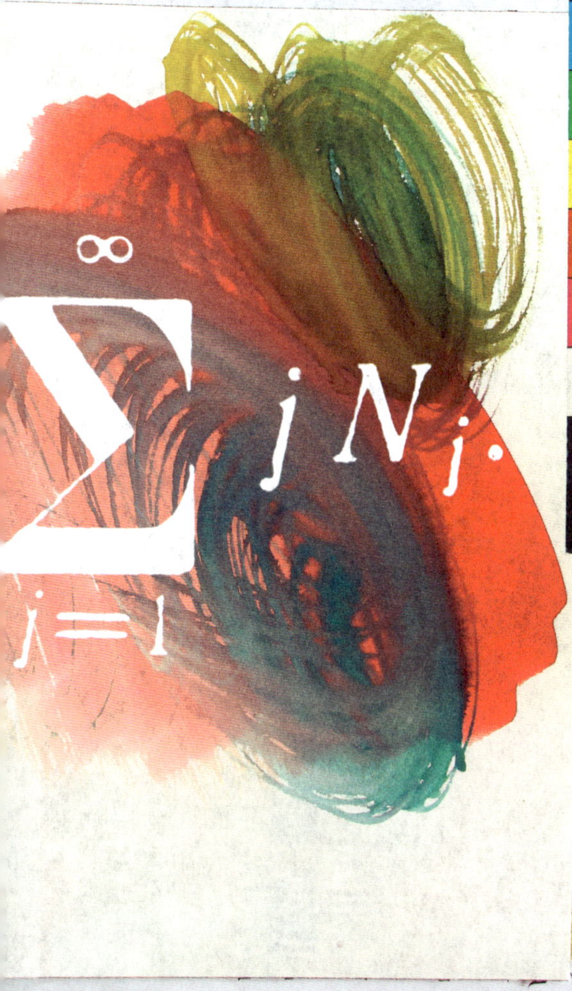
∞
Σ j N j.
j=1

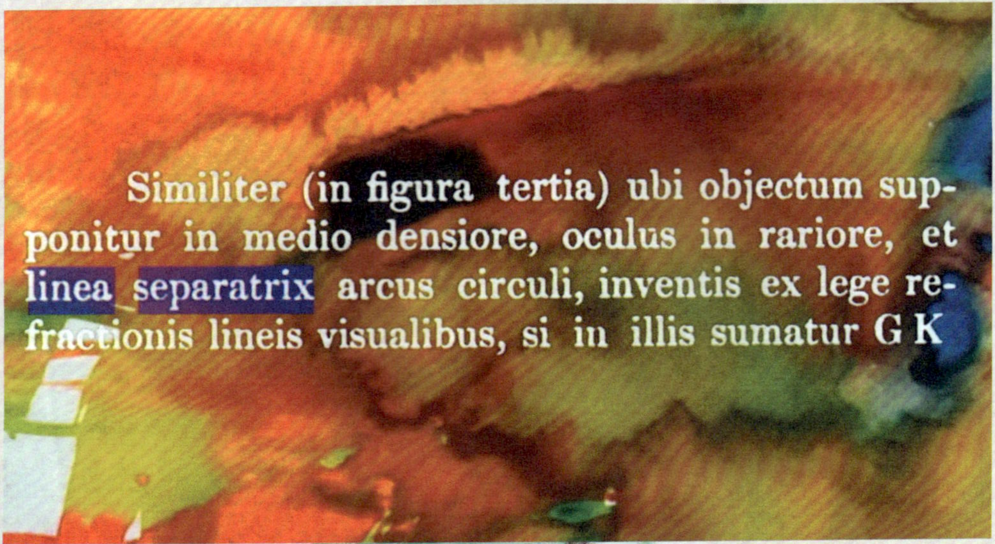
Similiter (in figura tertia) ubi objectum supponitur in medio densiore, oculus in rariore, et linea separatrix arcus circuli, inventis ex lege refractionis lineis visualibus, si in illis sumatur G K

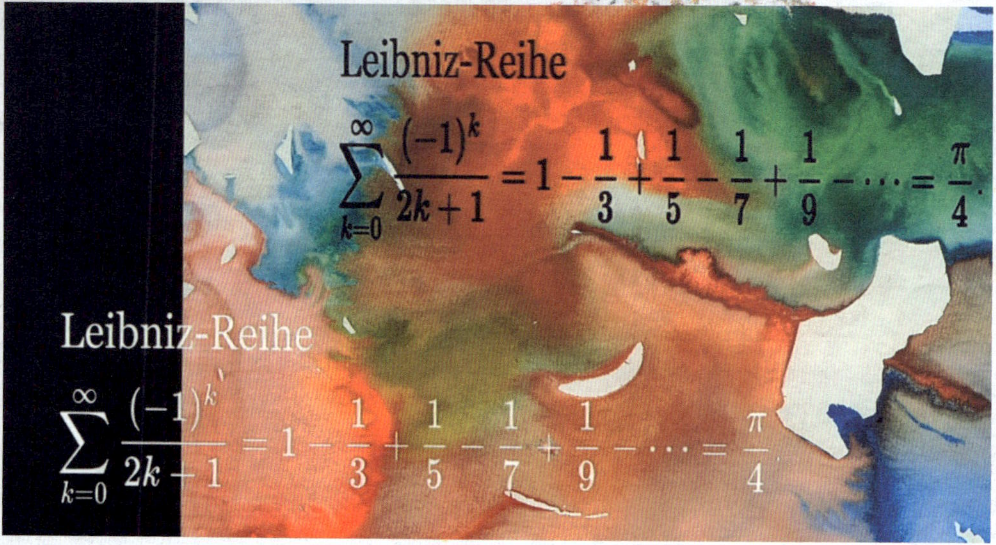
Leibniz-Reihe
$\sum_{k=0}^{\infty} \frac{(-1)^k}{2k+1} = 1 - \frac{1}{3} + \frac{1}{5} - \frac{1}{7} + \frac{1}{9} - \dots = \frac{\pi}{4}.$
Leibniz-Reihe
$\sum_{k=0}^{\infty} \frac{(-1)^k}{2k+1} = 1 - \frac{1}{3} + \frac{1}{5} - \frac{1}{7} + \frac{1}{9} - \dots = \frac{\pi}{4}.$

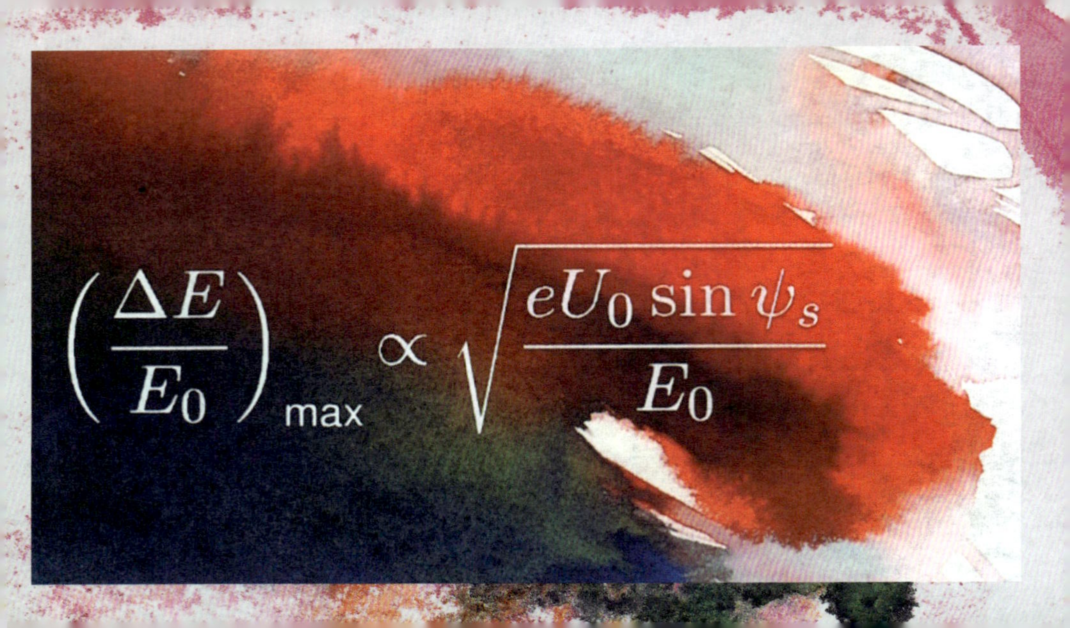
$$\left(\frac{\Delta E}{E_0}\right)_{\mathrm{max}} \propto \sqrt{\frac{eU_0 \sin \psi_s}{E_0}}$$

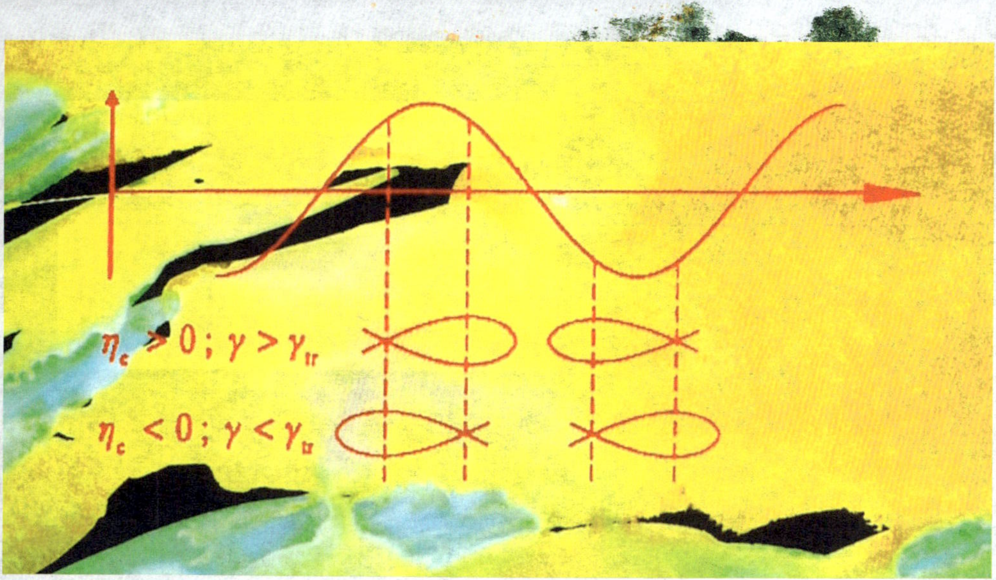

$\eta_c > 0; \gamma > \gamma_{tr}$
$\eta_c < 0; \gamma < \gamma_{tr}$

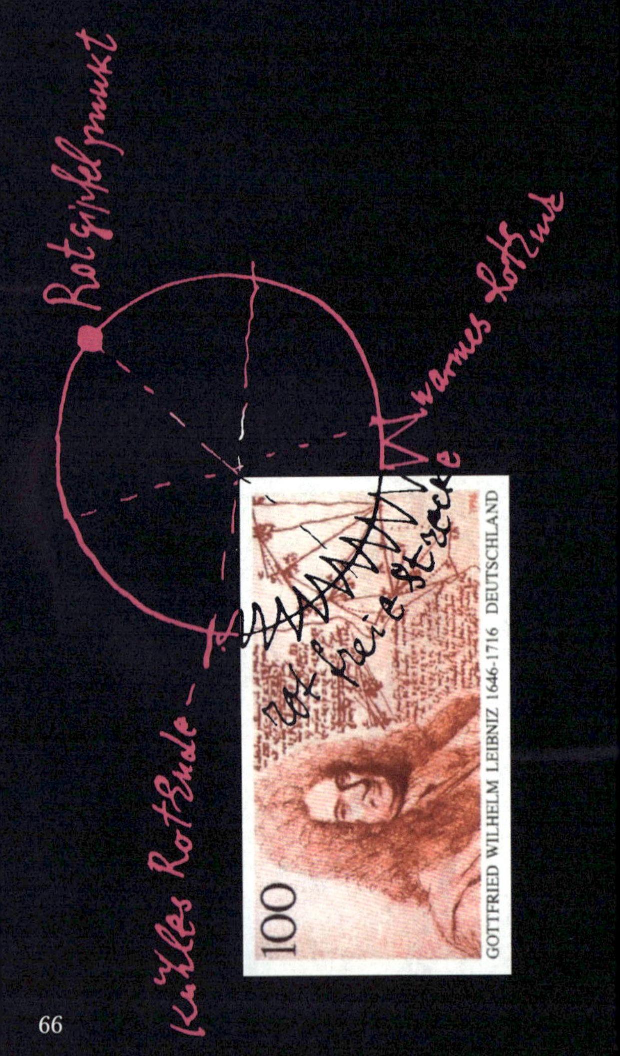
Rotgipfelpunkt
kühles RotEnde
warmes RotEnde
Rot freie Strecke
100
GOTTFRIED WILHELM LEIBNIZ 1646-1716 DEUTSCHLAND

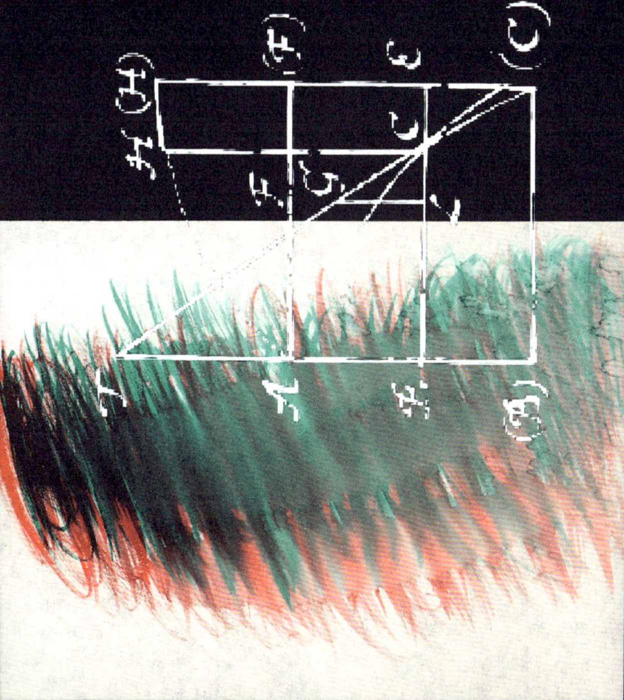

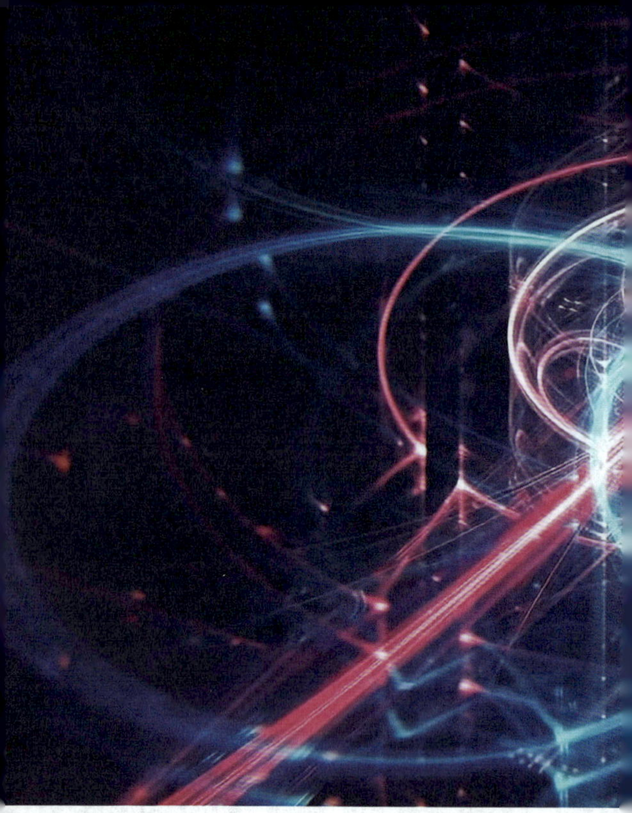

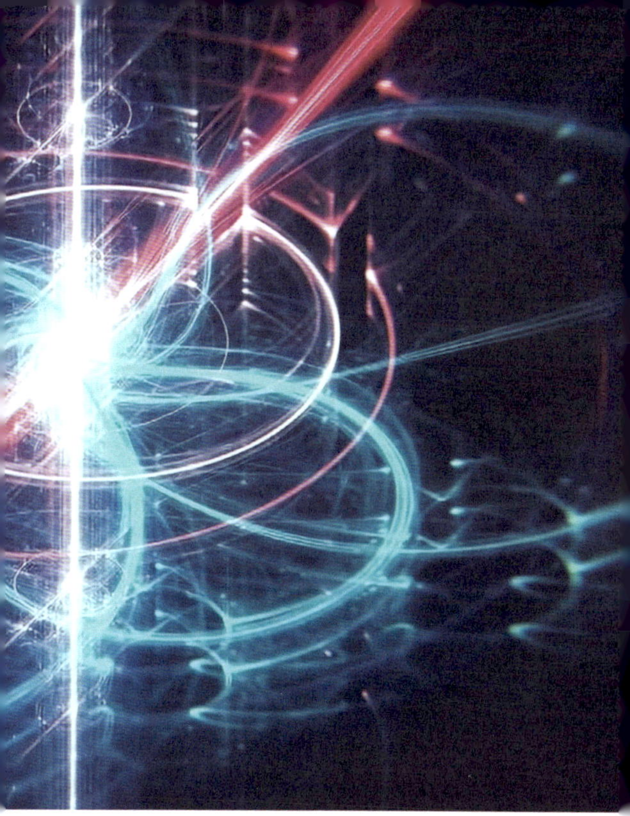

»SUBATOMARES
ELEMENTARTEILCHEN
IN FREIER BEWEGUNG«

3

Palimpseste, fremde Planeten

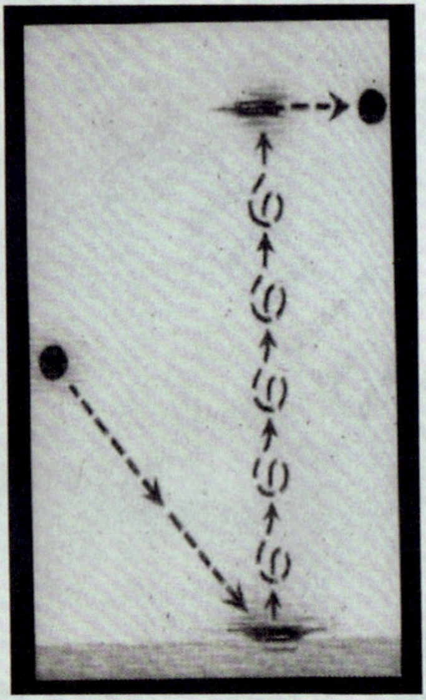

»OMEGA AUFSTEIGEND«

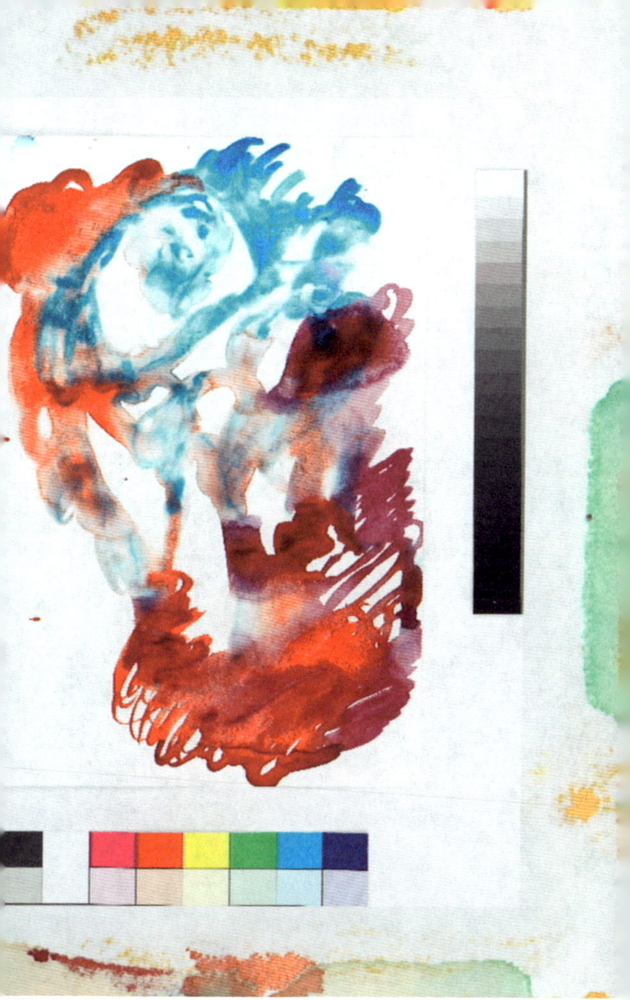

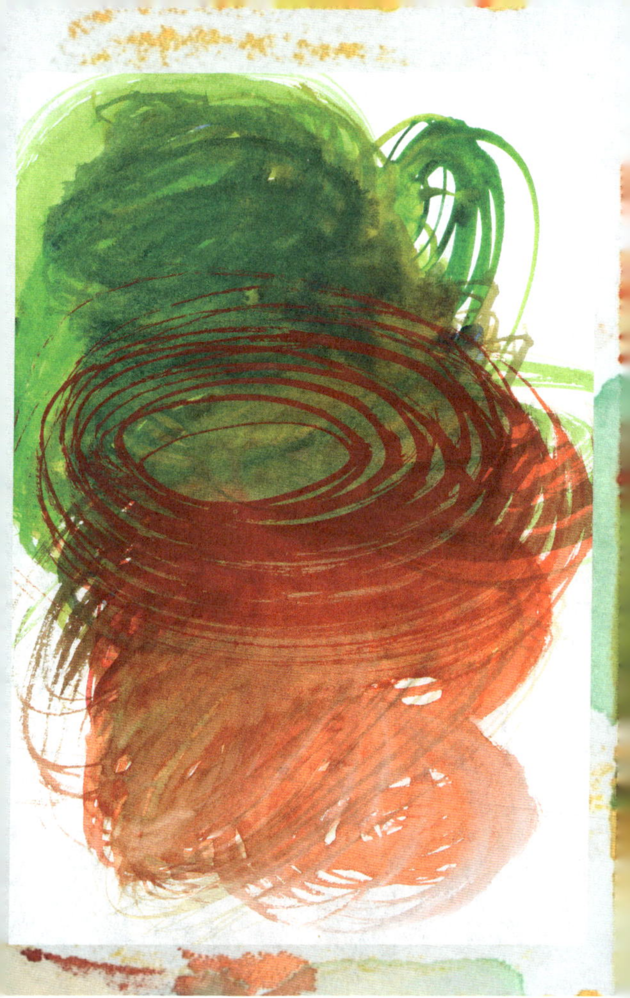

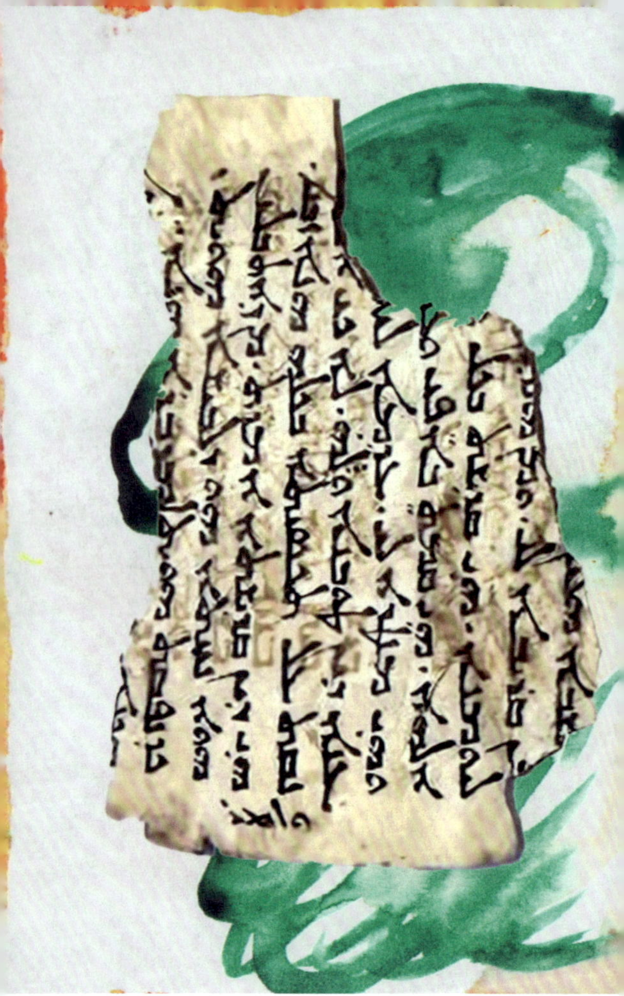

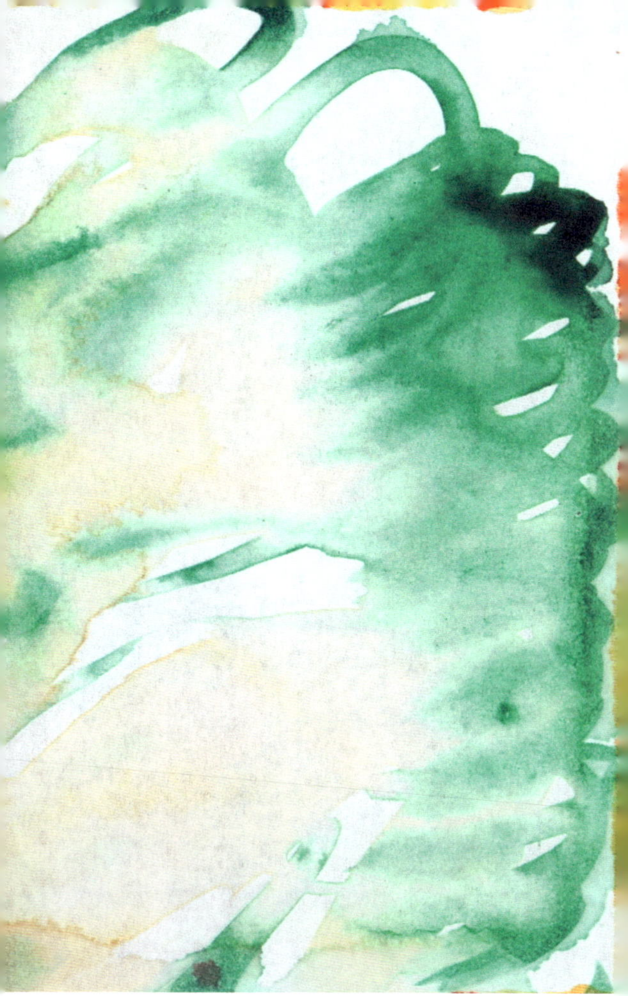

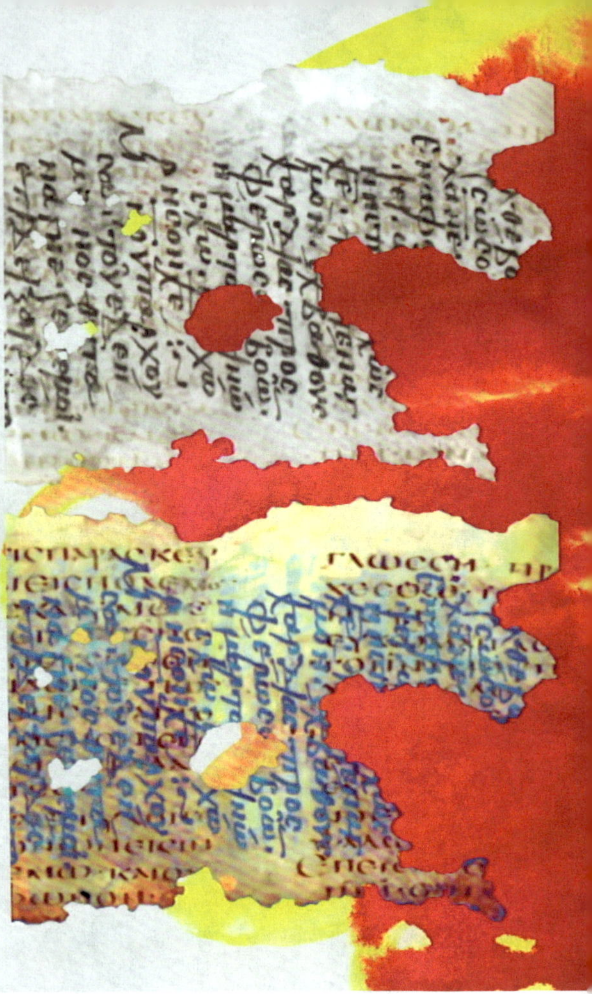

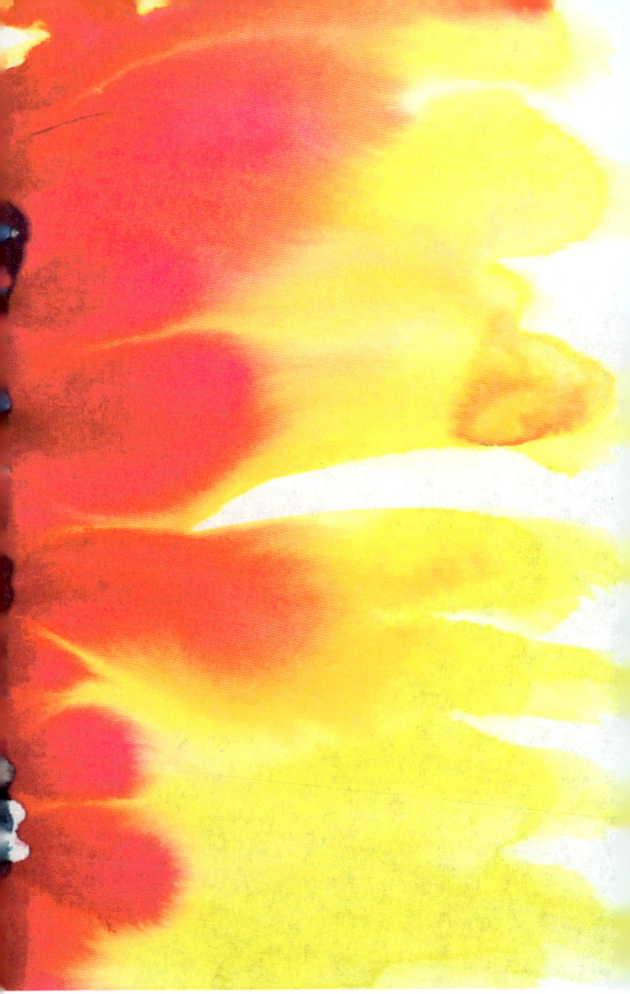

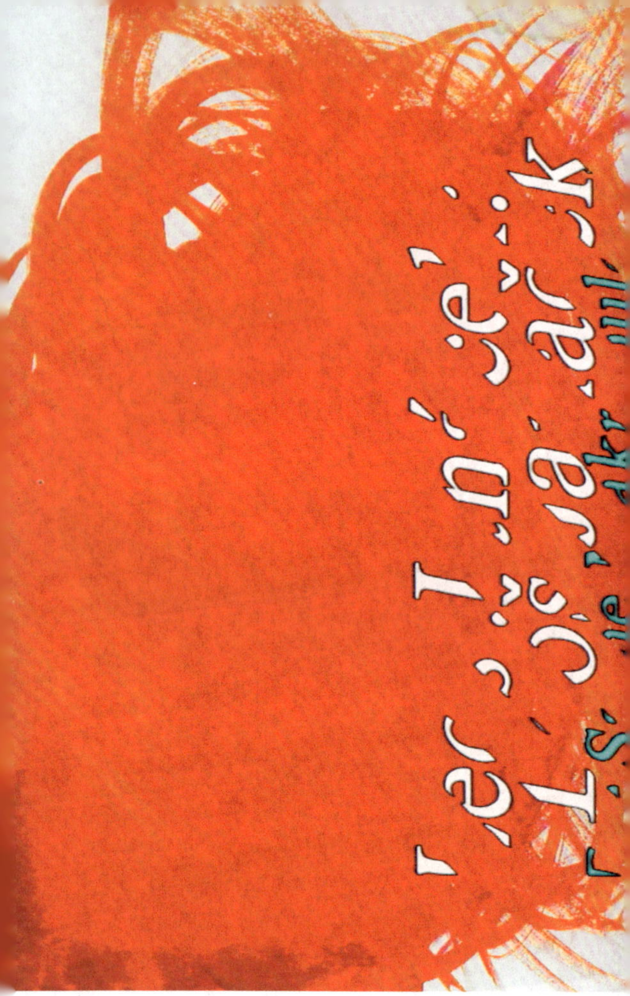

Dier lachre M.ktfor .os

pe .n d ı A .en

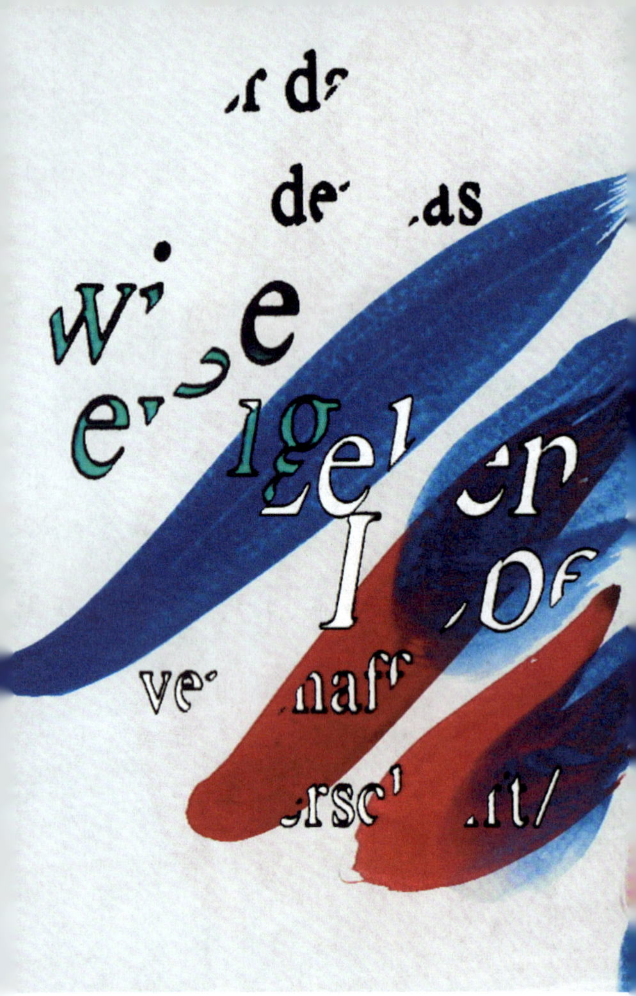

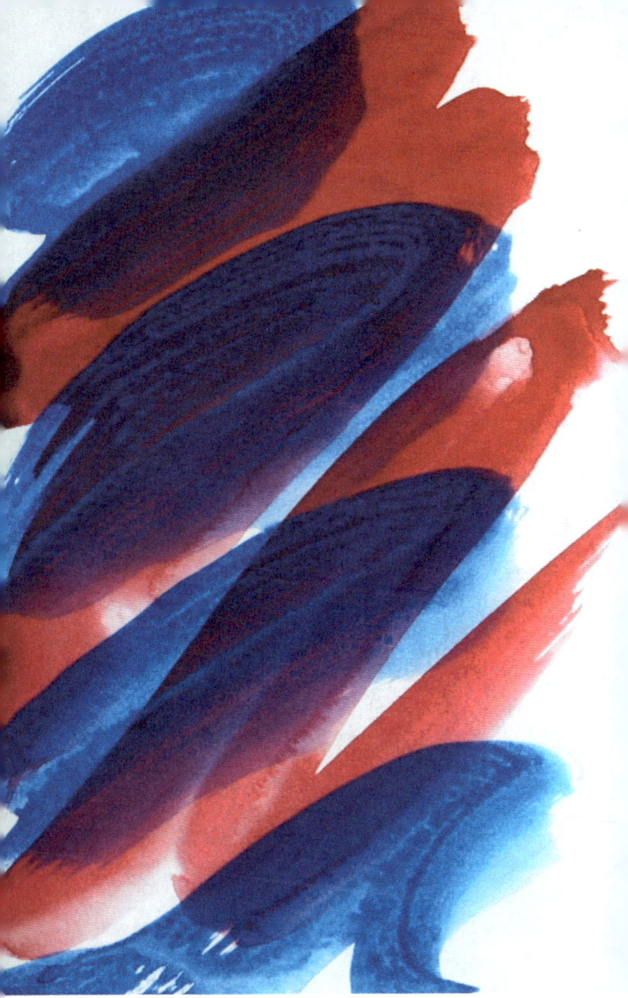

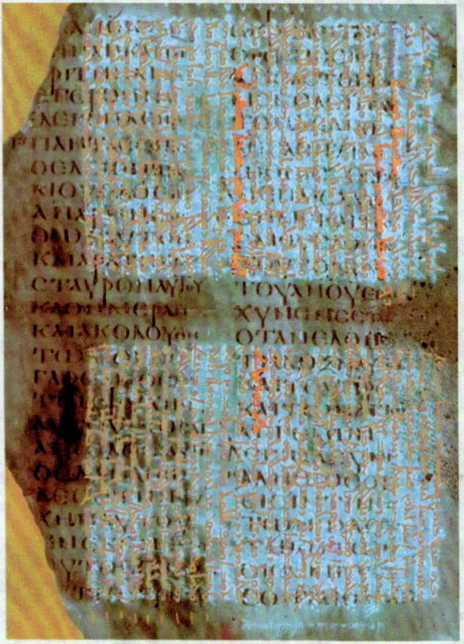

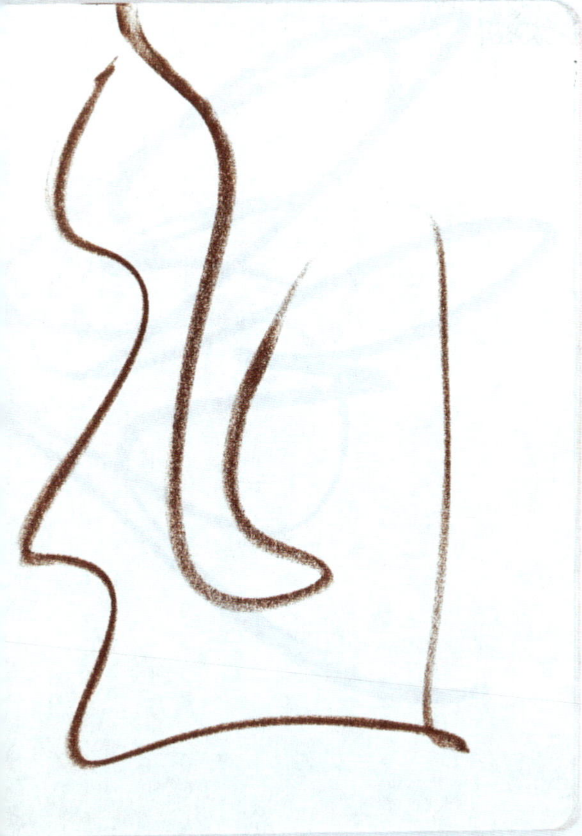

Die Leuchtkraft von Hand,
Kosmos und Denken
02:15

STICHWORT: »PALIMPSESTE«

PALIMPSESTE sind in der Antike Papyri, die mehrfach neu überschrieben wurden. Ähnlich wie der Archäologe eine Bodenoberfläche durchforscht und zu Fundstücken aus früheren Perioden der Geschichte vordringt, bieten Palimpseste den Anreiz, »unter einer Schrift verborgene Schriften«, somit im wörtlichsten Sinne SUBTEXTE auszugraben.

Wir haben in diesem Zusammenhang auch den Text von Sigmund Freud zum »Wunderblock« debattiert. Texte, Musiken und Werke der Bildenden Kunst, auch wissenschaftliche Schriften, koexistieren in der Öffentlichkeit zunächst *nebeneinander*. Sie können aber auch miteinander in der *Vertikale* kommunizieren.

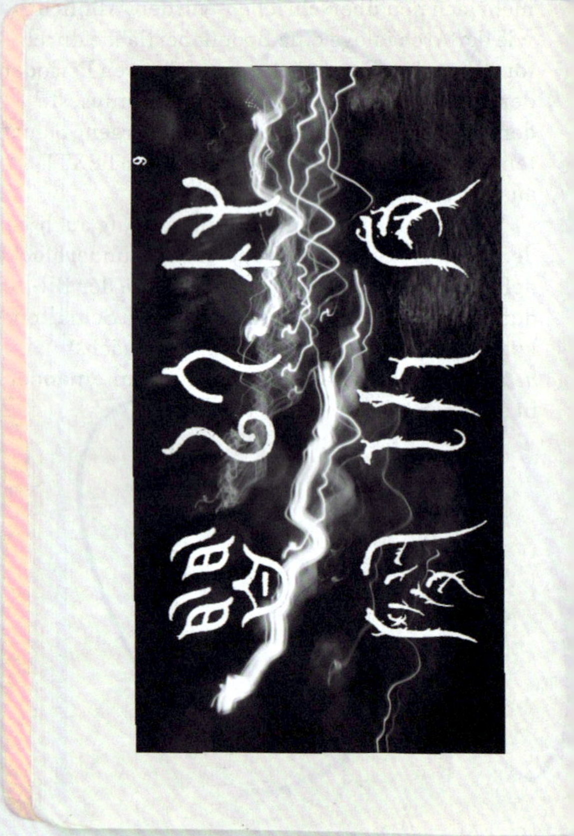

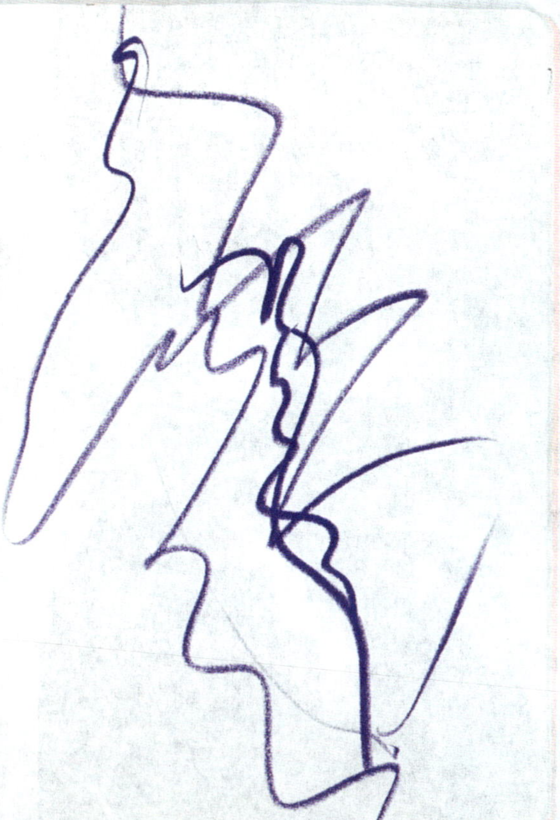

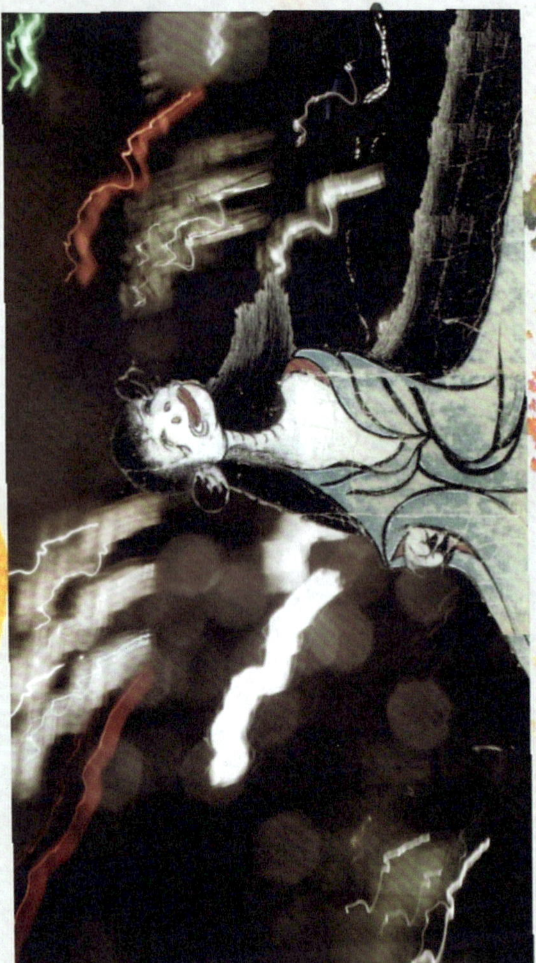

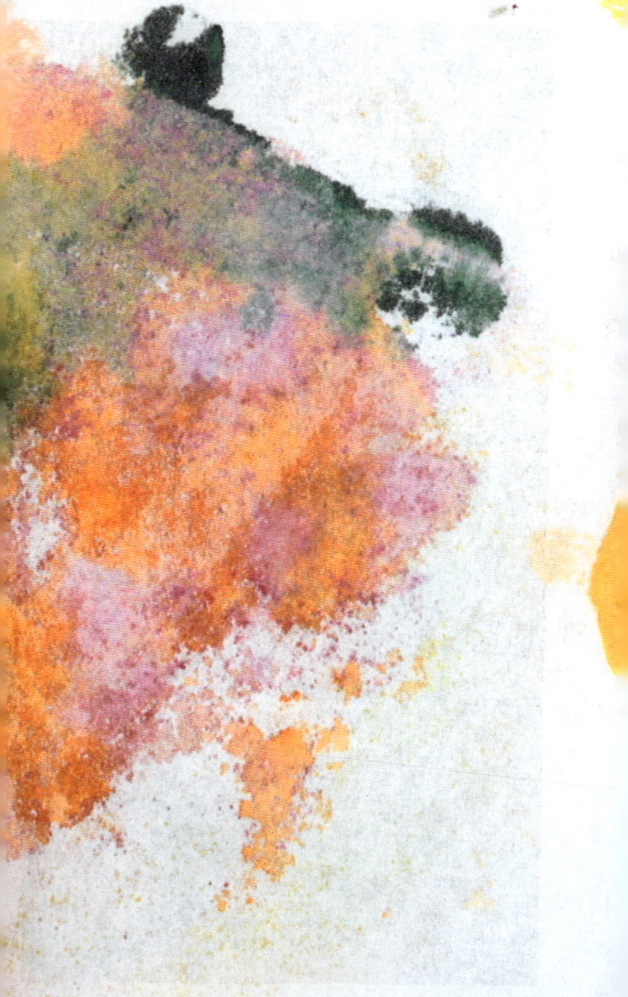

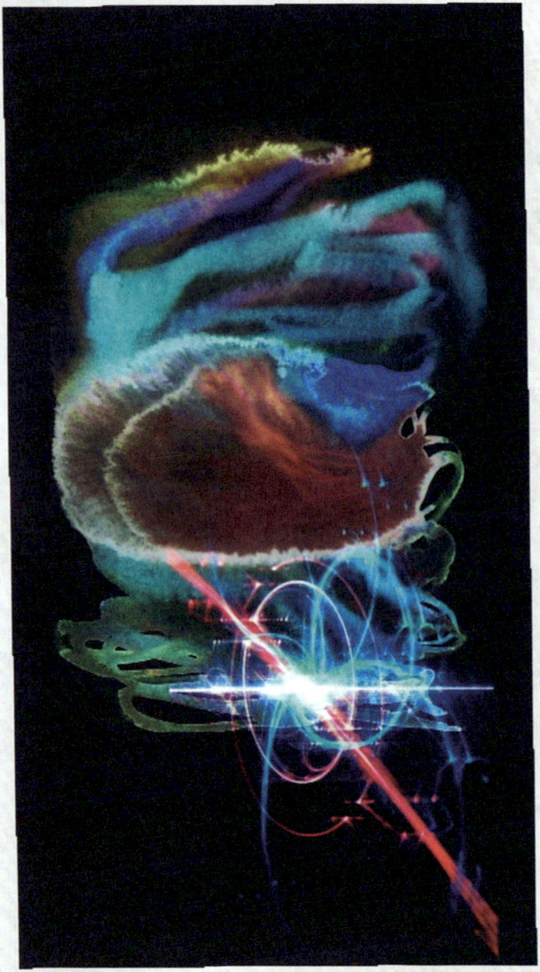

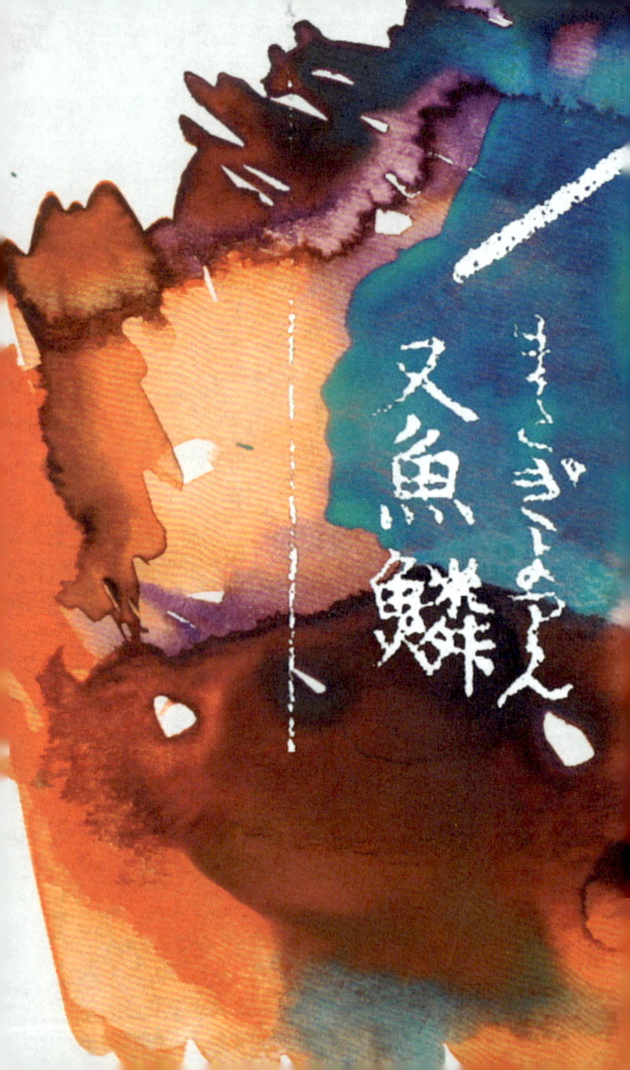

又魚鱗

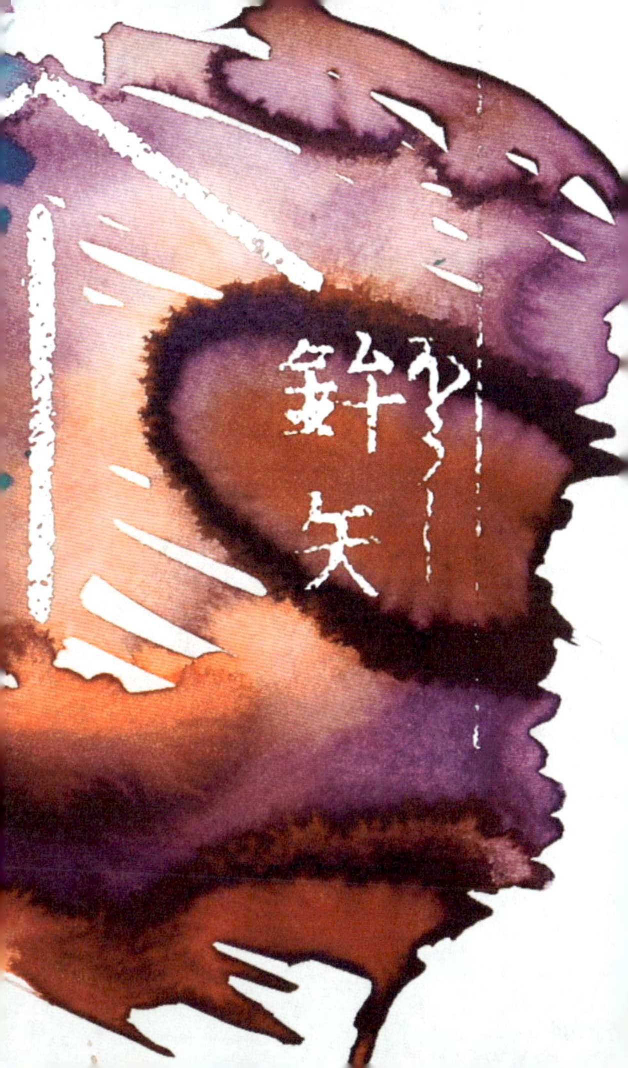
針矢

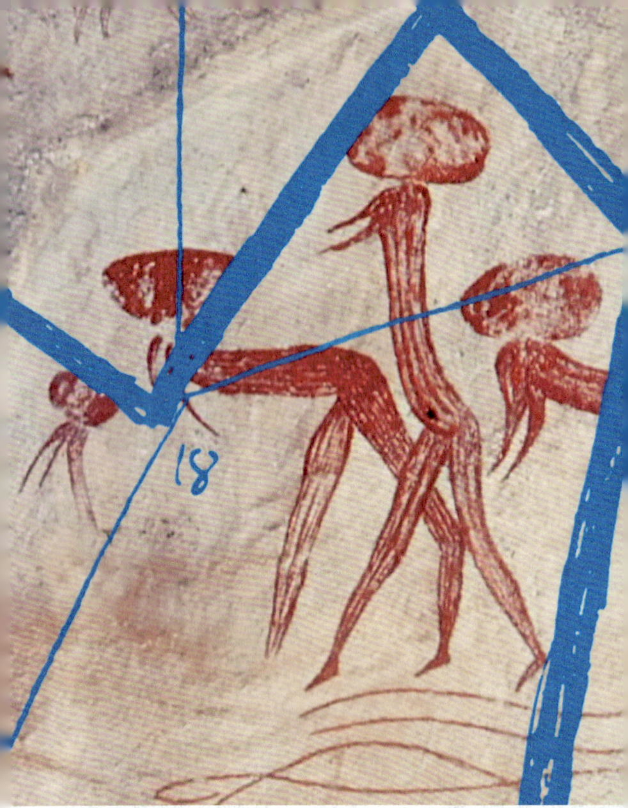
18

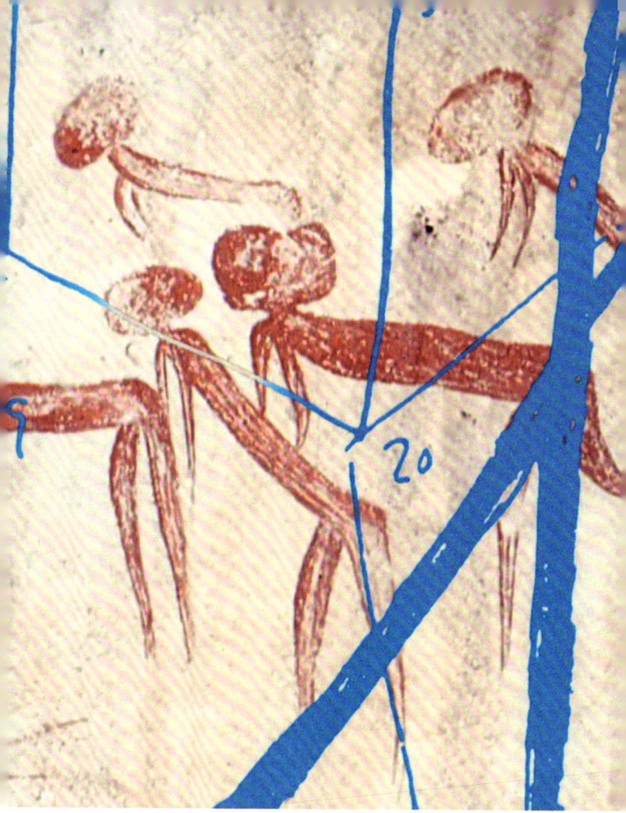

IM FLUG SICH BEWEGENDE, »HUSCHENDE« VORFAHREN. VON IHNEN SELBST GEMALT, AN EINER HÖHLENWAND

29. DEZEMBER 21999 v. CHR.
Eiszeit. Man muss sich diesen Höhepunkt der Kälte (noch immer leben wir in der gleichen Periode der Eiszeit, aber nicht in der Großen, sondern der Kleinen) klimatisch so vorstellen wie einen Spätnachmittag im Engadin im Dezember, sagte der wissenschaftliche Sekretär des Mammutkomitees der Russischen Akademie der Wissenschaften Alexej Tichonow. Nicht kälter? fragte Sylvie Charbit zurück. Kalt genug, wenn Sie kein Heizmaterial in der Nacktsteppe finden und die Wohnsitze fehlen.

Eine Wettervorhersage hätte in jenen Tagen so gelautet, fuhr der Russe fort: Europa liegt seit zwei Jahren unter einer Hochdruckzone. Der stetige Wind, der vom Packeis herweht, bringt sehr kalte, trockene Luft in die Region. Ein Ende der extremen Trockenheit, des stetigen Winds von Nordost, der viel Staub mit sich trägt, ist in den nächsten 4000 Jahren nicht zu erwarten. Ab 1 Uhr nachmittags sinkt die Temperatur unter den Gefrierpunkt.

Und über die Trockensteppe, die es heute nicht mehr gibt (mit ihren Gräsern, nahrhaften Kräutern, aber keinen Bäumen), huschten die Menschen? Unsere Vorfahren, antwortete Tichonow, »huschten« nicht, sondern suchten, fahndeten und jagten im Wettlauf mit dem Tod. Wenn sie nicht schnell etwas fanden, verhungerten sie.

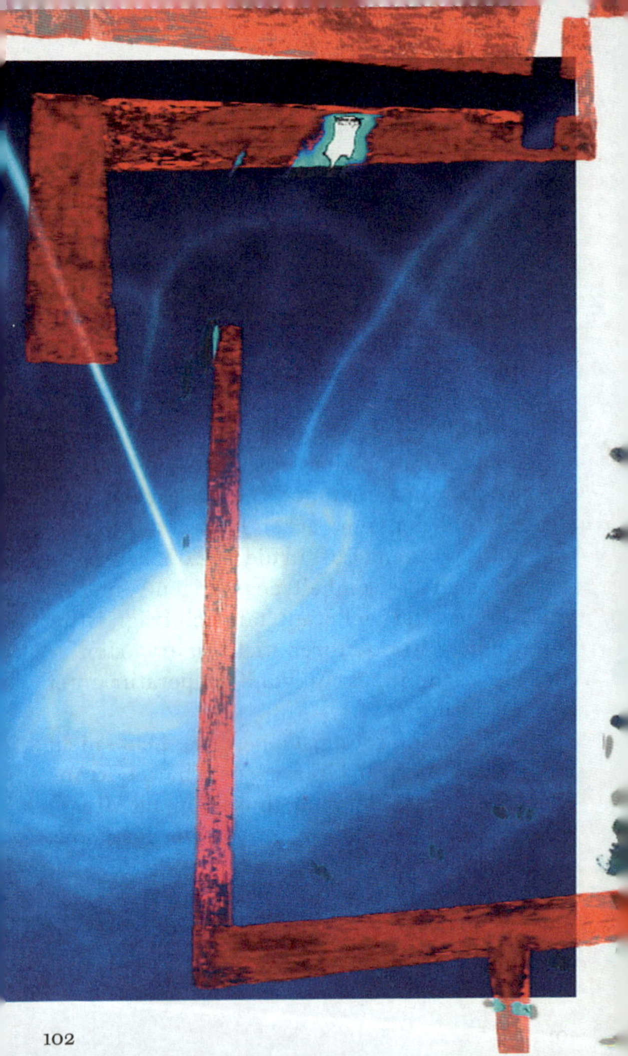

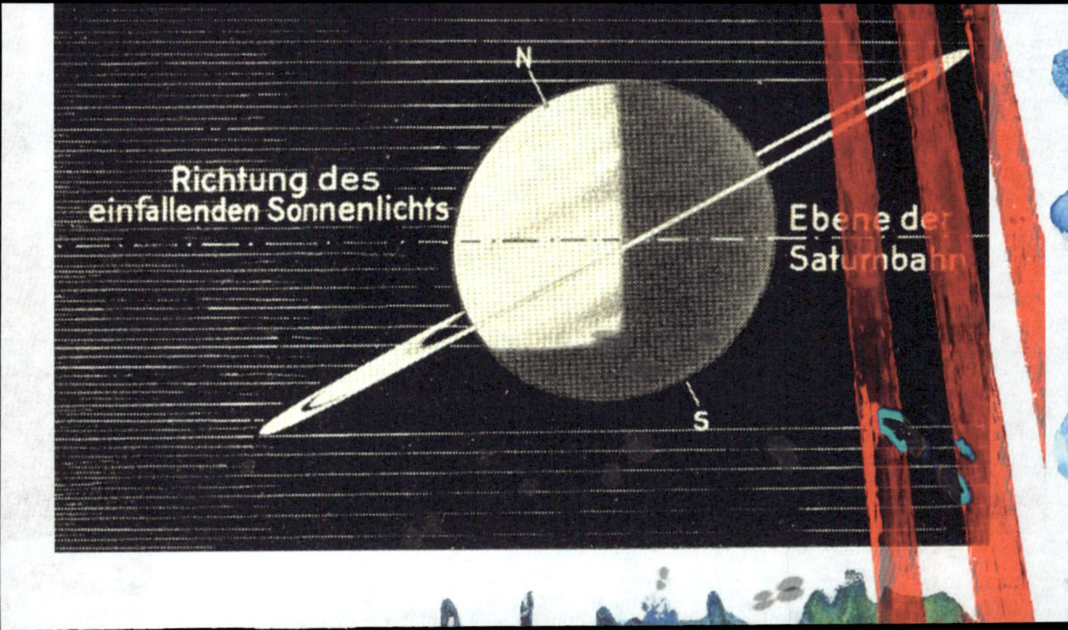
N
Richtung des
einfallenden Sonnenlichts
Ebene der
Saturnbahn
S

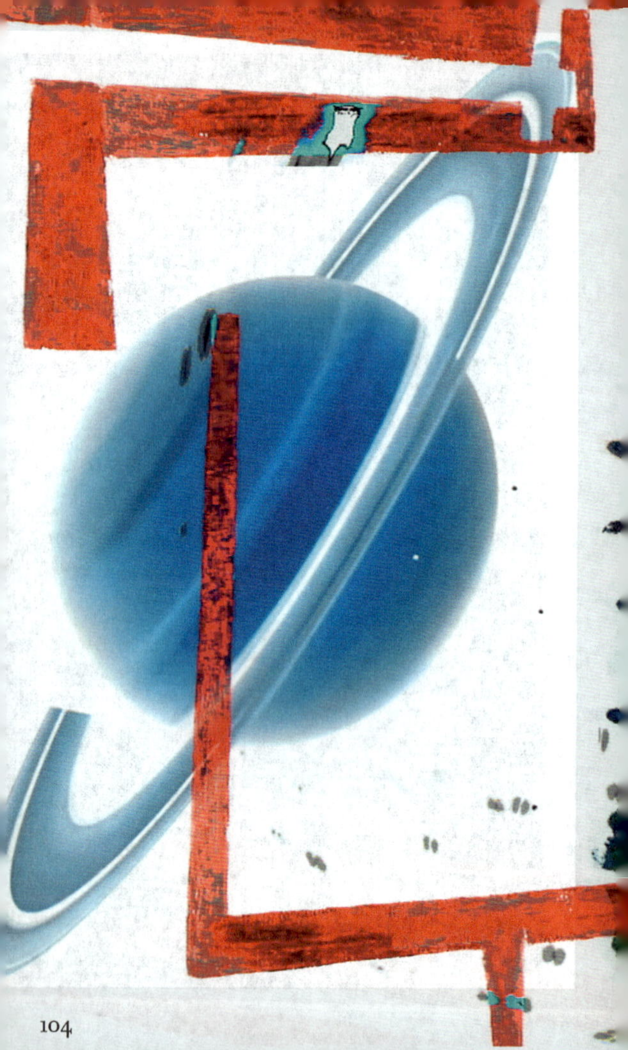

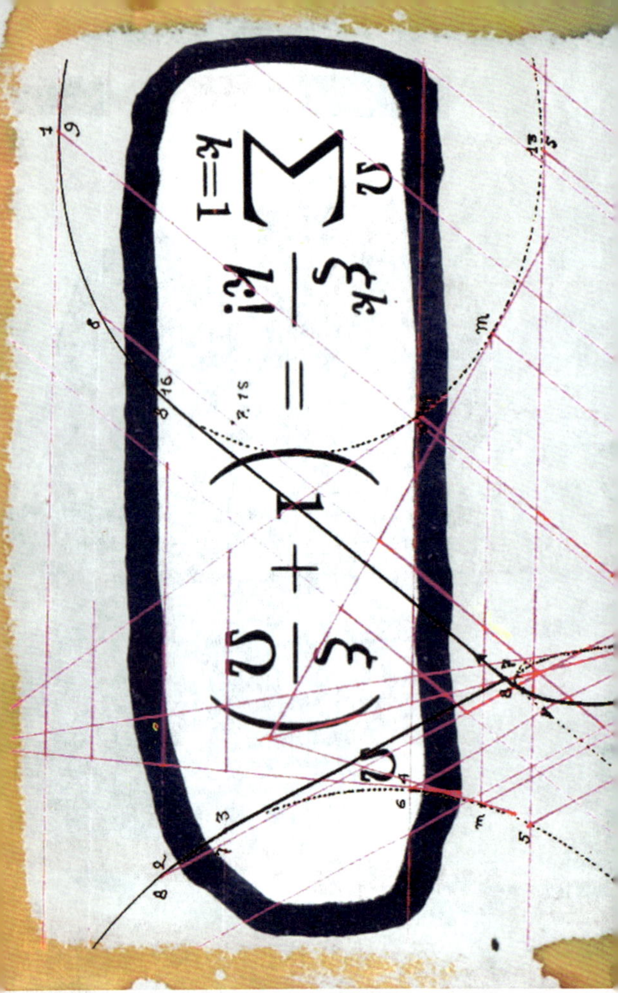

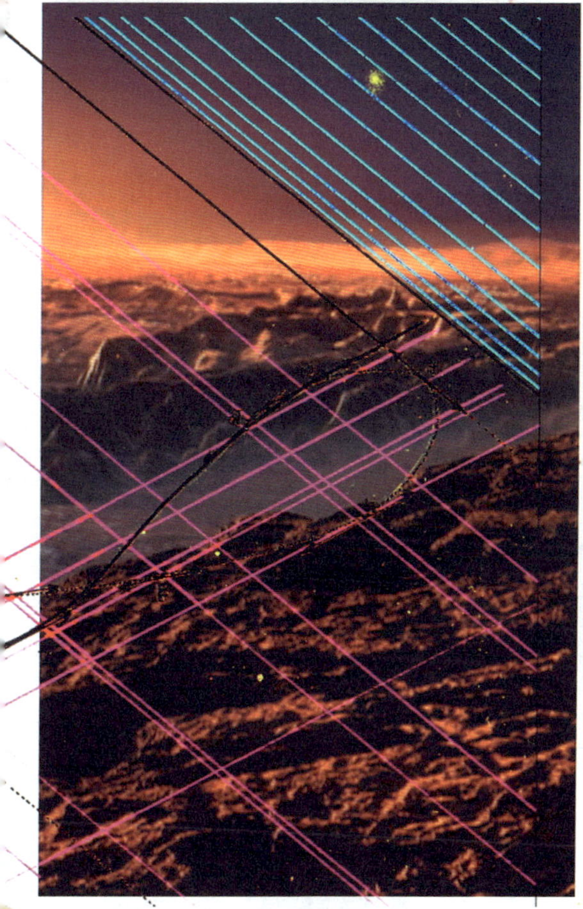

ARCHÄOLOGIE DES WELTRAUMS

Wir stellaren Archäologen, sagt Alexej Tichonow, sind spezialisiert darauf, die chemische Zusammensetzung ältester Sterne zu erforschen. Das tun wir nicht in fernen Galaxien, sondern im Halo unserer Milchstraße selbst. Ich könnte das auch an Objekten im Sternbild *Haar der Berenike*, meiner Lieblingszone im Kosmos, einer ganzen Sammlung ferner Galaxien, versuchen. Unsere Teleskope können dort aber keine Einzelsterne mehr ausmachen. Gerade, dass wir die Explosion von Riesensternen sehen. Die aber sagen dem Sternenarchäologen nichts über die chemische Zusammensetzung der verschiedenen frühen Sonnen.

Von meinen Vorfahren in der Wissenschaft, den klugen Alchemisten, wie Johannes Kepler, unterscheidet sich die Rasanz unserer Forschung. Wir durchmustern nicht Tausende Sterne, sondern Millionen mit Hilfe von Computern. Auch müssen wir nicht, wenn wir Gold haben wollen, es selber machen. Die Sternriesen oberhalb der achtfachen Sonnenmasse erledigen das für uns. Wir sehen einem gewaltigen Automaten bei der Arbeit zu. Ich spreche von einem »lebendigen Automaten«.

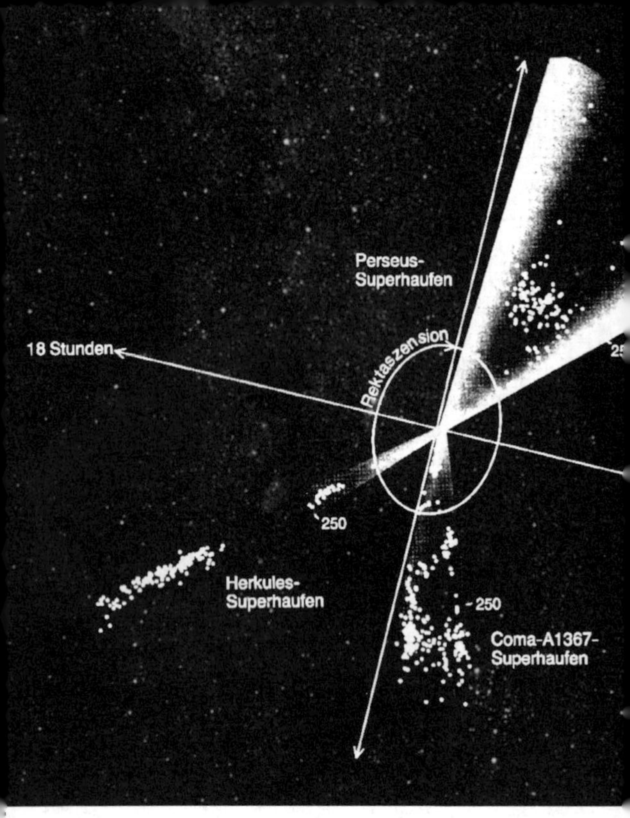
Perseus-
Superhaufen
18 Stunden
Rektaszension
250
Herkules-
Superhaufen
250
Coma-A1367-
Superhaufen

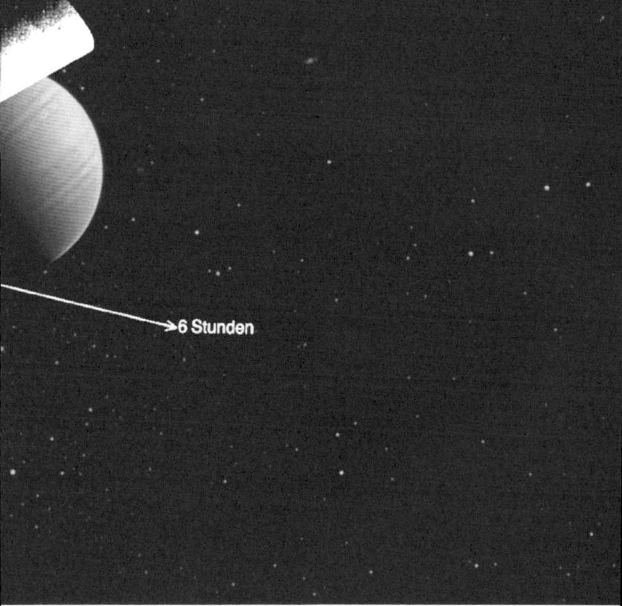
6 Stunden

SILIZIUM, EINE KOSMISCHE RARITÄT

Sehen Sie diesen Stern hier: zwölffache Sonnenmasse. Im Moment wird hier keine Energie mehr erzeugt. Die Gravitation presst wie ein überschwerer Fels auf das Zentrum des Sterns. Mehr als eine Milliarde Grad Hitze wird dort erzeugt. Es entsteht Kohlenstoff. Daraus Neon und Natrium. Das Neoplasma entzündet sich. Neonbrennen ergibt Magnesium und Sauerstoff. Die Verschmelzung von zwei Sauerstoffkernen – inzwischen wird die Energie durch die Kernverschmelzung und nicht mehr durch den Gravitationsdruck erzeugt – führt zur Bildung von SILIZIUM. Daraus bestehen die Chips, unsere Gebirge und Wüsten im World Wide Web.

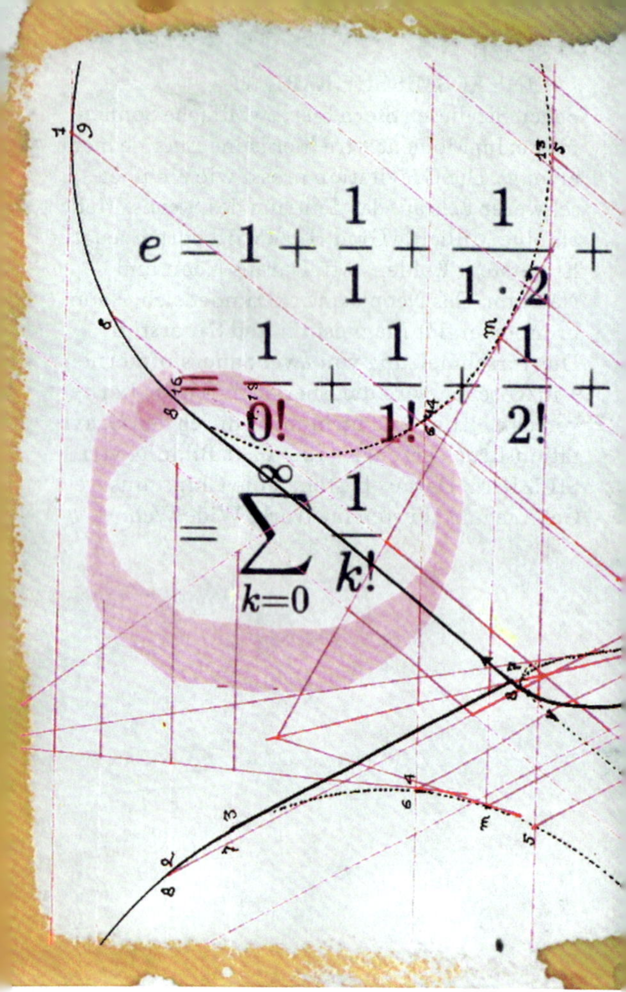

$$e = 1 + \frac{1}{1} + \frac{1}{1 \cdot 2} + \\ = \frac{1}{0!} + \frac{1}{1!} + \frac{1}{2!} + \\ = \sum_{k=0}^{\infty} \frac{1}{k!}$$

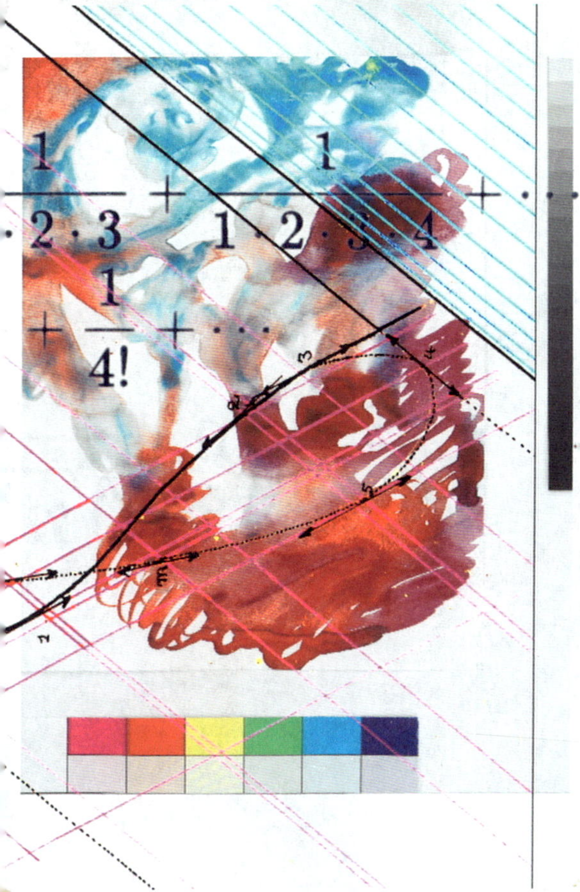
$\frac{1}{\cdot 2\cdot 3} + \frac{1}{1\cdot 2\cdot 3\cdot 4} + \cdots$
$+ \frac{1}{4!} + \cdots$

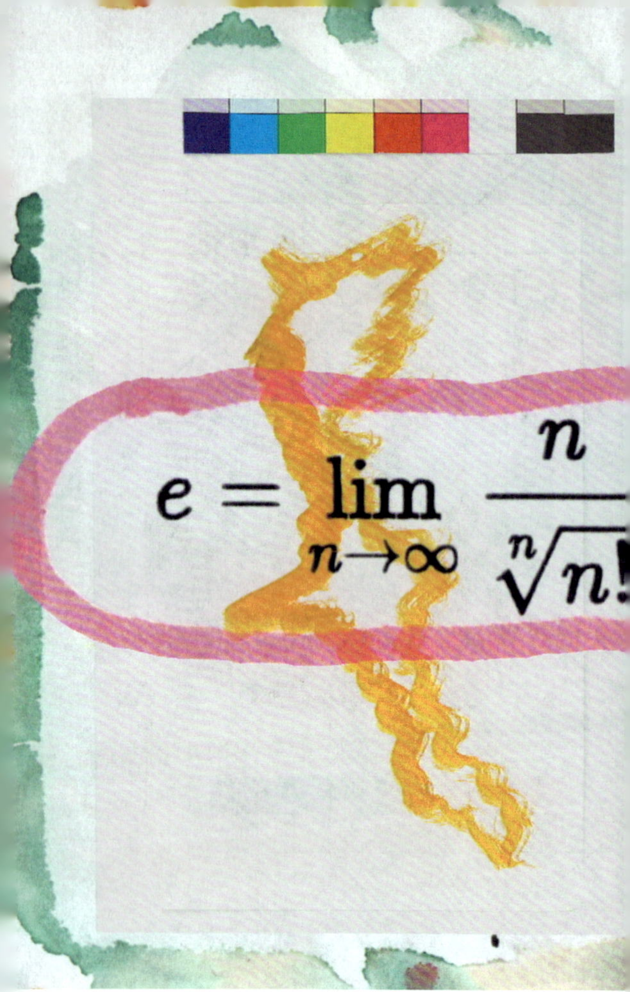
$e = \lim_{n\to\infty} \frac{n}{\sqrt[n]{n!}}$

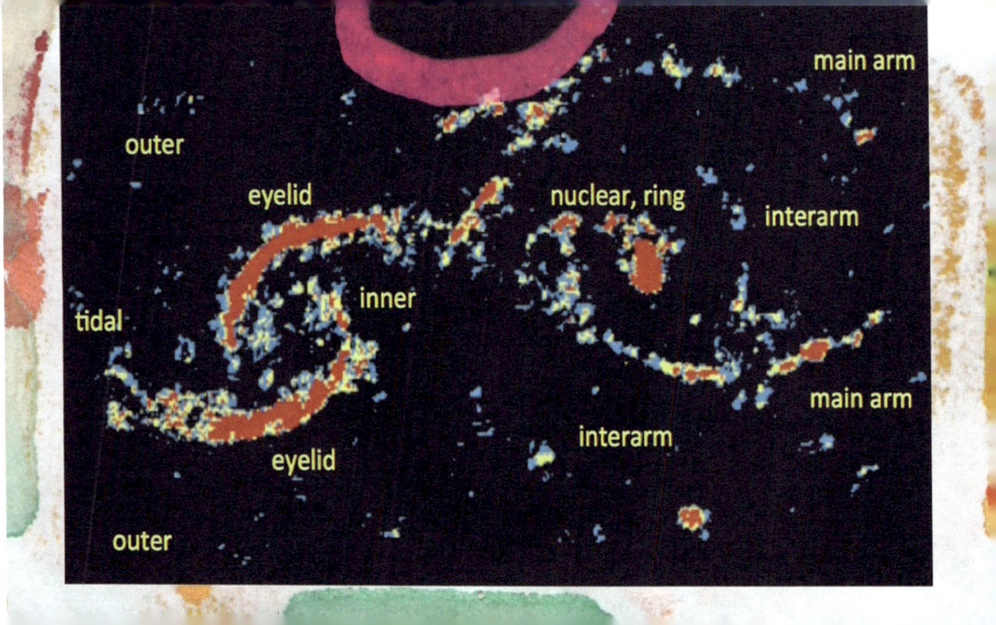
main arm
outer
eyelid
nuclear, ring
interarm
inner
tidal
main arm
interarm
eyelid
outer

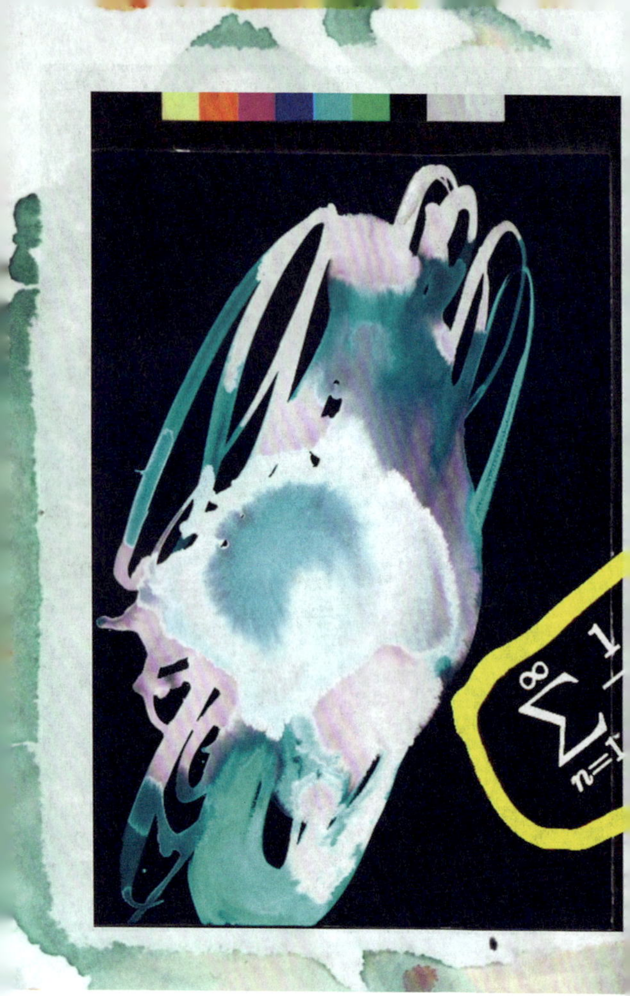

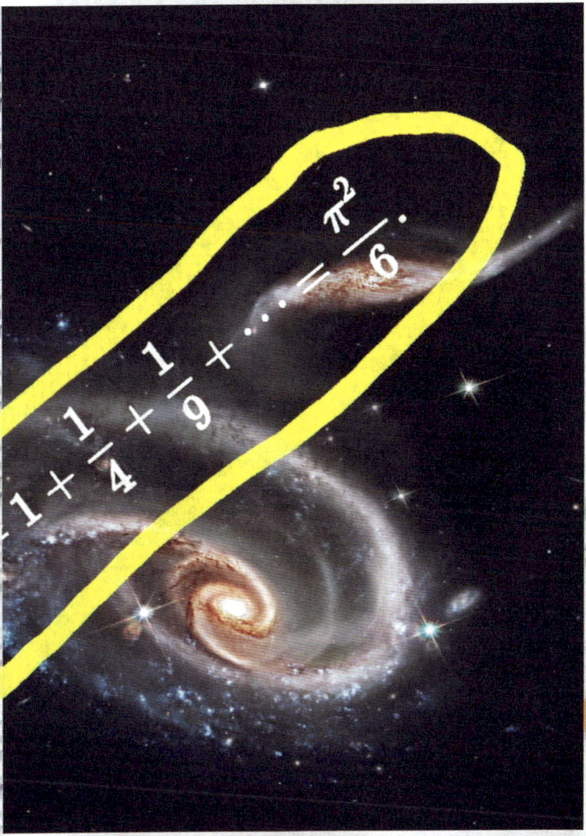
$1+\frac{1}{4}+\frac{1}{9}+\cdots=\frac{\pi^2}{6}.$

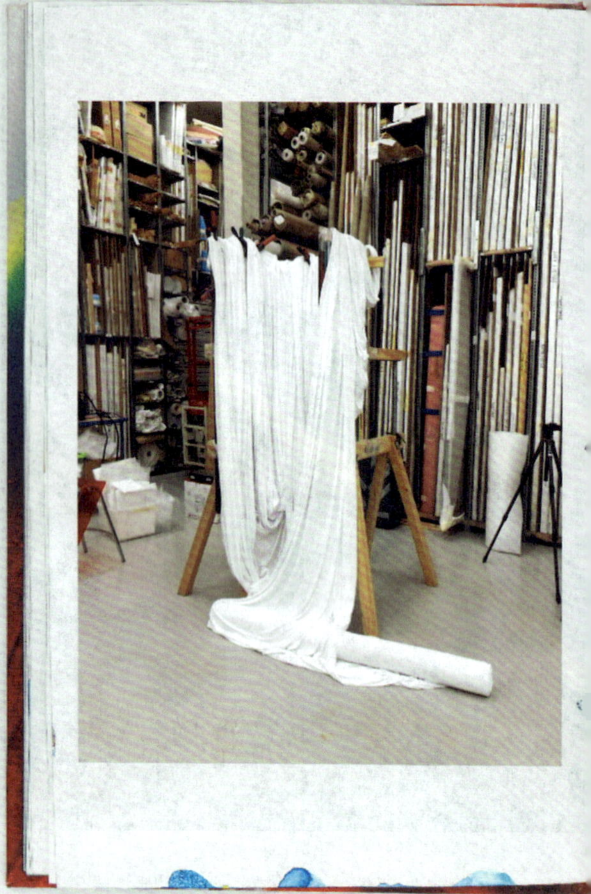

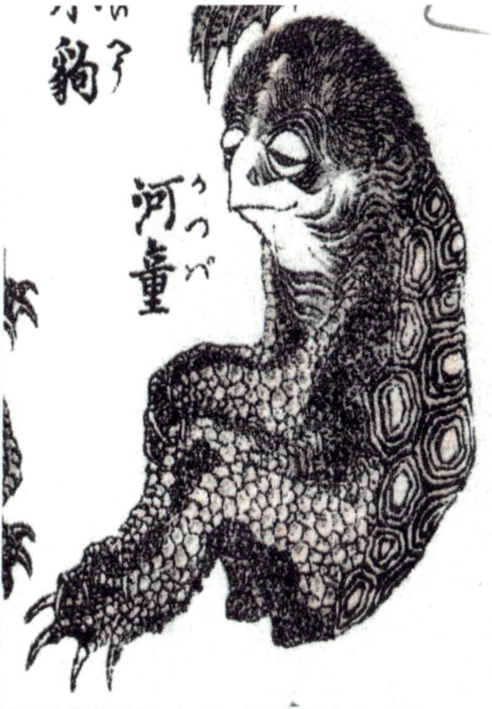
河童
かつぱ

4

Die Seele badet in Musik

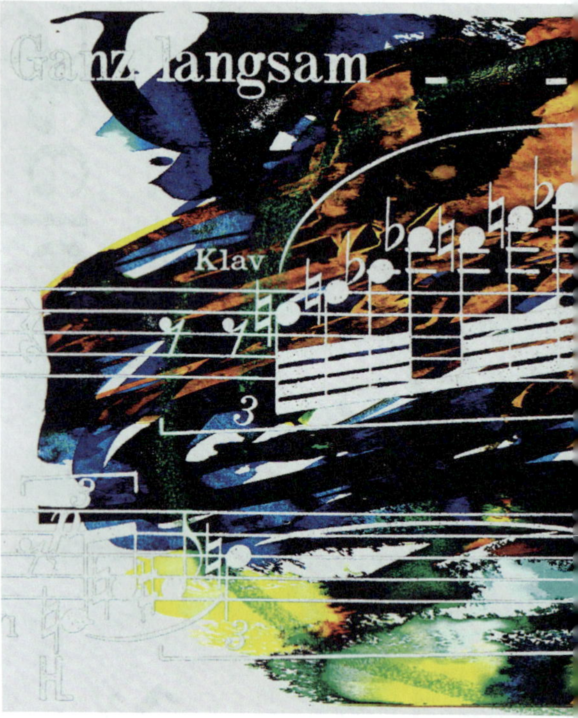
Ganz langsam
Klav
3

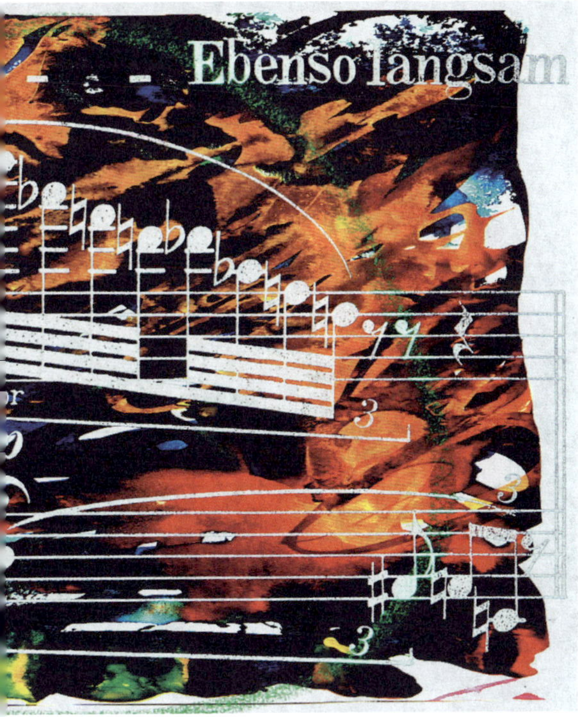
Ebenso langsam

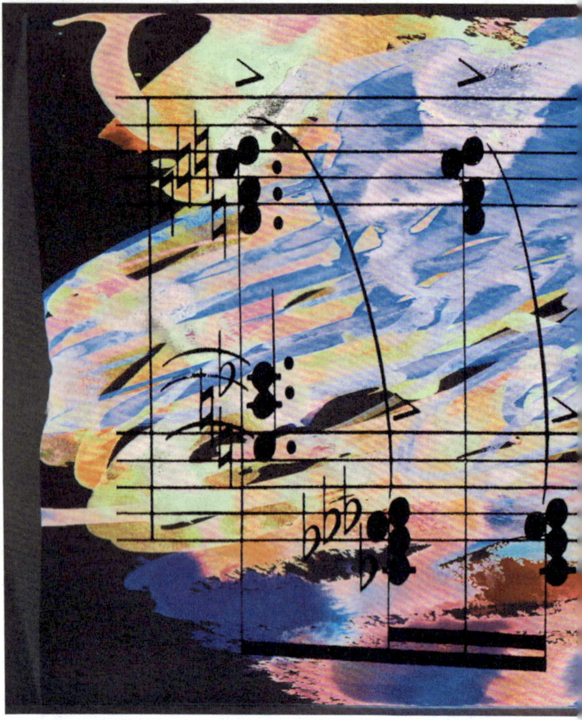

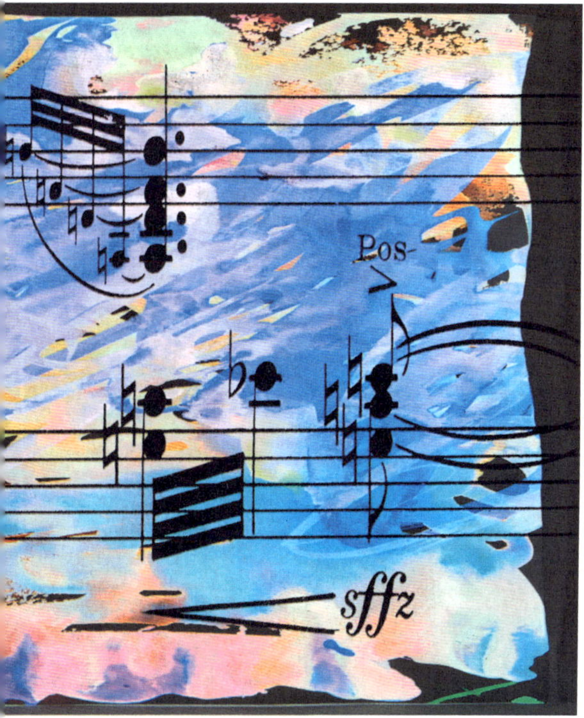
Pos-
sffz

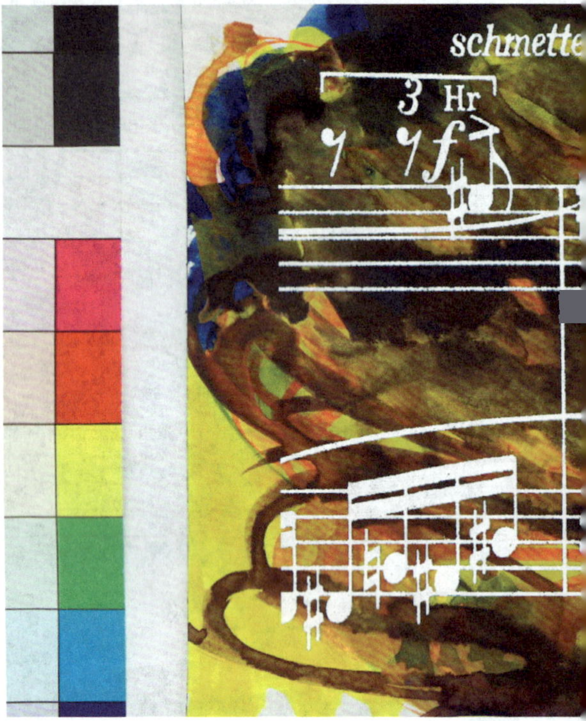
schmette
3 Hr
f

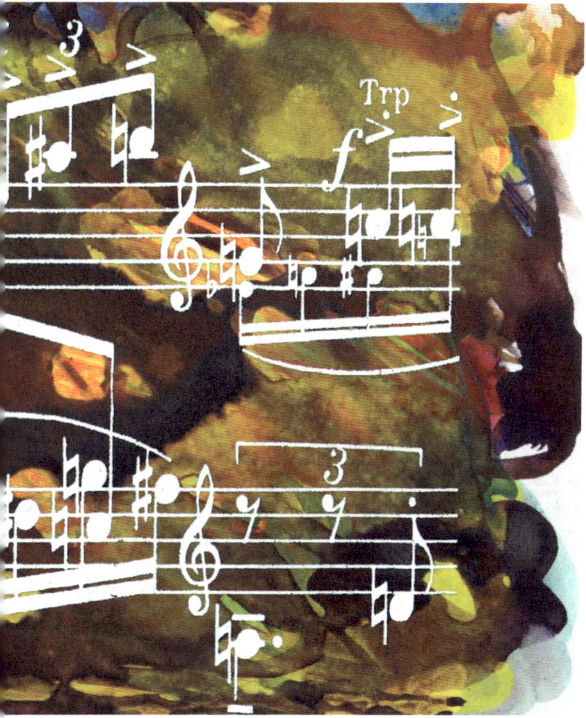
Trp

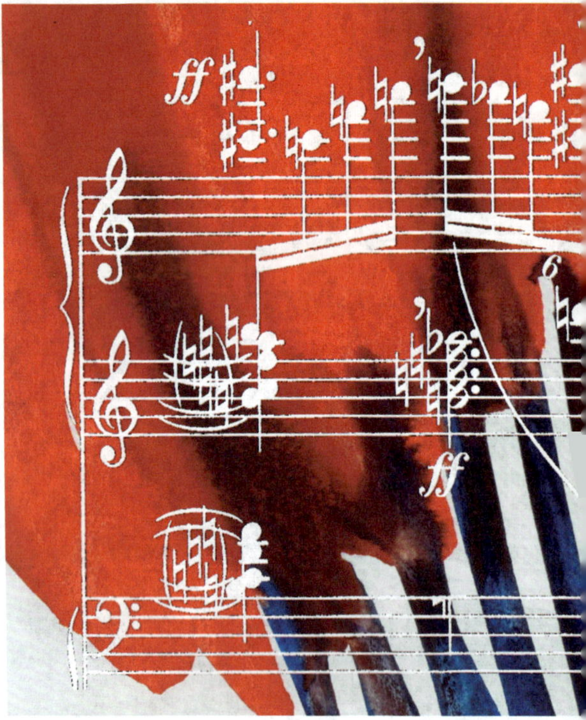
ff
ff
6

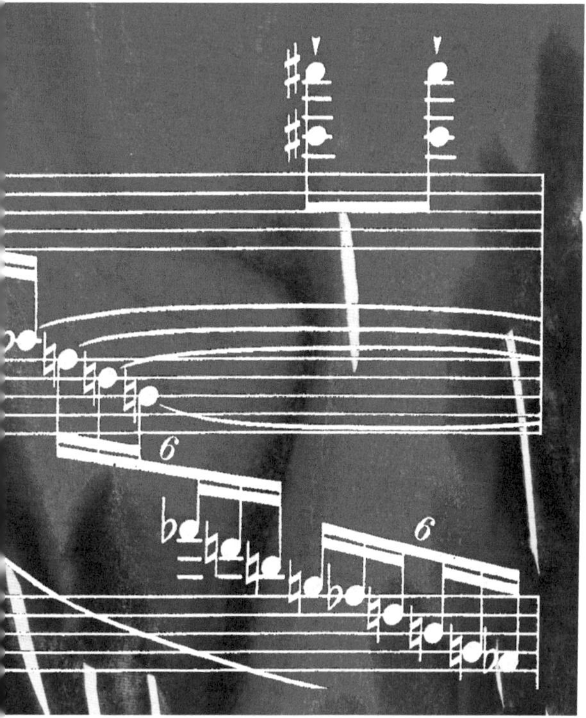

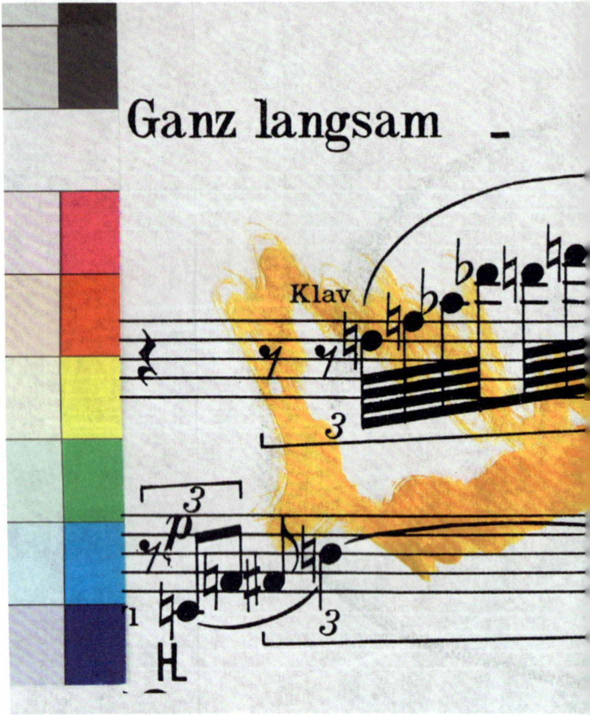
Ganz langsam
Klav

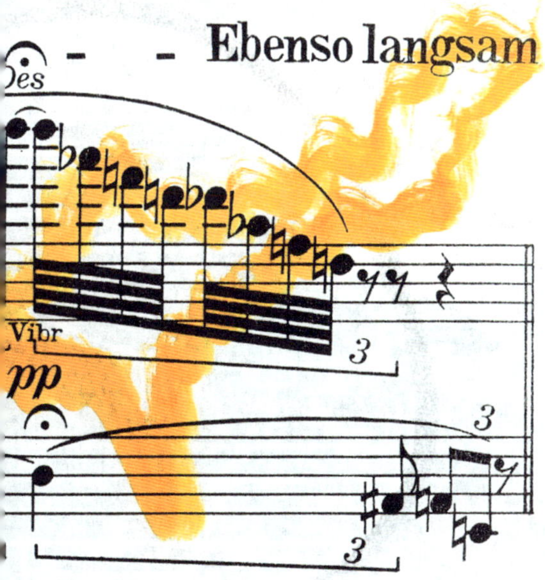

Ebenso langsam
Des
Vibr
pp
3
3
3

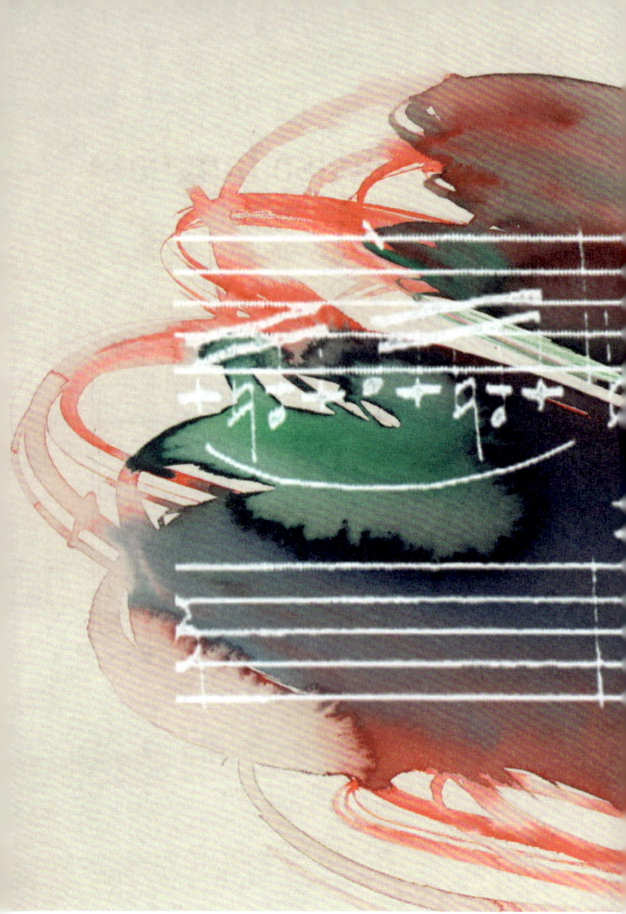

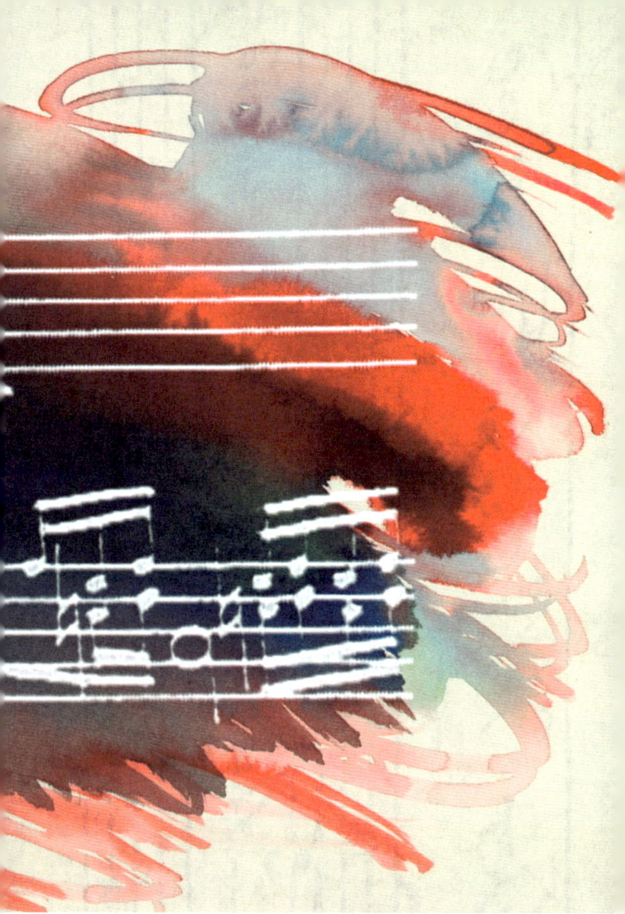

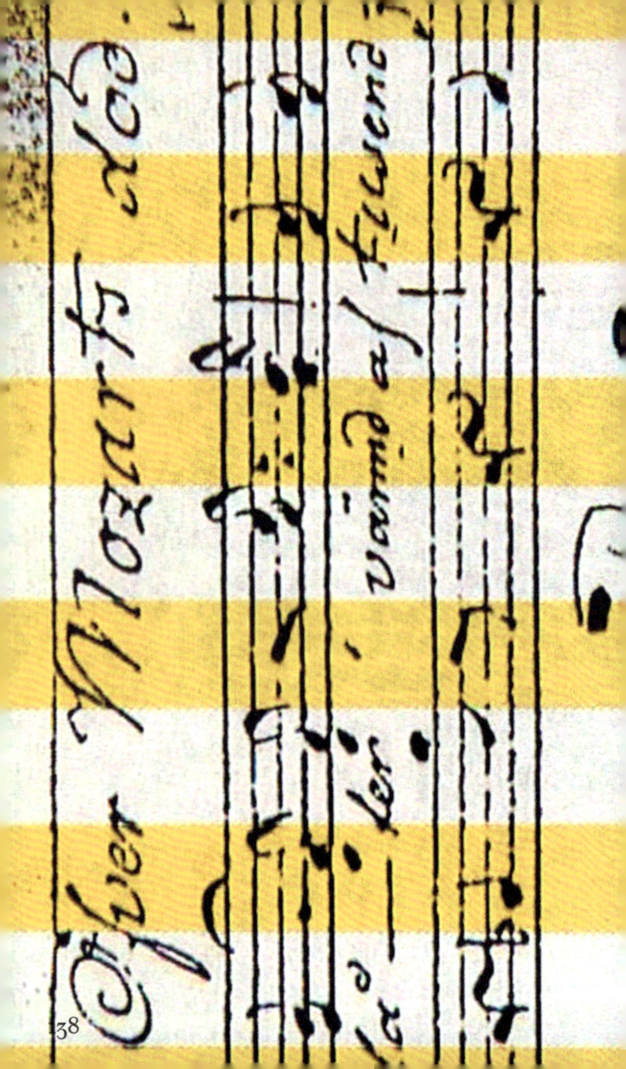
Öfver Mozarts död.
värmd af

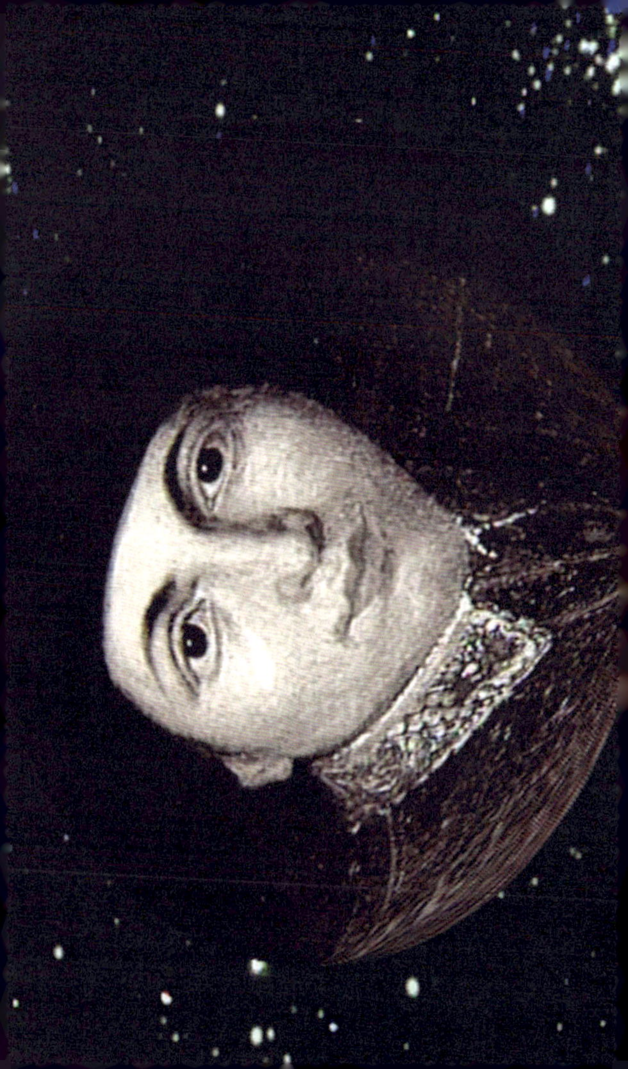

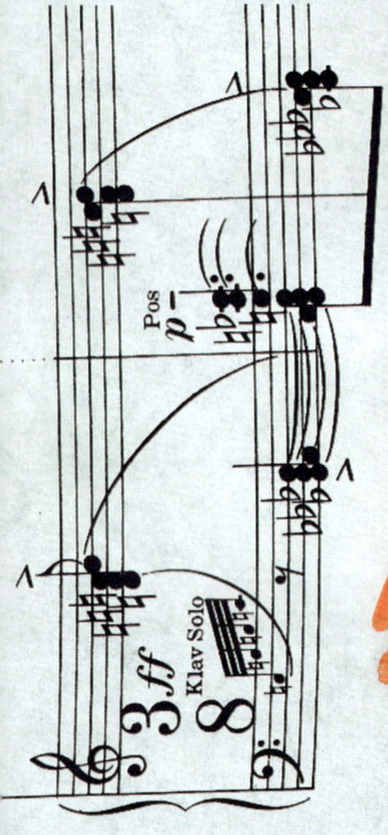
Klav Solo
Pos

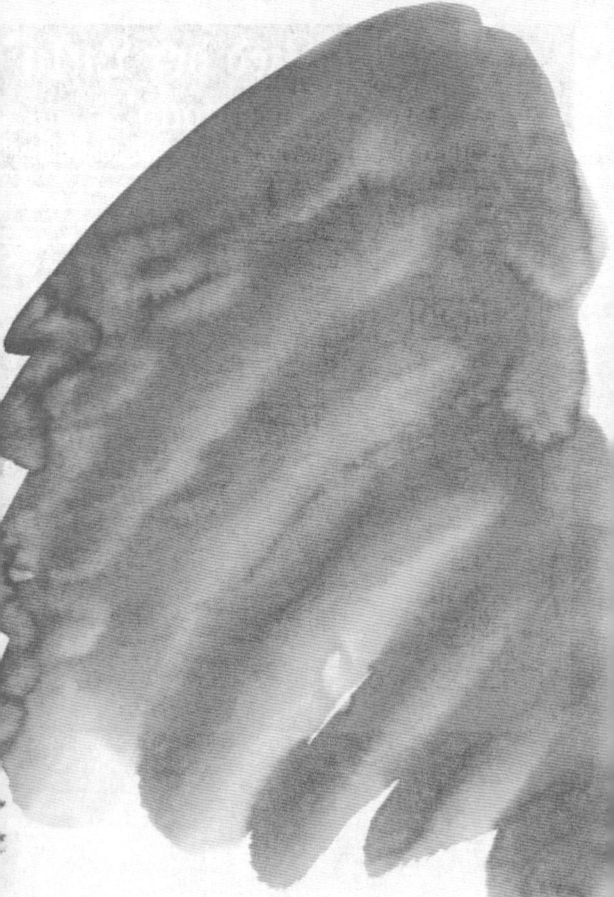

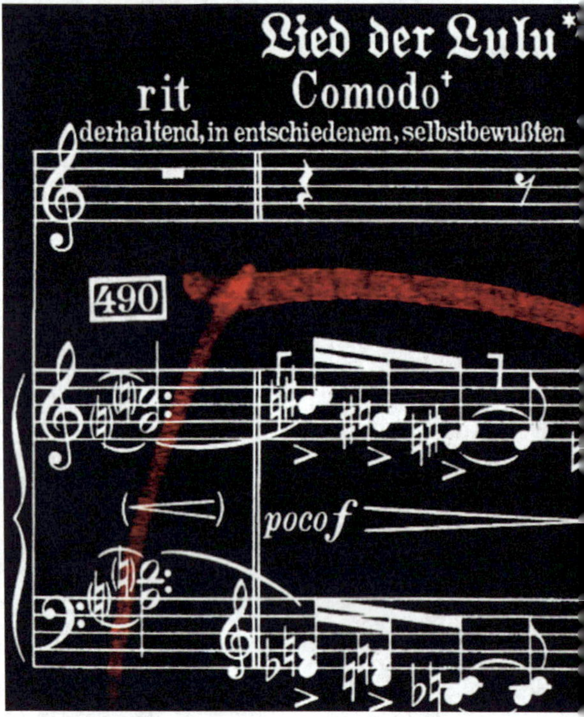
Lied der Lulu*
rit
Comodo+
derhaltend, in entschiedenem, selbstbewußten
490
poco f

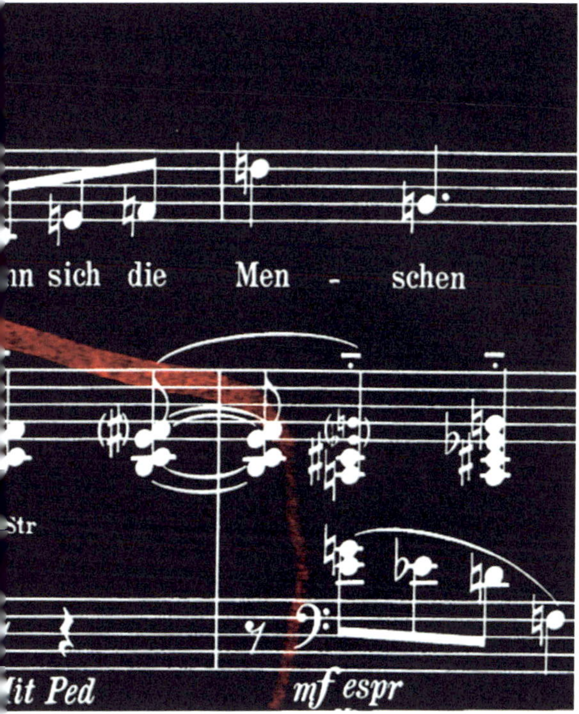

sich die Men - schen
Str
Mit Ped
mf espr

SCHLUSSSZENE DER OPER *LULU* VON ALBAN BERG. JACK THE RIPPER ERMORDET DEN SOPRAN

Lulu geht in London anschaffen. Sie hält es in ihrem Quartier nicht aus. Ihre Haut braucht für die Nacht den Kontakt. Auf der Straße ist sie an Jack the Ripper geraten. Im Raum anwesend ist die Gräfin Geschwitz, die ihr Vermögen zur Rettung Lulus, der Mörderin, verausgabt hat.

LULU (*öffnet die Tür und lässt Jack eintreten.*)

JACK (*er ist ein Mann von gedrungener Figur, von elastischen Bewegungen, blassem Gesicht, entzündeten Augen, hochgezogenen, starken Brauen, hängendem Schnurrbart, dünnem Knebelbart, zottigen Favorits und feuerroten Händen mit vernagten Fingernägeln …*): Du scheinst einen schönen Mund zu haben.

LULU: Den hab ich von meiner Mutter.

JACK: Das sieht man! Wieviel willst Du?

LULU: Wollen Sie denn nicht die ganze Nacht hierbleiben?

JACK: Nein, ich habe keine Zeit, ich muss nach Haus.

[…]

LULU: Was starren Sie mich auf einmal so an?!

JACK: Ich beurteile Dich nach der Art, wie Du gehst. Ich sagte mir, die muss gut gebaut sein.

LULU: Wie kann man denn so etwas sehen?

JACK: Ich sah sogar, dass Du einen hübschen Mund hast. Ich habe aber nur ein Silberstück bei mir.

LULU: Was macht das. Gib es mir nur.

JACK: Du musst mir aber die Hälfte herausgeben, damit ich morgen früh den Omnibus nehmen kann.

LULU: Ich habe nichts bei mir.

JACK: Sieh nur mal nach! Such Deine Taschen durch!

LULU (*hält ihm die Hand hin*): Das ist alles, was ich habe.

JACK: Gib mir das Geldstück!

LULU: Ich wechsle es morgen früh, dann geb' ich Dir die Hälfte.

JACK: Nein, gib mir das ganze.

LULU (*gibt es ihm*): In Gottes Namen! – Aber nun komm auch! (*Sie nimmt die Lampe.*)

JACK: Wir brauchen kein Licht, der Mond scheint.

LULU: Wie Sie meinen. (*Stellt die Lampe weg, nähert sich dann Jack und umschlingt ihn.*) Ich tu' Ihnen nichts zuleide. (*Qualvoll.*) Ich habe Sie so gern! Lassen Sie mich nicht länger betteln.

JACK: Mir soll's recht sein. (*Er folgt ihr in ihre Kammer, und man hört, wie er die Tür von innen versperrt.*)

[...]

LULUS Stimme (*aus der Kammer*): Nein, nein, nein, nein... (*Todesschrei. Die Geschwitz richtet sich ganz starr auf und stürzt dann plötzlich zur Tür von Lulus Kammer, an der sie mit aller Kraft rüttelt. Jack reißt, zur Erde gebückt, die*

Tür von innen auf und rammt der Geschwitz ein blutbeflecktes Messer in den Leib. Die Geschwitz bricht zusammen.)

JACK (*an der Geschwitz vorbei*): Das war ein Stück Arbeit! (*Sich in der Schale, die unter der Dachluke steht, die Hände waschend.*) Ich bin doch ein verdammter Glückspilz!

DAS ENDE DES WAHREN JACK THE RIPPER

Ein Privatdetektiv in Opladen hat mit einem Londoner Kollegen im Jahr 2014 den Phantom-Mörder Jack the Ripper enttarnt, der im Dreikaiserjahr 1888 (das jedoch in England anders konnotiert wird) fünf der Prostitution nachgehende Frauen tötete und ihre Körper ausweidete. Einer der Polizeibeamten, die damals den Tatort untersuchten, nahm einen blutdurchtränkten Schal des vierten Opfers an sich. Er bewahrte das Beweisstück, von dem Schrecken ausging, privat auf und wollte es später zu eigenem Vorteil verkaufen. Dann war das Objekt jedoch liegengeblieben und, so wie von ihm verpackt, erst 126 Jahre später gefunden und vom britischen Kollegen des Opladener Detektivs auf einer Ramsch-Auktion ersteigert worden.

Seinerzeit waren vom Mörder und vom Opfer weitere Objekte von den Behörden thesauriert worden. Auf ihnen befindliche Blutreste wurden mit den Befunden, die der Schal schwammartig in sich trug, auf DNA-Spuren untersucht. Es erwies sich, dass es sich bei dem rätselhaften Täter, der nach Ende der Mordserie verschwunden war, um den polnischen Friseur Aaron Kosminski handelte. Er war seinerzeit in den Akten als Verdächtiger aufgeführt worden. Beschlagnahmte Gegenstände trugen Spuren seiner Identität.

In der Zwischenkriegszeit war der zur Zeit der Morde 23 Jahre alte Mann nach Polen zurückgekehrt. 78jährig wurde der Täter in eines der Vernichtungslager des Deutschen Reiches eingeliefert. Dort offenbarte er sich – in seiner letzten Not – mit dem einzigen Wert, den er als Menschenwesen noch zu haben glaubte, dem monströsen Wert seiner Taten, einem württembergischen Kriminalkommissar und Hauptsturmführer, der im Lager Dienst hatte, durch einen quasi kollegialen Hinweis (von böse zu böse). Dessen Meldung veranlasste die sofortige Überstellung des legendären Mörders in die Reichshauptstadt.

Die Abteilung VII des Reichssicherheitshauptamts (RSHA) hatte ein merkwürdiges Faible für die Erforschung menschlicher Mit- und Gegenwelten nach jener Art, in der sich die Institute für Kunst und Monstrositäten in der Renaissance für abnorme Exempla interessierten. Der Reichsführer selbst nahm an der Zulieferung des seltenen Fundstücks aus dem KZ Anteil und liess sich von Professor Six, dem Abteilungsleiter, vortragen. Nicht der Aufgliederung nach Rassen (die war bekannt), sondern dem Potential der menschlichen Natur, der Anlage eines Zoos von Besonderheiten des Menschenwesens, galt das Forschungsinteresse.

Die Kriminalisten und SS-Forscher in Berlin hatten sich zu jenem Zeitpunkt noch nicht entschieden, ob sie den Täter, dieses »seit so vielen Jahren eingemottete Böse«, nicht viel zu schade fänden, um ihn zu vergasen, ob sie ihn dennoch töten oder zur Propaganda gegen England oder gegen das Weltjudentum gebrauchen oder aber ob sie den Mann zur Ermittlung der Abgründe und der Potentiale der Humangattung näher untersuchen sollten. Sie standen erst am Anfang ihrer Verhöre und Beratungen, als der Bombenangriff auf Berlin-Mitte im November 1943 sie und den gealterten Mörder in einem der Luftschutzkeller verschüttete. Die Massierung von Zufällen, die ein Bombenteppich auf eine unbeleuchtete Großstadt mit sich bringt, kann nicht ohne weiteres als Gottesgericht verstanden werden. Das gleiche gilt für den Fall, dass Aaron Kosminski sich dem Kameraden Eilers nicht offenbart hätte und in den Öfen verbrannt worden wäre, da, wie der Theologe Bultmann darlegt, sich Gott nicht der Schergen solcher Lager zur Herstellung seiner Gerechtigkeit bedient.

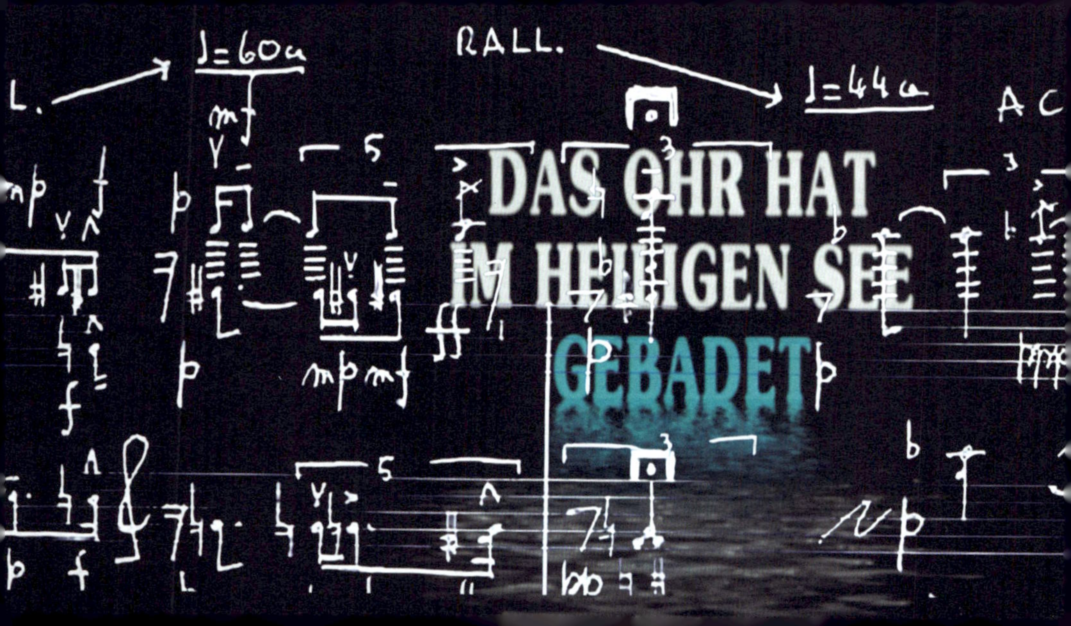
DAS OHR HAT
IM HEILIGEN SEE
GEBADET
RALL.

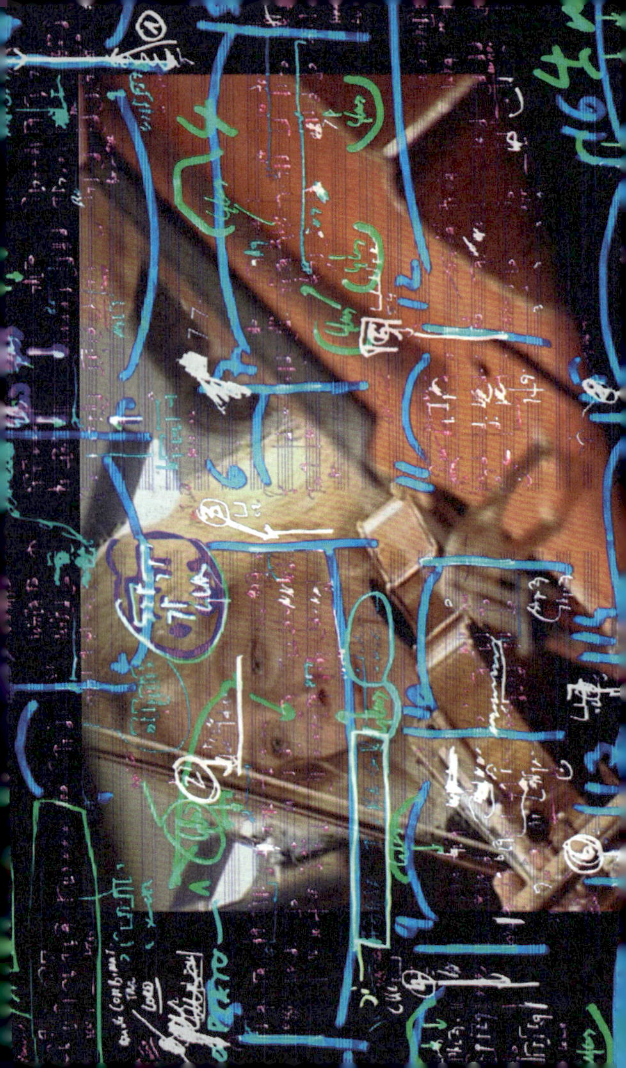

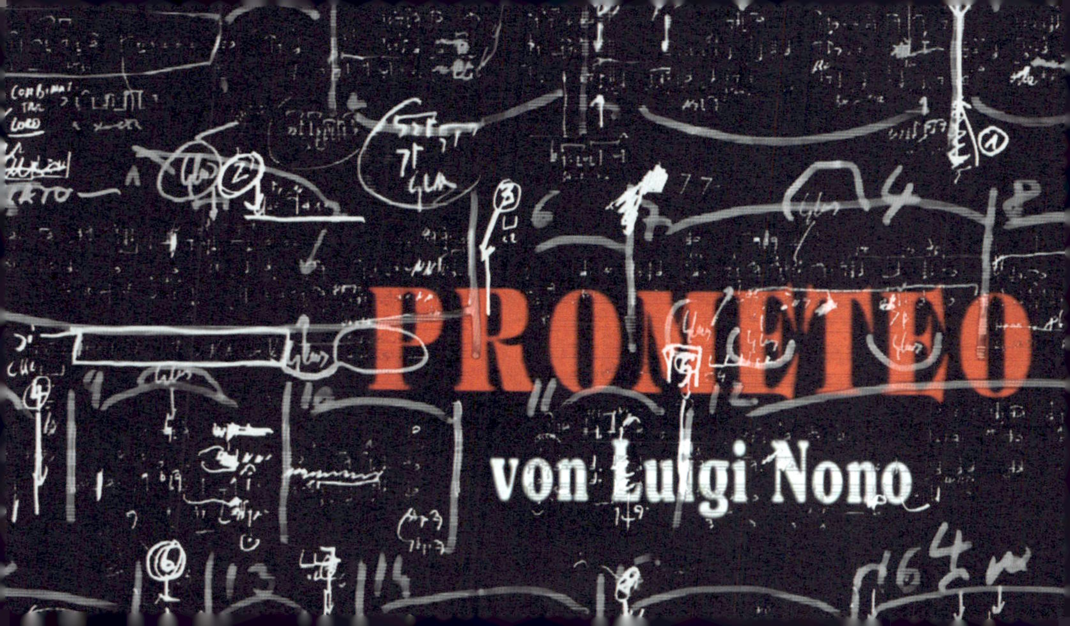
PROMETEO
von Luigi Nono

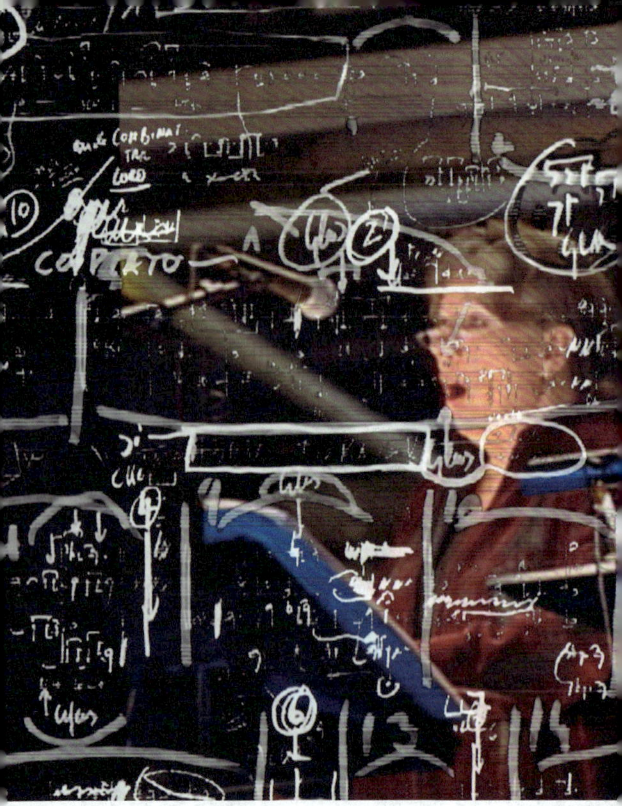

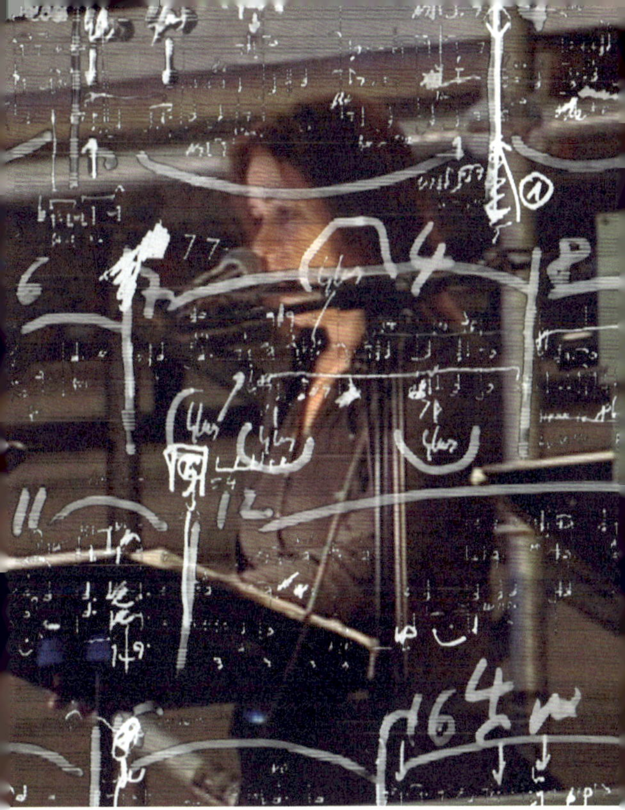

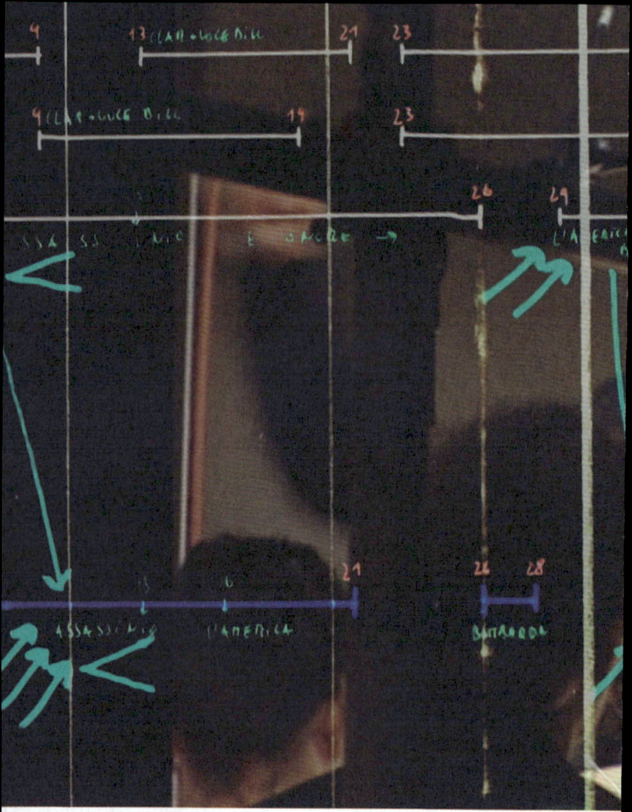

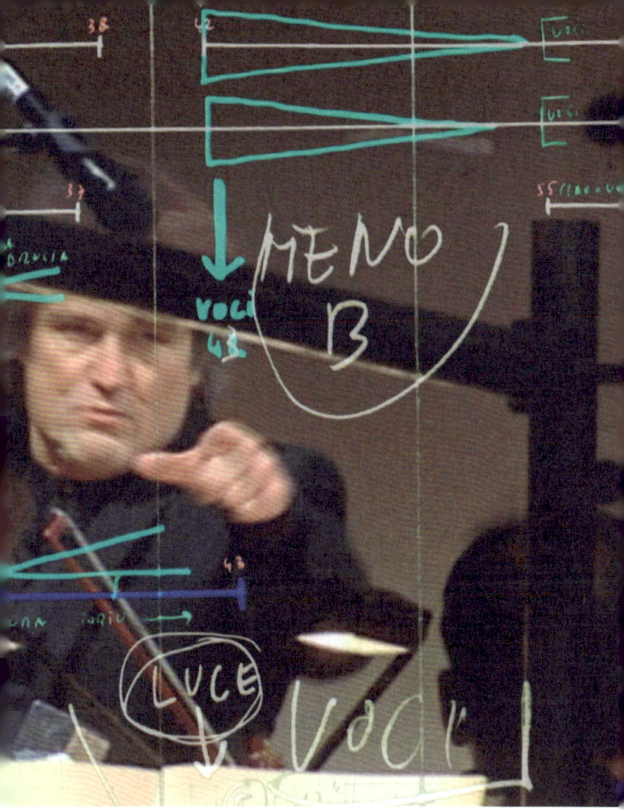

INGO METZMACHER, DIRIGENT

DIE STIMMLOSEN DER GESCHICHTE

Eine unbekannte Komposition Luigi Nonos aus dem Jahre 1966: Siebzig der Kellner, die 1912 mit der Titanic untergingen, stammten aus benachbarten Dörfern in den Abruzzen. Ihre Bräute, die darauf gehofft hatten, dass diese Männer nach Auszahlung ihrer Löhne zurückkehren und sie heiraten würden, fanden sämtlich keinen Ersatz. Die Dörfer blieben kinderlos, stehen heute verwüstet zwischen den Bergen. Diesen STIMMLOSEN DER GESCHICHTE widmete Luigi Nono 1966 sein *Lamento für 12 Streicher und 12 Soprane*. Die Trauer bezieht sich weniger auf die auf dem Meeresgrund verschollenen Kellner als vielmehr auf das trostlose Geschick der zurückgelassenen Frauen, welchen die strenge örtliche Sitte verbot, in einer der Kreisstädte ein zweites Glück zu versuchen.

Eine Macht unirdischer Herkunft /

ZU EINER ERZÄHLUNG VON HEINRICH VON KLEIST ÜBER »DIE GEWALT DER MUSIK«

Eine kleine Gruppe von gewaltbereiten Puritanern aus den Niederlanden hatte sich untereinander verschworen. Mit Lust. Aus Protest. Bilderstürmer und Wiedertäufer. Plan war es, noch während des Gottesdienstes die örtliche Volksmenge einer deutschen Stadt aufzuwiegeln und die Kathedrale von Bildern kahlzuschlagen.

Im Augenblick dieser Gefahr – so heißt es bei Heinrich von Kleist – sollte die Musik einer Messe, komponiert mehr als hundert Jahre zuvor von einem Meister aus Venedig, die aufgeregte Stadtbevölkerung beruhigen, der disruptiven Tendenz Abbruch tun. Die Dirigentin, die das Musikwerk hätte leiten können, lag jedoch fiebernd im Koma. Da soll die Heilige Cäcilie, Muttergöttin der Musik, ans Pult getreten sein (als Gespenst der Fiebernden) und schon mit dem siebten Taktschlag zähmte die Musik die Zerstörungslust der Menge.

Später wurden die vier Anstifter des Aufruhrs, die »durch Musik Geläuterten« – so erzählt es Kleist – in einem Irrenhaus aufgefunden. Mit allen Attributen der Zufriedenheit. Sie saßen dort an einem Tisch, krächzten fromme Musikfetzen, Kehllaute, die sich für den Kundigen als aus der legendären Messe stammend erwiesen. Den Bericht darüber, der kürzeste seiner Erzählungen, gab Heinrich von Kleist den Titel »Die Heilige CÄCILIE oder DIE GEWALT DER MUSIK«.

EMPFINDLICHE ABKÖMMLINGE AUS FERNER ZEIT

Der sensorische Teil unseres Ohres stammt erstens von den Drucksensoren ehemaliger Fische ab und zweitens von einem gemeinsamen Vorfahren, der die reizsensiblen Haare der Fliegen besaß. Keine Spur mehr in der Welt von diesen Vorfahren!

Der empfindliche Abkömmling im Ohr des Dirigenten Ingo Metzmacher befand sich in wüster Erregung. Die differenten Tonfolgen (wie sie Luigi Nono in Noten gesetzt hatte) explodierten, wenn sie aufeinanderstießen und durch Metzmachers Gesten wie mit einer Machete ihren Weg bahnten zu den Ohren und Händen der Orchestermusiker. Es entstanden bei den Proben, so der Kritiker der *SZ*, etwa zehn Ton- und Obertonkombinationen, die weder so in den Noten standen noch bis dahin überhaupt je auf Erden erzeugt und gehört worden waren. So haben die ausgestorbenen Vorfahren, von denen wir unsere sinnliche Ausstattung geerbt haben, immer neue, unerwartete Nachkommen. Aus tiefem Grund erkannte das Publikum, das an sich auf solche Zeichen nicht vorbereitet war und einen gewohnten Musikabend konsumieren wollte, das ABSOLUT BESONDERE des Vorgangs und applaudierte stehend, ohne genau sagen zu können, warum.

KOSMISCHE MUSIK

Das Beben, das Japans Nordinsel um vier Meter nach Osten versetzte, war mit seinem Glockenschlag noch in den Schweizer Bergen zu messen. Der ganze Erdball empfing diesen Puls. Dies sind – nach Johannes Kepler – die Akkorde des Planeten Erde, wie er sie in seinem Buch aufgezeichnet hat. Einige der Töne folgen aufeinander im Abstand von tausend Jahren, und sie haben einen unterschiedlichen Klang, wenn sie sich wiederholen. Andere dieser Schläge sind kürzer getaktet. Das Restrisiko (an sich unhörbar) ist nach Keplers Behauptung indirekt zu hören, weil es nach Art einer schalltoten Wand reagiert. Während es nur *ein* MENETEKEL mit überliefertem Wortlaut gibt, sind solche toten Winkel der Wahrnehmung und die großen, als Erhabenheit und als Gefahrensignale deutbaren Glockenschläge des Erdballs KOSMISCHE MUSIK.

KLEINWÜCHSIGE FRAU MIT HOCHHACKIGEN SCHUHEN

Hier eilt die Opernsängerin heran. Sie wird heute Abend die Rolle der Tosca singen. Da sie untersetzt ist, trägt sie hochhackige Schuhe.

In sich, unbeachtet, trägt sie ein kleineres Gefühl mit Namen: GLEICH FÄLLST DU HIN. Es liegt verborgen unter der leidenschaftlichen Hingabe, der Mordlust im ausweglosen Moment, die zur Rolle der Tosca gehören, ist durch die Gefühle der Aida verdeckt, von denen sie in der vorigen Saison sang. Dennoch hat es Macht, Kraft und Ahnenfolge.

Als wir noch Reptilien waren, kannten wir keine Gefühle, sondern ausschließlich Aktion. Ruhen – Warten – Angriff oder Flucht.

Dann kamen die Eiszeiten. Als es auf dem blauen Planeten sehr kalt wurde, dachten wir oft sehnsüchtig an die Urmeere von 37° Wärme. Wir lernten Gefühle zu haben, nämlich zu sagen: zu heiß, zu kalt. Das zu unterscheiden und Sehnsucht zu haben: das ist das, was die Gefühle können. Alles andere ist Kombination.

Meine Großeltern waren einfache Bauern. Bis zu Christi Geburt sind es 64 Billionen Ahnen. Jeder dieser Ahnen ist mit einem Baumkletterer verwandt, auf den alle Vorfahren zurückreichen und dessen Gefühle, wie Einschlafen, Schmecktgut, Beißen, Auweia usf. jeweils ihren AHNENSTAMM auf ein einziges Gefühlspaar zurückführen: Heiß/Kalt.

Die Rippe Adams war nämlich übergroße Sehnsucht, als es kälter wurde. Siebenunddreißig Grad in den warmen Wassern der Urmeere. Das konnten wir nicht vergessen, daran erinnerten wir uns in der Kälte, dieses Feuerchen entzündeten wir in unserem Inneren. Die Vorfahren davon sind die Schwingungen in den Farben der Atome. Insofern ist die Musik älter als das Gefühl.

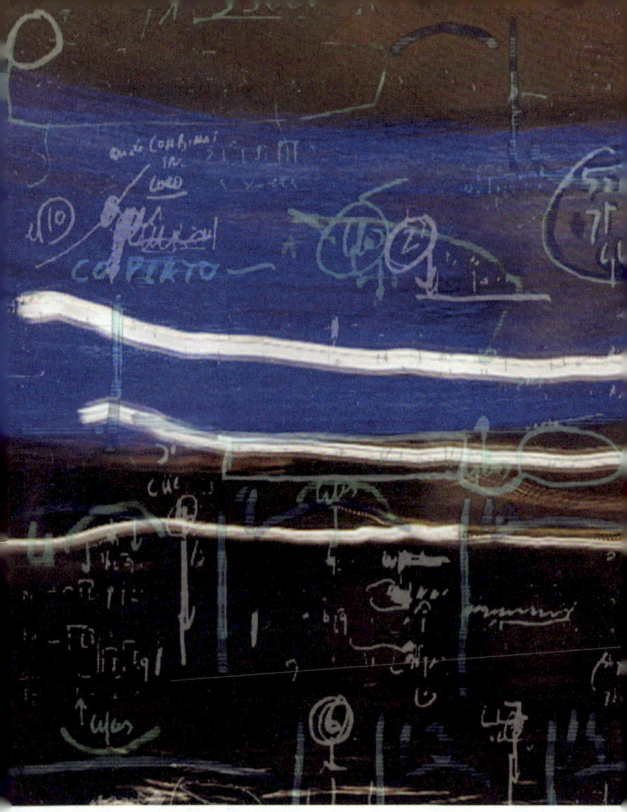

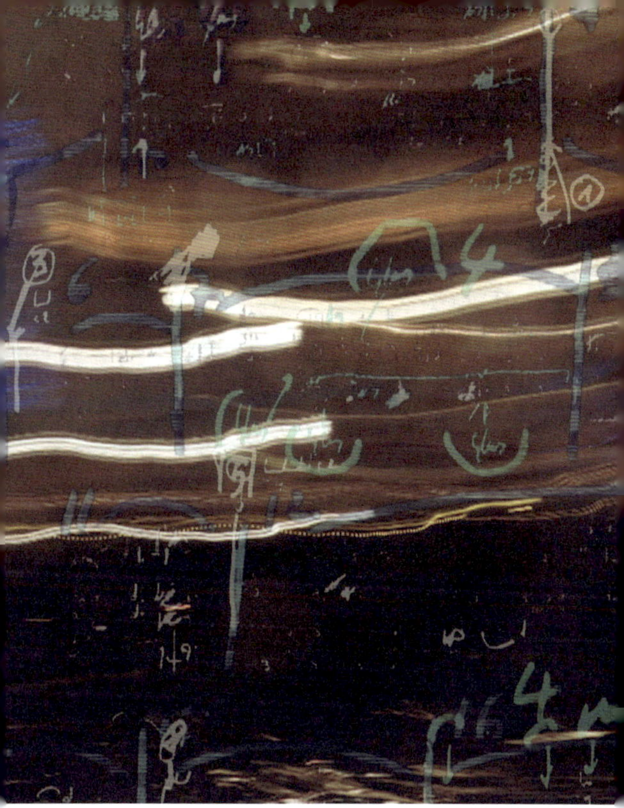

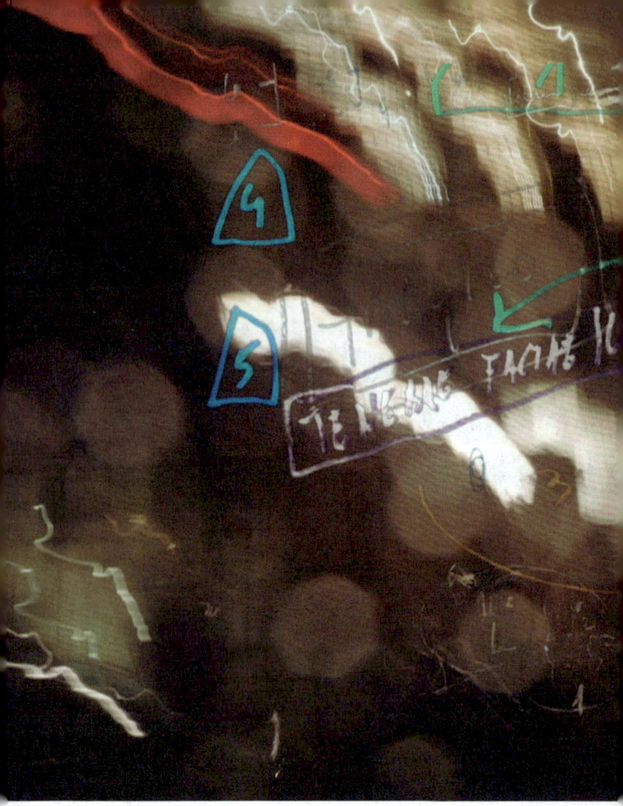
4
5

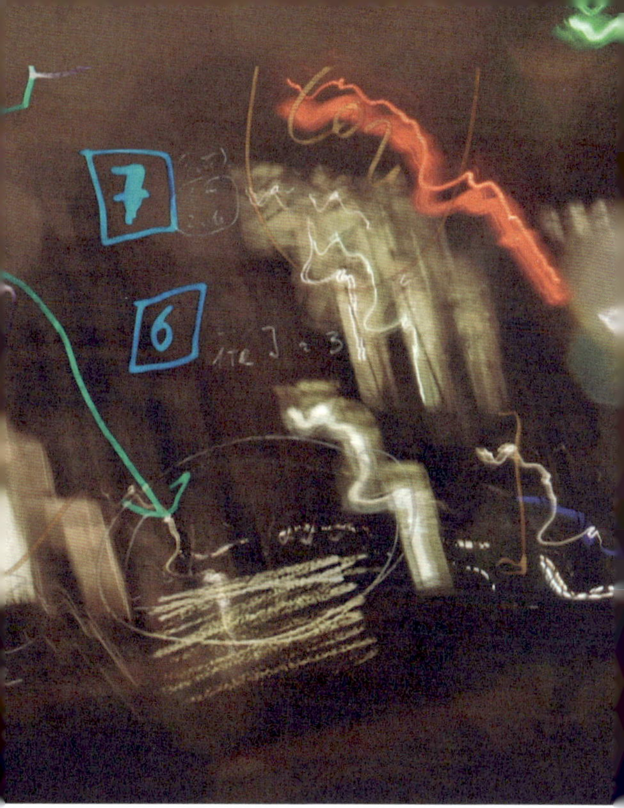
7
6

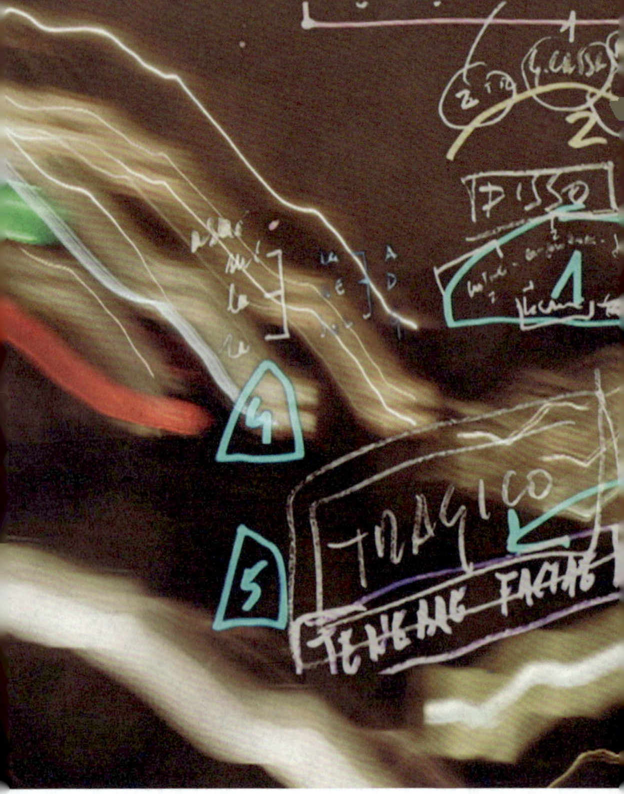
TRAGICO

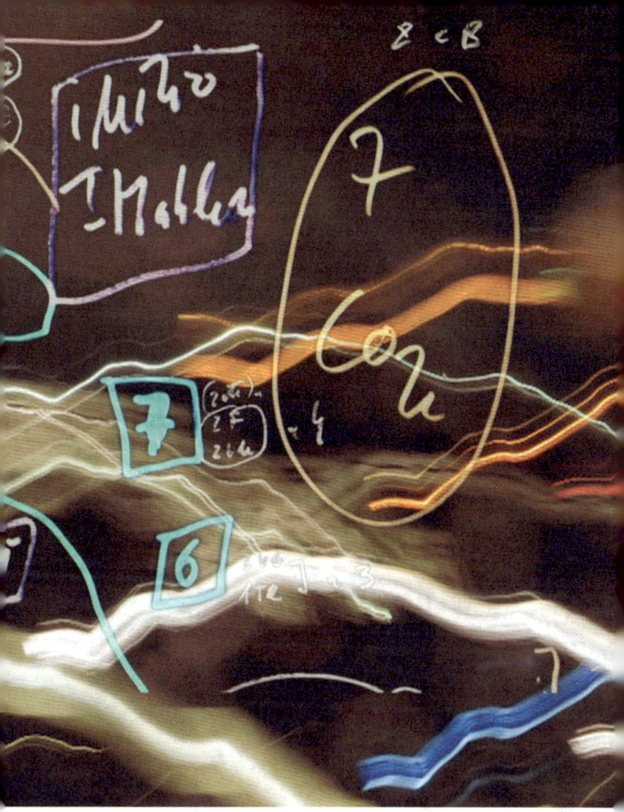

"Das harmonische GESPENST"

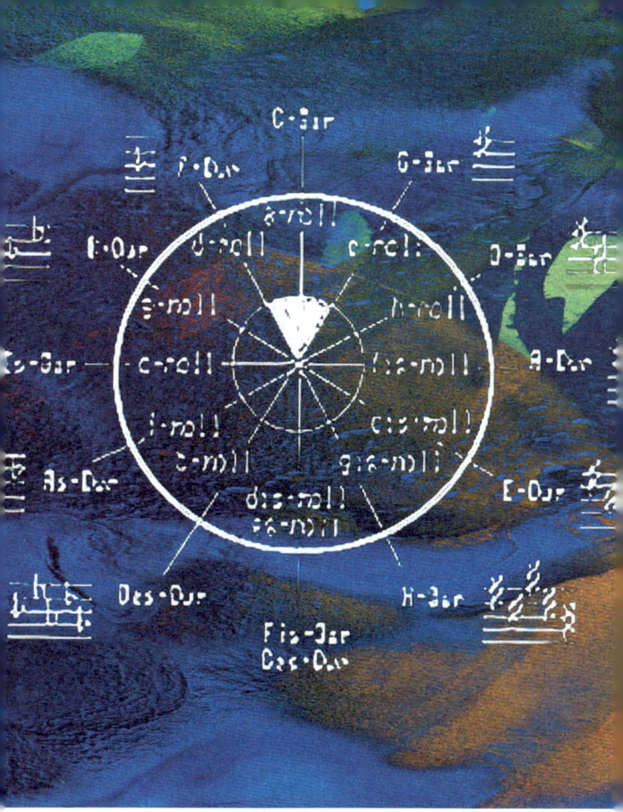

Das harmonische Gespenst
Triptychon
01:32

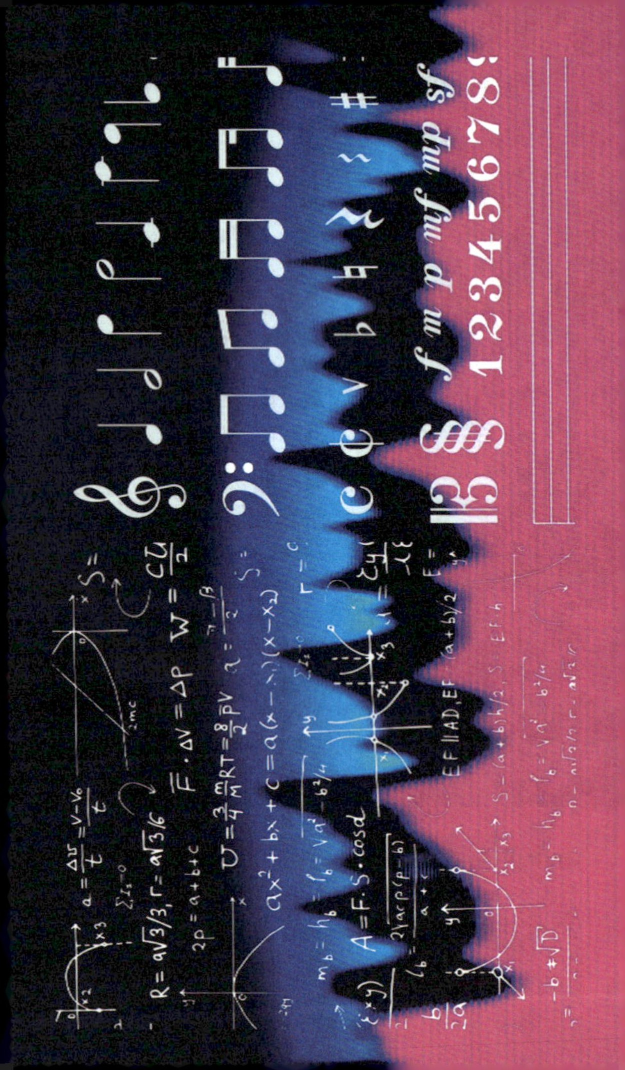

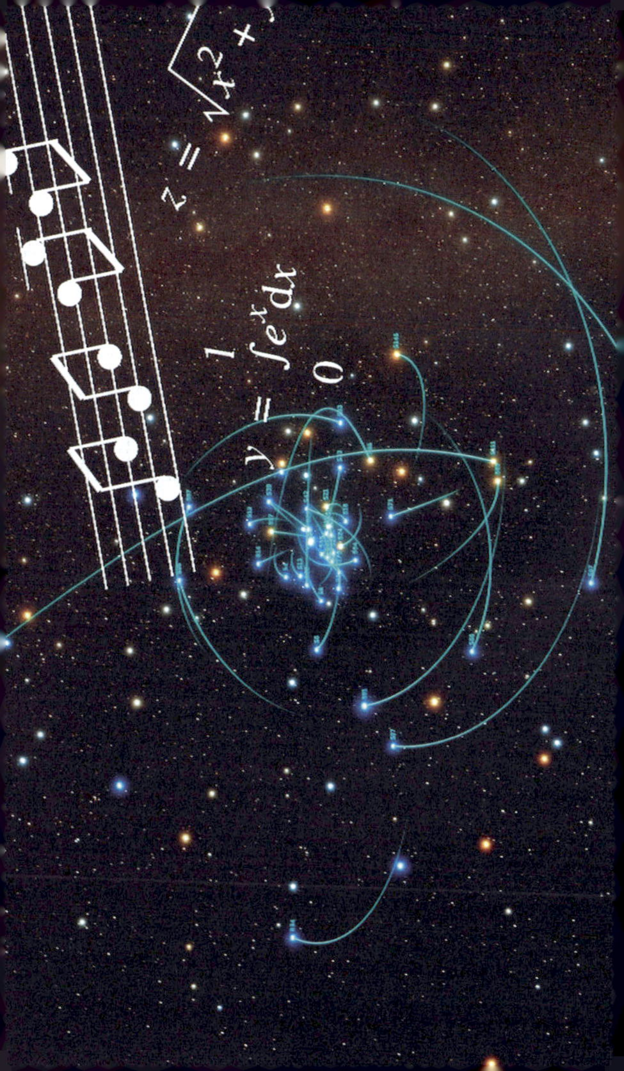
$y = \int_0^1 e^x dx$

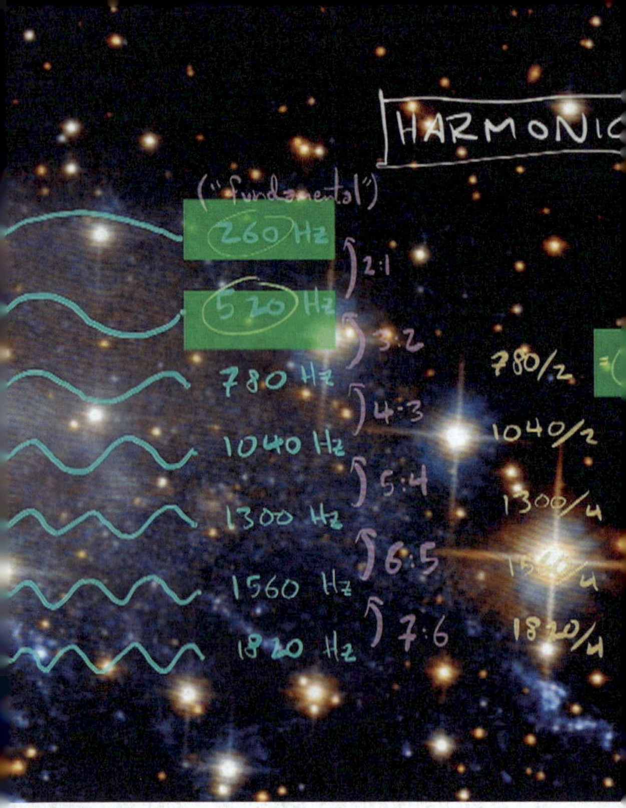

HARMONIC
("fundamental")
260 Hz
520 Hz
780 Hz
1040 Hz
1300 Hz
1560 Hz
1820 Hz
2:1
3:2
4:3
5:4
6:5
7:6
780/2
1040/2
1300/4
1820/4

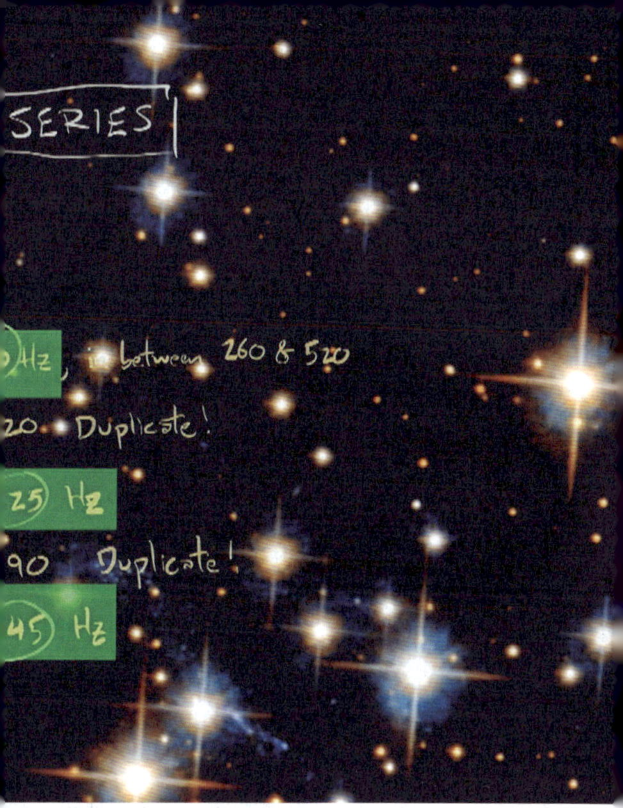
SERIES
Hz, in between 260 & 520
20 Duplicate!
25 Hz
90 Duplicate!
45 Hz

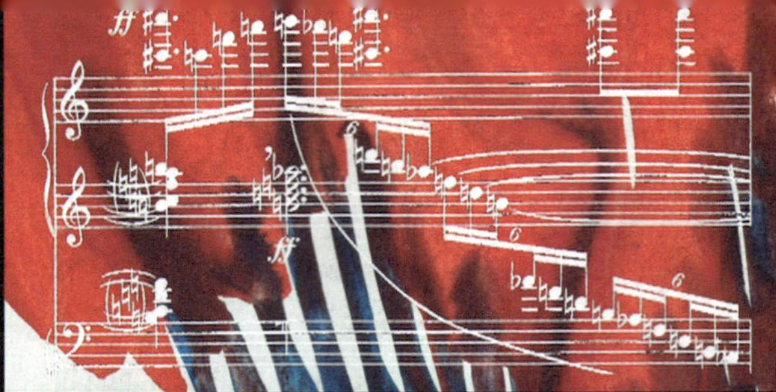

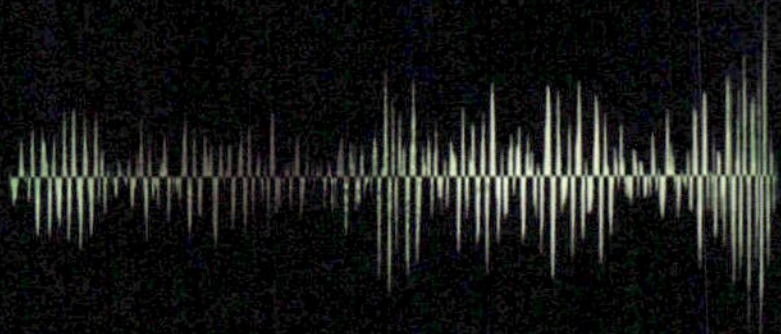

MATHS
MUSIC

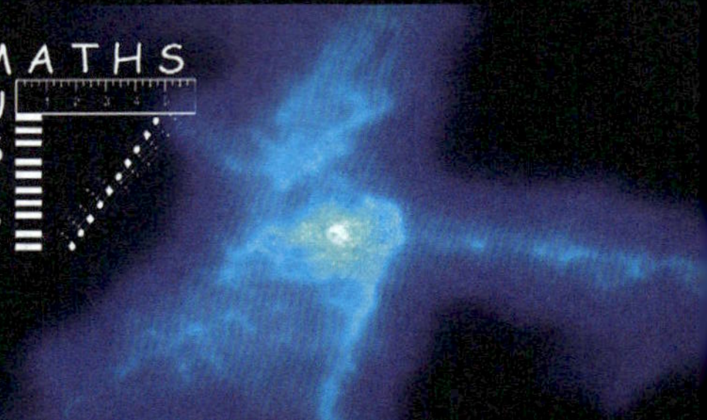

340 million years after the Big Bang

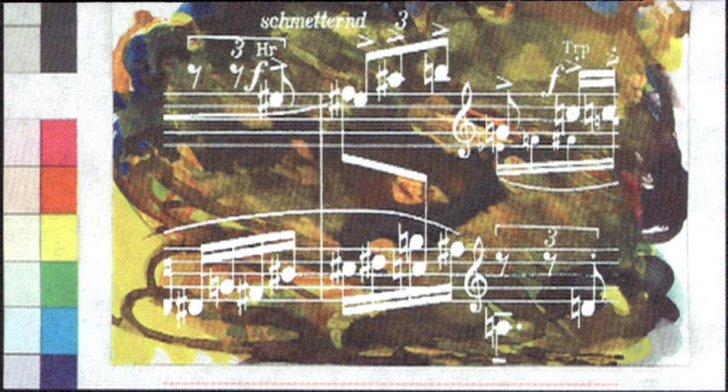
schmetternd
Hr
Trp

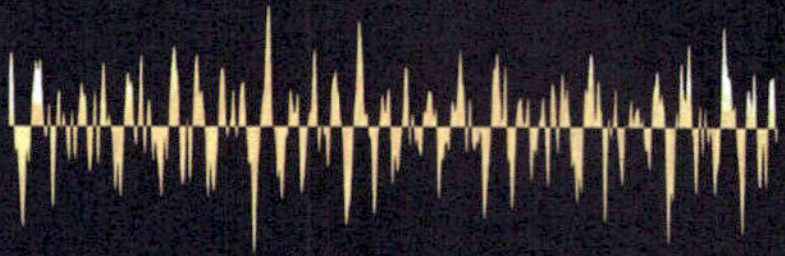

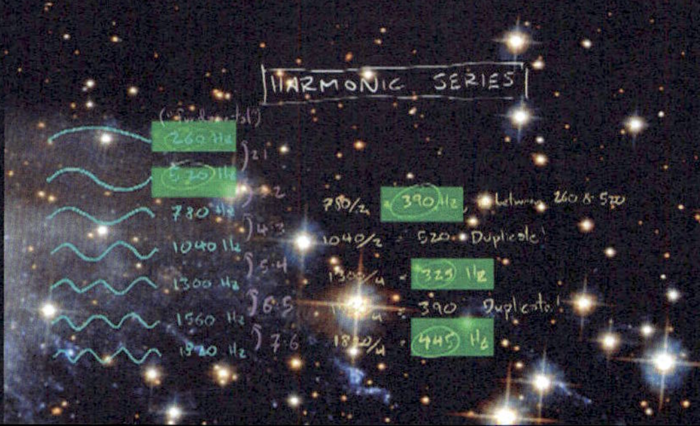
HARMONIC SERIES
260 Hz
520 Hz
780 Hz
1040 Hz
1300 Hz
1560 Hz
1820 Hz
2:1
3:2
4:3
5:4
6:5
7:6
780/2 = 390 Hz between 260 & 520
1040/2 = 520 Duplicate!
1300/4 = 325 Hz
1560/4 = 390 Duplicate!
1820/4 = 445 Hz

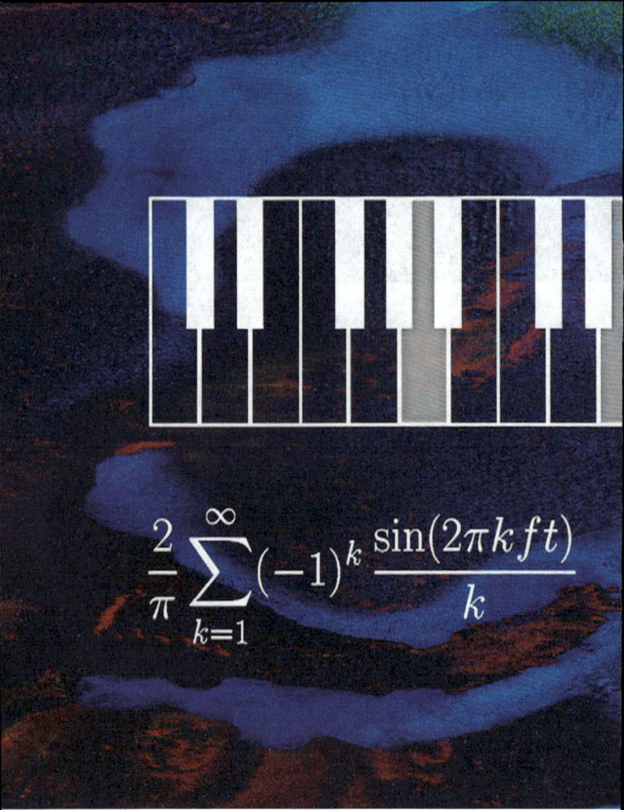
$$\frac{2}{\pi}\sum_{k=1}^{\infty}(-1)^k\frac{\sin(2\pi k f t)}{k}$$

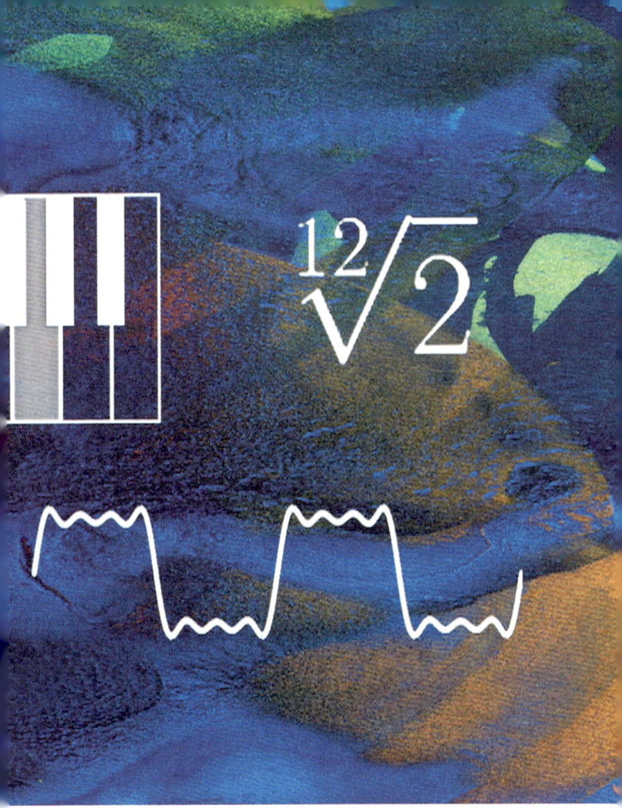
$\sqrt[12]{2}$

5

Worte darstellen

Umgebung als

Erinnerung

Friedrichsblau

die Dorfkinder
hatten Friede

Gelände der Unruhe

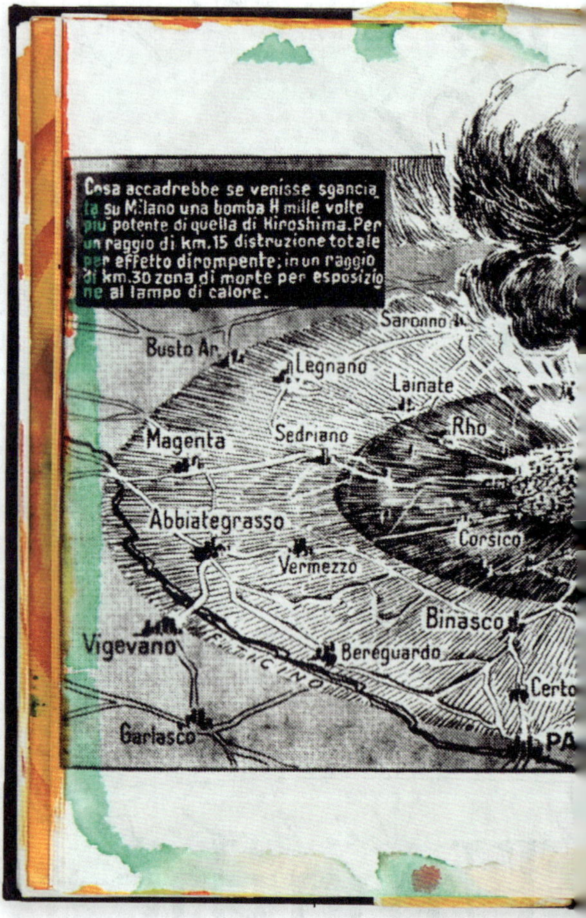
Cosa accadrebbe se venisse sgancia
ta su Milano una bomba H mille volte
più potente di quella di Hiroshima. Per
un raggio di km. 15 distruzione totale
per effetto dirompente; in un raggio
di km. 30 zona di morte per esposizio
ne al lampo di calore.
Saronno
Busto Ar.
Legnano
Lainate
Rho
Magenta
Sedriano
Abbiategrasso
Vermezzo
Corsico
Binasco
Vigevano
Bereguardo
TICINO
Garlasco

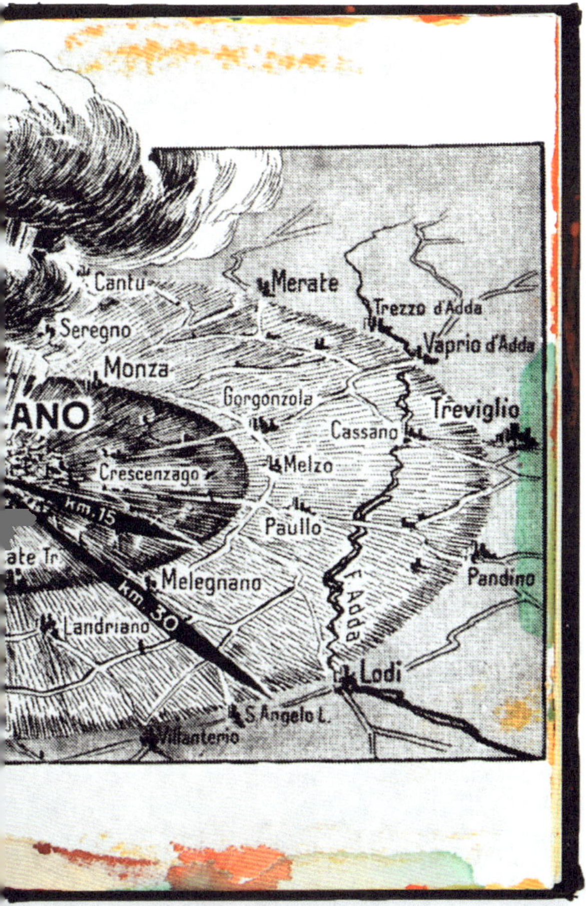
Cantu
Merate
Trezzo d'Adda
Seregno
Vaprio d'Adda
Monza
Gorgonzola
Treviglio
Cassano
Melzo
Crescenzago
km. 15
Paullo
Melegnano
Pandino
km. 30
F. Adda
Landriano
Lodi
S. Angelo L.
Villanterio

SCHRECKEN DER WELT

In jenen Zeiten glücklicher Naivität, in denen die Prototypen der H-Bombe auf den Koralleninseln von Bikini erprobt wurden, am 1. März 1954, frühstückte in Mailand eine Jugendgruppe von Marxisten in der Nähe des Doms. Es kam darauf an, hieß es, sich nicht zu fürchten. Auch Krieg sei nur eine Anwendung menschlicher Arbeitskraft. Insofern gehöre eine Konstruktion nicht zur Realität des Krieges, die gewissermaßen nur Zufälligkeiten der Physik kombiniere, eine Art BANKHAUS PHYSIKALISCHER WIRKUNGEN VON HOCHGRADIGER UNWAHRSCHEINLICHKEIT, nur zusammengesetzt aus toter Arbeit. Es sei auch noch niemand von dieser neuen Generation von Bomben umgebracht worden. Dies lasse hoffen, dass das nie geschehen werde.

Sie waren, so wie sie im Sonnenlicht hier saßen, zu keinem Kompromiss mit dem Klassenfeind bereit. Der schärfste Kompromiss aber wäre gewesen, wenn sie in Furcht geraten wären durch eine so abstrakte Drohung.

Abstrakt inwiefern? Wer in den USA soll denn ein Motiv haben, ein solches Werkzeug auf das Zentrum von Mailand zu disponieren? Nein, das nicht. Aber die Waffen des Westens könnten die Sowjetunion provozieren, eine ebenso wirksame Gegenwaffe zu entwickeln, die dann durch Zufall die Mitte Mailands treffen könnte: Das würde uns junge Marxisten von der Heimat der Werktätigen auf radikale Weise trennen. Mit welcher

Fehlerquelle, die den irrtümlichen Treffer Mailand-Mitte auslöse, wolle der Sprecher denn rechnen? Sie hielten ganz selbstverständlich Mailand für den Mittelpunkt der Welt im Gegensatz zu Rom, und sie weigerten sich beharrlich, auf Grund des lebhaften, durch Espressi verstärkten Blutdurchflusses in den jungen Adern, sich durch Furchteinflößung oder durch Propagandamärchen, die nur dem Pentagon nützen, dumm machen zu lassen.

Tatsächlich war bei den Versuchen im Umkreis von Bikini festgestellt worden, dass in den durch die Kernverschmelzung freigesetzten Elementen besonders tödliche, tückische Lithium-Verbindungen zu den Wirkungen des Wasserstoffs, der sich in Helium verwandelte, hinzutraten. Die mörderische Zone erstreckte sich auf 30 km im Umkreis, das heißt bis Pavia, Lodi, über Magenta hinaus.

Die metropolitane Heimatstadt war mehr als einmal völlig zerstört worden. So reitet Barbarossa, in Begleitung seiner Nordbarbaren, in die Stadt, die vor ihm kapituliert hat.* Er feiert dort das Osterfest und lässt dann 50 Tage lang, bis zum Pfingstfest, Stein für Stein, Gebäude und Mauern abtragen. Im Sonnenglast eine staubige Wüste. Aber es wächst Gras. Die Menschen kehren aus den Dörfern, von den Horizonten der Po-Ebene zurück. Es war falsch, sich vor dem grausamen Deutschen Kaiser zu fürchten. Er muß im Morgenland sterben, Mailand stirbt keineswegs. Was soll man den Texten des Genossen Marx anderes entnehmen als die Unterscheidung, wovor man sich fürchten und wovor man sich nicht fürchten muss?

Monza wäre, samt allen Geistern dort umgekommener Rennfahrer, von der Kernzone der H-Bombe erfasst. Das gleiche gilt für den Siegesort Legnano, wo die Mailänder Schlachtwagen die deutschen Reiter überwanden. Dagegen wären in Pavia nur die Fensterscheiben zerbrochen. Eine Flucht von dort nach Südwesten wäre möglich.

Naiv aber waren jene Zeiten kampflustiger Diskussion, weil niemand das wahre Element, das eine H-Bomben-Explosion in Bewegung gesetzt hätte, in Erfahrung gebracht hatte. Bis Tschernobyl kennt man die Halbwertzeiten nur abstrakt. Niemand erfährt aus akademischen Versuchen an den Gestaden des fernen Bikini, wie sich die Wirkungen kombinieren. Es genügt ja ein Glassplitter, vom Sturm, nicht von den Elementarteilchen in Bewegung gesetzt, um mich zu durchbohren. Was interessieren dann die Folgen, die mich nochmals töten könnten?

* Die Propagandisten des Papstes nennen ihn, wie später auch den Enkel, FURCHT DER WELT, »paura del mondo, metus mundi«. Durch Niederlagen gereizt, sieht der Kaiser einen Grund, Mailand, das Zentrum des Widerstands, zu planieren. So hielt es Rom mit Karthago. Der Kaiser ist gebildet. Er weiß, wie Imperatoren eine Landschaft ruhigstellen.

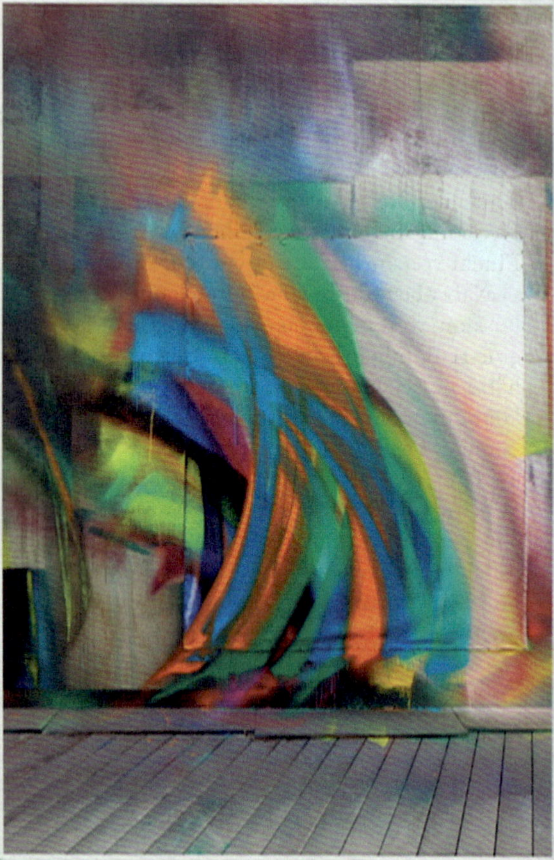

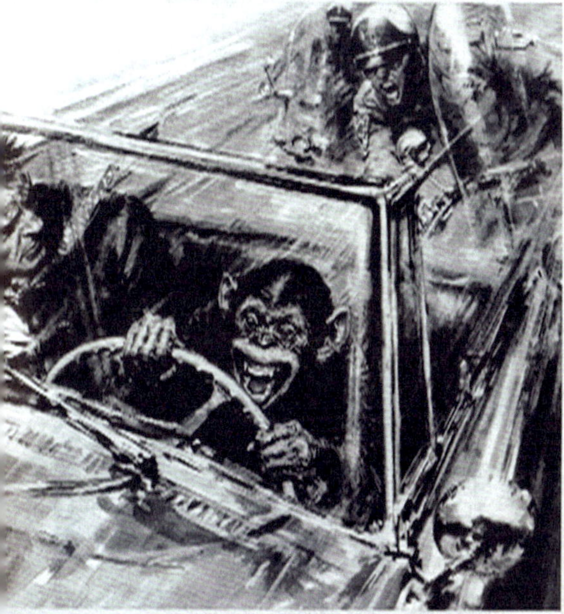

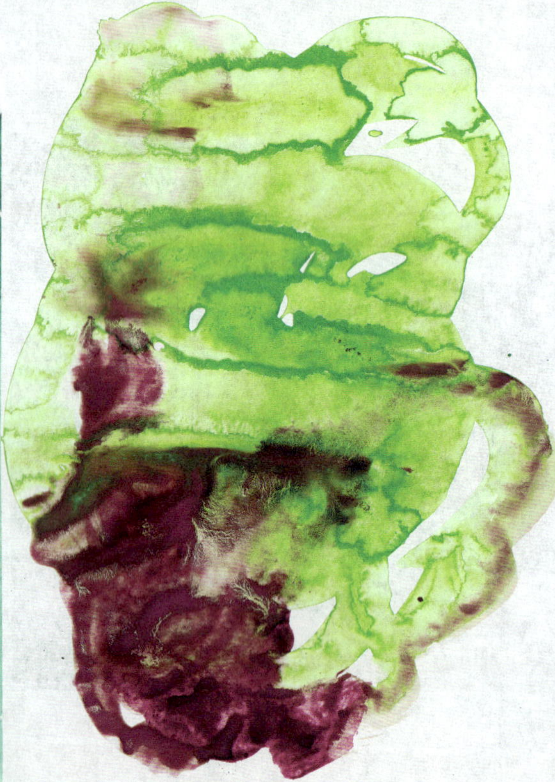

Verrückter im OP

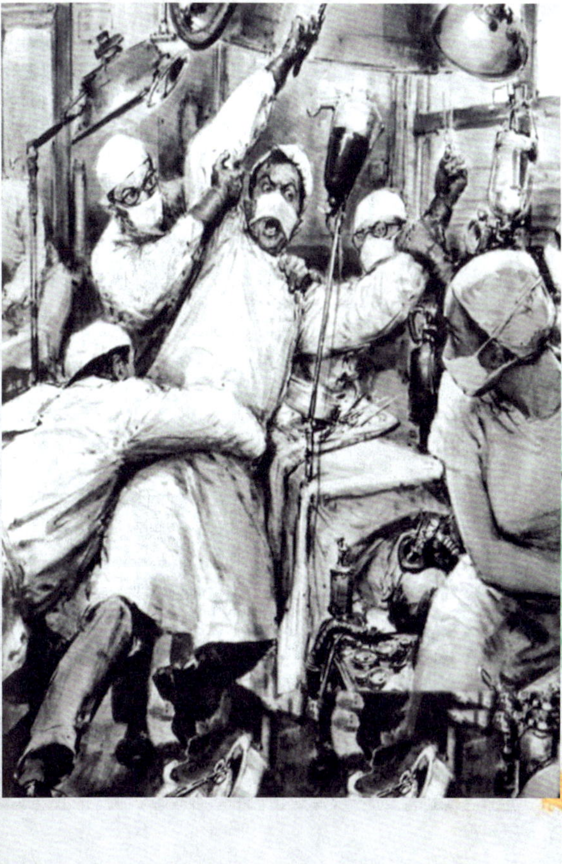

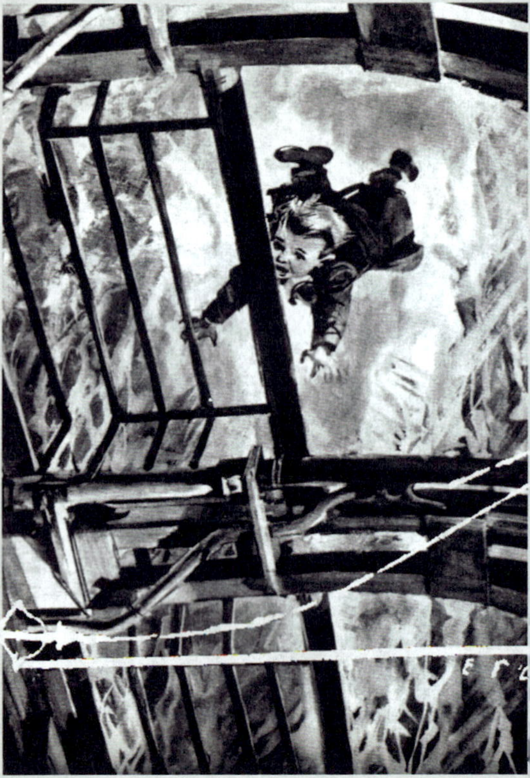

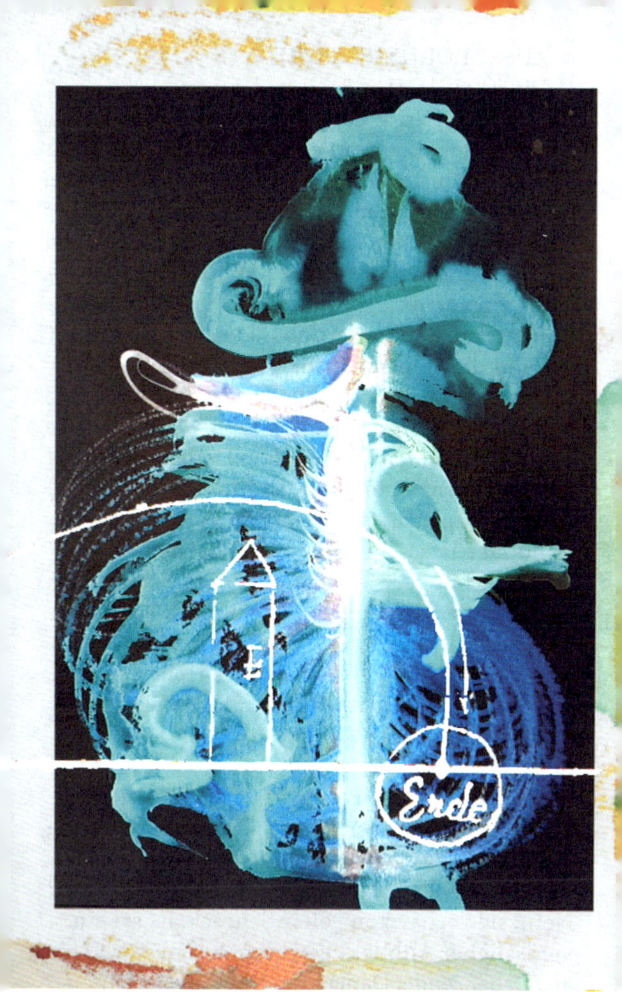
E
Erde

AUSSERORDENTLICHE WAHRNEHMUNG SÜDLICH VON AFRIKA

Nur 40 Seemeilen vor der Südküste Afrikas begegneten schiffbrüchige Seeleute, die sich in einen Kahn gerettet hatten, dem Weststurm trotzend, einer unheimlichen Erscheinung. Über den Wellenkämmen erhob sich wie ein RÄCHER der Leib einer ungeheuren Schildkröte. Nun fühlten die Seeleute aber keinerlei Schuld in sich. Nie hatten sie Schildkrötensuppe oder das Fleisch eines solchen Tieres zu sich genommen. Wie kam es zu dieser Begegnung?

Wir wüssten nichts von dem Ereignis, wären die Schiffbrüchigen nicht endlich, 14 Meilen östlich von Kapstadt, gelandet. Ihr Bericht in der Londoner Presse war bald vergessen. Es seien aber am Hals der riesenhaften Kröte, erzählte einer der Seeleute, unterhalb des Panzers Falten zu erkennen gewesen, von denen eine bereits Menschengröße, mehrere aber die Höhe des Stockwerks eines Mietshauses gehabt hätten. Das Auge des schwimmenden Lebewesens habe »bedrohlich«, mindestens aber »intensiv« geblickt. Es sei ein Rätsel, wie das Wesen in der turbulenten See habe schwimmen können. Es habe, die Nasenlöcher aufwärts gestreckt, mit den Vordergliedmaßen gerudert. Ruderten die Schiffbrüchigen? Nein, sie verharrten voller Schreck. Es sei ein »grässlicher Anblick« gewesen, erschütternd bis ans Lebensende. Danach war die Erscheinung verschwunden? Es sei keine Erscheinung gewesen. Auch nicht die Ausdeutung einer übergroßen Welle? Nein, keineswegs. Eine Schildkröte, außerordentlich groß.

Der Seemann wurde von einem Ordinarius aus Oxford vor der Royal Society befragt. Man habe ein solches See-Lebewesen vom Aussehen einer Schildkröte, jedoch um sieben Größenordnungen größer als ein Wal, sonst in den Weltmeeren noch nie erblickt – ob der Seemann einen Irrtum ausschließen könne? Der Erzähler, der aus Spanien stammte, antwortete: Ich habe es so gesehen.

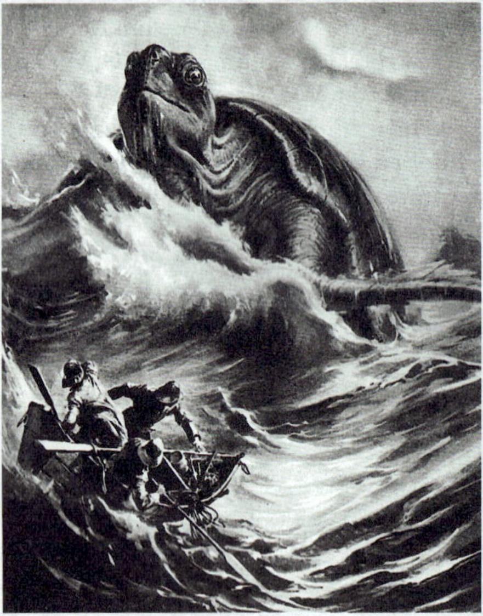

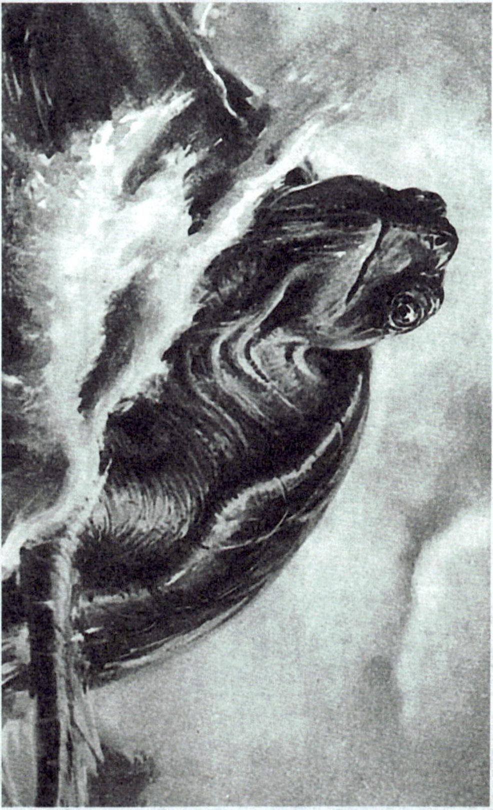

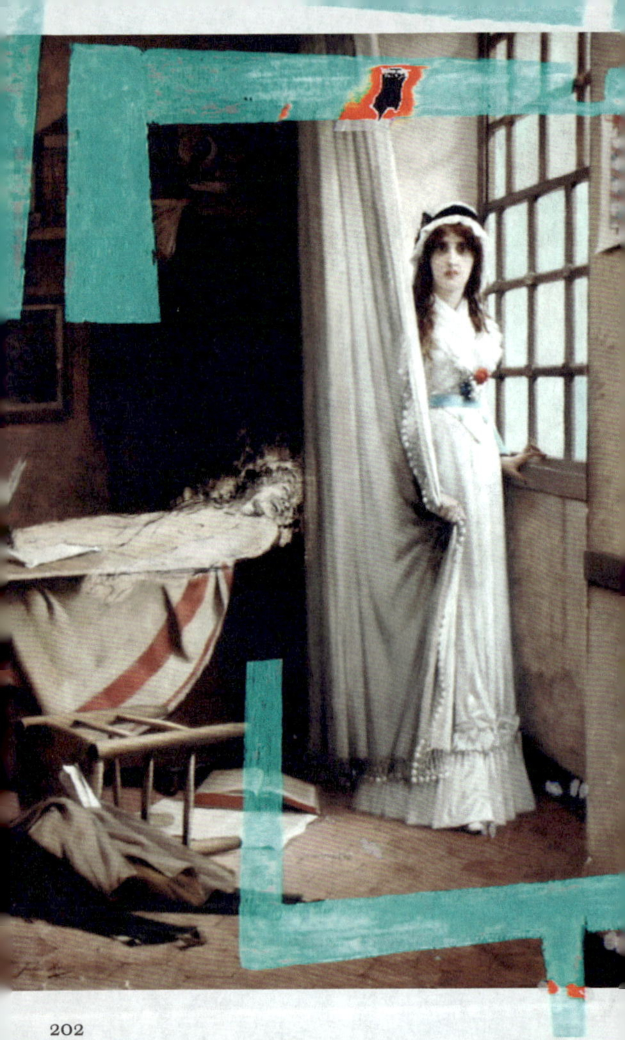

WIE MARAT STARB

Charlotte Corday, eine Normannin, war entschlossen, den Revolutionär und Journalisten Marat zu töten. Sie hielt ihn wegen seiner Denunziationen in der Kampfschrift, die er publizierte, für verantwortlich für den Tod Unschuldiger. Sie hatte sich angemeldet bei ihm unter dem Vorwand, ihm eine Liste Verdächtiger auszuhändigen.

Die junge Frau ging festen Schrittes durch die erste Schranke des Hauses. Marat lebte und arbeitete im ersten Stock. Sie liess sich von der Concierge nicht aufhalten. Sie betrat das Zimmer Marats. Marat saß im Bade. Er behandelte einen grässlichen Hautausschlag. Vor sich hatte er ein Brett, auf welchem er schrieb. Am Vortag hatte Charlotte Corday ein Messer gekauft. Das trieb sie bis zum Heft in Marats Herz. Der Stoß, von oben geführt, drang nahe beim Schlüsselbein ein, durchschnitt die ganze Lunge, öffnete die Hauptschlagadern und entfesselte einen mächtigen Strom von Blut. Das Mädchen wurde am Tatort verhaftet.

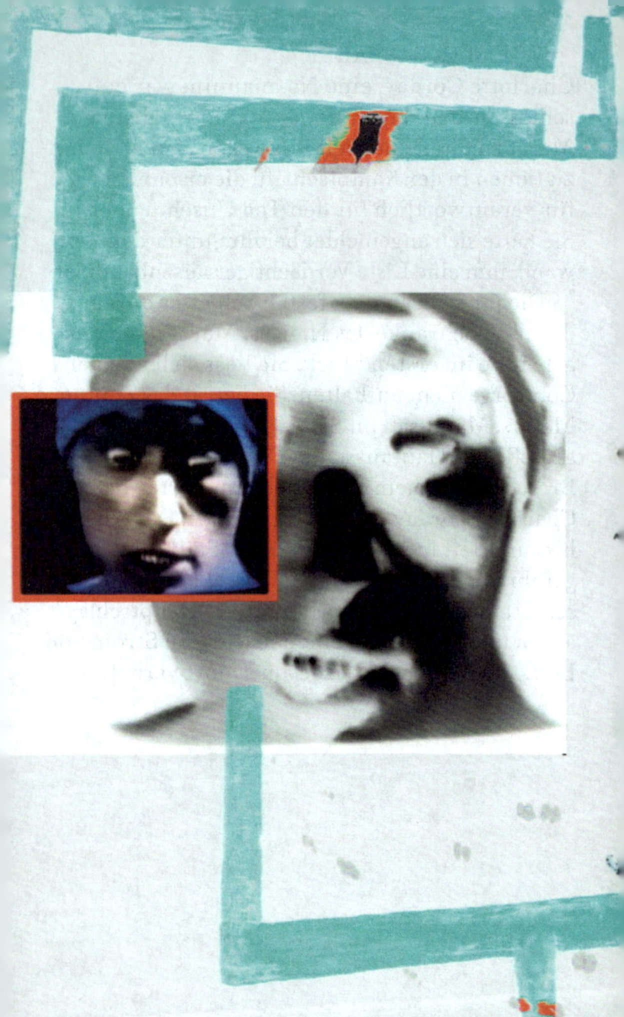

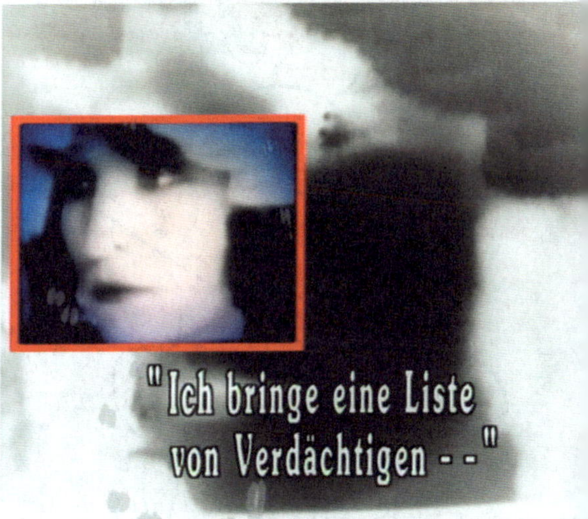
"Ich bringe eine Liste
von Verdächtigen --"

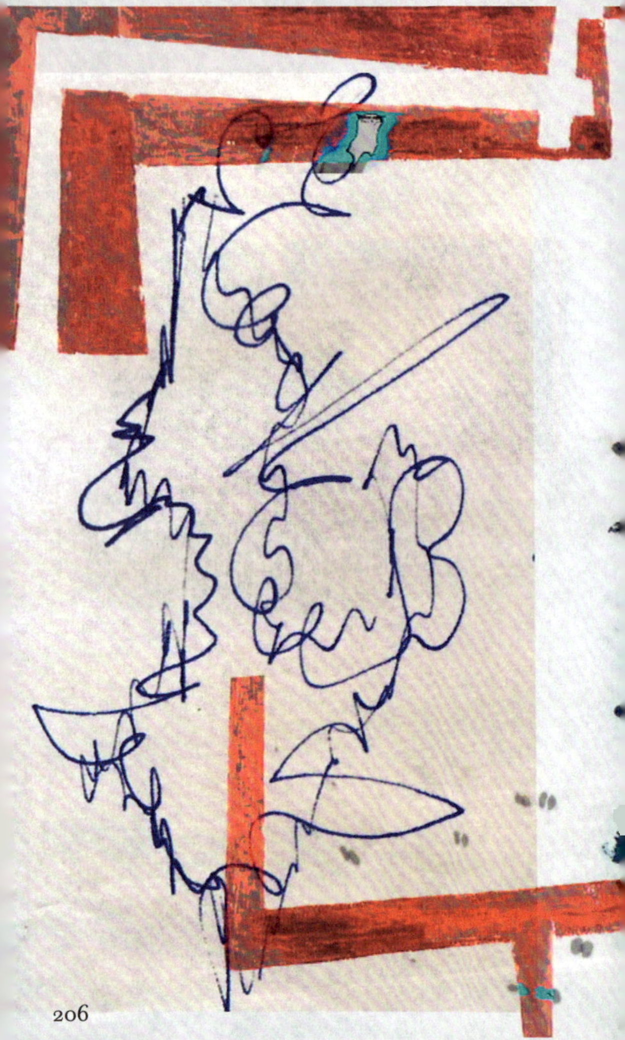

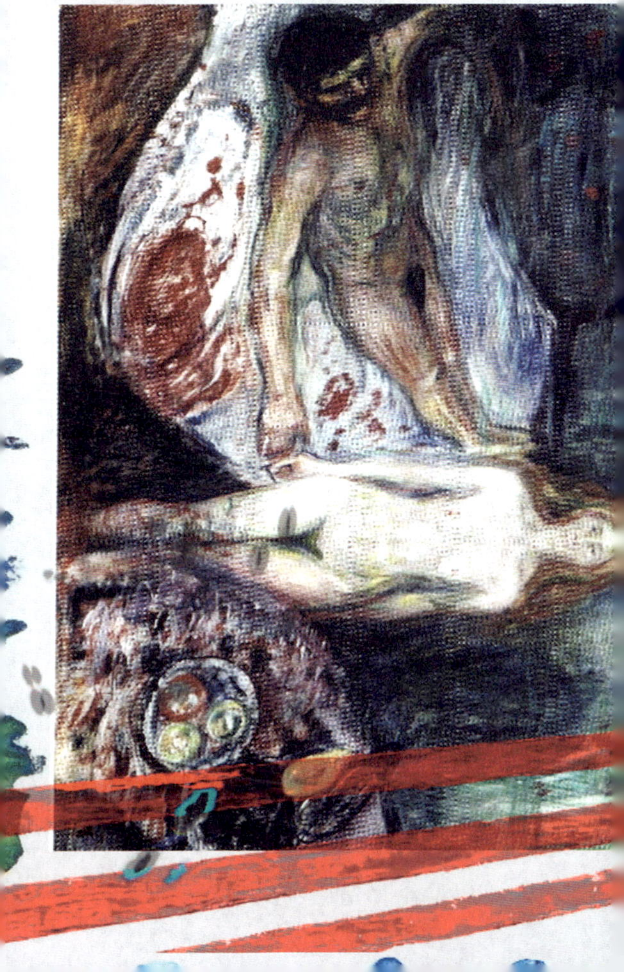

Aus Jules Michelet, *Geschichte der Französischen Revolution*, Band 7, »Die Herrschaft des Schreckens«, S. 236:
CHARLOTTE CORDAYS TOD

»... Sie bewahrte beim Geschrei der Menge eine vollkommene Ruhe, eine feierliche und schlichte Heiterkeit. Ein Arzt, der sie nicht aus den Augen verlor, erzählt, sie sei bleich erschienen, als sie das Beil bemerkte.

Sogleich als der Kopf fiel, packte ihn ein Zimmermann, ein Anhänger Marats, der dem Henker zur Hand ging, mit roher Faust.
Zeigt ihn dem Volke und ohrfeigte ihn in schamloser Brutalität. Ein Schauder des Abscheus, ein Murmeln, durchlief die Menge. Man meinte, den Kopf erröten zu sehen. Vielleicht war das eine bloße optische Täuschung: die verwirrte Menge hatte die roten Strahlen der Sonne im Auge, die durch die Bäume der Champs Elysees drangen. Die Pariser Komune und der Gerichtshof gewährten dem allgemeinen Gefühl Genugtuung und steckten den Mann ins Gefängnis ...«

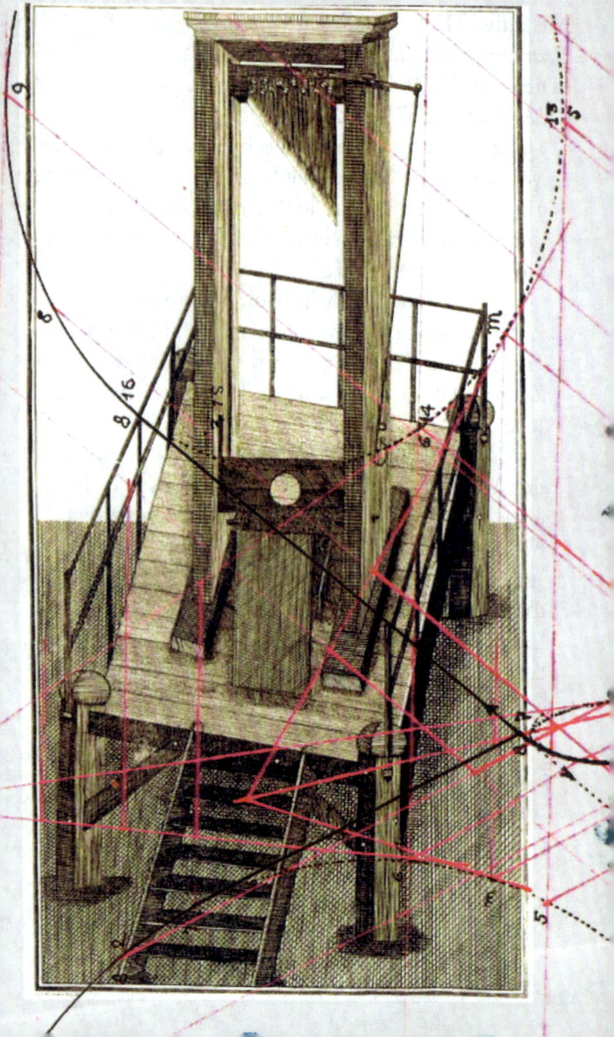

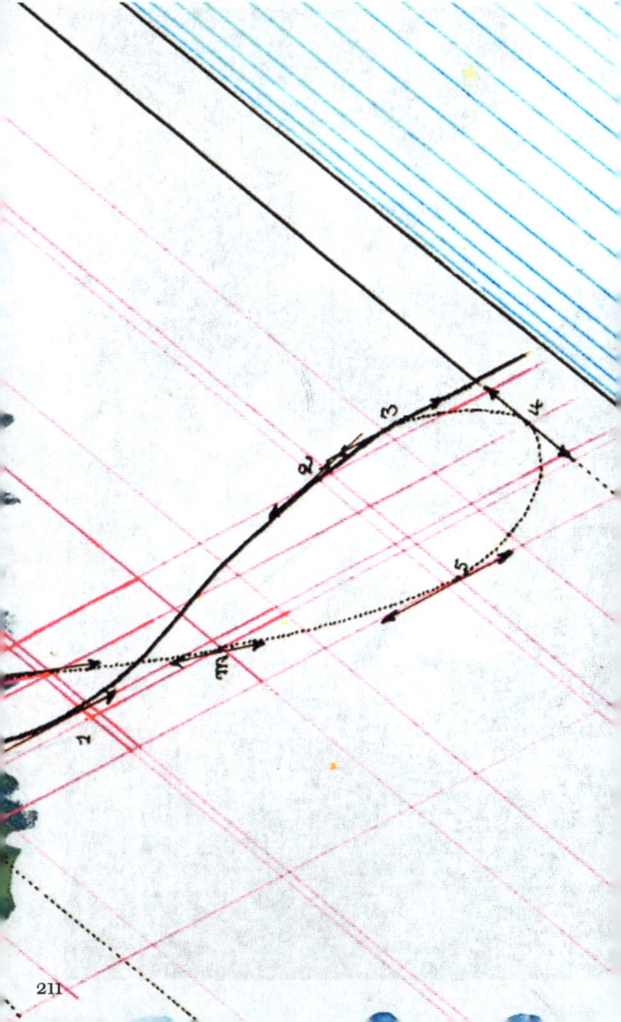

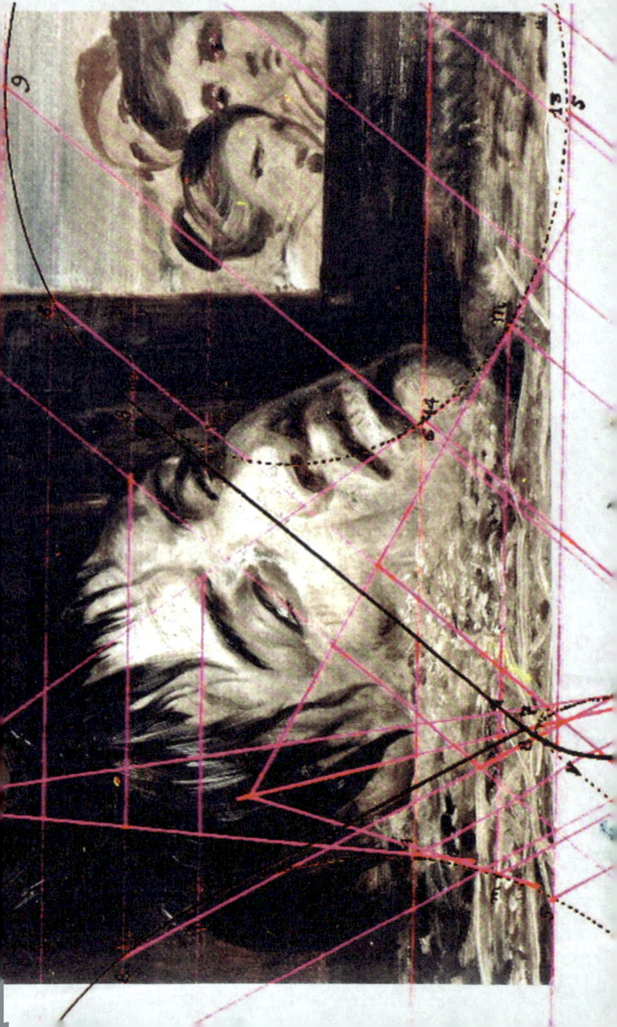

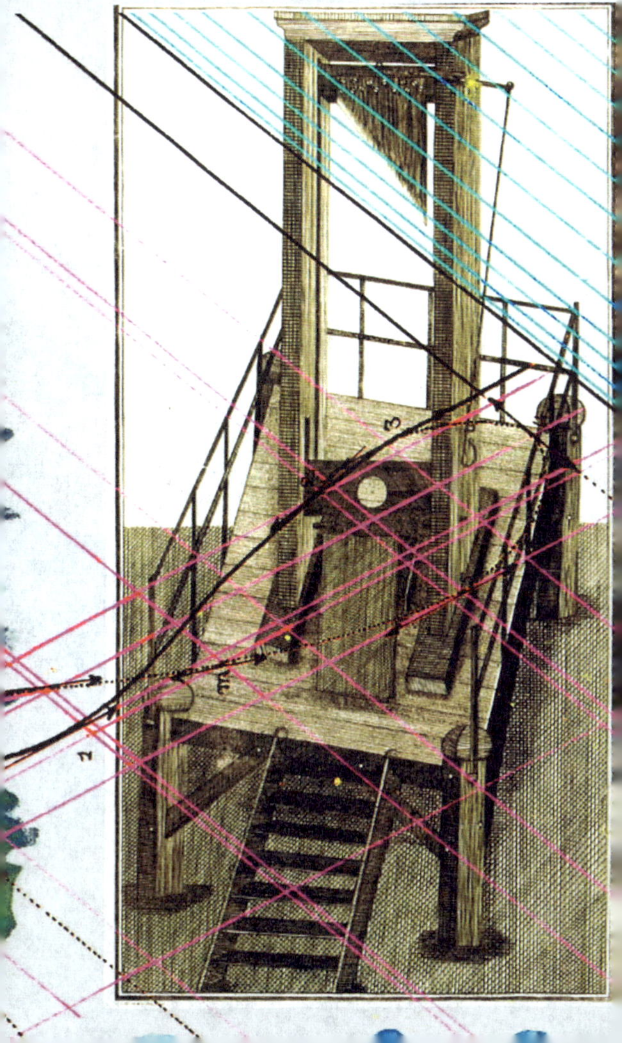

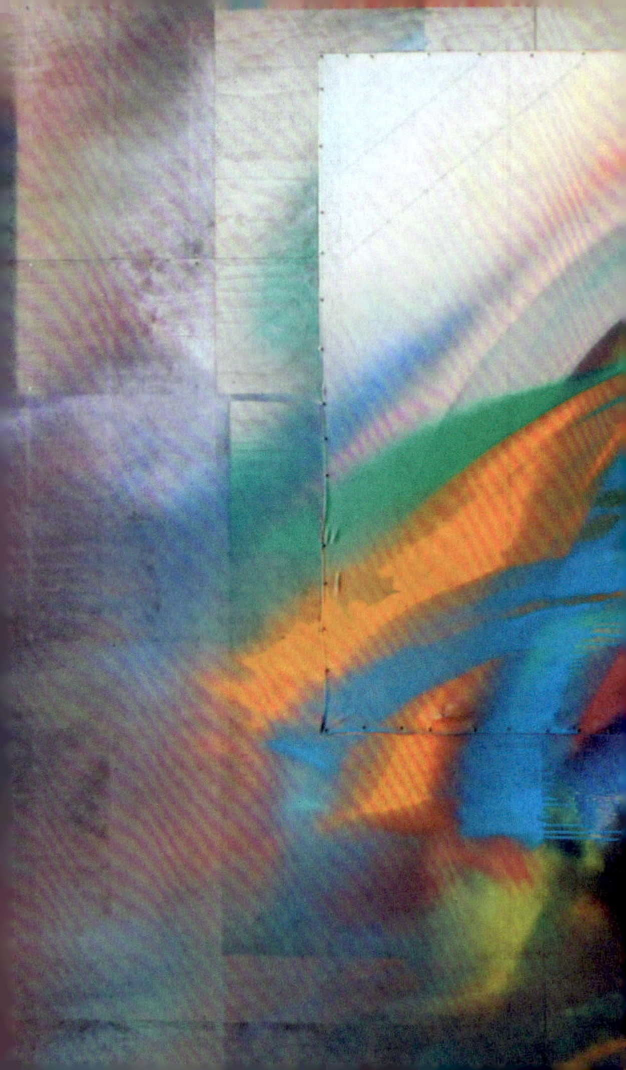

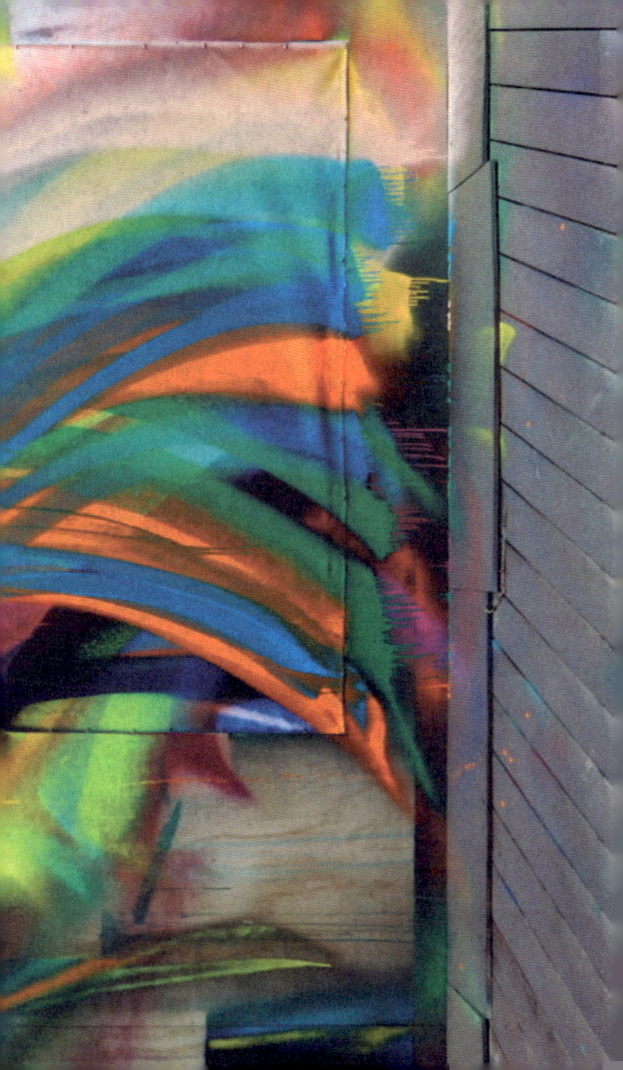

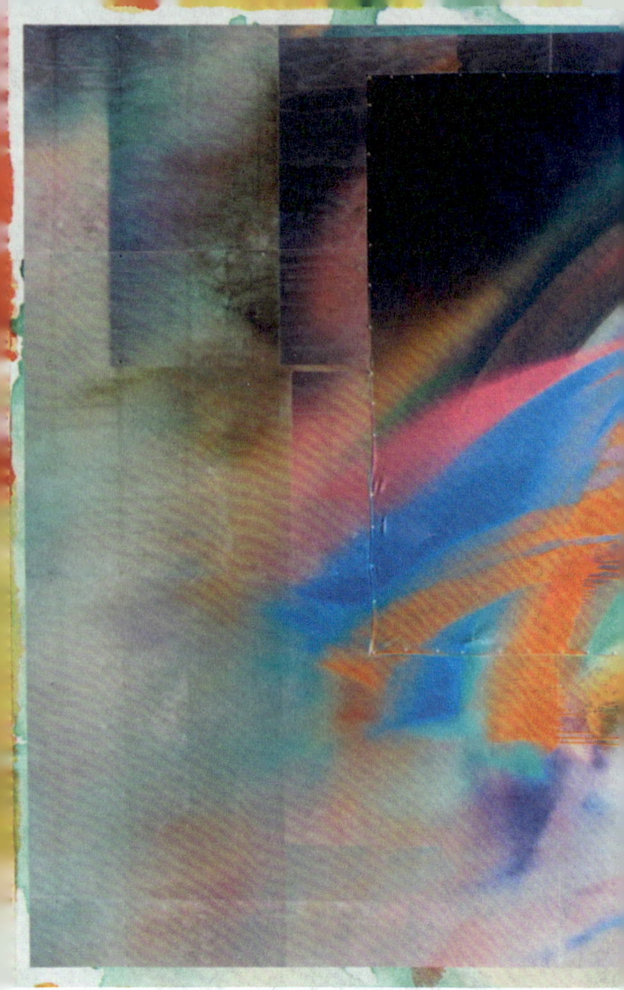

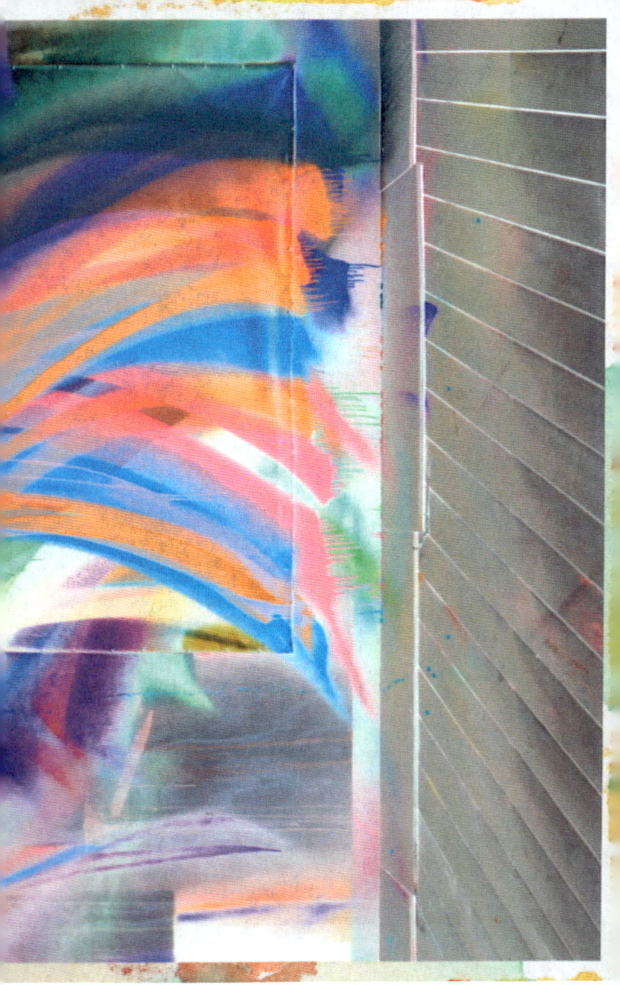

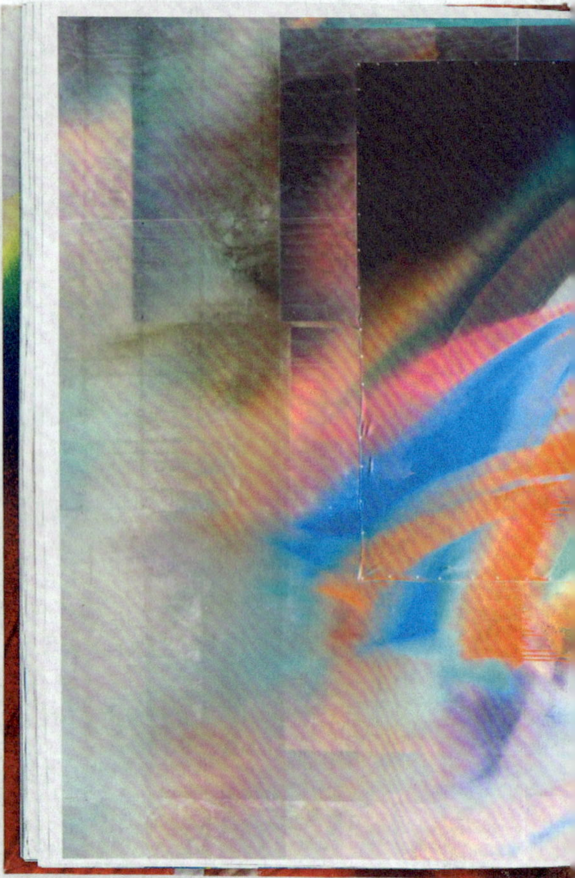

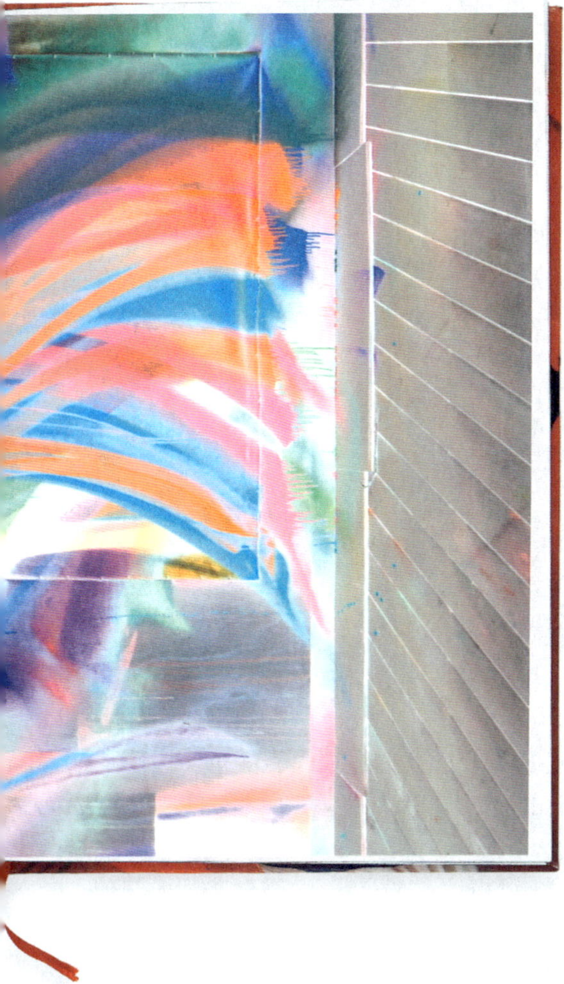

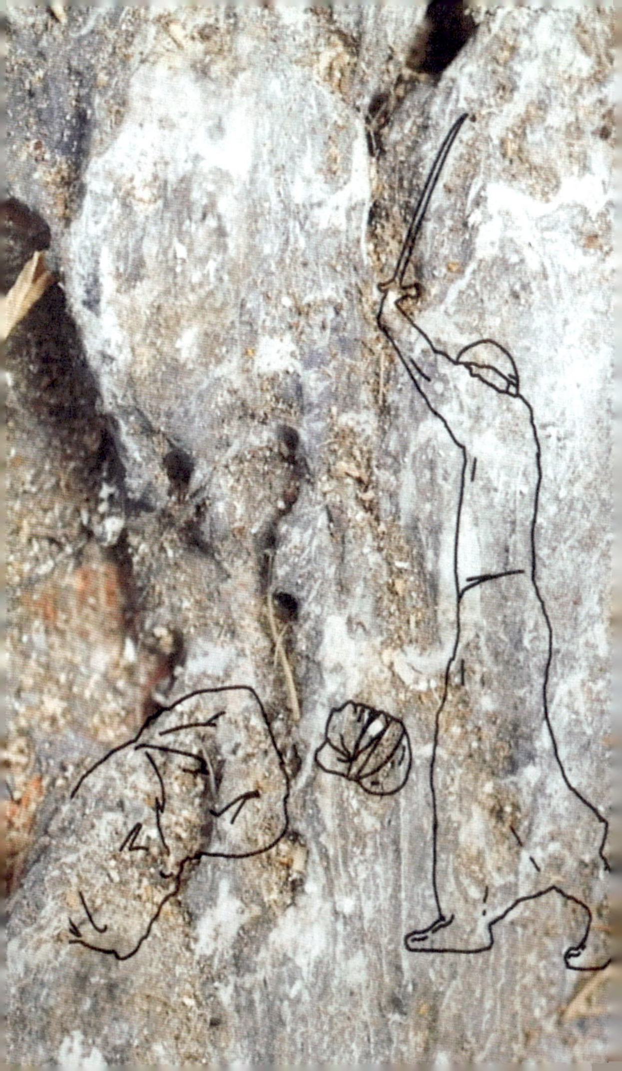

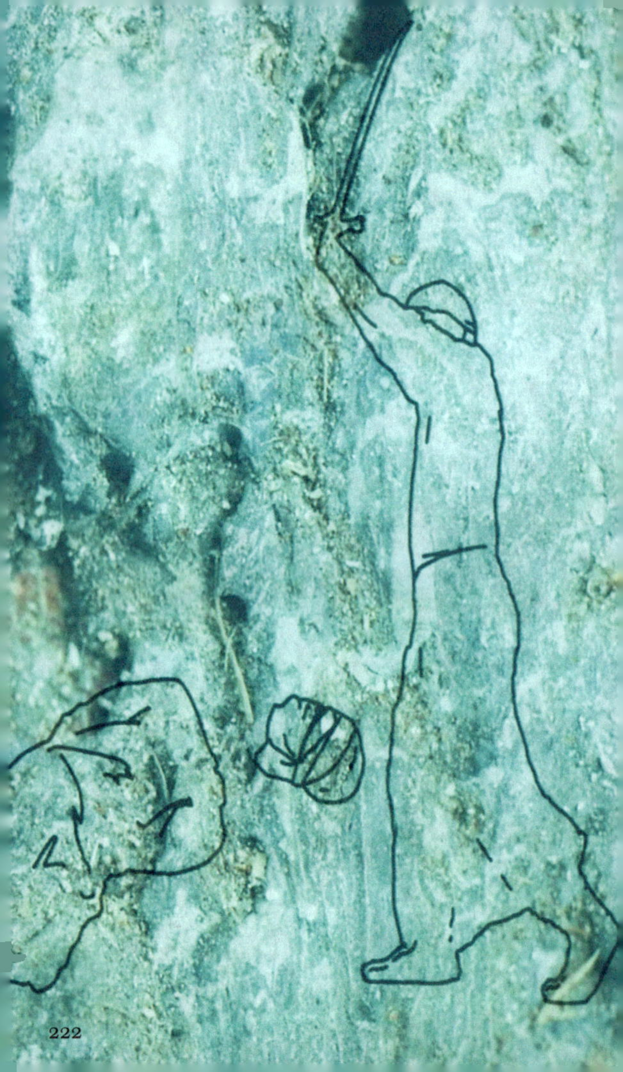

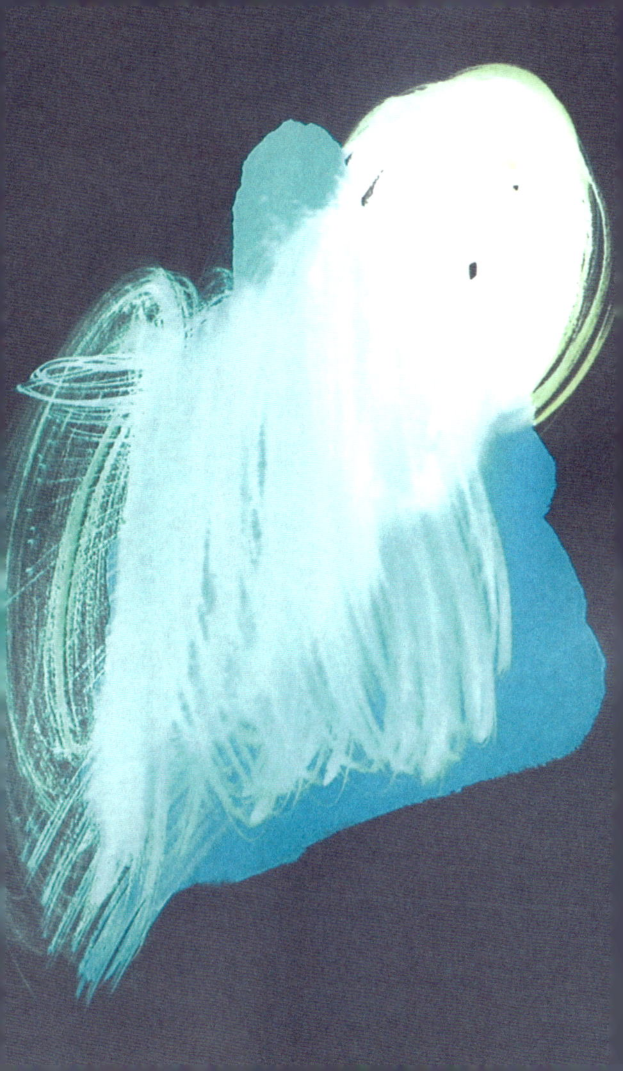

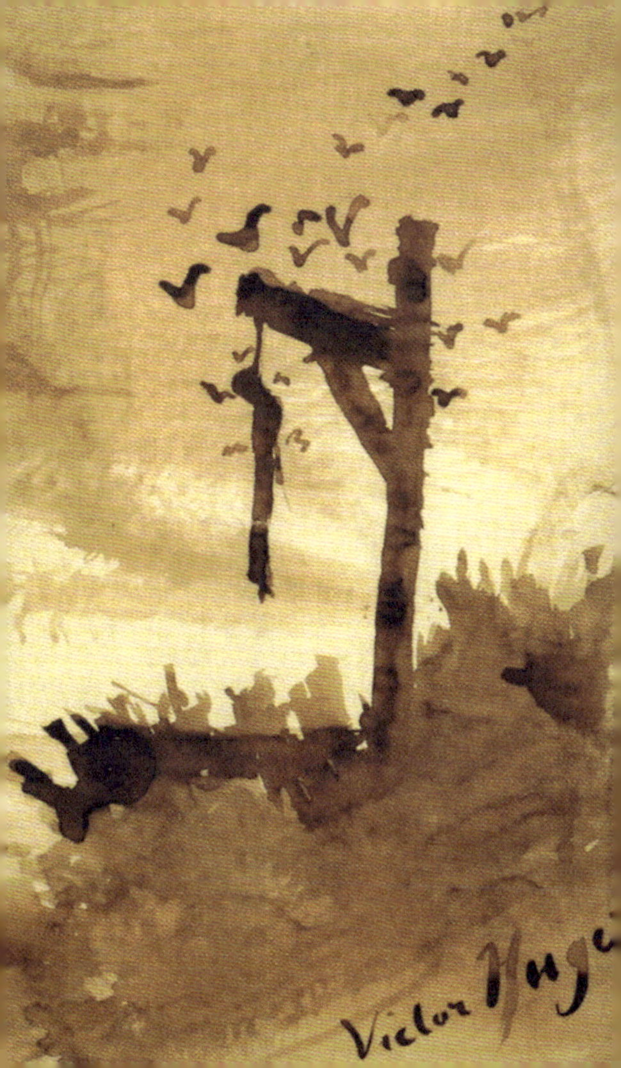
Victor Hugo

DER TODESCOCKTAIL
Am Vormittag hatte Lockett, dessen Beziehungen zur Gefängnisdirektion als schlecht galten, sich geweigert, sich zu einer Röntgenuntersuchung bringen zu lassen. Die Untersuchung sollte prüfen, ob sein körperlicher Zustand geeignet war, den Medikamentencocktail, der ihn töten konnte, eingeflößt oder eingespritzt zu bekommen. Sein Widerstand wurde mittels eines Elektroschockgeräts gebrochen. Der Cocktail löste dann, wenige Stunden später, in dem auf eine Pritsche gefesselten Leib heftige Zuckungen aus. Der Verurteilte suchte sich aufzurichten, stieß Laute aus, 38 Jahre alt. Das Stottern des Körpers dauerte 33 Minuten. Nach Ablauf dieser Zeitspanne ordnete der Leiter des Gefängnisses den Abbruch der Prozedur an. Zehn Minuten später starb Lockett an einem schweren Herzinfarkt.

Für den Abend dieses Tages war im selben Gefängnis die Hinrichtung des Mörders Charles Warner angeordnet. Die Anwälte dieses Delinquenten wandten sich an den Obersten Gerichtshofs des Staates Oklahoma; sie wiesen darauf hin, dass der Medikamentencocktail, dazu bestimmt, den Tod zu bringen, durch eine Reihe von Verbilligungsmaßnahmen »unverhältnismäßige«, »unausgeglichene« Wirkungen im Körper ihres Mandanten erzeugen werde und daher Folter und nicht Todesstrafe sei. Das Oberste Gericht ordnete einen Aufschub der Hinrichtung bis zur weiteren Klärung der Sachlage an. Mary Fallin, die Gouverneurin des Bundesstaates, hielt dieses Urteil des Obersten Gerichts für eine Amtspflichtverletzung der Richter. Ein Verfassungskonflikt stand bevor, gierig erwartet und gleichsam erhofft von den Medien. Inzwischen hatten diese aber den Fall zu einer überlokal in den USA wahrgenommenen Affäre gemacht. Rechtslehrer der Efeu-Universitäten und Seniorchefs von Kanzleien, die über 600 Anwälte umfassten, hatten Stellung bezogen.

Die Verfassung der Vereinigten Staaten verbietet grausame Strafen. Aufgrund des Presse- und Medienspiegels, der ihr viertelstündlich vorgelegt wurde, änderte die Gouverneurin ihre Position. Charles Warner war durch den grauenhaften Vortod seines Gefängnisgefährten Lockett auf gewisse Zeit gerettet, so lange nämlich, bis ein alternativer Medikamentencocktail gemischt, an Tieren erprobt und allseitig geprüft wäre. Ein Ausweichen auf den Strang oder eine Erschießung, wie sie nach der Praxis in China möglich gewesen wäre, war nach den Gesetzen des Staates Oklahoma ausgeschlossen.

IM BOULEVARD BASTELT DER ABSOLUTE GEIST

Noch im Jahr vor seinem Tod arbeitete Heinrich von Kleist mit seiner ganzen poetischen Macht an den *Berliner Abendblättern*. Nie war der Poet dem Volke näher als in den »Geschichten vom Wassermann und den Meerjungfrauen«. Nie hatte er die Heroen im Elysium (Voltaire an der Spitze) stärker verwöhnt als mit seiner Geschichte vom Marionettentheater. Darin findet sich das Gleichnis vom Fechter und dem Bären. Die Finten des Fechters beachtet der Bär nicht, er vermag sie nicht einmal zu sehen und rückt ungehemmt dem Fechter auf den Leib. Diese Metapher war in Kreisen der Münchner Sicherheitskonferenz 2015 sehr beliebt und wurde beredet. Die Experten bezogen das Gleichnis auf das Verhältnis des Westens zu Russland.

Berliner Abendblätter, 7. Januar 1811

MORD AUS LIEBE

Man hat vor einiger Zeit in den öffentlichen Blättern gelesen, daß ein Paar Liebende sich gegenseitig aus Verzweiflung in einem Augenblicke getödtet hatten. Ein ganz gleicher Vorfall ereignete sich im Jahre 1770 zu Lyon. Die Erzählung desselben findet sich in dem Journal Encyclopedique von diesem Jahre. Ein italienischer Fechtmeister, Namens Faldoni, heißt es daselbst, hatte sich bei seinen Übungen einen solchen Schaden zugefügt, daß die Wundärzte, welche ihn zu behandeln hatten, erklärten, er müsse bald daran sterben, weshalb er sich immer auf seinen Tod vorbereiten möchte. Der Unglückliche liebte seit einiger Zeit mit der heftigsten Leidenschaft ein Mädchen, von dem er wieder geliebt wurde. Beide Liebende geriethen durch diese Erklärung der Wundärzte Anfangs in die heftigste Verzweiflung. Der eifersüchtige Italiener konnte sich nicht entschließen, seine Geliebte in der Welt zurück zu lassen, und diese betheuerte, sie würde ihn nicht zu überleben vermögen. Auf diese Versicherung gestützt, brütete von nun an Faldoni über dem schrecklichsten Gedanken; allein ehe er ihn ausführte, wollte er die Wahrheit der Gesinnung seiner Geliebten auf die Probe stellen. In einem Augenblicke der Zärtlichkeit und des Schmerzes ließ er sie mehrmals wiederholen, daß ihr ohne ihn das Leben ganz gleichgültig, ja verhaßt sei.

Hierauf zog er ein Fläschchen aus der Tasche und sagte: das ist Gift! und sogleich verschlang er es. Außer sich vor Schmerz, entriß ihm seine Geliebte den Rest, und schluckte ihn begierig hinunter. Allein nun gestand er ihr, daß er bloß ihre Liebe und ihren Muth habe auf die Probe stellen wollen. Mit schmerzlicher Freude theilte er einem Freunde den gemachten Versuch mit. Dieser nahm ihm seine Waffen weg, und bemühte sich, ihn von den düstern Ideen, die ihn quälten, zu befreien. Der Kranke stellte sich beruhigt, und äußerte, gegen die Meinung der Ärzte die Hoffnung, seinen Unglücksfall zu überleben, indem er vorgab, es habe ihm ein Wundarzt in einer entfernten Stadt versprochen, ihm das Leben zu erhalten. Unter diesem Vorwande trat er die Reise an. Einige Tage darauf bat das Mädchen ihre Ältern, sie möchten ihr erlauben, in ihrem Landhause zu Ivigny an den Ufern der Rhone, 2 Stunden von Lyon, der Landluft auf einige Zeit zu genießen. Der Italiäner begab sich sogleich, mit 2 Pistolen versehen, dahin. Das Mädchen schrieb nun an ihre Ältern einen Brief, worin sie auf ewig von ihnen Abschied nahm. Nachdem sie hierauf alle Bedienten entfernt hatten, verschlossen sich die Liebenden in die Hauskapelle. Hier setzten sie sich am Fuße des Altars nieder, und schlangen mit dem linken Arme ein Band um sich. Jedes hielt ein Pistol auf das Herz des andern, und mit Einer Bewegung gingen beide Pistolen los und durchbohrten die Brust von beiden mit Einem Male. Die Mutter war indessen, um den unglücklichen Plan zu vereiteln, sogleich, in der größten Eile von Lyon abgereist, allein sie fand nur die entseelten Körper fest an einander geschlossen. Ihre Tochter hatte die Augen mit einem Tuche verbunden, Faldoni aber sein Gesicht mit seiner Redingote verhüllt. Der Liebhaber war 30, und seine Geliebte 20 Jahr alt.

MUTTERLIEBE

Zu St. Omer im nördlichen Frankreich ereignete sich im Jahr 1803 ein merkwürdiger Vorfall. Daselbst fiel ein großer toller Hund, der schon mehrere Menschen beschädigt hatte, über zwei, unter einer Hausthür spielende, Kinder her. Eben zerreißt er das jüngste, das sich, unter seinen Klauen, im Blute wälzt: da erscheint, aus einer Nebenstraße, mit einem Eimer Wasser, den sie auf dem Kopf trägt, die Mutter. Diese, während der Hund die Kinder losläßt, und auf sie zuspringt, setzt den Eimer neben sich nieder; und außer Stand zu fliehen, entschlossen, das Unthier mindestens mit sich zu verderben, umklammert sie, mit Gliedern, gestählt von Wuth und Rache, den Hund: sie erdrosselt ihn, und fällt, von grimmigen Bissen zerfleischt, ohnmächtig neben ihm nieder. Die Frau begrub noch ihre Kinder und ward, in wenig Tagen, da sie an der Tollwuth starb, selbst zu ihnen ins Grab gelegt.

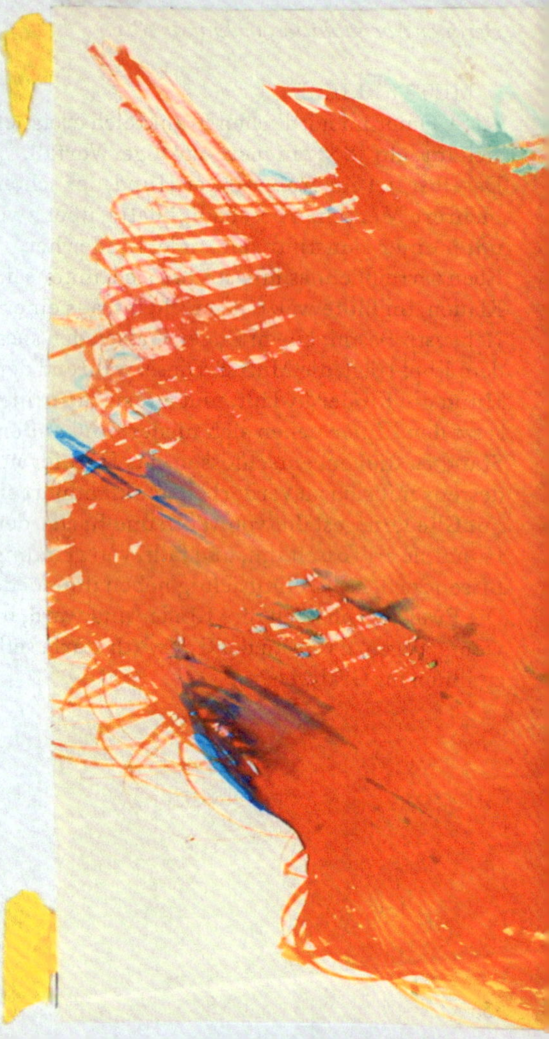

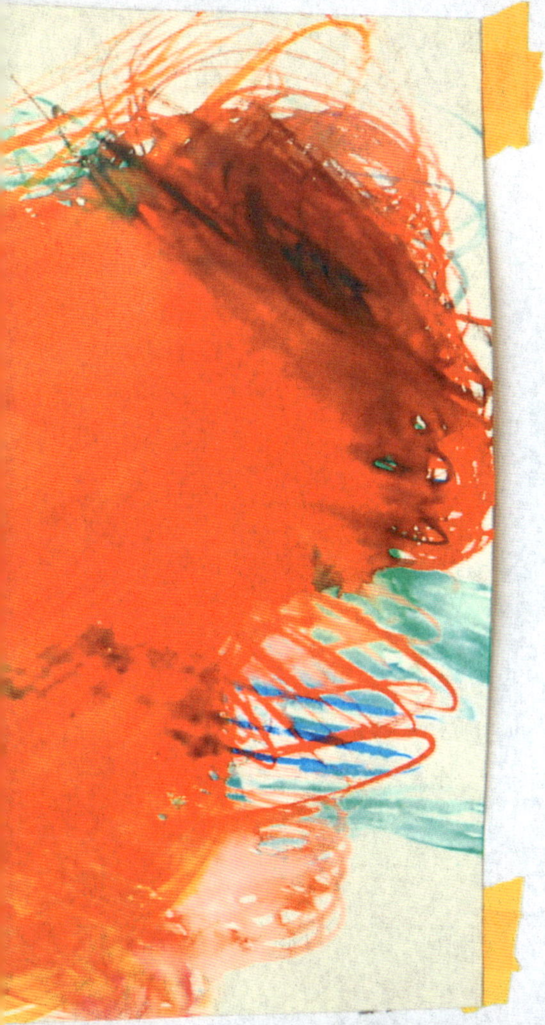

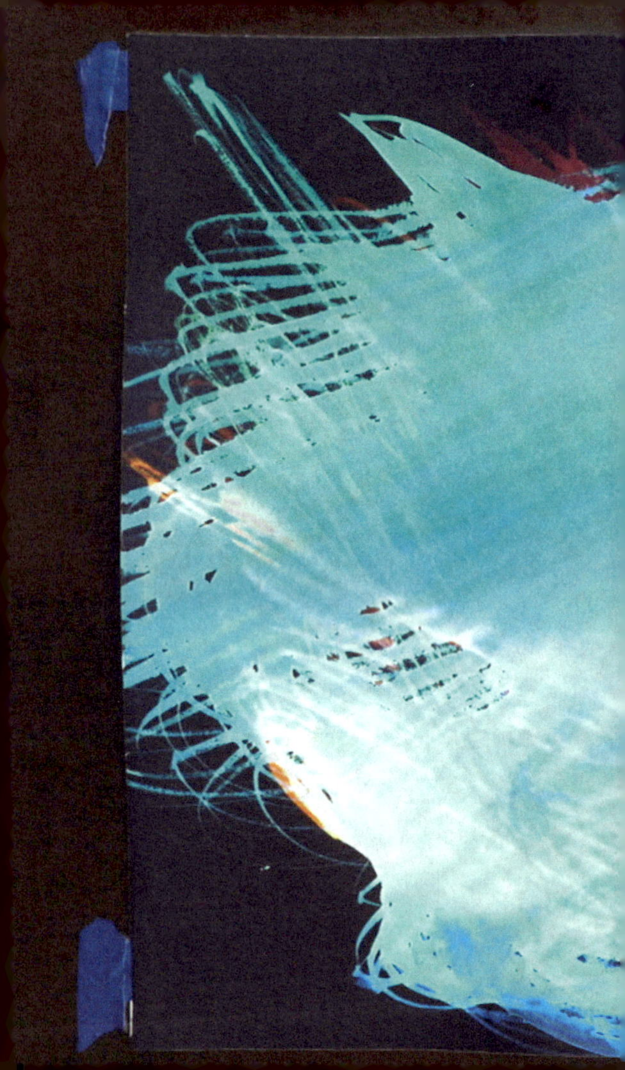

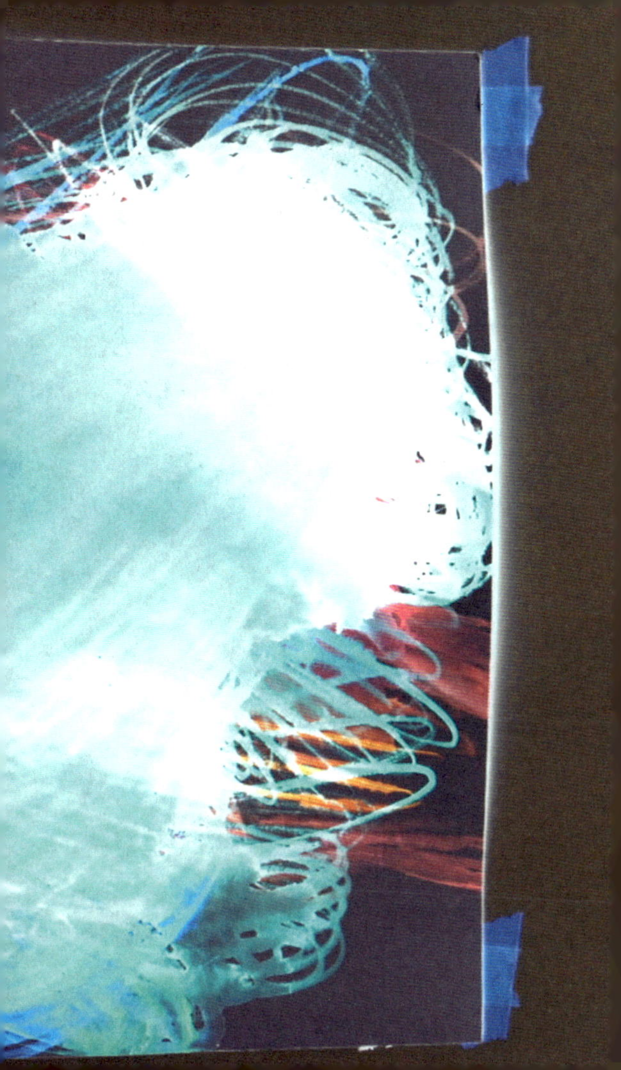

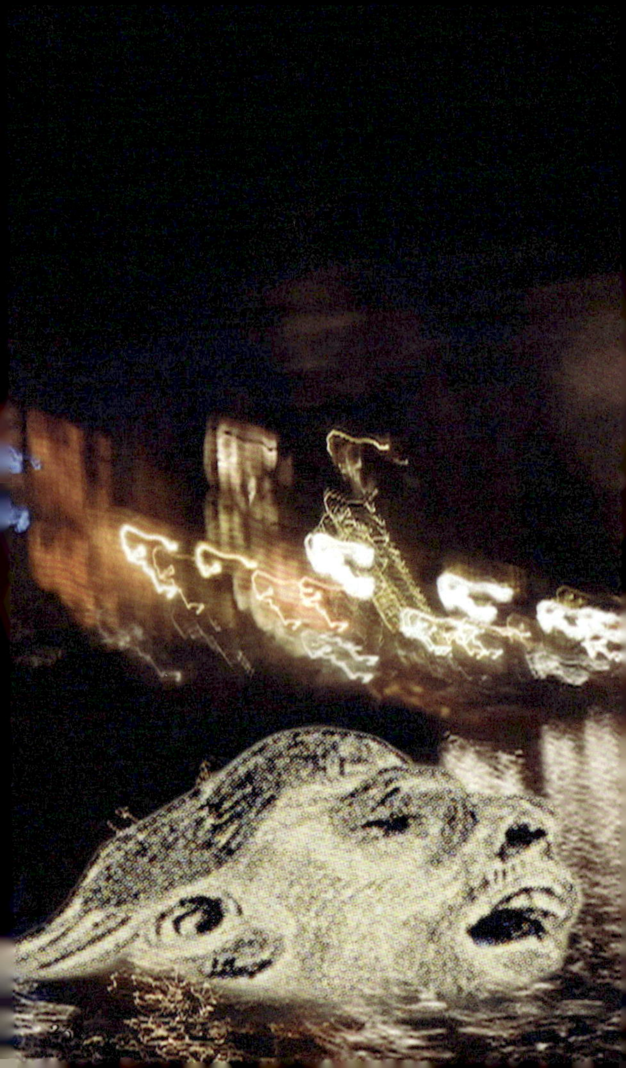

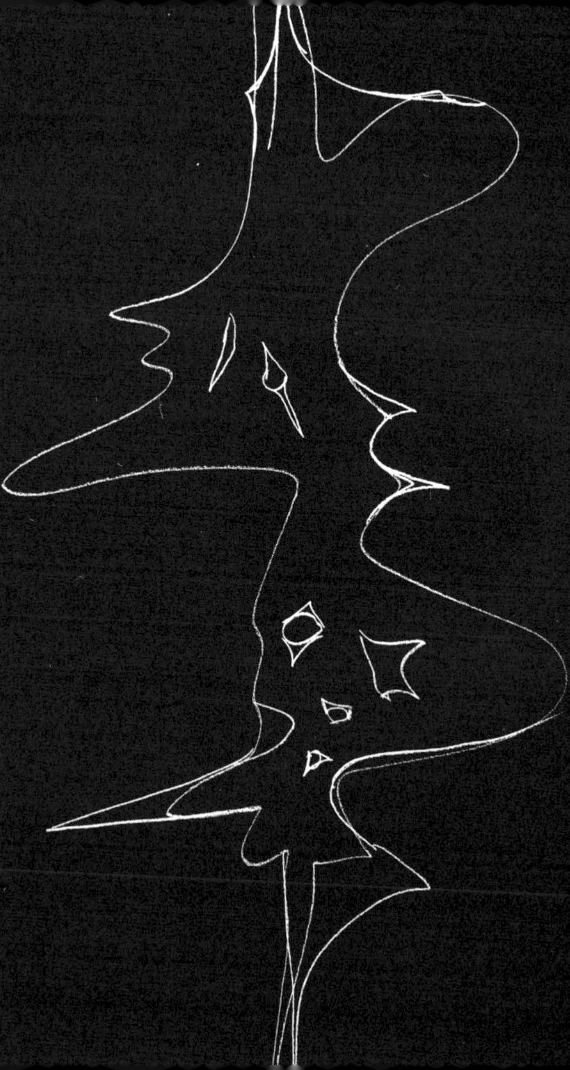

6

Das ruhige Kapitel

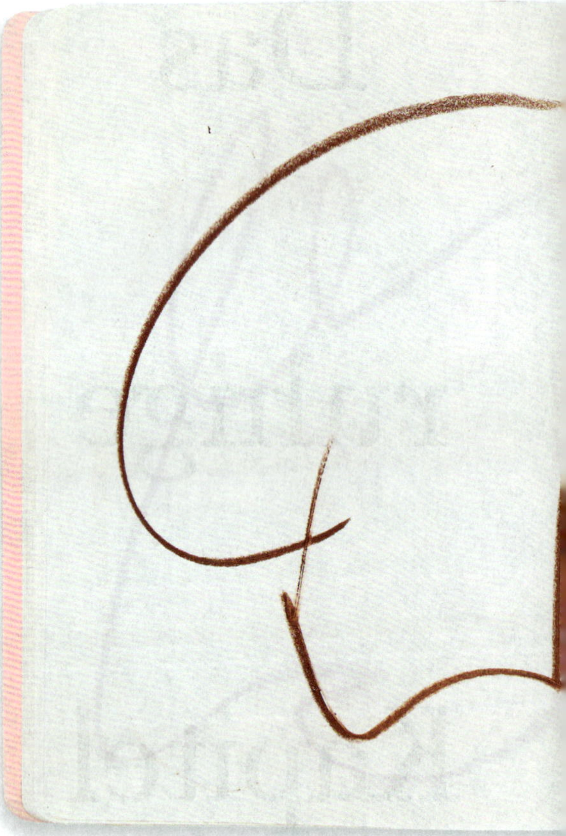

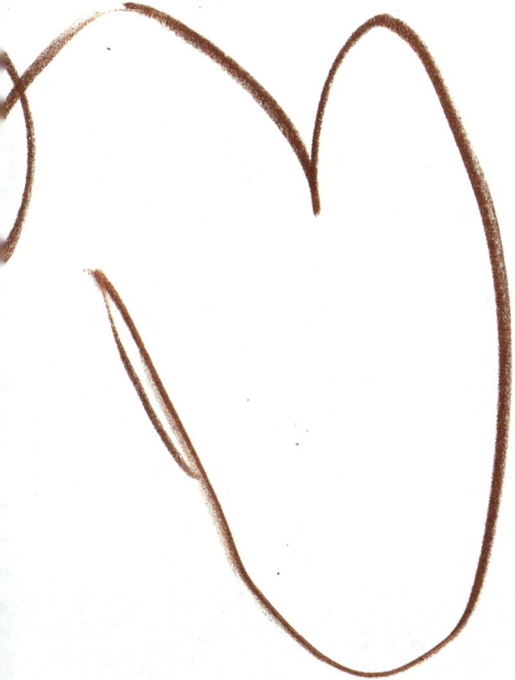

RUHIG SIND DIE LANGEN ZEITEN

RUHIG IST DIE STERNENNACHT

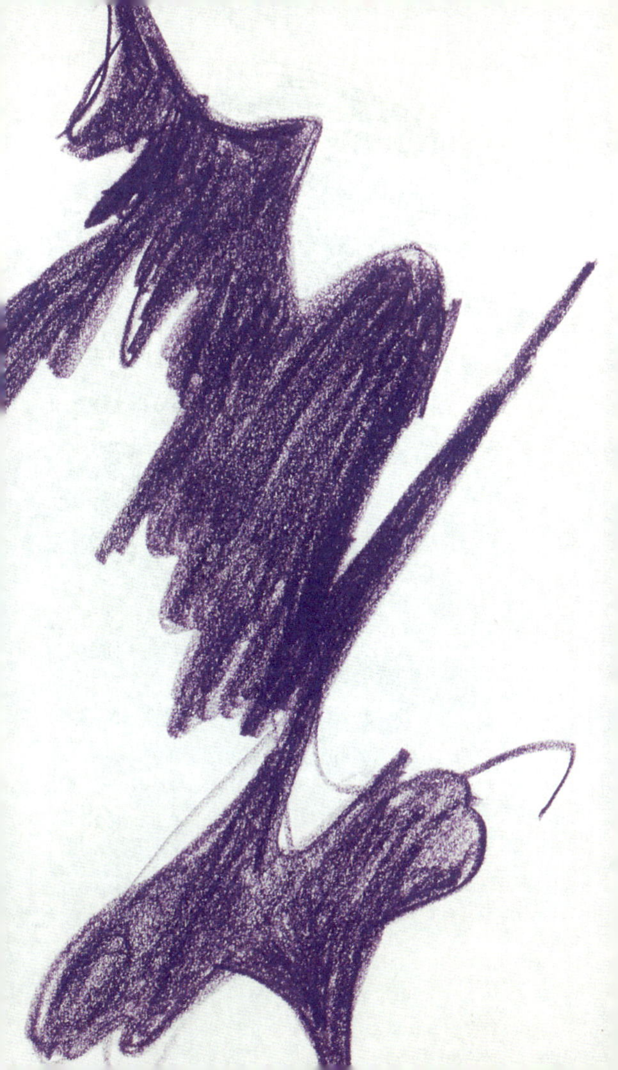

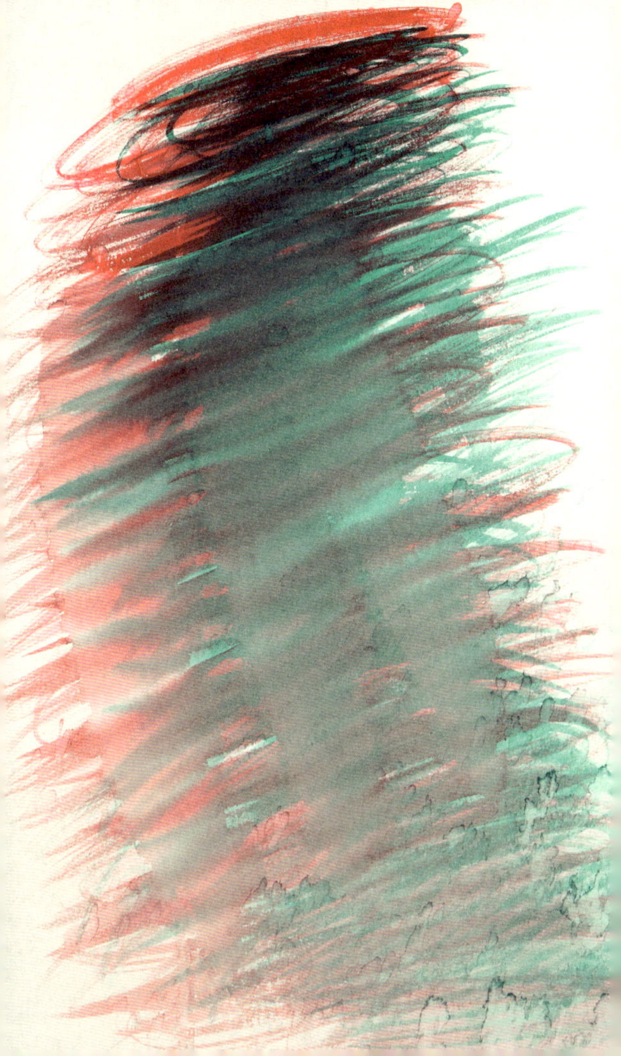

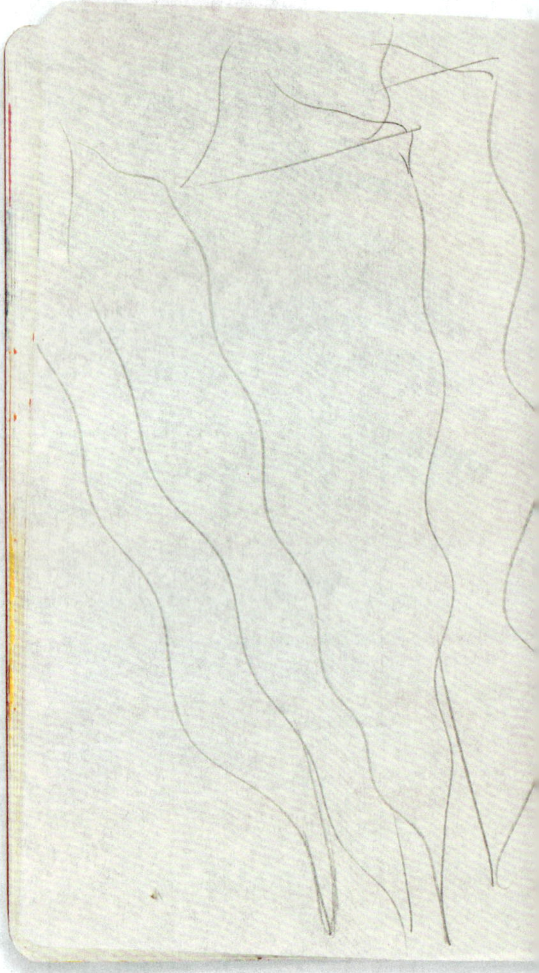

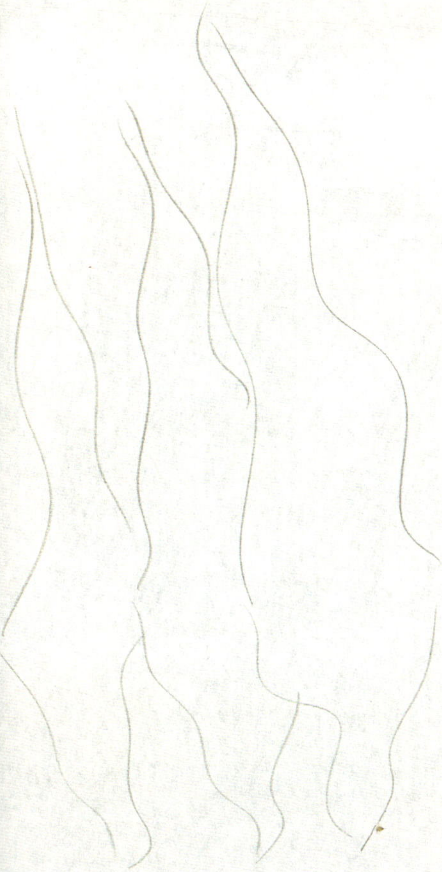

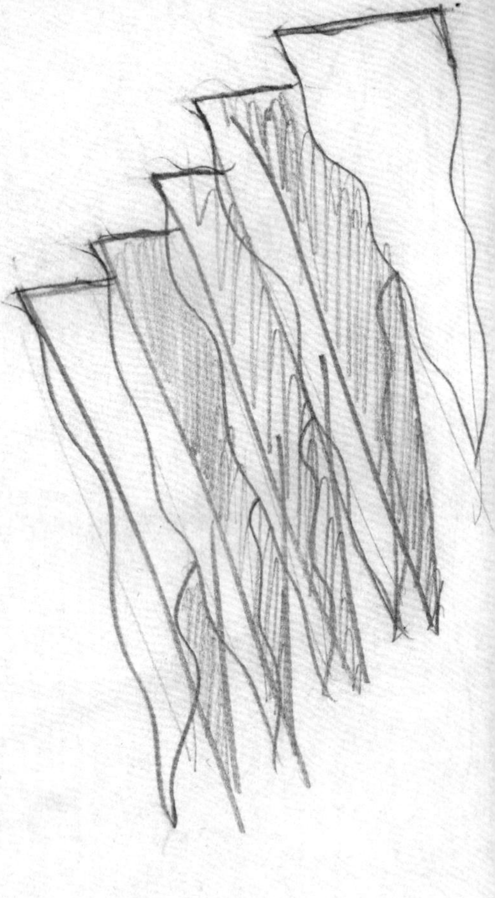

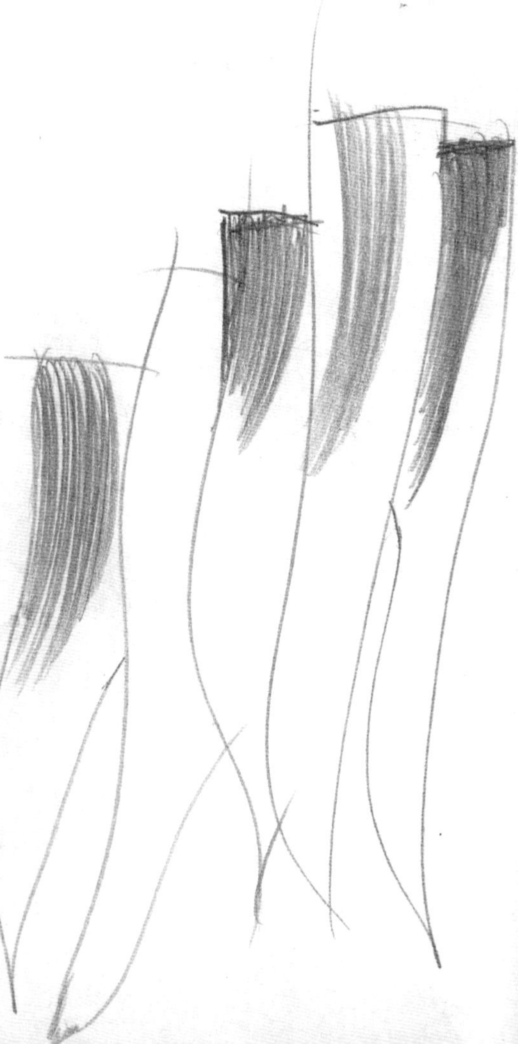

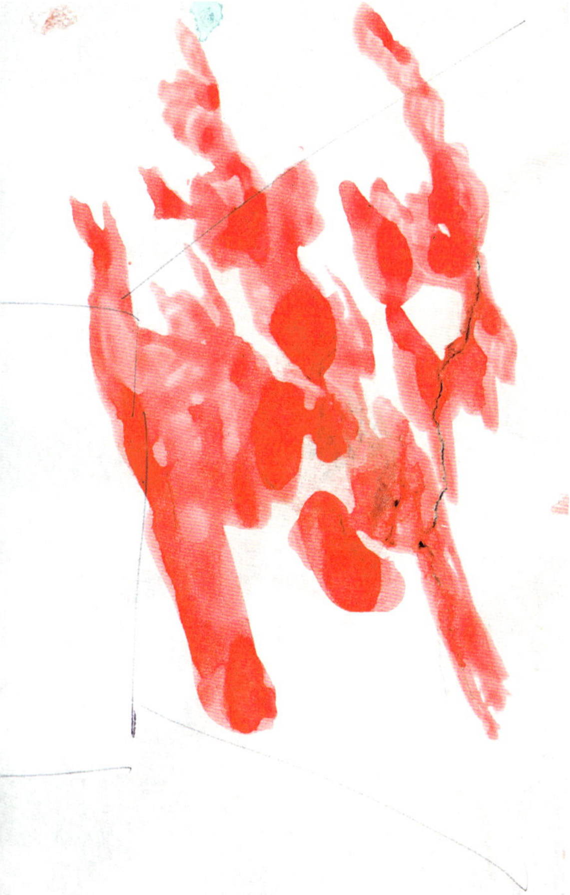

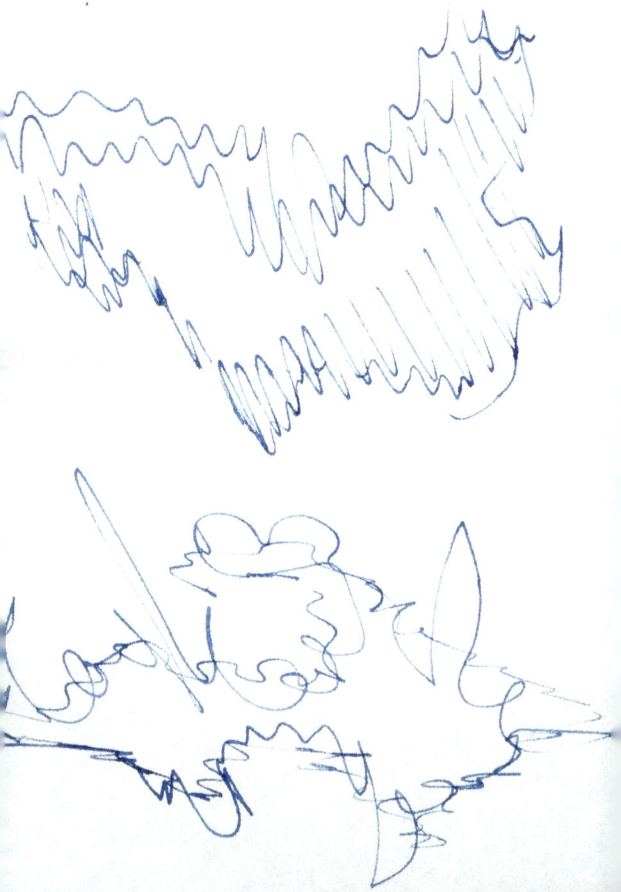

LANGSAM
SIND
DIE
BEWEGUNGEN
DER
»GEBIRGSMEERE«,
WENN
DER
MOND
SIE
IN
EBBE
UND
FLUT
VERSETZT

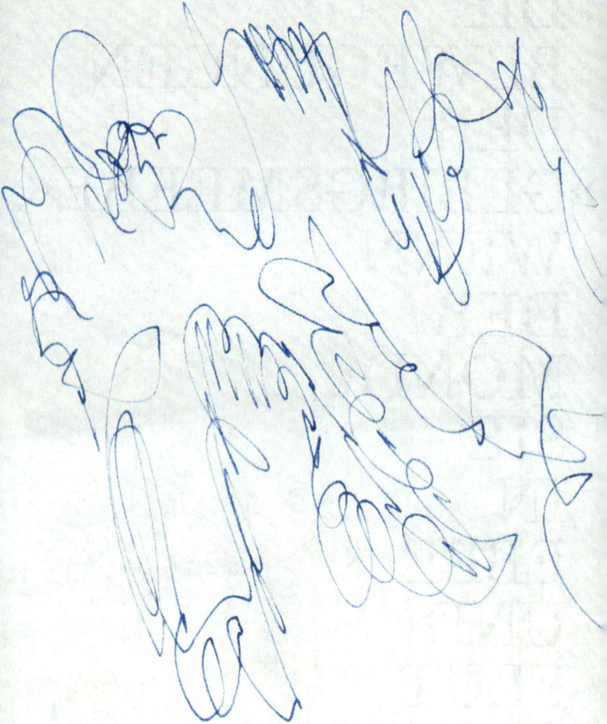

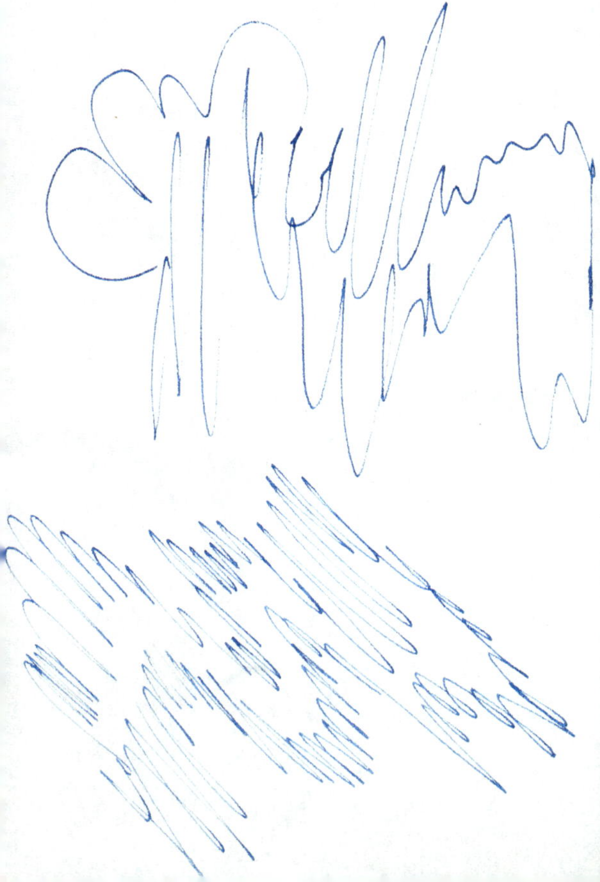

Die Aggregatzustände der ruhigen Bewegung heißen:

LANGSAM

FEST

FLÜSSIG

GASFÖRMIG

SUBATOMAR

UNBEKANNT

Alles, was an Außen existiert, wiederholt sich auf den Umlaufbahnen der Seelenkräfte

»Ein Trümmerstück vom Kosmos lebt in jeder unserer Zellen«

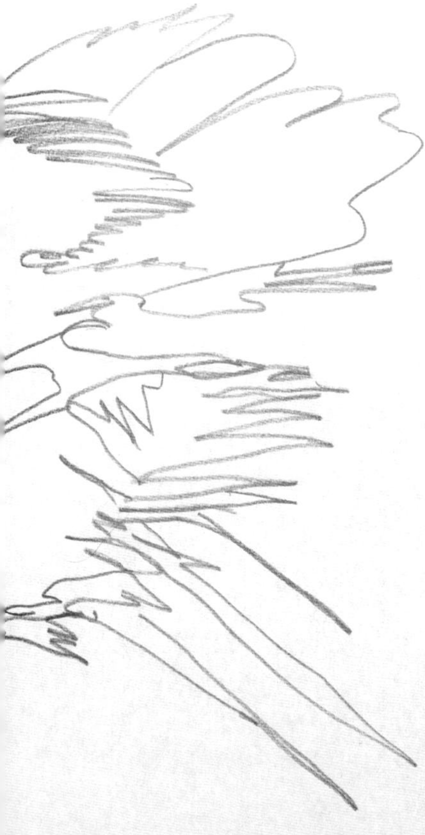

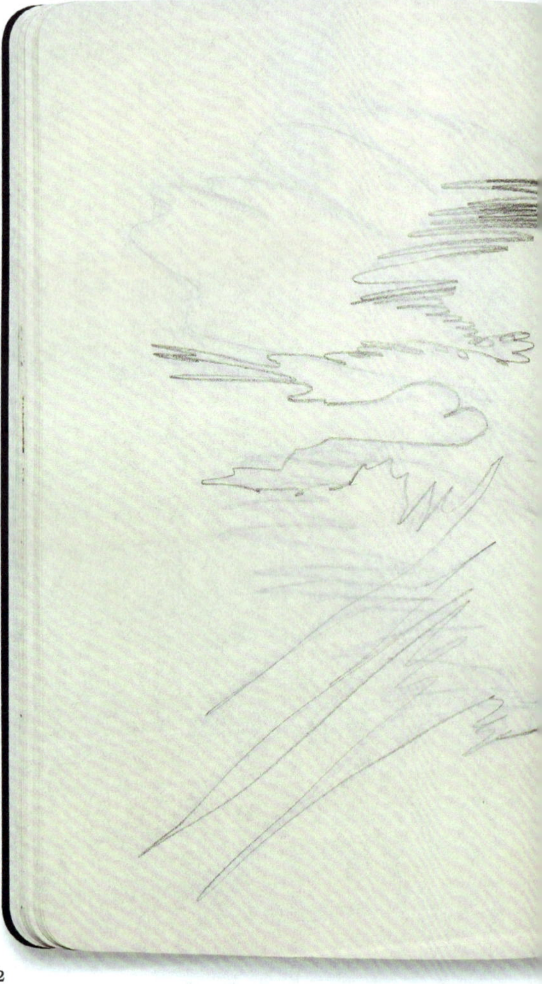

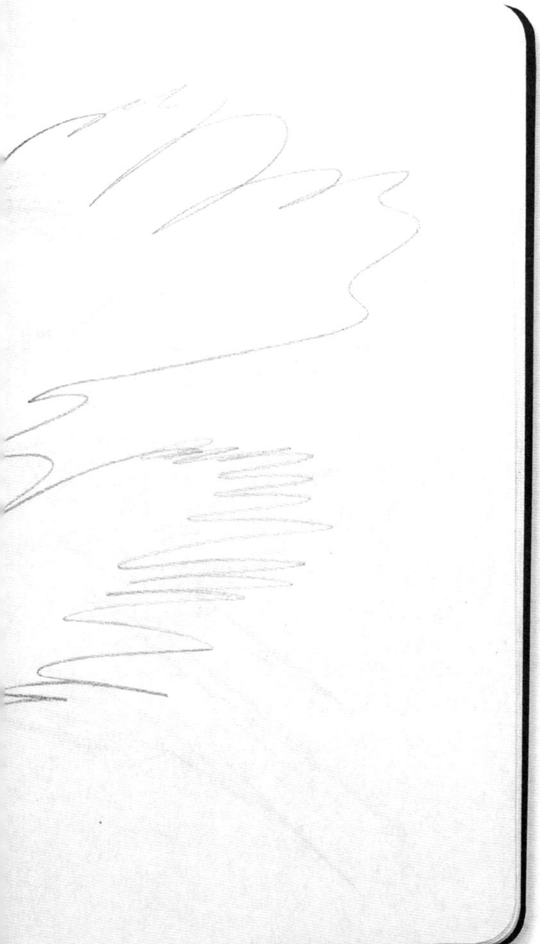

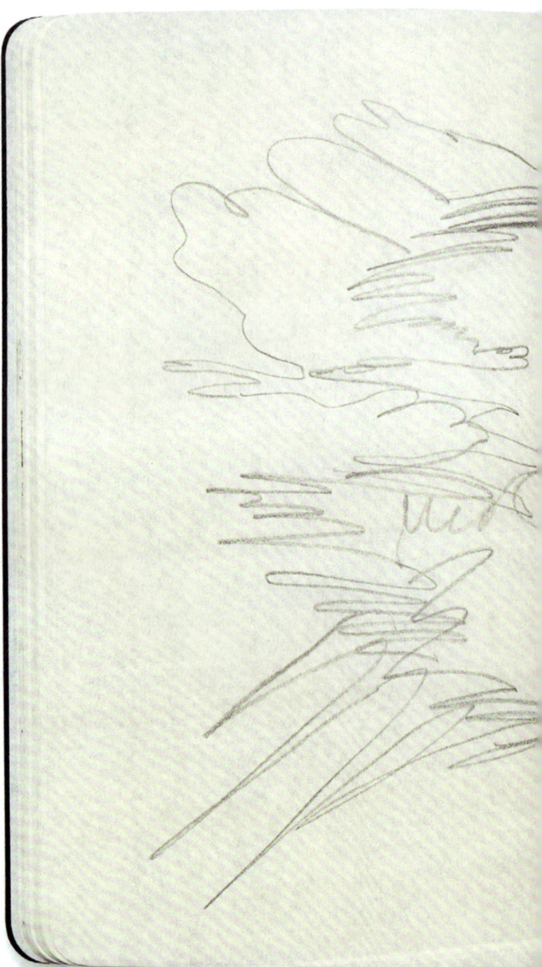

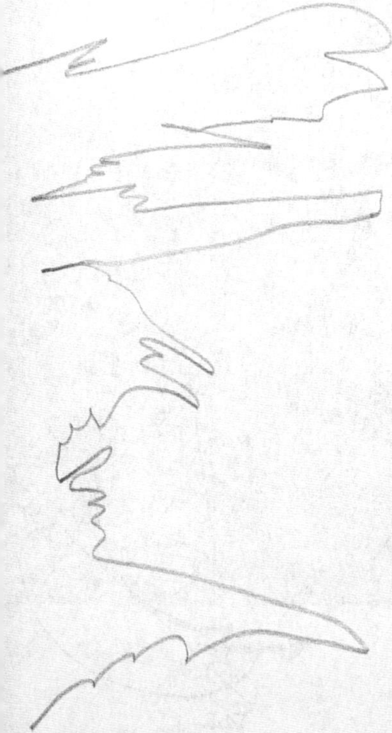

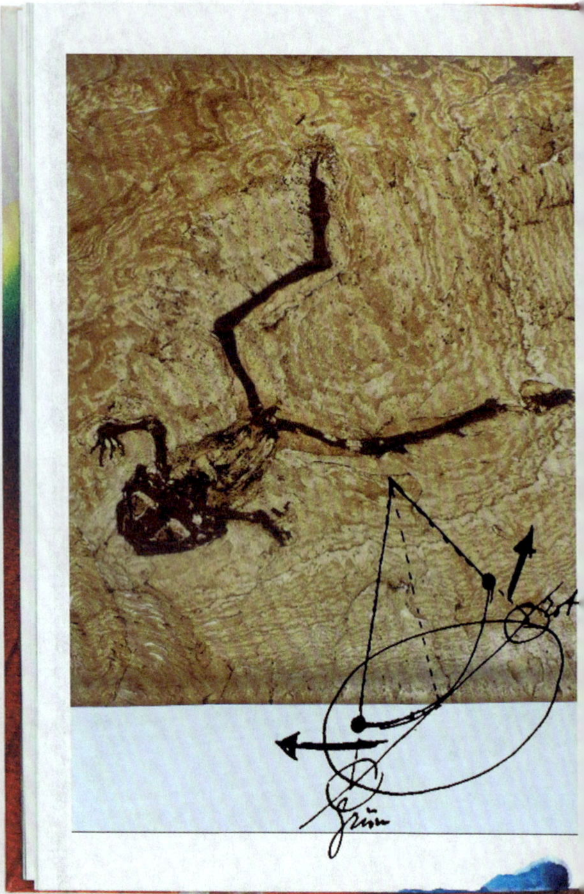
Grün

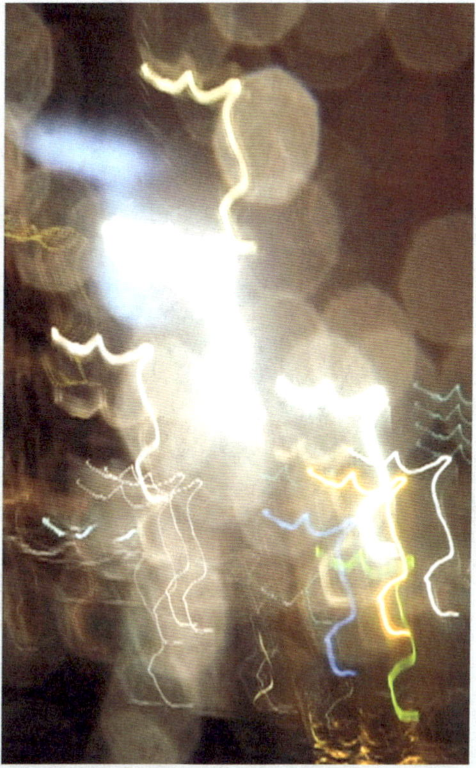

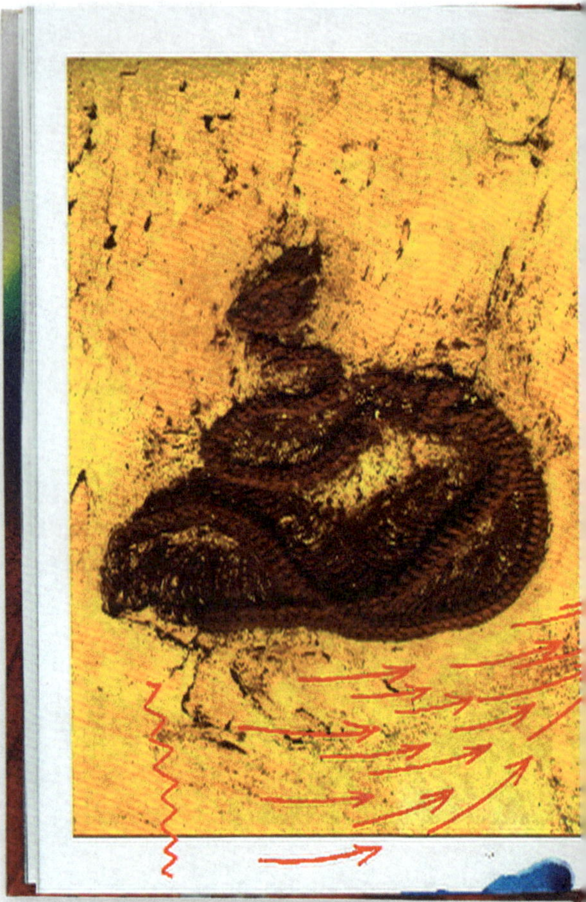

FOSSILIEN VON TIEREN DER VORZEIT

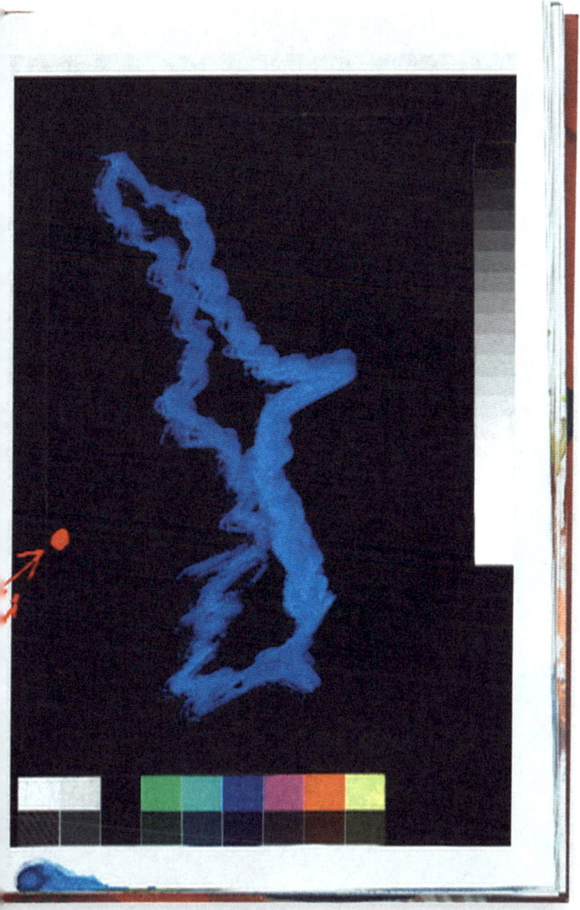

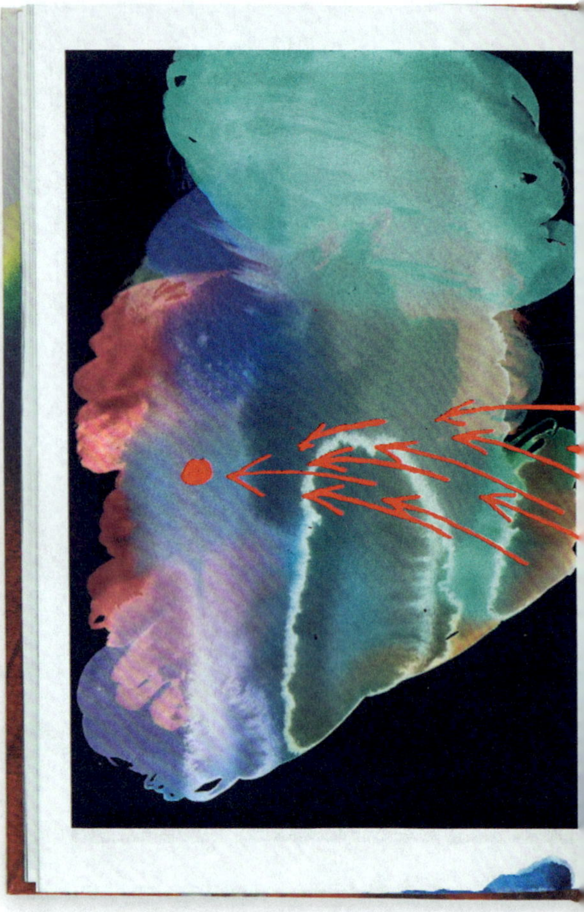

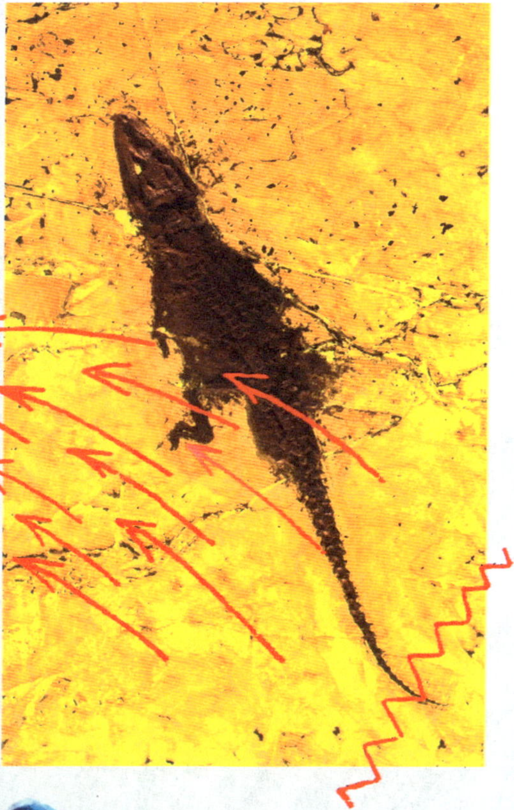

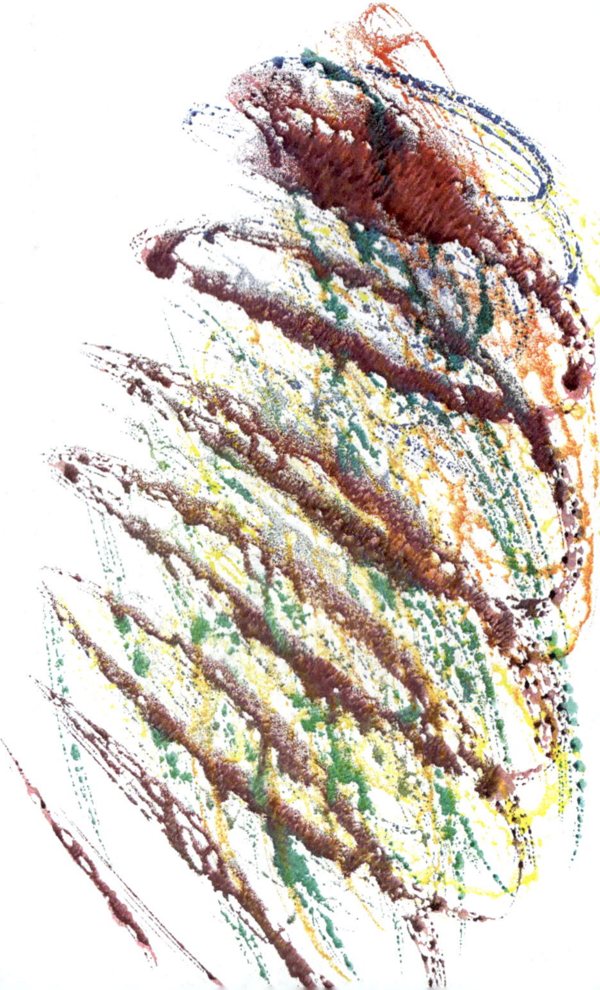

Errungenschaften der Vorgeschichte, nach denen Archäologen nicht graben können:

ZÄHLEN

VERTRAUEN

GEBEN/NEHMEN = TAUSCH

BUFFALO JUMPS

DAS PRINZIP STADT

KLEBEN

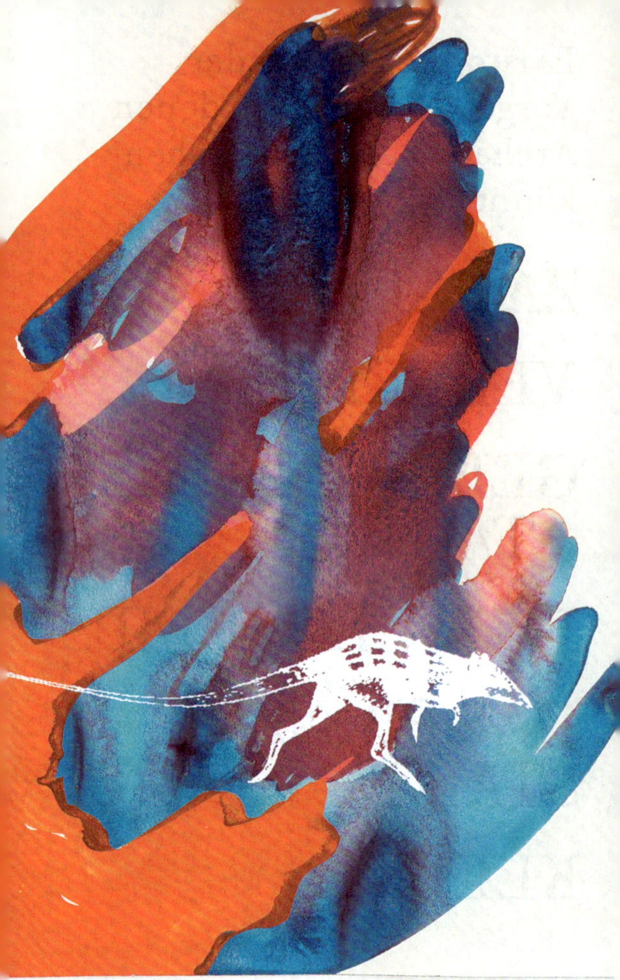

ZUKUNFTSTRÄCHTIGER
SCHNELLÄUFER

Kleines, zweifüßig laufendes Säugetier aus den Sedimenten des Messel-Sees in Hessen. Der Teil der Grube, in dem sich das Tier fand, war vom Land Hessen der Firma, welche das Gelände gekauft hatte, schon zum Abräumen überlassen worden. Es ist dem Einsatz von zwölf Rechtsanwälten zu verdanken, dass die Bagger gestoppt werden konnten. Eine Besonderheit des eilfertigen insektivoren Läufers ist der doppelte Gaumen. Das Tier vermag während des Fressens zu atmen. Es ist Eile geboten, wenn es sich nähren und für die Schnelligkeit seiner Bewegungen rüstig halten will. Es muss deshalb gleichzeitig fressen, atmen, empfinden, sich »im Denken orientieren« und außerdem Zukunftsträger sein, insofern wir (potentielle Zerstörer der Grube Messel, aber aus Rechtsgründen, also durch etwas Menschengesetztes, darin aufgehalten) davon abstammen.

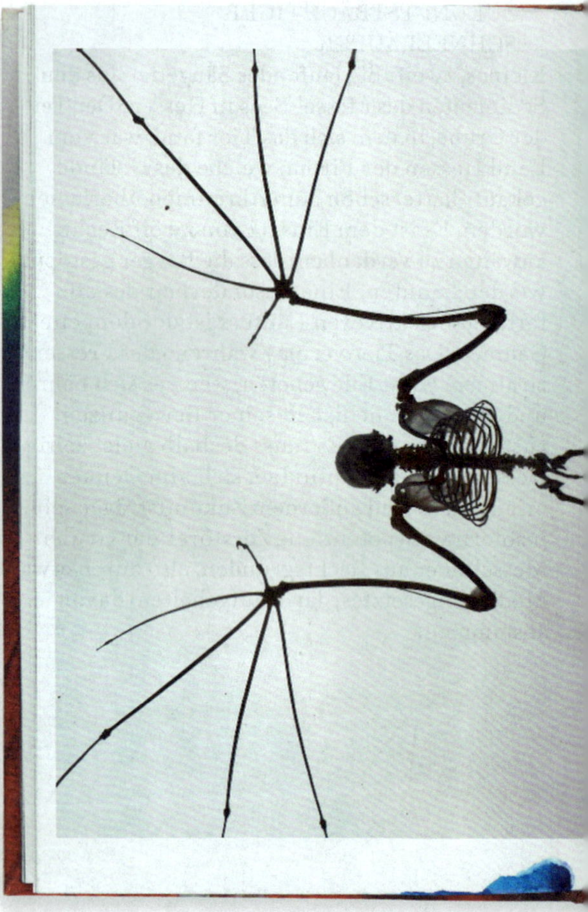

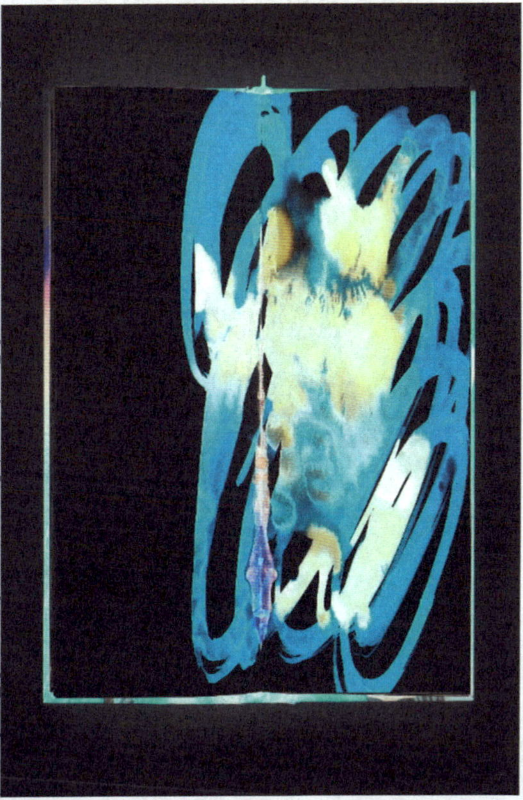

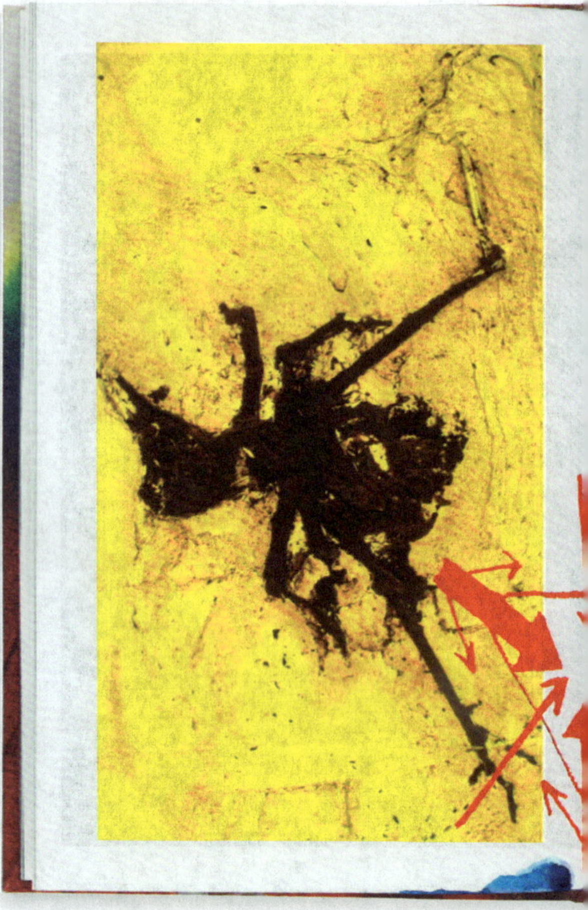

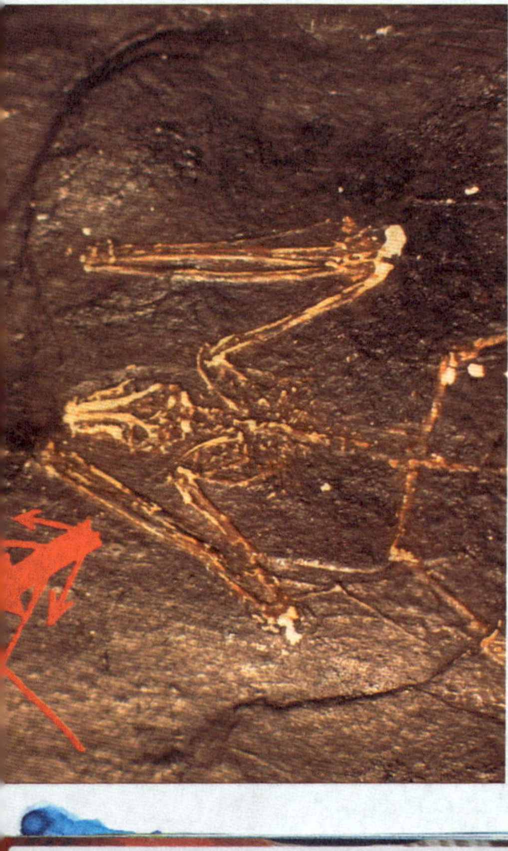

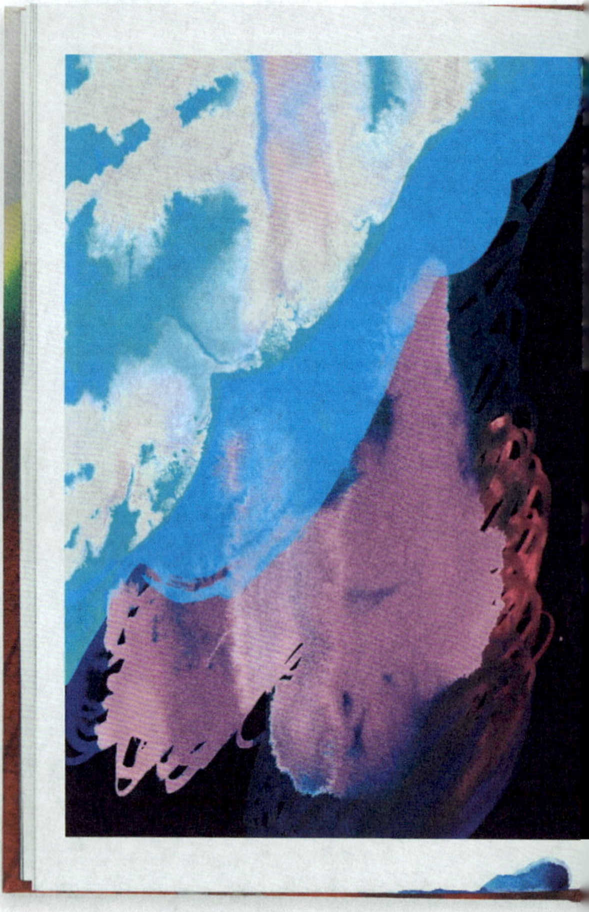

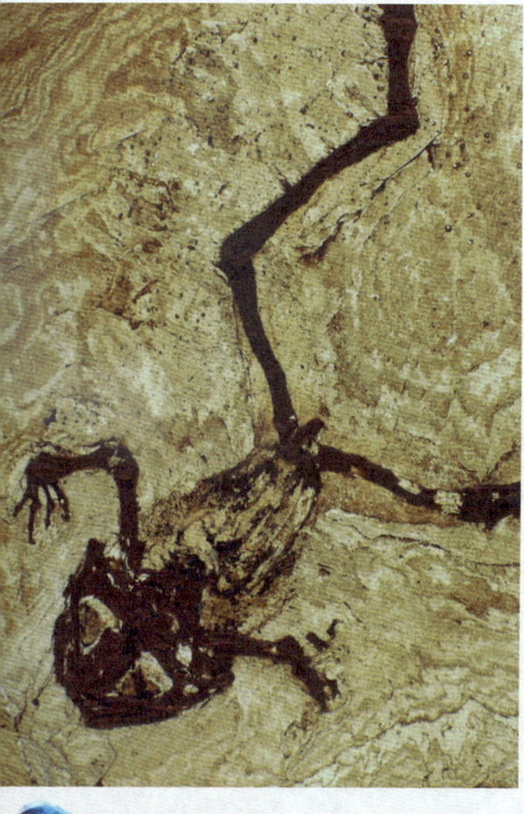

TAUSEND JAHRE WIE EIN TAG

Eine bahnbrechende Erfindung war die Nähnadel, schreibt Hermann Parzinger. Er fügt hinzu: Eine Entwicklung, die im Rückblick äußerst abrupt erscheint, nimmt doch einige tausend Jahre in Anspruch. Das wird bestätigt durch neueste Funde in den Höhlen von Idaho, in denen sich zeigt, dass die Nähnadel mehr als siebzigmal erfunden, wieder vergessen und wieder neu erfunden wurde. Dann, rückblickend betrachtet »unerwartet«, verbreitete sich diese Technik über weite SCHWEIFGEBIETE. Mit der Nadel aus Knochen konnte man Tierfelle eng zusammenbinden. Die Kleidung labberte nicht irgendwie um den Körper, wenn die Kälte kam. Eine Clanfrau plus solche Nadeln war ein verteidigenswertes Gut, ein Tauschereignis, dem der Nachbarstamm, ebenfalls frei wandernd, etwas Gleichwertiges gegenüberstellen musste. Die Nähnadel im Kopf verknüpft Sätze und die Berichte der Generationen. Umbau im Gehirn.

DIE MUTIGEN ACHTZEHNTAUSEND

Sie müssen sich die etwa 18 000 Vorfahren – schon handelt es sich um die Gattung Homo sapiens – über den Osten und Süden Afrikas verteilt vorstellen. Mehr direkte Vorfahren, als mit dieser Zahl benannt, besitzen wir nicht. Das war die Aussage des führenden Paläontologen Alexander Tichonow in Sankt Petersburg. Diese Stammesangehörigen können nicht weit voneinander existiert haben, dennoch muss man sie sich verstreut in Kleingruppen vorstellen.

An unsichtbaren Fäden ihres Geschicks gezogen (ihrer »Zukunft«), bewegen sie sich in der Savanne und entlang der Spalierbäume von Bächen und Flüssen. Der Paläontologe in St. Petersburg besitzt dort keine Forschungsstätte. Den frühen Clans, die er untersucht, kann er nur nahekommen, wenn er reist und Ausgrabungen durchführt. Im Hinterhaus des Gebäudes, das er bewohnt, lagern »Beutestücke« früherer Expeditionen. Hier im Vorderhaus sieht der Forscher nur auf die Bildschirme seiner Computer. Er ist global verbunden mit etwa achtzig Experten seines Faches in der Welt.

Vor den großen Fenstern Schneetreiben (das Gebäude, 1902 von Bürgern errichtet, beherbergte in seinem Backsteininnern Wohnkollektive, die großzügigen Wohneinheiten von vor 1917 zerzaust, dann wieder in der Zeit Breschnews renoviert und nach 1991 zu Wohnungseigentum geworden).

Der Forscher aber spürt auf seiner Haut, wenn er seinen Forschungsgegenstand sich vorstellt, die Sonne Afrikas, nämlich wenn er dort gräbt, auf Brettern liegend, um die kostbare Fundstätte nicht zu zerstören. Er sieht dann, indem er Erdschicht für Erdschicht aufdeckt, die Fundstücke datiert und in seine Körbe legt, vor seinem geistigen Auge die URSPRÜNGLICHEN VORFAHREN ALLER RUSSISCHEN MENSCHEN (aller Menschen überhaupt) bei ihren Verrichtungen.

Die Not treibt sie. Es sind kooperative Gruppen. Sie sprechen vorrangig in Körpersprache, meint der Gelehrte. Wir würden sie nicht verstehen, wenn wir solchem Ballett zusähen. ABGESTUFTE AUDITIVE LAUTE. Der Ausdruck liegt in der unterschiedlichen Intonation, nicht in einer Grammatik. Aber schon in dieser Zeit, in einzelnen Gruppen jener MUTIGEN ACHTZEHNTAUSEND, ist bereits auch die imperative Sprache üblich: scharfe Anrufe, intensiv so lange wiederholt, bis das angerufene Gruppenmitglied reagiert hat. Ähnlich einer Sirene. Woher der Forscher das weiß? Der russische Gelehrte antwortet, wenn ihm diese typische Frage gestellt wird, mit den Worten: Ich weiß es nicht, ich stelle es mir vor. Die Wissenslücke ist durch seine Autorität mehrfach gedeckt.

ALCHEMIE
DER EVOLUTION

Die Sonne verschwand auf Jahre. Saurer Regen. Abwesenheit der Tiere, kümmerliche Funde von Pilzen und Flechten. Nichts wächst so recht. Die Exemplare des Clans wurden kleinwüchsig. Von Generation zu Generation wurde es augenscheinlicher, dass kleinere Neugeborene eher überlebten als große, sich die Fürsorge für die kleineren also eher lohnte. Wenig Einsicht, weil Praxis. Allenfalls eine Schamanin hatte Übersicht über bis zu fünf Generationen. Ihr Rat galt.

Die zusammengeschmolzene Gruppe, auch in ihren Hoffnungen engherzig geworden, staute Verteidigungskraft gegen das zerstörende Himmelsgeschehen. Wann wurde das Beten erfunden? Die Beschwörung? 40 Generationen (etwa 1200 Jahre) später war das aus Verlust und Anpassung entstandene »Holz«, als es in eine paradiesische Warmzeit einfuhr mit dunkelblauen, reinen Himmeln, bereit, nochmals zur Holzkohle verarbeitet zu werden, einem Material, das auf Gegenseitigkeit wärmt. Holz wächst grün und vergeht im Moor, wird als Torf gestochen und zu Kohle geschmort, wärmt die Kinderstube in der kalten Zeit, prägt auch die Charaktere.

»EINFÄLLE«
DER EVOLUTION

Zwei der Unterkieferknochen der Reptilien wurden in der Periode des frühen Jura ins Mittelohr verlagert. Die Wanderung der kleinen Knochen vom Kiefer zum Ohr hing zusammen mit der Vergrößerung des Gehirns bei Säugetieren, behauptet Michael J. Benton. Zunächst wurde Platz gebraucht, und so mussten die Knöchelchen wandern. Dann erwiesen sie sich im Ohr, einem Organ, von dem erst jetzt nachträglich feststand, wie fortschrittlich es war, von hoher Brauchbarkeit.

Die chinesische Wissenschaft feiert 2015 einen Triumph. Das Sinoconodon wird gefunden und zeigt klassische Säugetiermerkmale. Das frühe Tier kann als das zweitälteste Säugetier gelten. Es kommt hinzu, dass keine westliche oder indische Fundstätte etwas Gleichwertiges zu bieten hat. Die Augenhöhle des Tiers formt mit der unteren Schläfengrenze eine einzige Öffnung, elegant von schlanken Jochbogen begrenzt. Ansonsten hat das Lebewesen, von dem nur ein Stück Stirn und Fragmente von Rippen und Nacken gefunden wurden, noch die primitiven Merkmale des unbegrenzten Körperwachstums, das alle Tiere der Vorzeit besitzen. Die Chinesen hoffen, dass sich in den Restbeständen, die sich im einstigen Urmeer, das jetzt Südchina heißt, noch finden lassen, ein Exemplar des Übergangs zeigen wird. Ein Wunder ist es, dass das langsame

Wachsen des Schädels, das nicht aufhören wollte, die Lebenszeit so eng begrenzte, dass die Hirne nicht ausreichend gediehen. Wann setzte die Bremse ein, welche die Zellen und den ganzen Körper im Wachstum so hemmte, dass LANGLEBIGE SÄUGETIERE entstanden?

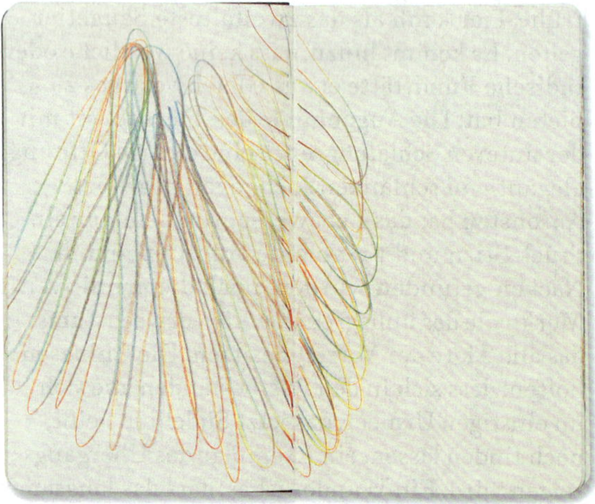

SO ERWACHTE DAS OHR UND DAMIT DIE SPRACHE

Es gehört Mut dazu von Horizont zu Horizont zu laufen, wenn hinter jedem dieser Horizonte ein Schrecken oder ein Wunder lauern kann. Die Welt ist unbekannt, und sie ist in den Höhlen, die nachts Schutz bieten, für die Augen undurchdringlich dunkel. Tuchfühlung ist nötig. Ohne Anfassen ist die Kommunikation mit dem Nächsten unmöglich. Er ist kaum als Schatten wahrnehmbar. Allenfalls durch das Geräusch, das er macht. So erwachten das Ohr und damit die Sprache, schreibt der Forscher, der an seinem Computer sitzt, in dem sich an diesem Vormittag Notate für einen Vortrag in Kapstadt sammeln. Sprache ist die Konsequenz des nachts allseitigen Dunkels. Draußen, außerhalb der Höhle allerdings reicht das Sternenlicht des Südhimmels für Raubtiere aus, einen der 18 000 anzugreifen. Viel Stress deshalb auch außerhalb der Höhle. Bei der Suche nach einem neuen Felsvorsprung oder einer Höhle, weil das alte Jagdgebiet erschöpft scheint, ist größte Vorsicht geboten (wieder Stress!), weil Raubzeug sich gern in solche Höhlen lagert. Der kleine Stamm kann sich Verluste kaum leisten.

KAMBRIUM

ORDOVIZIUM

SILUR

DEVON

KARBON

PERM

TRIAS

ÄON

ÄRA

PERIODE

EPOCHE

GENERATION

LEBENSLAUF

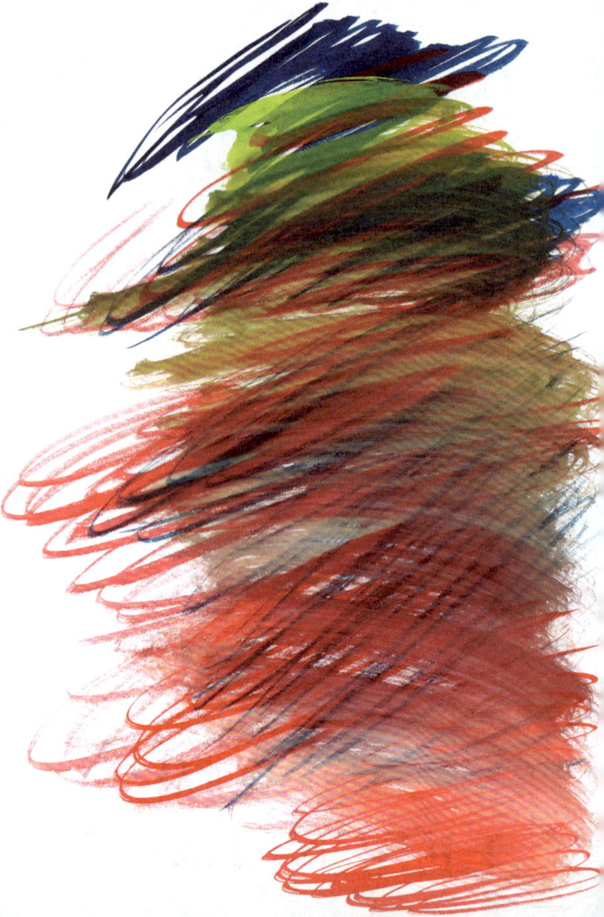

KATARCHAIKUM

ab 4,5 Mrd. Jahre

»URMEER«

(weitgehend anaerob)

ARCHAIKUM

bis 2,9 Mrd. Jahre

PROTEROZOIKUM

2,9 bis 1,6 Mrd. Jahre

SPÄTES PROTEROZOIKUM

1,6 Mrd. bis 570 Mio. Jahre

»BEWEGUNG WAR ALLES«

Es gibt bei einigen seltenen radioaktiven Elementen in der Tiefe der Erdkruste Halbwertszeiten aus der Ur-Ära, in der die Erde noch nicht existierte und in der jene Partikel in der kosmischen Gaswolke sich bewegten, die erst noch auf das Trümmerfeld, den protoplanetarischen Ring, zustrebte, der später zu unserem Himmelskörper werden würde. Diese Partikel, teils Protonen, teils schon zu Molekülen verbunden, »sahen« dann das URMEER, das die Erde umhüllte und aus dem in jenen Tagen kaum irgendwo ein Landstück herausragte. Die Partikel sanken so langsam, dass sie den Sedimentboden in tausend Jahren nicht erreichten. In vielen Millionen Jahren hob sich dieser Boden empor und verschob sich weiträumig auf andere Zonen des Erdballs.

In der Zeit des Superkontinents RODINIA wanderten die genannten Partikel (das erkennt man an ihrer magnetischen Ausrichtung zu den sich ändernden Polen des Planeten) und überfuhren so mehrmals die Pole und den Äquator. Durch die Äonen von Snowball-Earth hindurch, eine Kältestarre, welche die ganze Erde erfasste und die Kratone (die festen Kontinentalsockel) eiszeitlich verwüstete, blieben die oben genannten radioaktiven Raritäten unbehelligt, stets kräftig strahlend. Als sich dann das, was sich im Kambrium bei aufkommender Wärme in den Meeren an bereits vorhandenem und potentiell künftigem Leben aus der Starre befreit sah, über die Welt verbreitete, wurde das eine oder andere der Moleküle mit der recht altertümlichen radioaktiven Komponente von einem Lebewesen verschluckt und Teil des Kreislaufs der Evolution. Mit winzigen radioaktiven Beiträgen in den Körpern eroberte, aus den Lagunen und Flüssen aufsteigend, das Leben festes Land.

NOCHMALS ZUM THEMA »BEWEGUNG«

Ein Landvermesser und Liebhaber seiner Heimat (»Rodina« heißt auf russisch Heimat), der in Akademgorodok bei Nowosibirsk seit Jahrzehnten arbeitete, galt als obsessiv. Ein Genauigkeitsfreak. Er insistierte auf seinen Messungen, die sich auf eine »Wellenbewegung« von Wüsten und Gebirgen bezogen und mit denen er die geografischen und geologischen Kollegen nervte, die sich nicht gern mit Nebensachen befassen. Dieser Landvermesser nutzte die Daten eines frühen sowjetischen Satelliten, der ursprünglich die Aufgabe hatte, zu militärischen Zwecken (nämlich für den Abschuss von Interkontinentalraketen) die Höhenunterschiede der Erdoberfläche zu messen. Nach diesen Daten bewegen sich die großen Gebirgssockel wie der Himalaya, der Pamir und die Anden entsprechend den Gezeiten von Ebbe und Flut im Spielraum von Dezimetern (die Ebenen und Wüsten weniger merklich), so dass der genannte Landvermesser, in Abweichung von der üblichen Bezeichnungsweise, von einem Gesteins*meer* spricht. Es ist nicht ausgeschlossen, dass es bei einer ungewöhnlichen Konstellation von Himmelskörpern, behauptete dieser patriotische Landvermesser, zu einer »Springflut« der Landmassen kommen könne (wenn nämlich Jupiter- und Mondeinfluss mit einer ungewöhnlichen Stellung unserer Muttersonne und ihres geheimnisvollen Begleitsterns kumulierten, der nur alle 600 000 Jahre tangential unser System streift). Das wäre dem russischen Forscher ein poetisches Ereignis. Die Natur würde in diesem Fall (in ihrer eigenen Sprache) zum Ausdruck bringen, dass sich alles, was existiert, in Bewegung befindet. Ja, meinte dieser sperrige Wissenschaftler, auch das große und träge Russland könnte eines Tages in Bewegung geraten, selbst wenn Puschkin dies für die verschlammten Verkehrswege des Landes nicht für wahrscheinlich hielt.

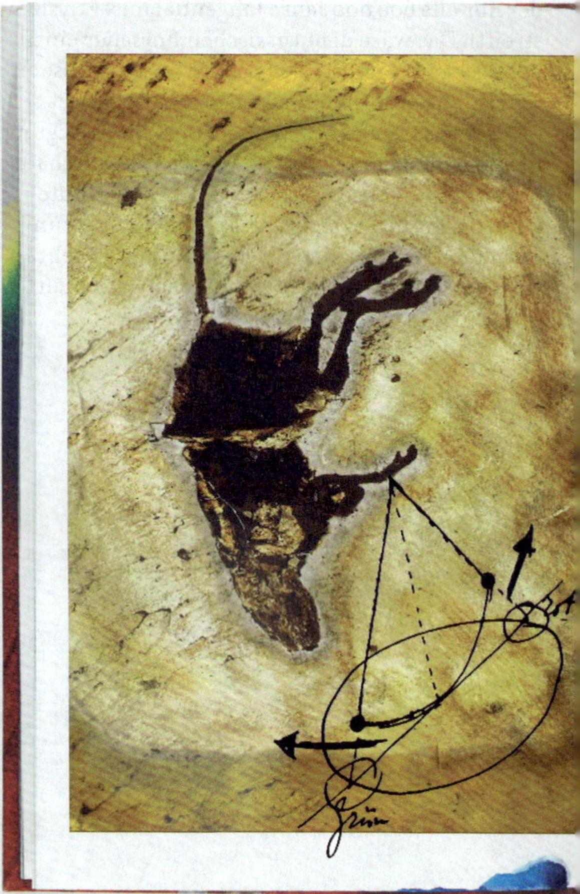

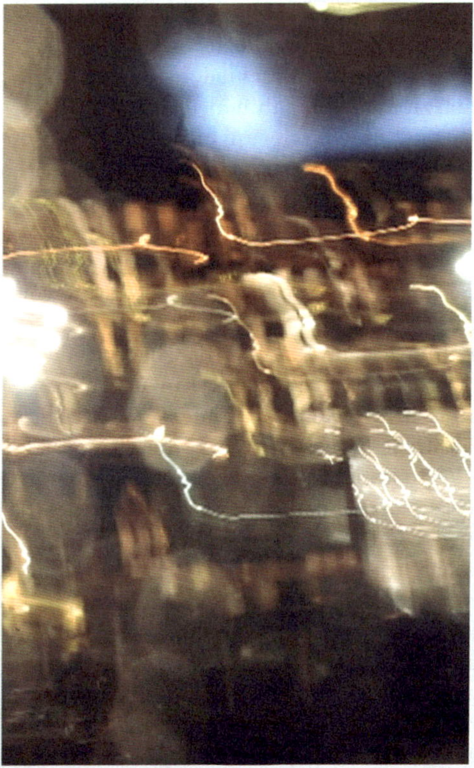

SPUREN DES GEISTES IN DER FRÜHZEIT

Aus der magnetischen Ausrichtung der Gesteine zu der unterschiedlichen Position, welche die Pole der Erde zu den verschiedensten Zeiten im Vergleich zu heute einnahmen, ermitteln wir Prähistoriker die Wanderungen der Landmassen und die allmähliche Verfertigung der Sedimente im Meer. Eisenmoleküle, die sich im Gestein jeweils nach Norden ausrichteten, sind die Kompasse, die wir nur ablesen müssen, um uns das Geschiebe der Erdoberfläche wie einen Film vor Augen zu führen.

Wir chinesischen Prähistoriker haben jedoch eine verblüffende Entdeckung hinzugefügt: Im Umkreis von Skeletten fanden wir magnetzeilenähnliche Richtungsweiser, die nicht auf einem Verhalten des Eisens beruhten. Wir nennen sie Teloïde. Benannt nach Telos, dem Ziel. Aus der flachen, hunderttausendjährigen See, die unsere südchinesischen Ebenen einst bedeckte, können wir deshalb nicht nur die Kalkhüllen von Skeletten identifizieren, sondern wir finden Placken knochenloser Sehnsucht, die ihrerseits zu nährstoffreichen Flächen wanderten, Impulse, die nicht sterben wollten und mit hoher Energie flohen! Die Richtungspfeile dieser NEGENTROPIE tragen wir in Karten ein. Es sind gebißlose »Strebungen« (Tiere könnten wir sie nicht nennen). Sie gehören zu unseren Vorfahren, und wir Chinesen sind stolz darauf, unserem

Zentralkomitee diesen Fund zu melden. Es gibt auf keinem anderen Kontinent als dem unseren eine Entsprechung dafür, entweder weil der ABSOLUTE GEIST in der Vorzeit nur unser Land derart ausgezeichnet hat oder weil die westlichen Gesellschaften nicht gründlich genug forschten.

ENTEIGNUNG VON WISSEN

Ein Gebirgsstumpf aus der variszischen Orogenese war bei Aufspaltung des Superkontinents Pangäa in Eilfahrt bis zu einer Insel nördlich von Norwegen gewandert und hatte sich dort angeschweißt. Jetzt war er die Pfründe eines Konsortiums, das die künftige Ausbeutungschance, das Überziehen dieser starken Scholle mit Bergwerken und Bohrlöchern, an die Börse gebracht und beliehen hatte. Der Mann von der Bergakademie in Freiberg in Sachsen, der diesen Zusammenhang erforscht hatte, ging leer aus. Der Forscher war bis zuletzt loyal gewesen gegenüber seiner Regierung. Er war in sechster Generation Bergwerksspezialist. Seine Vorväter hatten Preußen gedient (von Sachsen ausgeliehen). Er hatte das Dritte Reich mit Hinweisen versorgt. In dem, was Geologie betrifft, ignoranten Staat, dem Hitlerstaat, hatte ihm keiner zugehört.

Im Unterbau der Planungsbehörden der DDR saßen dann kundige Ingenieure und Hoffnungsträger bezüglich eines sozialistischen Endes der Welt, die seine Hinweise ernst nahmen. Das zahlte er ihnen mit Treue heim. Zuletzt war er, für so viele Jahre politisch abstinent, der SED beigetreten. Das erwies sich nach der Wende als verhängnisvoll, als es darum ging, die »Werte an sich«, die er unter Aufopferung seiner Gesundheit und im ständigen Streit mit den zuständigen Kundschaftern des MfS gefunden hatte, als »Werte für sich« zu realisieren. Die Unterlagen seiner

Forschung lagen zuletzt bei der Staatsbank der DDR. Solches Vermögen wurde von der Treuhand verwaltet. Er war durch seine Belastung als Mitglied der SED daran gehindert, seine Forscherrechte aufgrund seiner Entdeckung der oben genannten Fundorte offensiv gegenüber der Treuhand zu vertreten. Er sei belastet, wurde ihm gesagt. Anwälte der Spitzenklasse aus Anwaltskonzernen mit mehr als 600 Anwälten, die einen Prozesserfolg garantierten, konnte er nicht bezahlen. Sein Wissen gehörte zum Volkseigentum, somit war es der Aneignung durch westliche Investoren ausgesetzt, nachdem die Niederlage des Ostens außer Frage stand.

DIE AFROTHERIA UND DER ZERFALL GONDWANAS

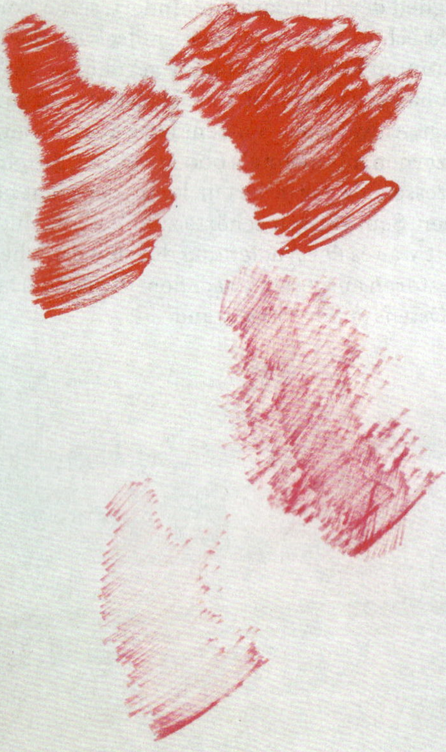

So unterschiedliche moderne Säugetiere wie Elefanten, Goldmulle, Tenreks und Erdferkel scheinen einen gemeinsamen Ursprung zu besitzen, und zwar einen Ausgangspunkt, an dem das Menschengeschlecht nicht unmittelbar teilhat. So beschreibt es schloch-jeremy.com. Das Menschengeschlecht ist mit dieser Linie der Afrotheria, der Tierwelt, die sich beim Zerbrechen des Gondwana-Kontinents bildete, nicht verknüpft. Deshalb sind Elefanten auch geduldiger und weiser, meint schloch-jeremy.com. So ist der tiefe Ton, in dem sie sich untereinander verständigen, dem Planetenton des Jupiters näher als die hochstimmigen Äußerungsformen von Menschenstimmen, die in dieser Hinsicht als ein spitzes Kreischen für authentische Afrotheria als unverständlich gelten können. Die Afrotheria erreichten Afrika aus den Gebieten des Boreas, also der Nordstürme, spätestens in der Oberkreide.

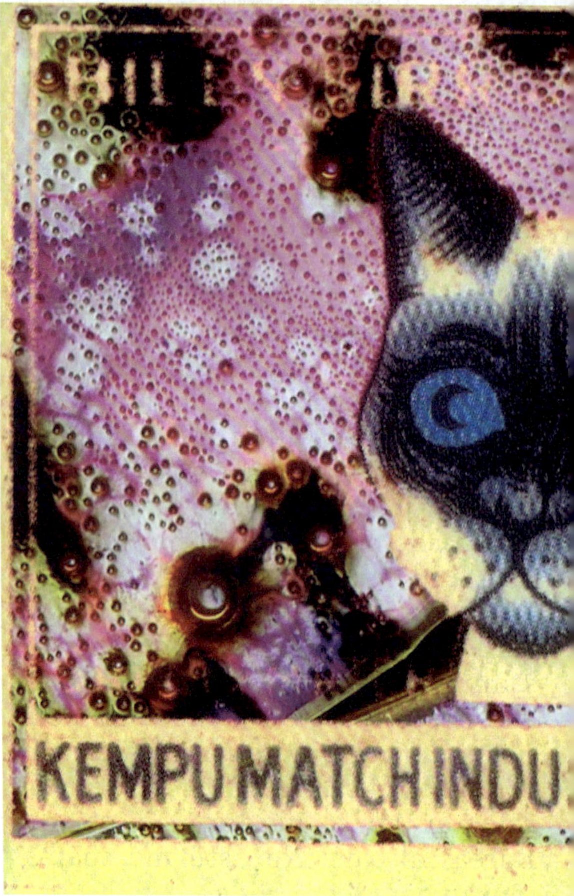
KEMPUMATCHINDU

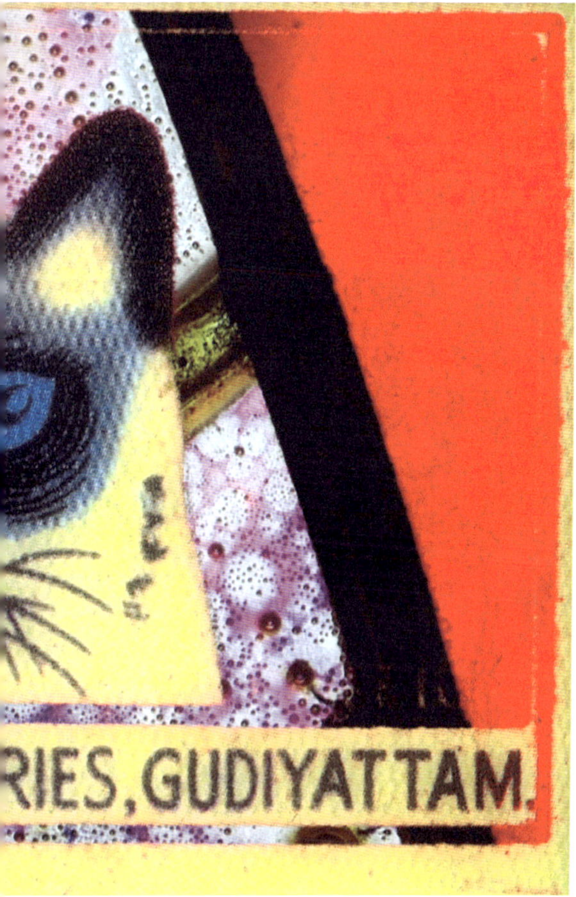
RIES, GUDIYATTAM.

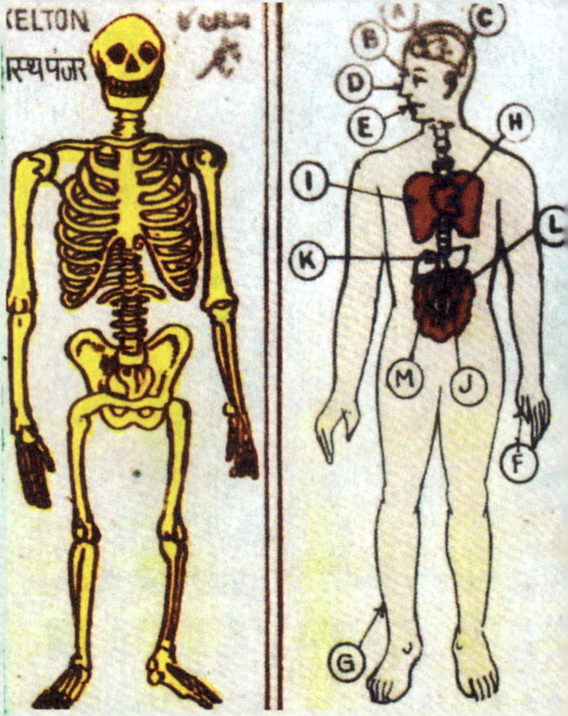

KELTON
स्थ पंजर
A
B
C
D
E
H
I
L
K
M
J
F
G

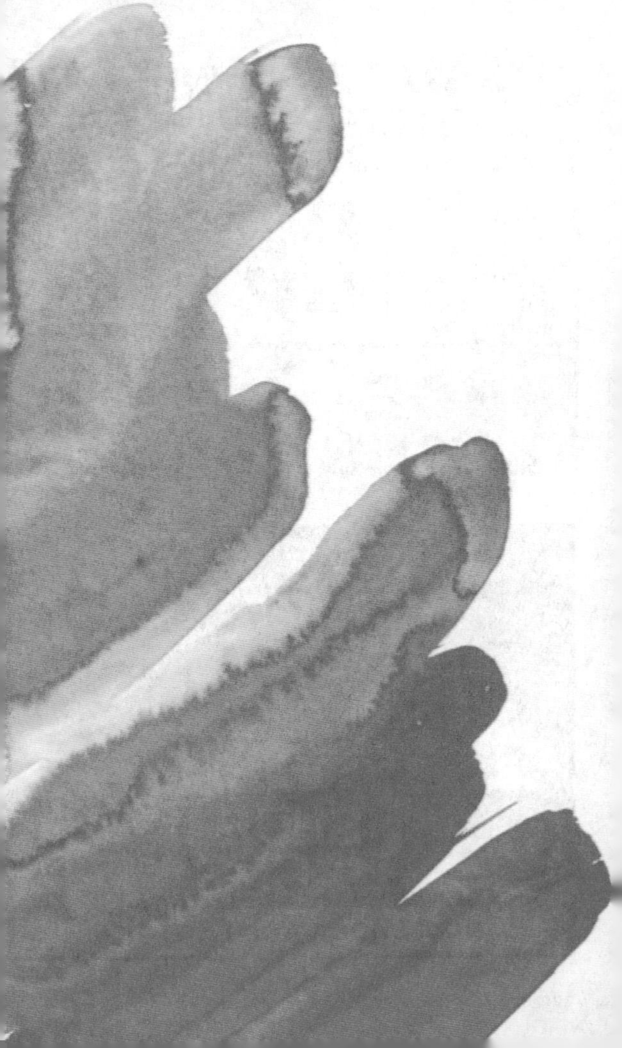

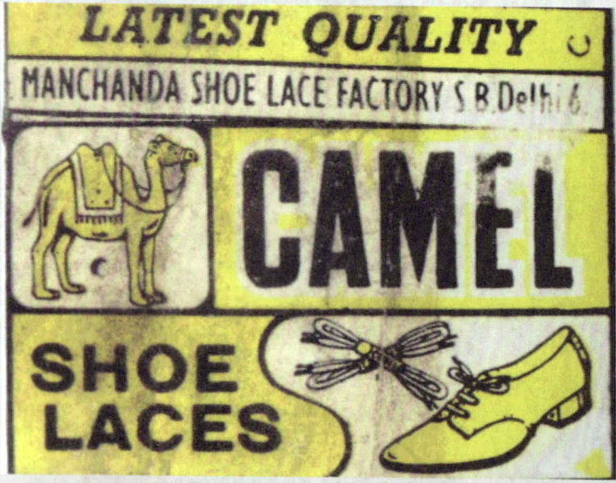
LATEST QUALITY
MANCHANDA SHOE LACE FACTORY S.B.Delhi 6.
CAMEL
SHOE
LACES

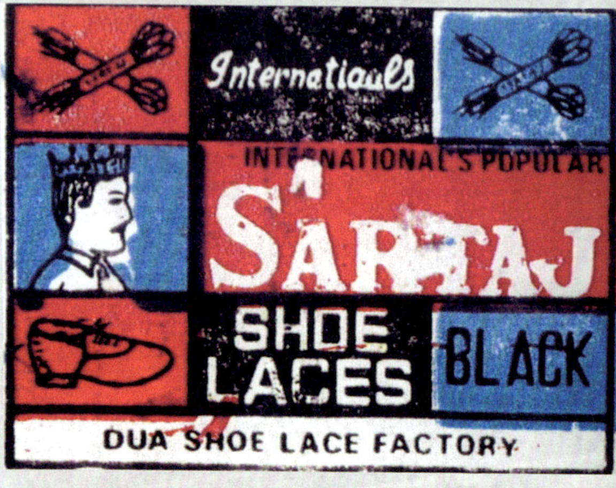
Internatiouls
INTERNATIONAL'S POPULAR
SARTAJ
SHOE
LACES
BLACK
DUA SHOE LACE FACTORY

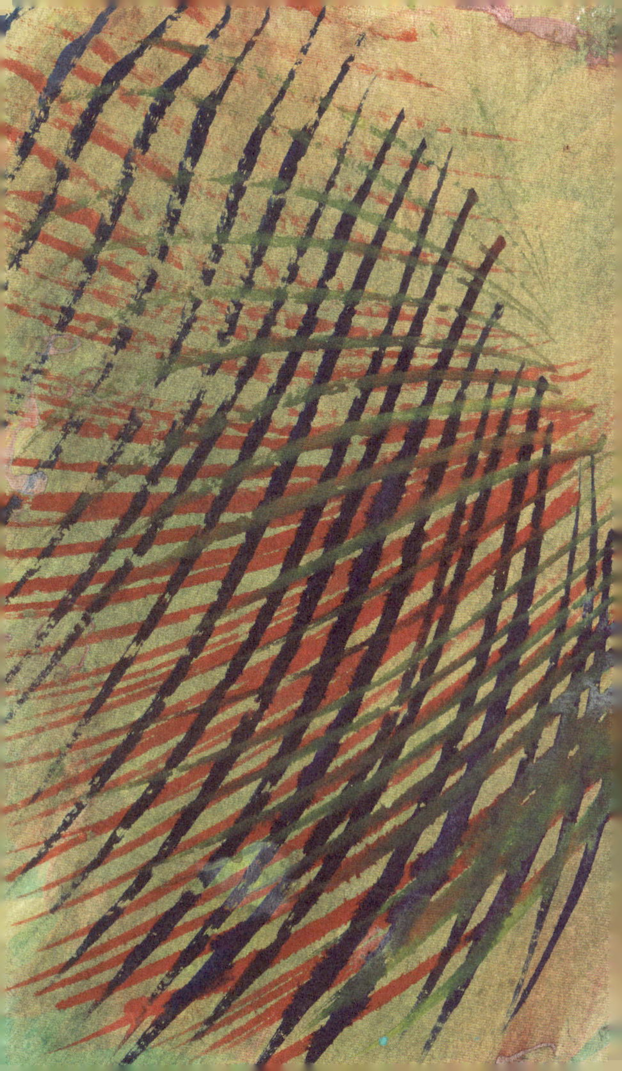

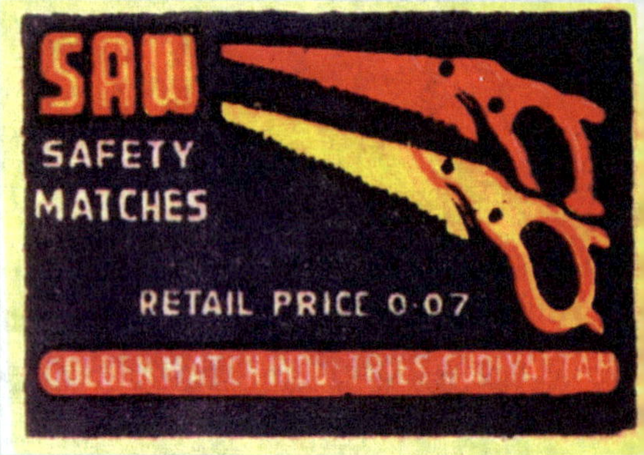
SAW
SAFETY
MATCHES
RETAIL PRICE 0·07
GOLDEN MATCH INDUSTRIES GUDIYATTAM

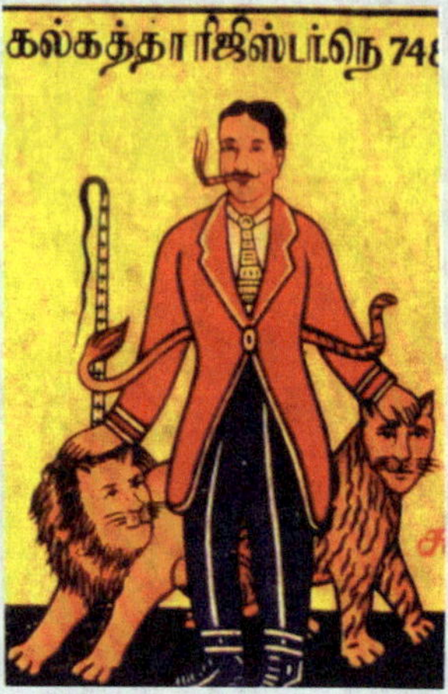
கல்கத்தா ரிஜிஸ்டர்.நெ 74

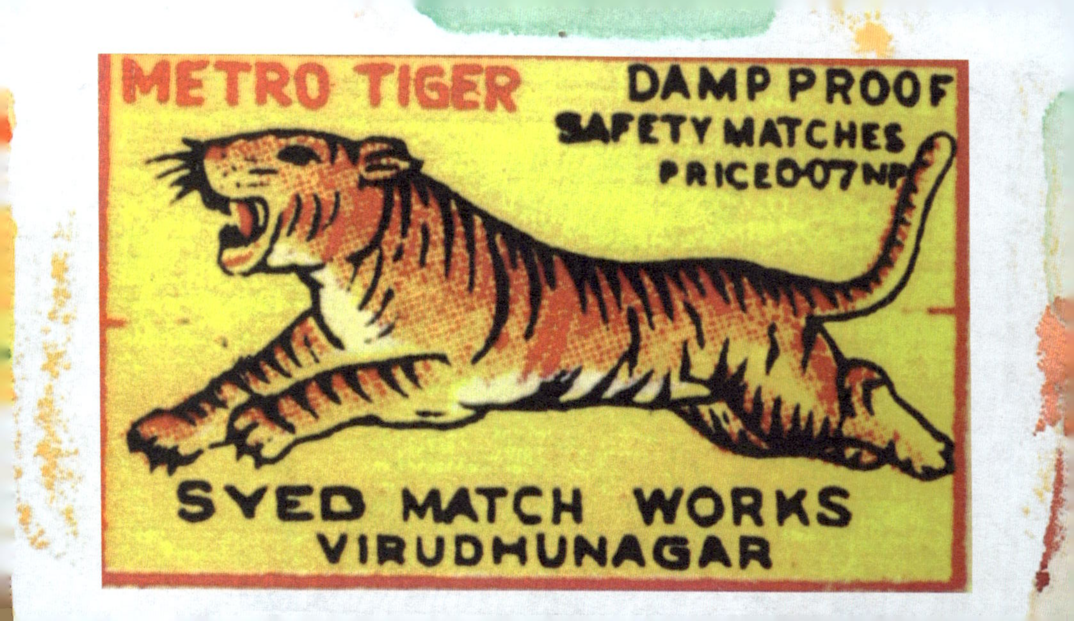
METRO TIGER
DAMP PROOF
SAFETY MATCHES
PRICE 0·07 NP
SYED MATCH WORKS
VIRUDHUNAGAR

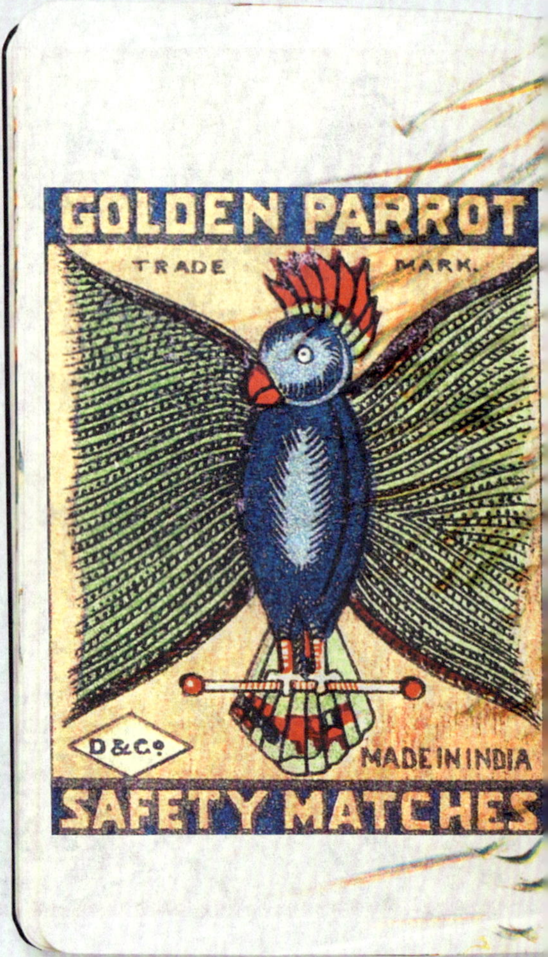
GOLDEN PARROT
TRADE MARK.
D&Co
MADE IN INDIA
SAFETY MATCHES

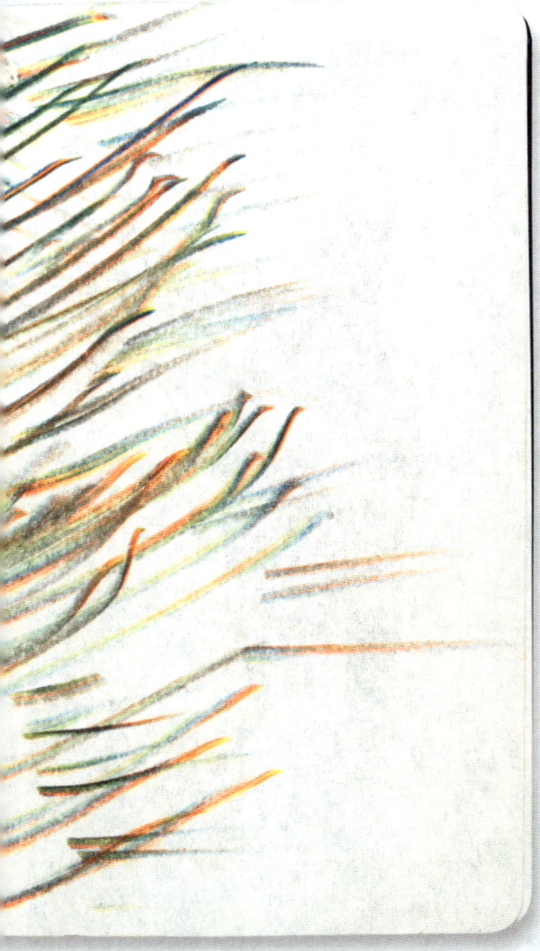

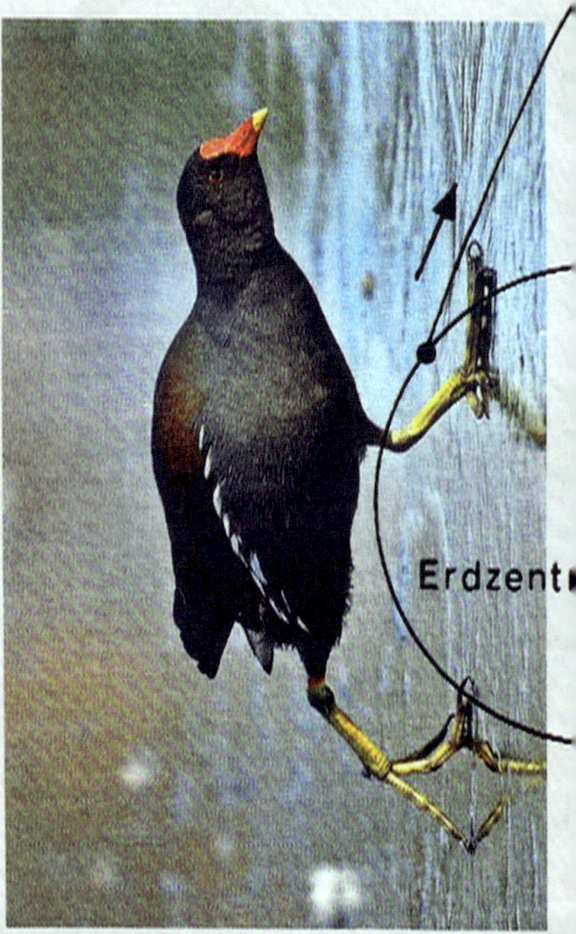
Erdzent

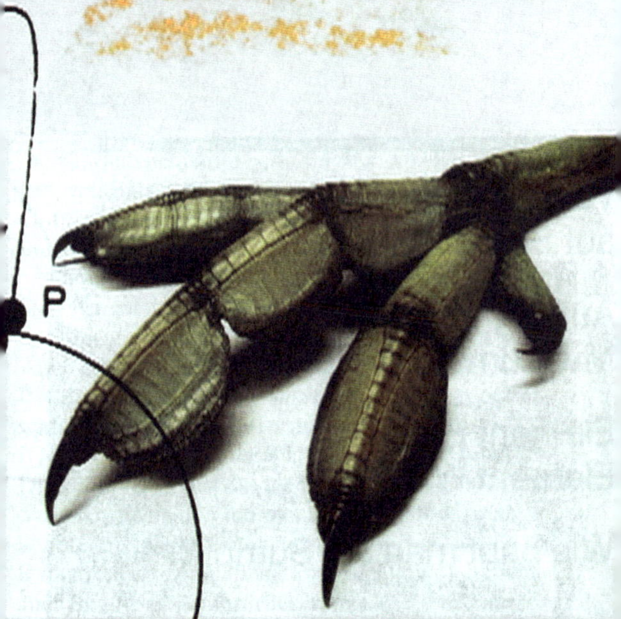

als Ziel

Die Kralle einer Ralle

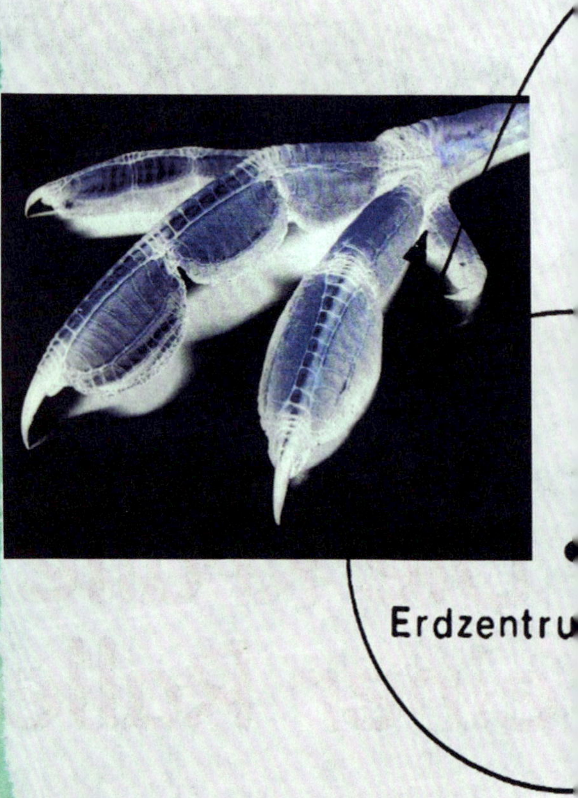
Erdzentru

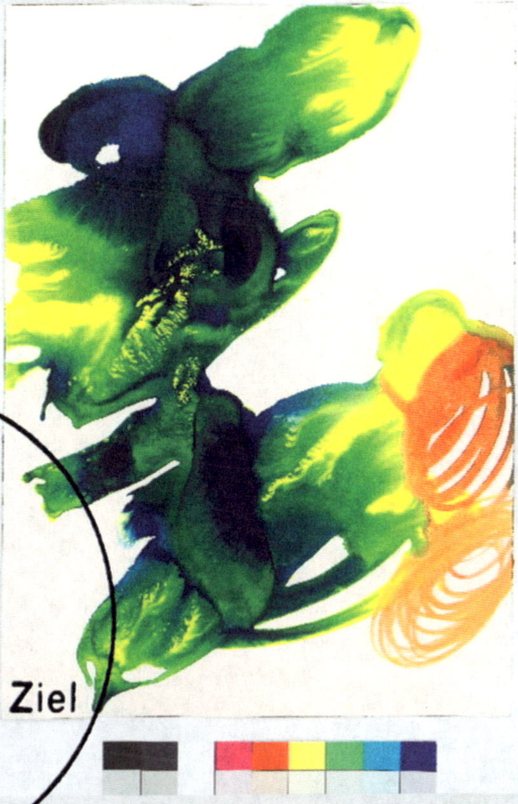

als Ziel

»SCHWERFÄLLIG WIE DIE RALLEN HAUSEN DIE MENSCHEN«

»Dichterisch wohnet der Mensch«. In der Interpretation Martin Heideggers über den Hymnus von Hölderlin wird behauptet, dass Menschen ohne ihre Träume nicht leben können. Um ihre Körper brauchen sie einen Raum (»Ellenbogenfreiheit«). Und um diesen Raum ihres Domizils (nach der »zweiten Haut der Kleider« ihre dritte Haut) brauchen sie wiederum einen Raum, in dem sie ihre Gemeinsamkeiten unterbringen: die Republik, die Städte. Diese Häuser der vierten Haut haben kein Dach. Aber schon Leibniz weist darauf hin, dass sie über Keller verfügen, unterirdische Etagen, bis zu sieben Stockwerke tief.

Am dritten Tag verlagerten sich die Spaziergänge der Debattiergruppe aus dem Hotel Waldhaus in Sils-Maria von ihren Wegen ins Fextal hin zu den Seen und zur Chastè, einem bewaldeten Hügel, der in einen der Seen hineinragt. Mit der Änderung des Wanderwegs änderte sich auch die Richtung der Diskussion. Es war kälter geworden. Der Abend senkte sich vom Malojapass kommend auf die Landschaft. Die Wanderdebatte konzentrierte sich auf die »Gestalt des Wohnens«. Für den Nomaden: das Zelt. Günstig für das glückliche Entkommen im Gefahrenfall: die Schiffe der Helden in der Antike. So entweicht Ulysses dem zornigen Meeresgott ebenso wie dem Riesen Polyphem. Solcher Notausgang namens freie

See existiert für die Bewohner des europäischen Kontinents nirgends. Man kann die Häuser nicht davonschaffen, wenn bewaffnete Horden oder eine wüste Natur zuschlagen. Schwerfällig wie die Rallen hausen die Menschen. Bleibt die Verschanzung, die Verbarrikadierung der Tür. Immer handelt es sich dennoch entweder um festen Boden, auf dem ich baue oder um das flüssige Element, in dem ich segle. Auch in Agglomerationen wie der »Metropole« Lagos in Nigeria finden Menschen entweder im Wasser oder auf der Erde zu ihren Improvisationen. Das gilt nicht, warf Thomas Demand ein, im Sumpfgelände. Im Matsch kann man nicht bauen und nicht wohnen. Man kann dort nicht »leben« und nicht »sterben«.

SPEZIALISTEN IM SUMPF

Majestätisch bewegen sich die Geschwader der Kraniche auf ältesten Flugstrecken dahin, ganz gleich, wie die Kontinente und Habitate, die sie überfliegen, sich verändert haben. Vor 86 Millionen Jahren trennten sich die Rallen, kranichartige Sumpfvögel, von den eigentlichen Kranichen.
Bei den Rallen, von denen es 120 Arten gibt, ist die Flugkunst ärmlich geworden. Schwerfällig starten sie. Nach kurzer Strecke fallen sie zu Boden.
Sie wurden Sumpfspezialisten. Blesshühner und Rallen sind für den Beobachter (meist sind das Jäger) an ihren weitausgestreckten ZEHEN zu erkennen. Breitfüßig sind sie. Fähig, die Zone zwischen Wasser und Land zu besiedeln. Gern laufen sie über Morast oder über Vegetation, wie sie sich als trügerischer Teppich auf den Wassern bildet.

GESTÜRZTE STERNE SIND
WIE GESTÜRZTE ENGEL

Bei Sternen, die am Ende ihres Lebens in sich zusammenstürzen, entsteht ein Zustand der Materie, den die Astrophysiker »entartet« nennen, ohne ein rassisches Vorurteil damit zu verbinden. Ausschließlich Neutronen, ohne wahrnehmbaren Zwischenraum. Bei solchen BEREITS GESTORBENEN SONNEN handelt es sich meist um zwei einander umkreisende Sterne. Der Tod, der sich über Äonen hinzieht, ereignet sich in jedem Sekundenbruchteil, in dem die beiden Himmelskörper einander umrunden als ein Stück Nachklang, eine Verzerrung von Raum und Zeit, wie ein Musikton. Solche Posaune kostet minimale Substanz, die sich maßlos addiert. Die Spätsterne, jene GROSSEN ZWEI: ineinanderfallend in einen üppigen Brunnen, den wir NICHTS nennen. Wie Prof. Dr. Alessandra Buonanno formuliert: Eine kristalline Sphäre von idealer Rundung. Ein Bergmassiv von 1889 Himalayas hätte kaum die Unebenheit einer für Schlittschuhwettkampf frischvorbereiteten Eisfläche. Darunter ist ein solcher exzessiv fester Sternenkörper flüssig. Voller Ungehorsam, gesättigt von gestautem Aufruhr wegen Unzählbarkeit und Unschärfe bei so hochverdichteter Masse. Da zeigt die Materie ihr wahres Gesicht. Die wirre Strömung aber in diesem Kristallsee kann kein Unterwasserschiff befahren. Das Raubtier zerreißt jeden Fremdling auf der Stelle. Nichts im Kosmos ist so einsam wie die einander umkreisenden »Ichs«. Gestürzte Engel aber (auch sie paarweise kreisend, aber nicht aus Geschlechtsgründen), zeigen sich darin gegenüber Neutronensternen völlig different, dass ihre kompaktifizierte Schwingung in Mikroteilen in uns Menschen und benachbarten Evolutionstieren schwirrt (wie in der Natur überhaupt), sozusagen als verirrte Korpuskelwellen, auf denen Glücksritter und Amazonentöchter reiten. Oft ist das der Grund für Tränen, die über die Wange laufen. Es genügte ein Stäubchen aus dem ehemals so kompakten Körper eines jener Engel. Auf Irrtum beruhen dagegen sämtliche anschaulichen Bilder von Engeln in Menschengestalt. Offenbar sind alle Engel Kugeln. Und, soweit sie als Schnee in Erscheinung treten, bizarr.

DAS LEBEN DER ENGEL
UND DAS UNSERIGE /
DIE SCHNEELOSEN DARK AGES

In den Dark Ages unseres Universums, einige Millionen Jahre nach dem frühesten Zeitabschnitt in Länge von 1^{-32} Sekunden, was als ZEIT FÜR SICH und als ENGELSZEIT einem separaten und autonomen Äon entspricht (für uns ist solcher Augenblick kurz, für sich selbst ist er von außerordentlicher, »gefühlt unendlicher« Länge), gibt es weder Schnee noch Licht. Kein Kind mit einer Kerze, deren Licht im Windzug flattert, durchquert einen solchen Keller. Das war vor jenem unvergesslichen Moment des Zwielichts, der Morgendämmerung, der ersten massiven Sterne.
Wo waren da die Engel? Die RÄDER oder THRONE der Dritten Ordnung, mit den geflügelten Augenpaaren? Wie Schlangen stießen sie voran, wie tief unter Wasser geratene Schwimmer, welche die Lunge vorantreibt. Erst aus dieser Not, heißt es, sind die Geister der Ersten und Zweiten Ordnung hervorgegangen. Damit erklärt sich, dass der erste gefallene Engel nach den Berichten aus der Dritten Ordnung stammt. In der Zeit, die den Dark Ages vorangeht, also im Taktschlag von 1^{-32} Sekunden, sind die Himmelspaläste unendlich klein geraten. Das macht die oberen Sechs Ordnungen der Engel für unsere Augen bis heute unsichtbar und für das Ohr nur schwer im Rauschen der Gegenwart zu ermitteln. Die Chöre der HÖHEREN SPIRITUALITÄTEN liegen stimm-

lich so extrem hoch im Diskant, dass unser Ohr sie für Geschrei hält. Die Wesen, die hier singen, sind derart submikroskopisch klein, dass sie (oder ein Schwarm von ihnen) durch den Kopf eines US-Präsidenten hindurchfahren, ohne dass er oder seine Wachen irgendetwas bemerken. Wird aber (und das geschieht nicht durch Einzelbefehl Gottes, sondern spontan und unaufhörlich) ein Bote, vor allem einer der Neunten Ordnung, nämlich der Rettungspraktiker, zu uns ausgesandt, muss er monströs aus seiner authentischen Mikrogestalt auf Plancklänge wie ein Ballon, eine Explosion, sich aufblasen, fast an die Grenze seiner wahren Natur. In solcher Verdünnung, kurz vor dem Platzen, macht er seine Mitteilungen. Die Phantomhände täuschen, die auf Ikonen an der Seite, neben den Flügeln eines solchen Boten hervorscheinen. Engel können keine Handgriffe vollführen. Sie sind keine Arbeiter wie die Bienen. Sie bleiben, eingeführt in unsere Dimension, SCHWINGUNGEN oder FÄDEN, also Rhythmen oder Taktgeber und in der rabiaten Differenz der tausend Taktarten, über die sie verfügen zu der langsamen Bewegungsart unserer Zellen und Nerven (= wir Menschen sind Schlaftabletten), ergibt sich Nachricht und Schutz dieses Boten.

EIN MENSCHENLEBEN VERGLICHEN MIT SCHNEE

Ein Menschenleben entspricht der Zeit, in der die sternenähnlichen Schneekristalle, auf die ein Engel der Fünften Ordnung seinen Fuß setzt, zu Matsch werden und vergehen. Es ist ein Irrtum, dass die ARCHAI oder RULERS dafür zuständig sind, Menschenleben zu hüten. Sie dafür am Werk zu sehen, enthält eine Verwechslung mit heidnischen Bildern von Walküren oder göttlichen Illuminationen aus Asien, die sich um Helden kümmern. Allerdings gibt es KRÄFTE ODER STRONGHOLDS, griechisch dynameis, die etwas Komplexes wie ein Menschenkind bis zum neunten Jahr beschützen.

Stets treten sie in einer Vielzahl auf, in Pulks. Im Umkehrschluss heißt das, dass sie an anderen Orten und in anderen gefährlichen Momenten fehlen. Eine Gaskammer wird in Funktion gesetzt und kein Engelschor sperrt die Leitung. Auch ist jede Verwechslung mit ELEKTRISCHEN KRÄFTEN abwegig. Im Zeitalter der Aufklärung versuchten Gelehrte, die spirituellen Wesen physikalisch zu deuten, so wie Zoobesucher, die einen Affenkäfig betrachten, annehmen, dass sie von diesen Lebewesen etwas verstünden, wenn sie die Lehrbücher, die von ihnen handeln, und den anatomischen Atlas memorieren.

DIE SIEBEN GEISTER DER ERKENNTNIS

Der legendäre Athener Sokrates behauptete, dass in jedem ernsthaften Gespräch zwischen zwei Leuten sich ein Dämon bewege. Nicht im Selbstgespräch, nicht im Gespräch unter vielen. Entgegen allen Absichten des Verstandes komme, mit Hilfe des Dämons, die Wahrheit ans Licht. Zuletzt verrät sich das, was nicht gelogen ist. Die Einsicht hielt Sokrates für eine Sonderform der Tapferkeit. Sie sei nicht im Verstand, sondern im Unterscheidungsvermögen, dem Empfinden, beheimatet, das Herzlichkeit, Vertrautheit mit der eigenen Person und Neugier für die Eigentümlichkeit gegenüberstehender Personen umfasse. Diese vier Eigenschaften (Herzlichkeit, Vertrautheit, Neugier, Unterscheidungsvermögen) seien wie Schüsseln oder Gefäße, in denen der Dämon eine jegliche Mitteilung, einen jeglichen Sachverhalt zerteile, dann aufesse und wieder von sich gebe; d.h. in geläuterter Form, nämlich derjenigen, die wir als Wahrheit bezeichnen (und jederzeit bestreiten und durch etwas Neues ersetzen können), uns hinterlasse. Sokrates sagt nirgends, was Wahrheit selbst wäre (im Gegensatz zu Aristoteles); er sagt nur, was der Stoff ist, aus dem ein Glücksfinger Wahrheit herausfinden kann. Die kriegerische Definition der Tapferkeit sei dagegen engstirnig. Es gehe vielmehr um die Unterscheidung, »etwas zu tun oder nicht zu tun«, zu unterscheiden, was »zu fürchten und was zu lieben sei«. Dieser Mann starb lieber, als seine Ansichten zu widerrufen.

Der flippige Franzose René Descartes, sich zu Unrecht auf Montaigne beziehend, schlug vor, die Erkenntnis der nächstbesten Empfindung zu überlassen. Man soll nicht nachdenken, sondern *neu* denken. Wie eine Fußspur im frischgefallenen Schnee erfreuen die Gedanken den Denker durch ihre Eigenheit: »diese Fußspur ist die meine«. Auf diesem besonderen Gefühl beruhe Erkenntnis. Denken, sagt er, ist wie Finden.

Ein Fallschirmjägeroberst, der in Dien Bien Phu diente, danach in Nordafrika eingesetzt war, hielt seinen Erfahrungsschatz, die Summe aller praktischen Regeln, die seine Kampfaufträge ihn gelehrt hatten, d.h. die Differenz zwischen Befehl und innerem »gefühltem« Widerspruch, für Erkenntnis. Er lehrte zunächst an den Militärschulen Frankreichs, wurde später von der CIA eingekauft und hält seither Seminare im ERWEITERTEN NAHEN OSTEN (unter Einbeziehung der im Süden der ehemaligen Sowjetunion gelegenen GUS-Staaten, insbesondere von Usbekistan und Kirgistan). Für den asymmetrischen Kampf gegen den Terror sind seine Erfahrungen besonders brauchbar. Sie bilden, in der Vortragsart seiner Kurse, jeweils ein LABYRINTH von »richtig« und »falsch«. Man kann allerdings von dem Ausgang »falsch« durch eine Reihe von Schritten in die Richtung »richtig« geraten, so wie die Richtung »richtig« im System seiner Darlegungen ins »Falsche« weisen kann. Dieses Rätsel-Labyrinth fordert von den Lehrgangsteilnehmern Wagemut und Experimentierfreudigkeit. Der Fallschirmjägeroberst wurde von Kritikern, die ihm wohlwollten, »Bastler des Denkens« genannt.

Nietzsche misstraute seinem Verstand. Er misstraute nicht seinen Füßen, nicht der Bewegungsapparatur seines Körpers, den Muskeln, den Gliedern, dem Verdauungstrakt. Er »ging« den Prozess der Wahrheit. Dazu war im Engadin mehr Gelegenheit als in den Gassen von Genua. Zunächst erwanderten die Füße einen Rhythmus, in welchem sich der Körper des Meisters auszudrücken wusste; danach kleideten sich die Gedanken in Worte, sozusagen Ausfluss eines evolutionären Menschen. Es scheint aber, dass eine gewisse Beharrlichkeit dieses Gehens Hindernisse jeder Art überwältigt. Gedanken von Nietzsche, »ganz zum Mantel geworden«, gehören zum Besten, was an Erkenntnis »auf den Markt geworfen werden kann«.

Nach neun Jahren bedrückenden Ehelebens, in dem die Einseitigkeiten im Charakter ihres Mannes sich nicht ändern ließen, kam Gerlinde Reh zu der Erkenntnis, dass ihr Mann sie betrog. Wie lange hatte sie sich täuschen lassen, ja, liebevoll der Täuschung zugearbeitet! Die Wahrheit über ihr Elend wollte sie nicht wissen. Dann brachte ihr Mann seine »Neue«, eine reiche Erbin, zu Heiligabend mit ins Haus. Das konnte Gerlinde nicht akzeptieren. Wo wäre ein Ende dieser STRECKE DER VERLEUGNUNG zu sehen gewesen? Gerlinde zog aus dem ehelichen Gemäuer aus. Ihre Erkenntnis hätte sie, wenn sie überhaupt zu einem anderen davon gesprochen hätte, so formuliert: Es ist unmöglich, die neun Jahre, die ich mit ihm gelebt habe, von meinem untreuen Mann zurückzufordern. Sie war jetzt allein mit ihrer Erkenntnis. Allenfalls ihren Freundinnen konnte sie davon erzählen. Schon beim zweiten Mal mochten die nicht mehr zuhören. Gerlinde hielt Erkenntnis, ihrer Frohnatur gemäß, nicht für ein Geschenk des Himmels.

Eine endgültige Gestalt der Erkenntnis, behauptete der Architekt F., der noch bei Wright in Chicago gelernt hatte, ist der UMBAUTE RAUM EINER STADT. Ein Meer von Steinen, wie es eine Metropole darstellt, prägt die Sinne und reißt alle Gedanken und Empfindungen mit sich fort. Im Inneren der Menschen entsteht später der gleiche umbaute Raum in subjektiver Gestalt. Von dort aus prägt er betonstark die Geschwindigkeiten und die äußeren Verhältnisse des Lebens, wie ein in Stein gegossener Flusslauf. Wiederum eine ganz andere Definition der Erkenntnis stammt von der Zirkuskünstlerin Fanny Petzolt. Wirft sich, sagt sie, die Trapezfliegerin vertrauensvoll in die Arme des Fängers (und das geschieht jeden Abend), so nenne ich den Klick des gelingenden Sprungs, den Moment, in dem alle Nerven dieses Gelingen spüren, den Augenblick der »Erkenntnis«. Demgegenüber bezeichnet die russische Heiratsvermittlerin Jekaterina Saitzew, die mit ihrer Agentur inzwischen von Moskau nach New York übersiedelte, den Fall, dass sich zwei von ihr wirksam Vermittelte ineinander versenken (landläufig gesagt: »in Liebe fallen«), als »glückliche Erkenntnis«. Der Verstand trage dazu wenig bei. Die Überraschung sei brauchbarer als jede vorangegangene Mühe. Die Agenturbesitzerin sprach aus siebenundzwanzigjähriger Erfahrung.

Die Kantianerin Dr. Mary Pitcorn in Harvard hielt für den Prozess der Erkenntnis abschließbare Türen für wesentlich. Oft setzte sie sich im Getriebe großer Bahnhöfe auf den Abort, schloss hinter sich ab und entwickelte Gedanken. In dem Augenblick, in dem die Tür sich hinter mir fest schließt, behauptet sie, öffnet sich in mir (wie in jedem anderen Menschen) der INNERE BRUNNEN. Den nennen wir Erkenntnis. Im Mittelalter lebten die Eremiten aus diesem Grund in einer Klause. Erkenntnis ist, nach Dr. Pitcorn, ein »für sich«, sie »durchfließt« einen nicht verzweifelten Menschen spontan, weil sie das »Grundwasser des Lebens« ist.

7

Ort

Zeit

Hommage für Sergej Eisenstein

mit
Welimir Chlebnikow,
Kasimir Malewitsch
und Giacometti

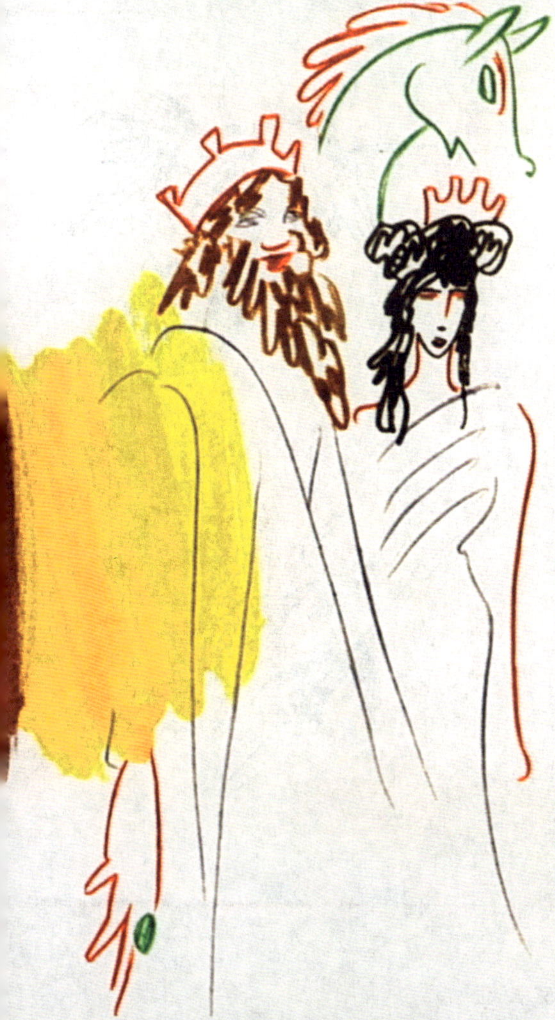

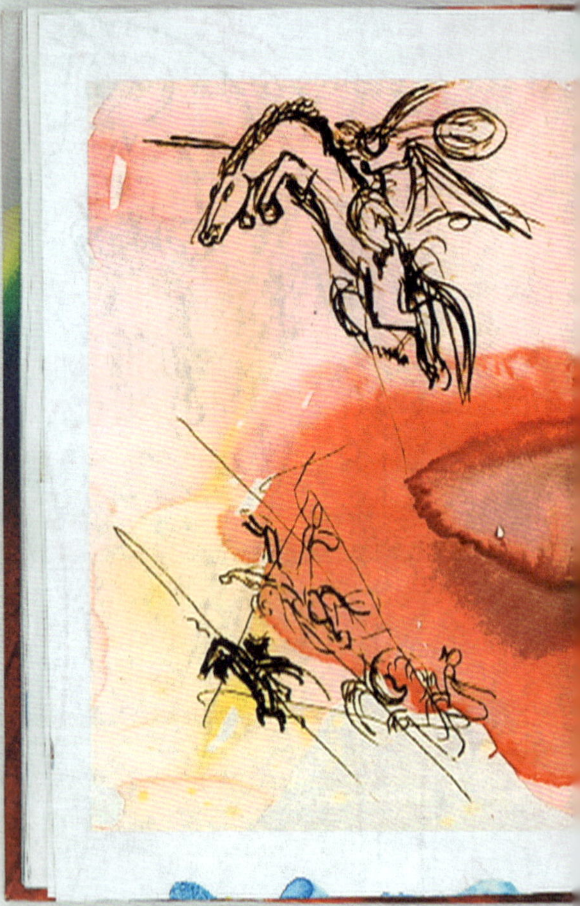

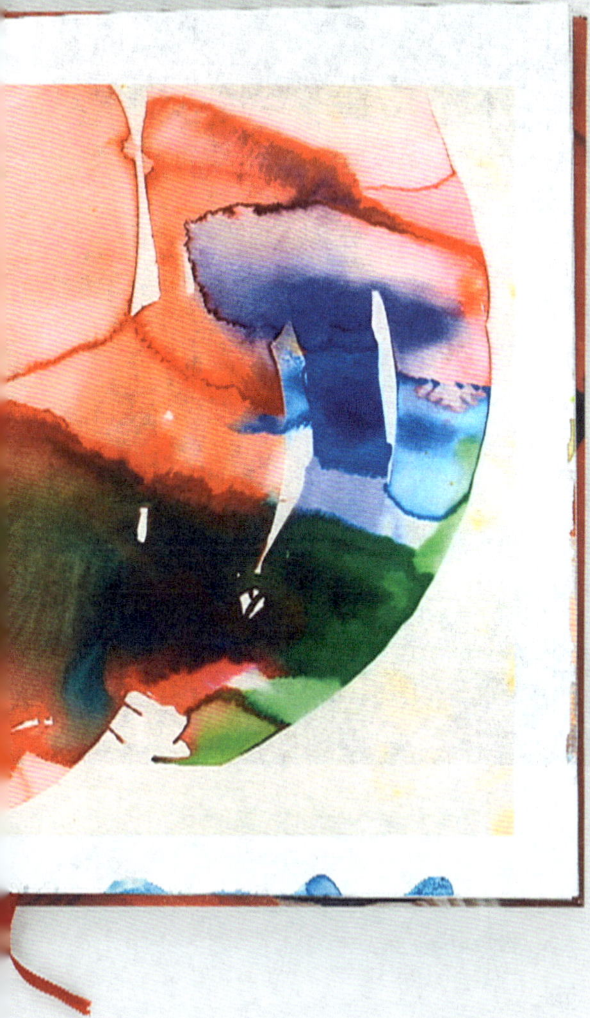

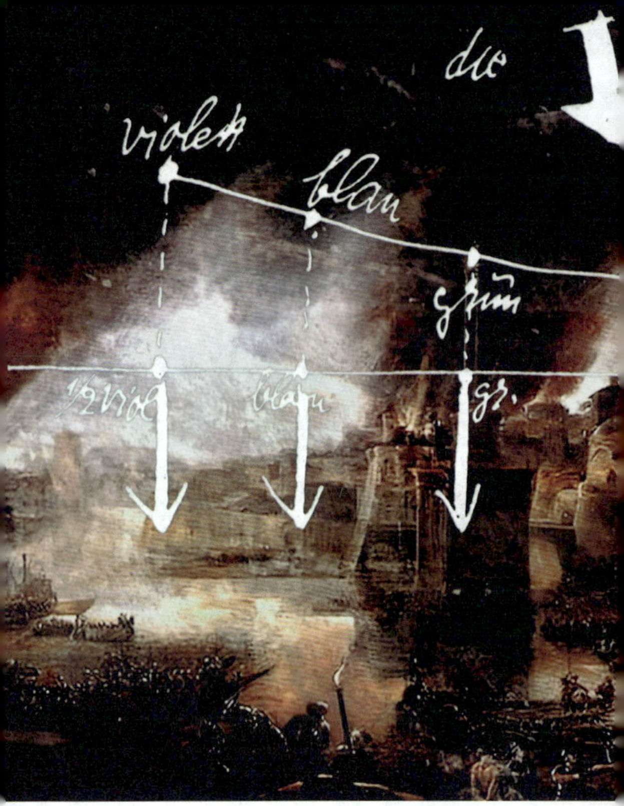
die
violett
blau
grün
1/2 viol
blau
gr.

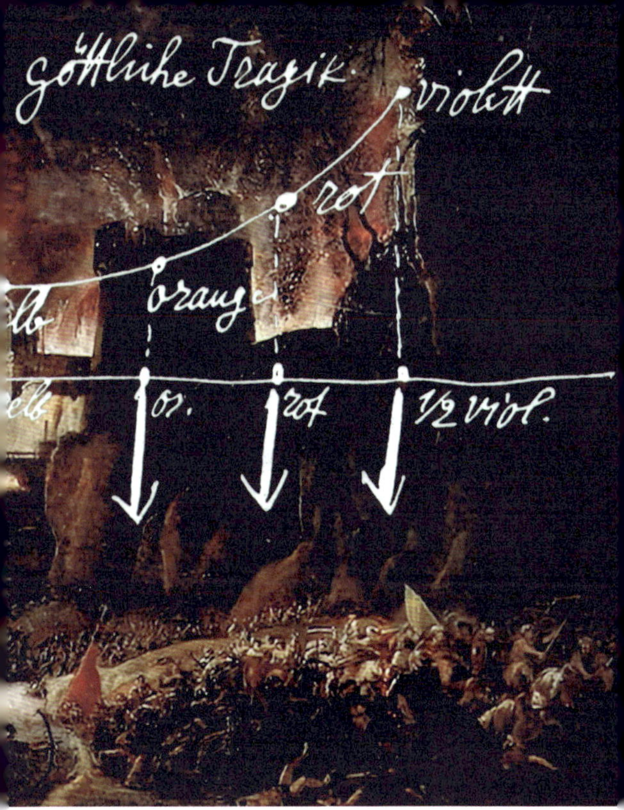
göttliche Tragik
violett
rot
orange
or.
rot
1/2 viol.

Eisenstein inszeniert
Alexander Newski (1938) und
Wagners *Walküre* (1940)
02:47

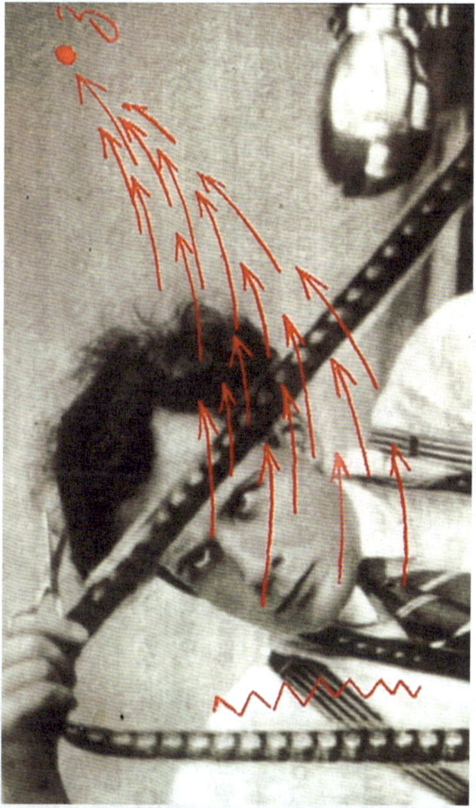

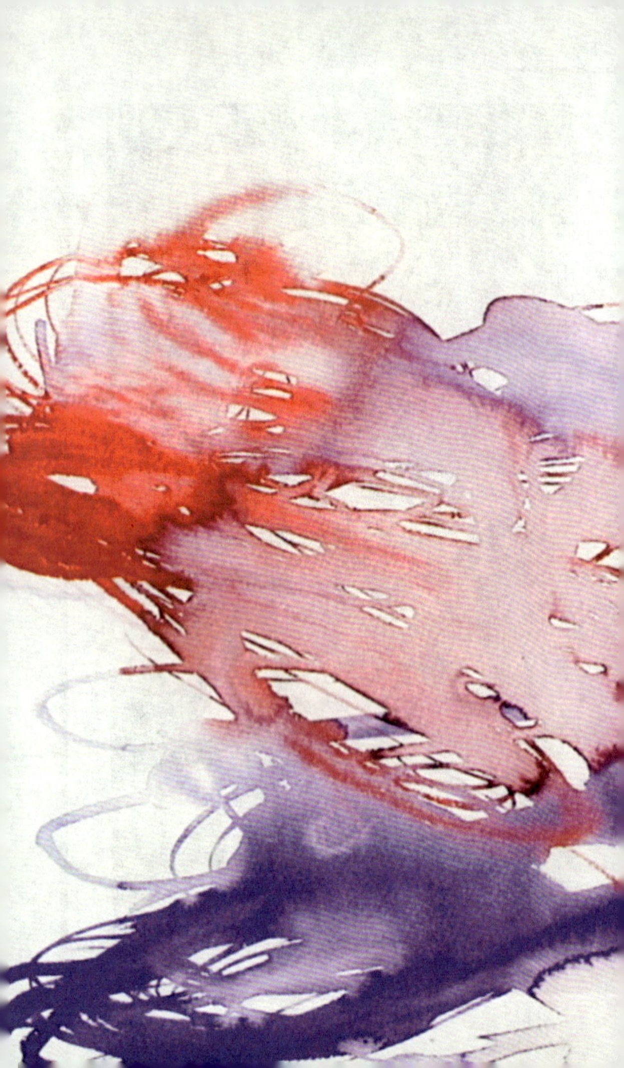

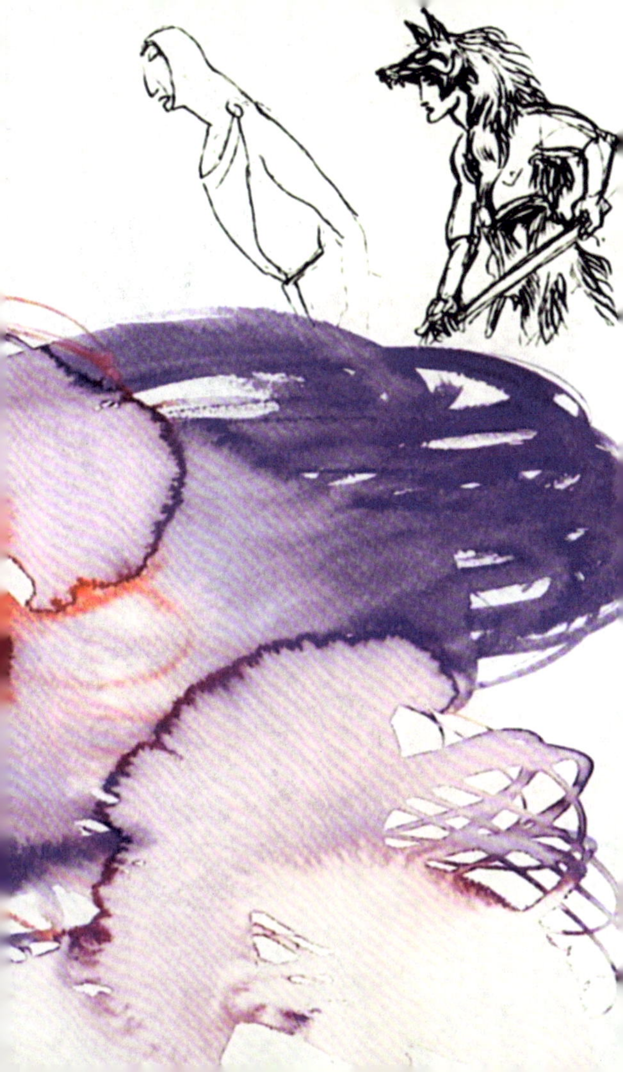

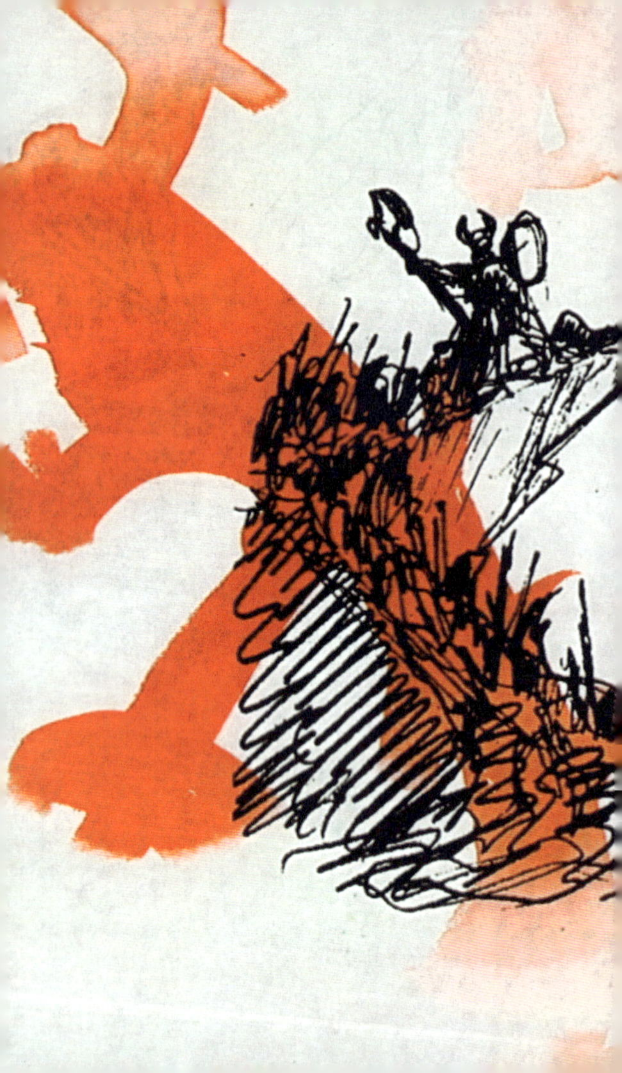

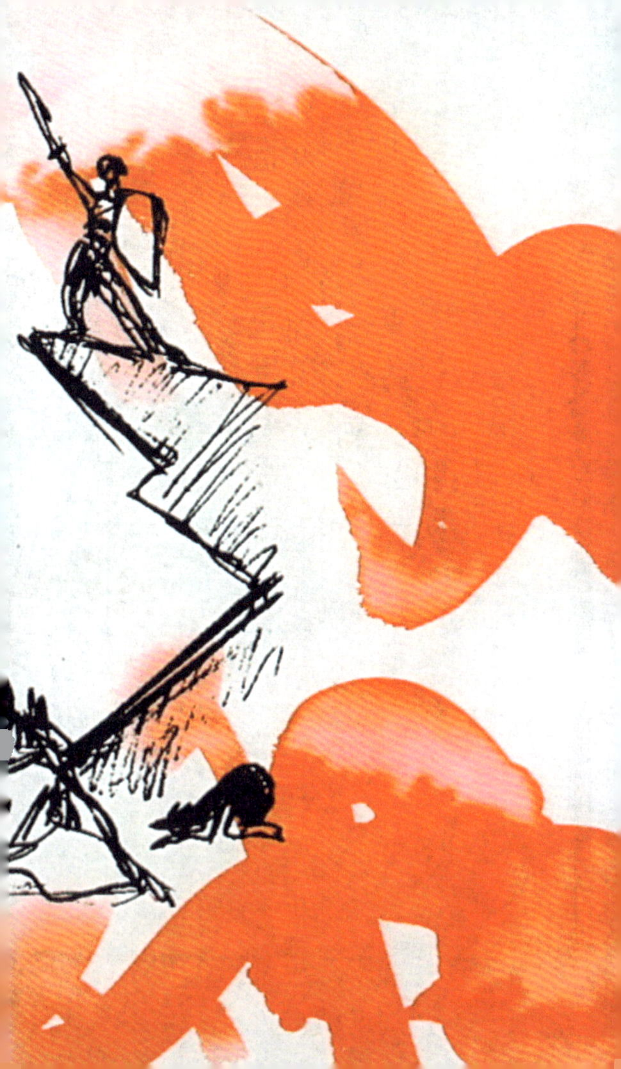

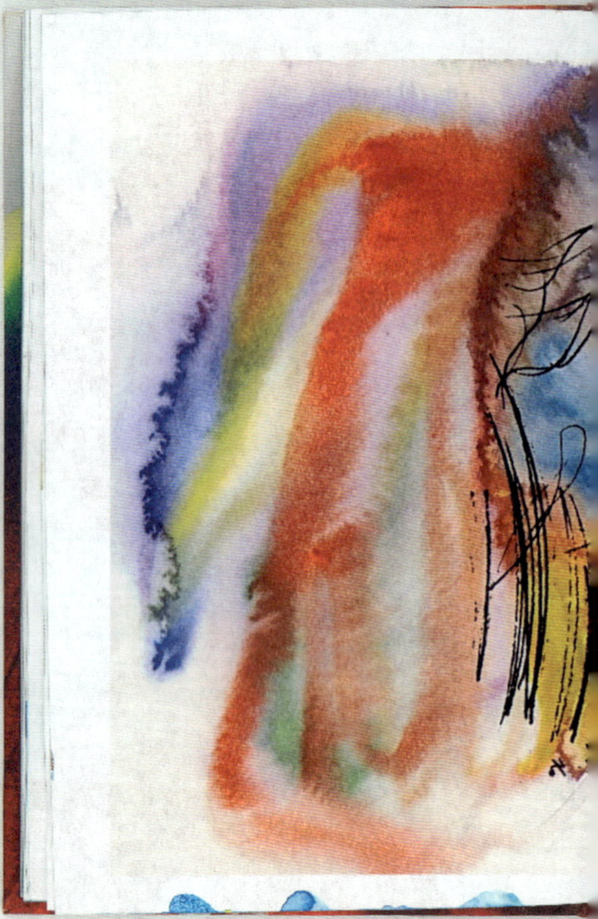

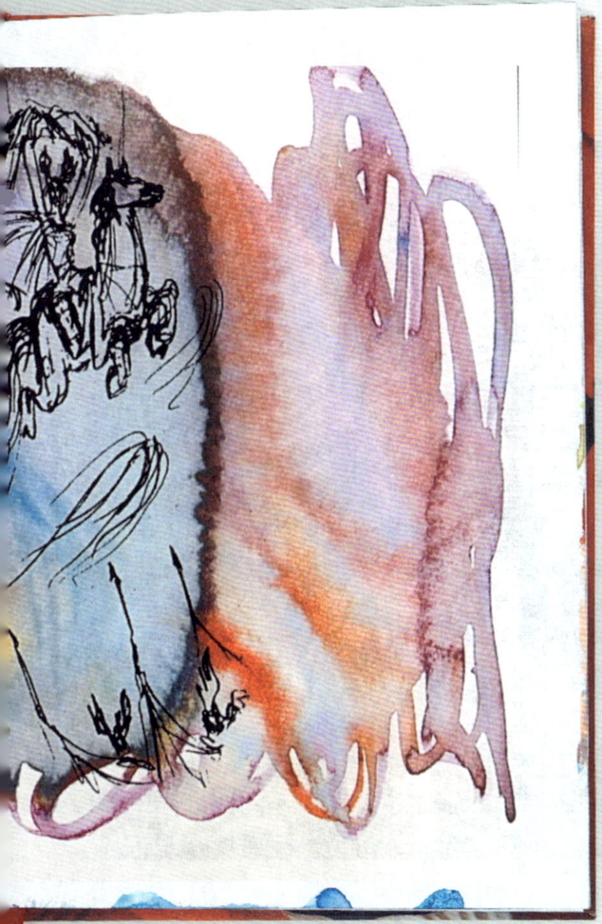

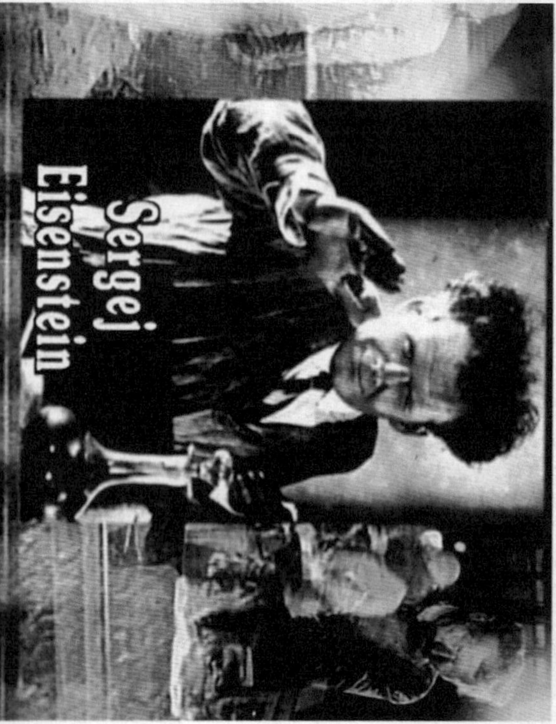
Sergej
Eisenstein

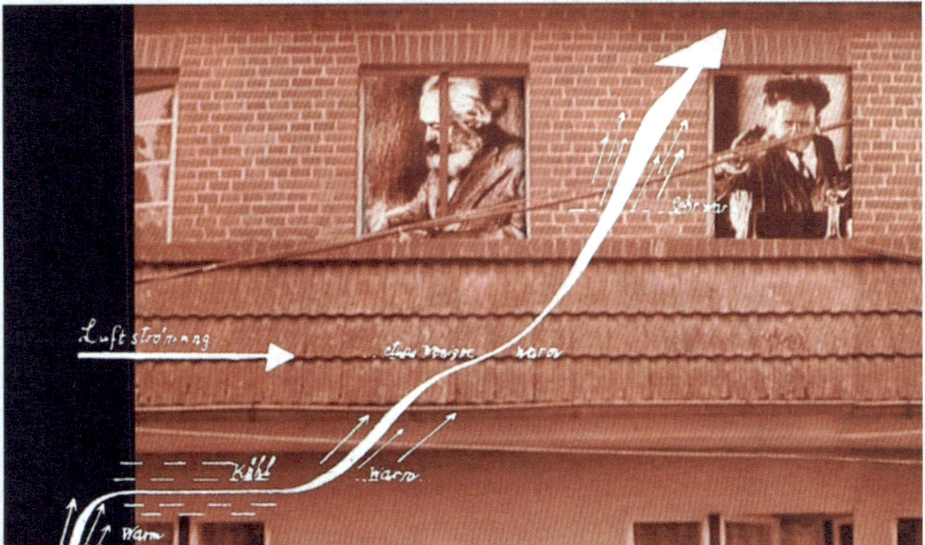

Luftströmung
etwas weniger warm
sehr warm
Kühl
warm
Warm

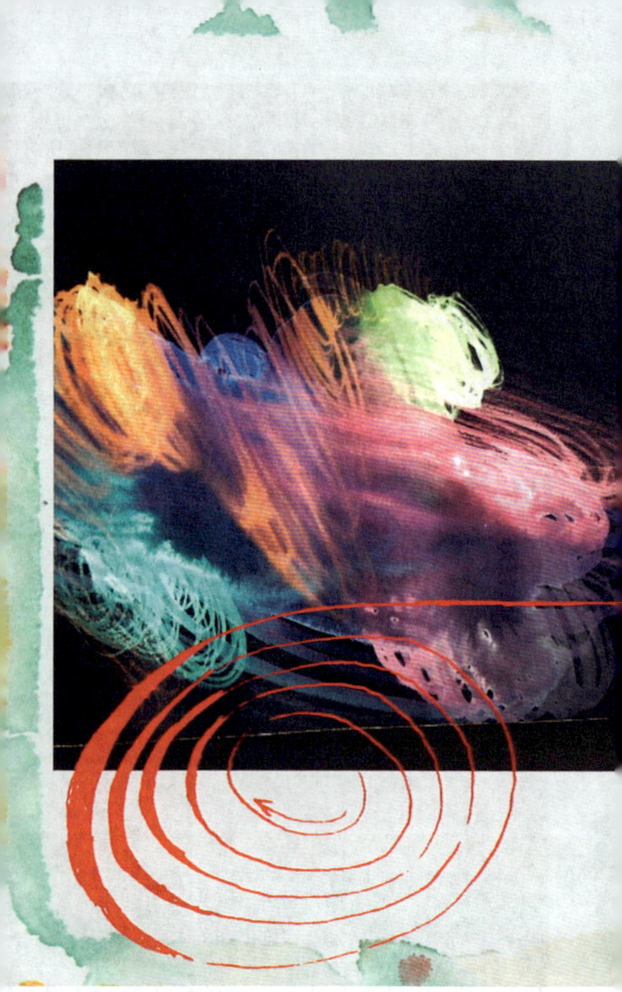

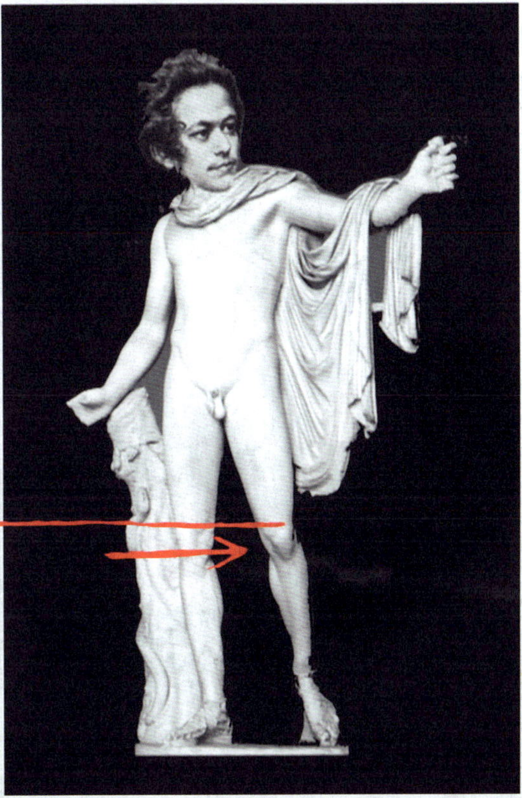

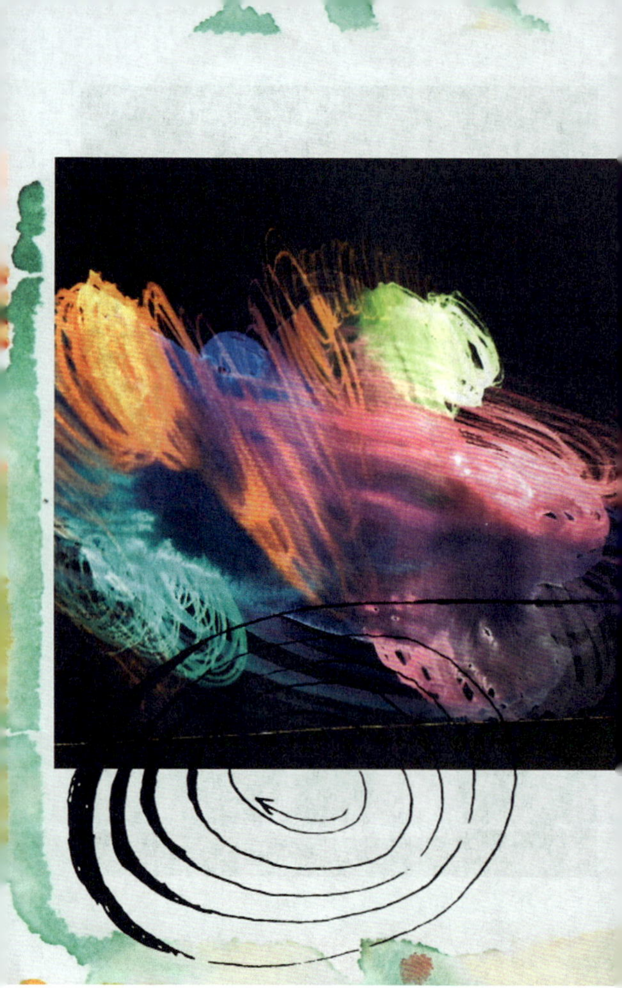

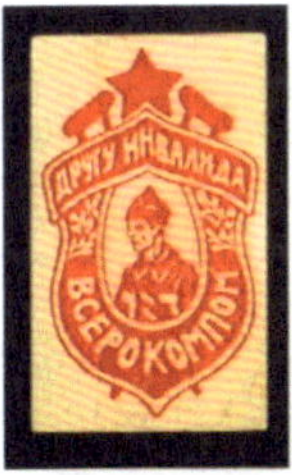
ДРУГУ ИНВАЛИДА
ВСЕРОКОМПОМ

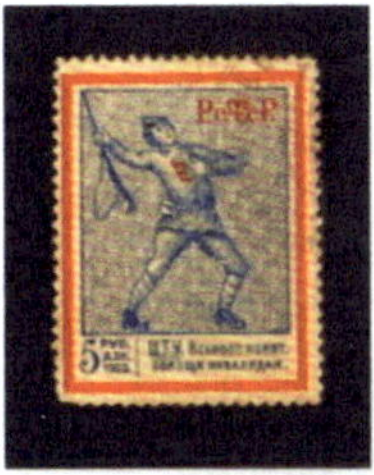

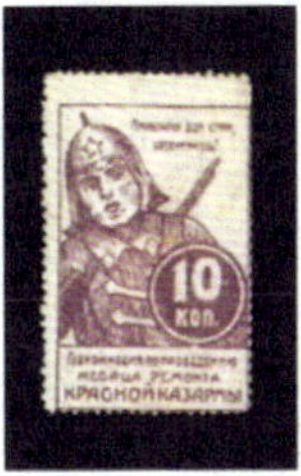
10 коп.
КРАСНОЙ КАЗАРМЫ

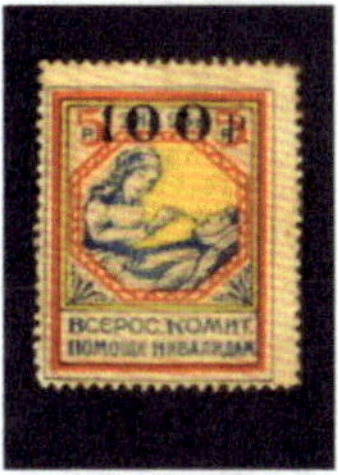
100
ВСЕРОС. КОМИТ.
ПОМОЩИ ИНВАЛИДАМ

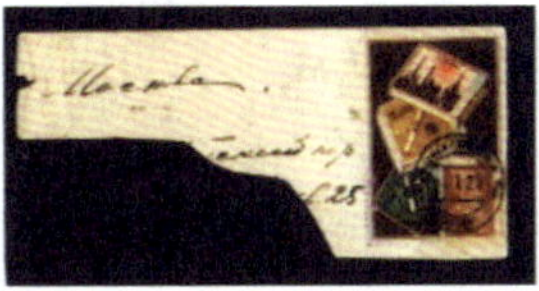

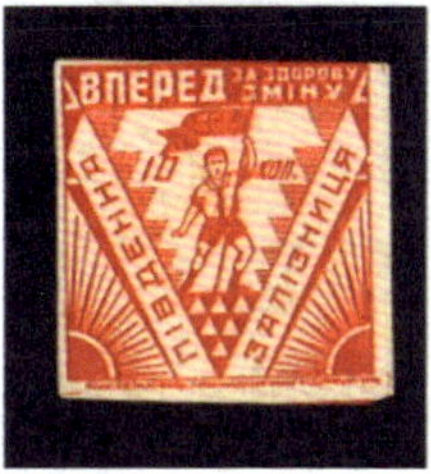
ВПЕРЕД ЗА ЗДОРОВУ ЗМІНУ
10 КОП.
ПІВДЕННА ЗАЛІЗНИЦЯ

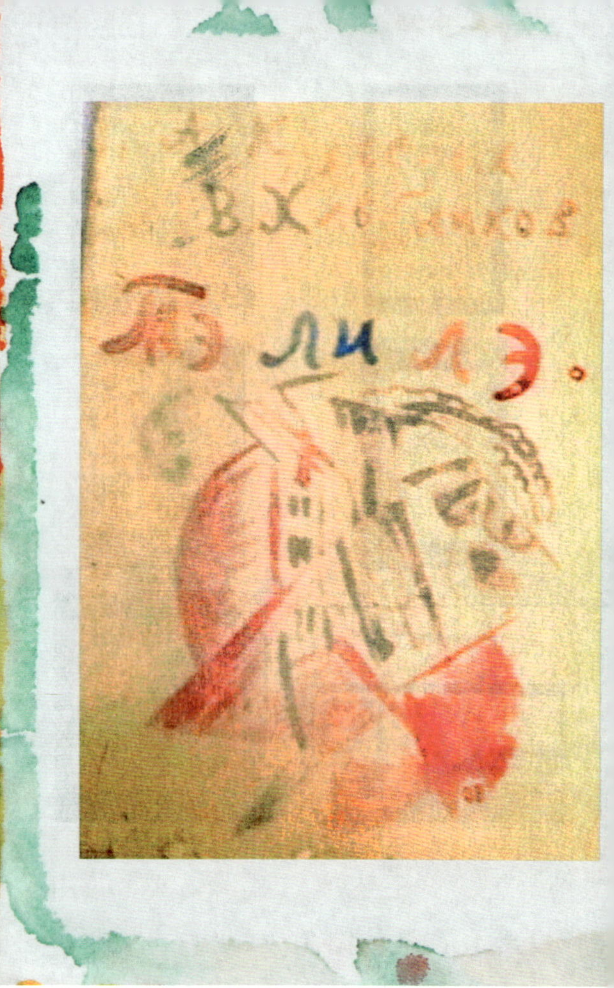
ТЭ ЛИ ЛЭ.

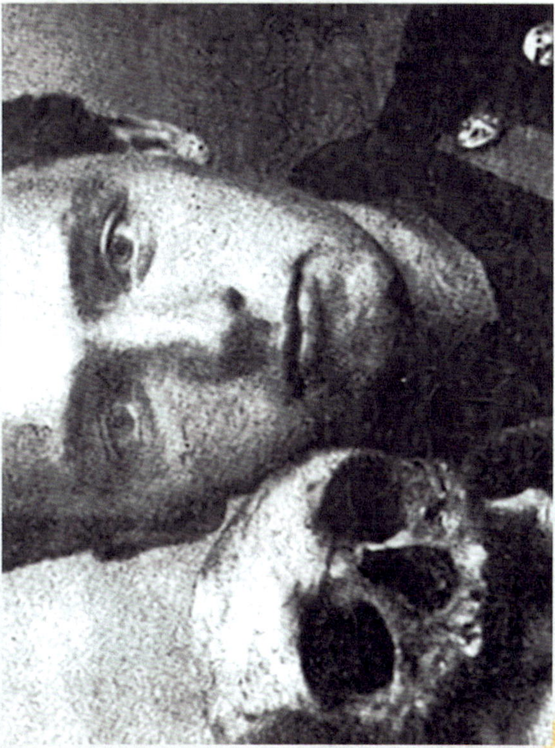

Welimir Chlebnikow

$$365 = 3^5 + 3^4 + 3^3 + 3^2 + 3^1 + 3^0 + 1$$

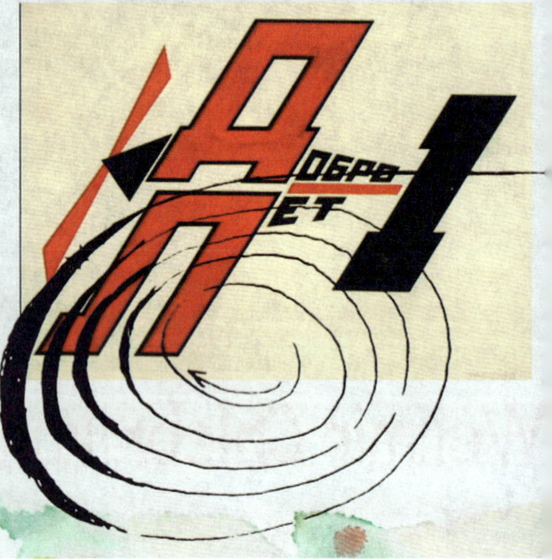

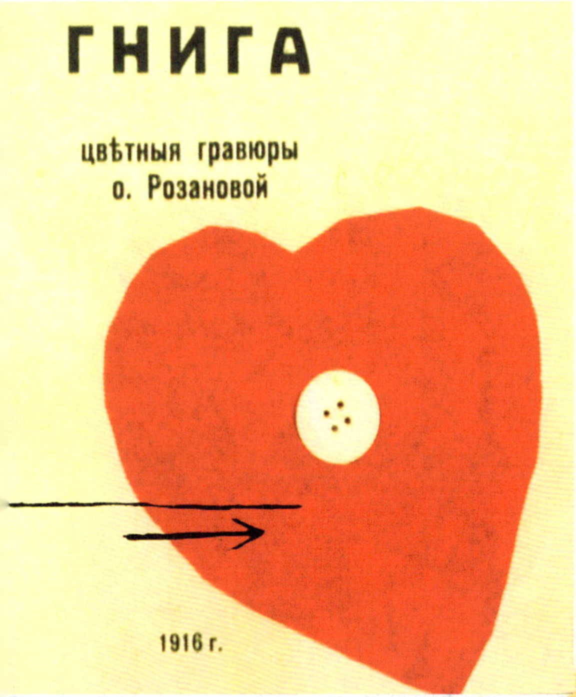
ГНИГА
цвѣтныя гравюры
о. Розановой
1916 г.

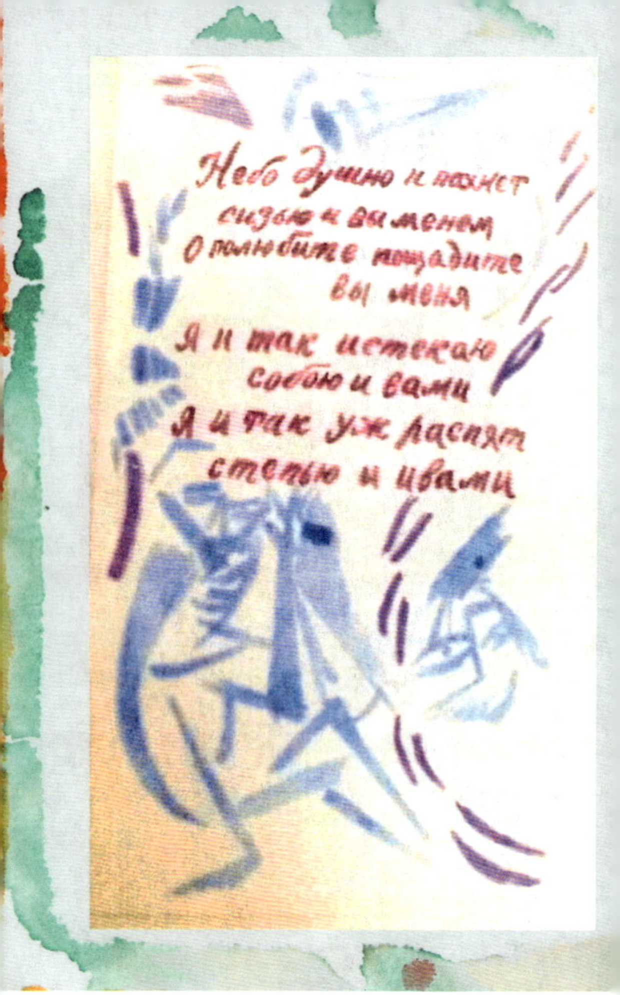
Небо душно и пахнет
сизью и выменем
О полюбите пощадите
вы меня
Я и так истекаю
собою и вами
Я и так уж распят
степью и ивами

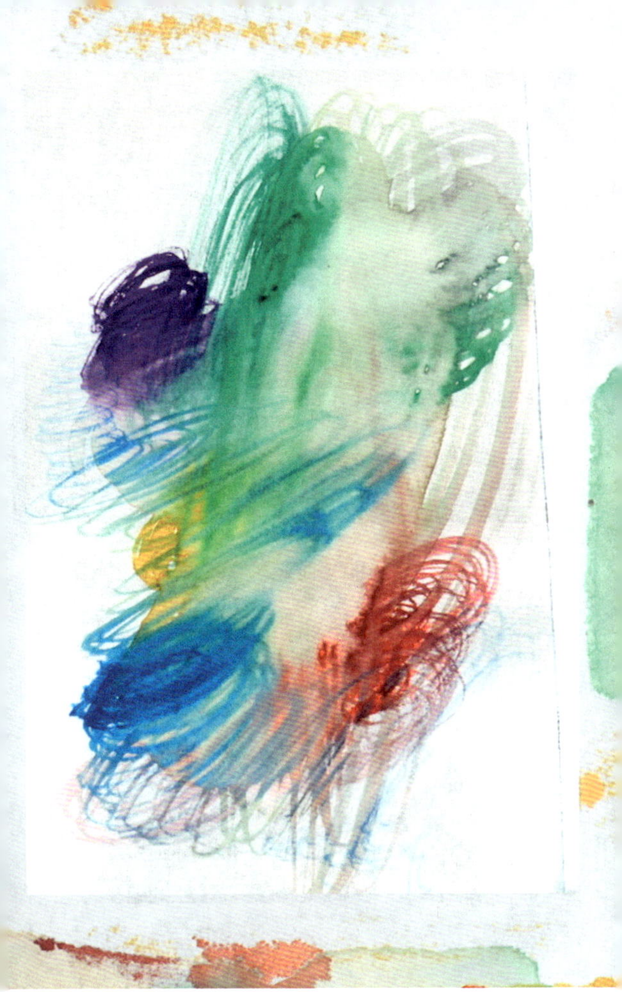

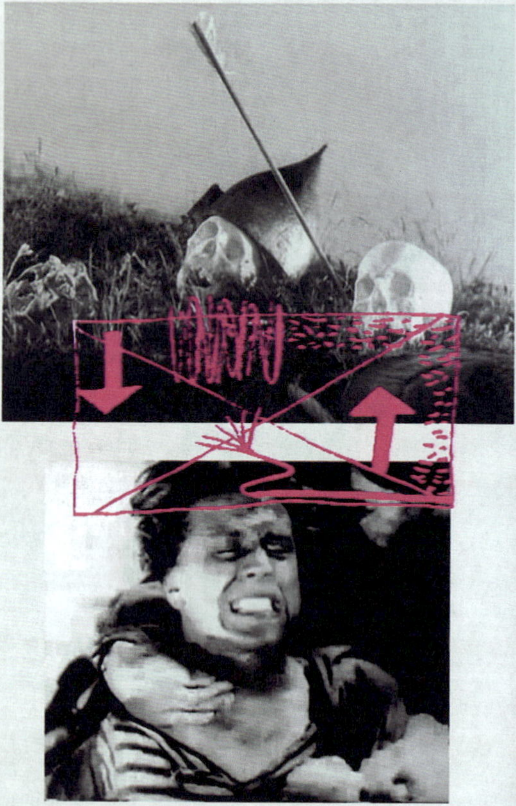

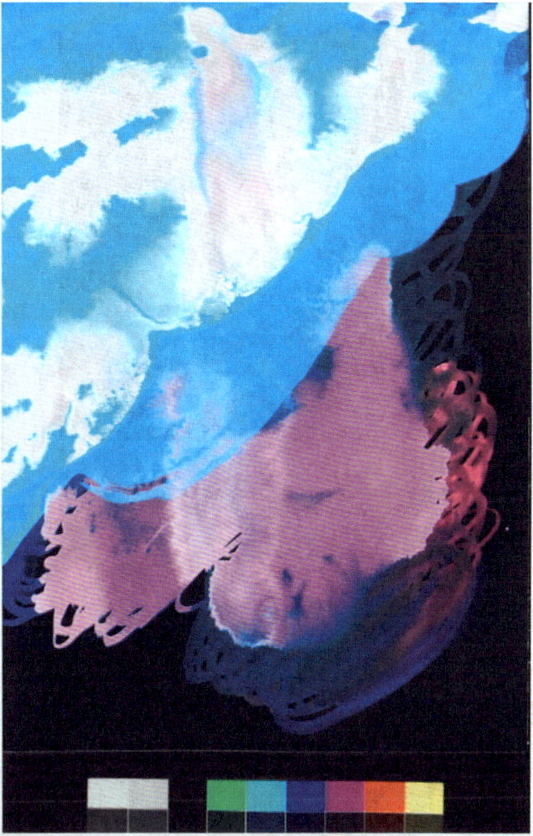

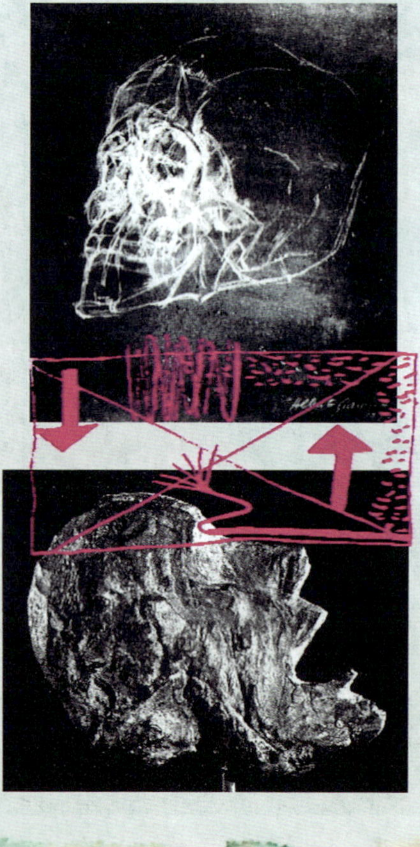

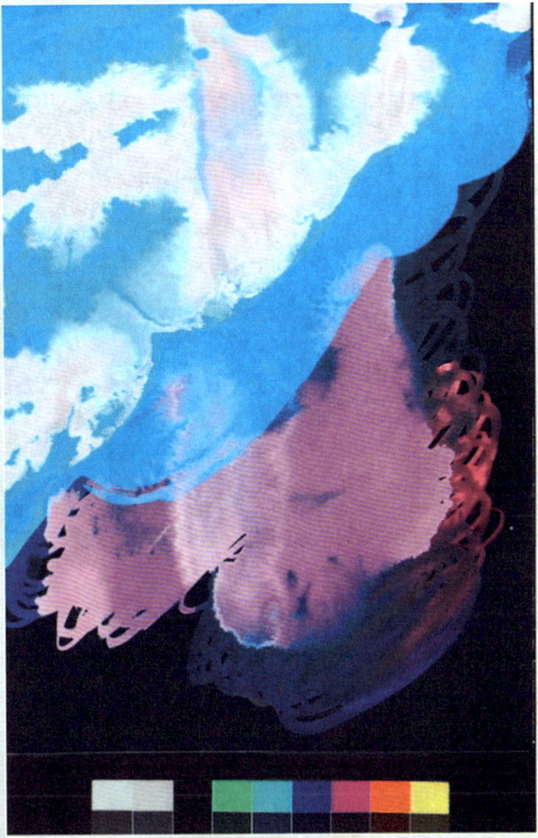

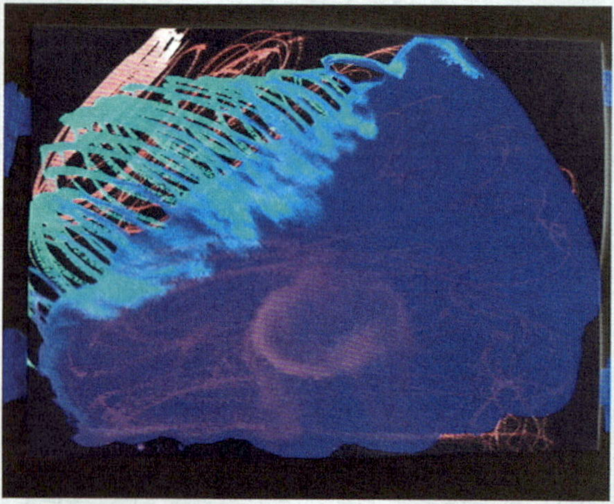

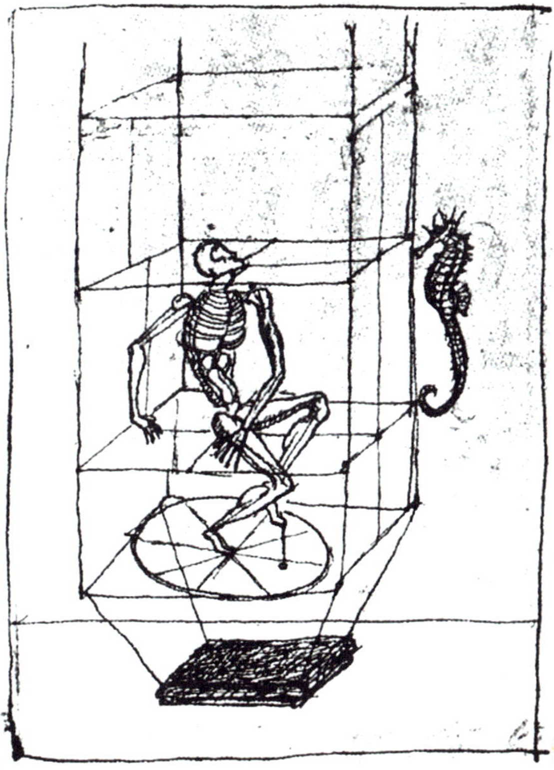

Alberto Giacometti,
Ohne Titel

8

»Lichter im Hafen«

48stel Sekunden-Kamera-bilder

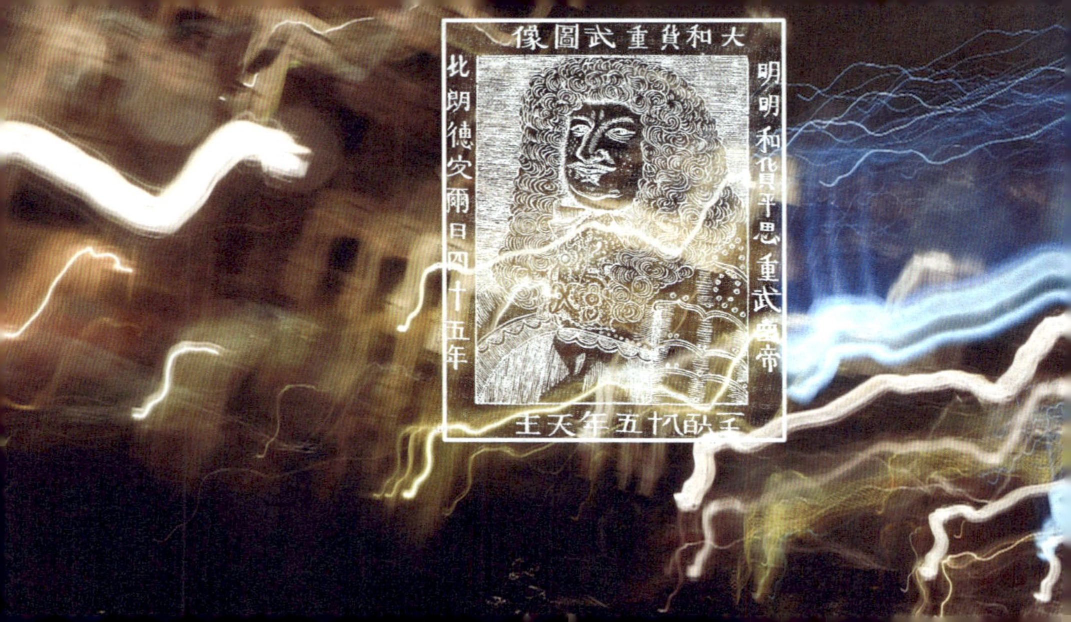
大和貨重武圖像
明明和貨平思重武皇帝
比朗德安爾日四十五年

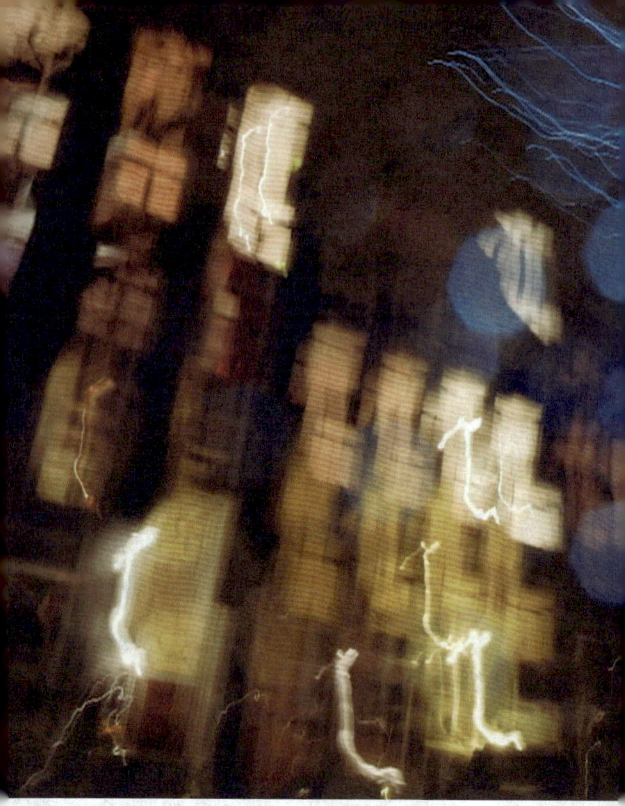

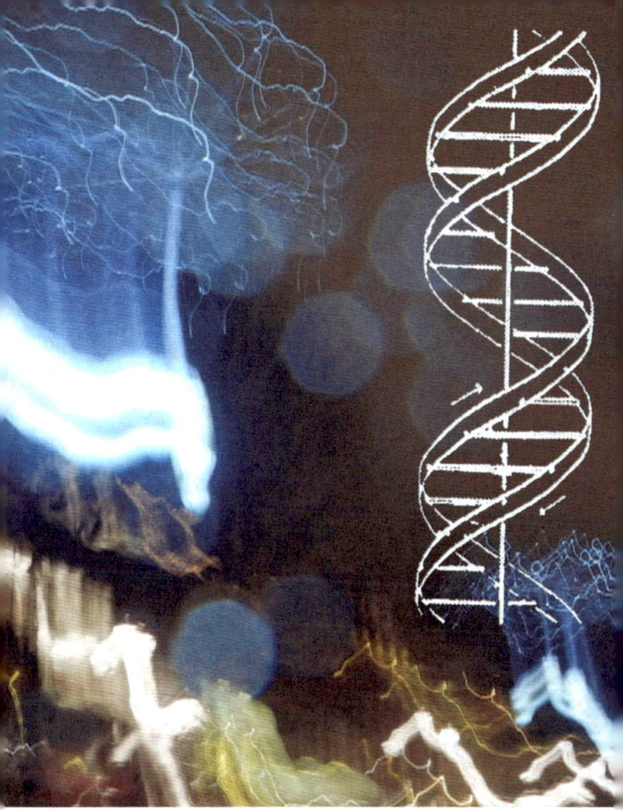

HELIX IM HAFEN

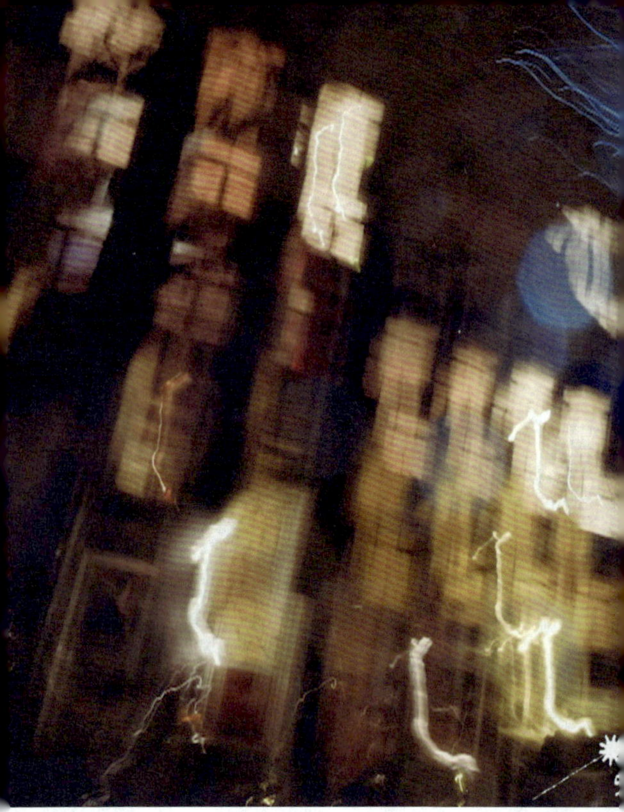

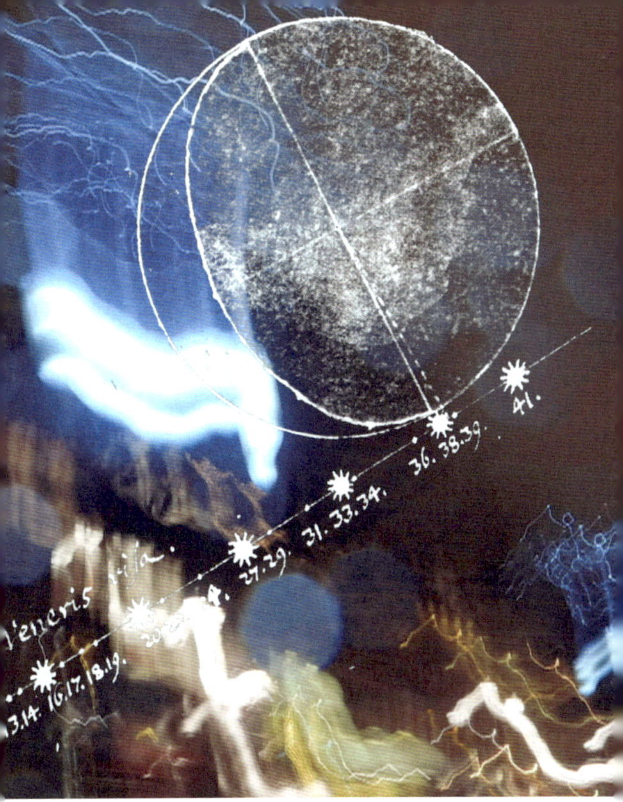
Veneris
41.
36. 38.39.
31. 33.34.
27.29.
16.17.18.19.

Shooting with the Silent Movie Camera Askania-Z
02:10

Wunderkerze der Evolution: Das Auge
02:30

KAMERABILDER VON LICHTVERHÄLTNISSEN / »LICHTER IM HAFEN«

Kamerabilder von Lichtverhältnissen, die das menschliche Auge nicht wahrnehmen kann, Filmstills von »1/48igstel-Sekunden-Kamerabildern« als Hintergrund für Bilder.

Ein Zeitraffer in einer klassischen Filmkamera (Debrie, Arriflex) wird hergestellt durch Verminderung der Bilderzahl pro Sekunde (oder bei extremem Zeitraffer einer längeren Zeit). Die Vorführung erfolgt in der normalen Geschwindigkeit von 24 Bildern, sowie 24 Momenten der Transportphase (das Bild zeigt dann »dunkel«). Die klassische Filmvorführung besteht somit aus 48 Einheiten pro Sekunde. Die Zeitrafferaufnahme, die ja demgegenüber einen langen Zeitraum (Belichtung z.B. von mehreren Minuten für ein Bild) produziert, erzeugt auf diese Weise eine ZEITTOTALE. Quasi eine Übersicht oder einen Datenspeicher an Zeitablauf. Fixiert man davon das Einzelbild von 1/48igstel Sekunde, dann hat man den Gegenpol der Zeittotale, eine ZEITGROSSAUFNAHME. Ich glaube, dass eine Libelle mit ihrem Facettenauge so etwas sieht, wir Menschen können diesen »Blick der Kamera« nicht nachahmen.

Die klassische Zeitraffung, wie sie vom Bauhaus geübt und von Walter Ruttmann in der Aufnahmetechnik für seinen Film *Sinfonie einer Großstadt* gebraucht wurde, stellt eine

ZEITTOTALE nur in Form der Rasanz dar. Die umgekehrte Methode, das 1/48igstel-Sekunden-Bild, fängt demgegenüber nicht die Rasanz von Ereignissen, sondern die Eigenbewegungen des Lichts ein. Die Kamera ist ein »Lichtfänger«, ein »Lichtfresser«. Es geht also bei dieser »massierten Sammlung von Zufallslicht« nicht um die »Herrschaft über die Zeit« oder die »Herrschaft über eine Szenerie«, sondern entgegengesetzt, um einen höheren Freiheitsgrad, in dem sich Lichter, Zufälle und Partikel der Wirklichkeit in ihrer eigenen Gestalt zeigen. »Ein Wetter von Licht«.

Im vorliegenden Fall hat mein Kameramann Thomas Willke nach diesem Verfahren im Hafen von Amsterdam nachts gefilmt. Die Wasser in ständiger Bewegung, das Licht der Hafenanlagen und Häuser, zeigt in den Standbildern, auf die dann bei erneuter Filmaufnahme Bilder gesetzt werden können, die autonome Bewegung, den Wirbel von Licht. Alles das sind Artefakte, »verdichteter Zufall«. Für Film und Literatur, die beide nicht malen können, ist dies eine authentische Ausdrucksform.

PLANUNG EINER NEUARTIGEN AKADEMIE

G.W. Leibniz verfolgte den Plan einer europäischen Akademie, die ausschließlich mit chinesischen Gelehrten besetzt wäre. Ein solches Implantat in einer der Hauptstädte Europas, so Leibniz, würde die Wissenschaften und Künste des Westens und diejenigen Chinas konfrontieren. Von solcher Separatrix, also einem Konzentrat von Gegensätzlichkeit, erwartete er einen hohen Gewinn für die westlichen Wissenschaften.

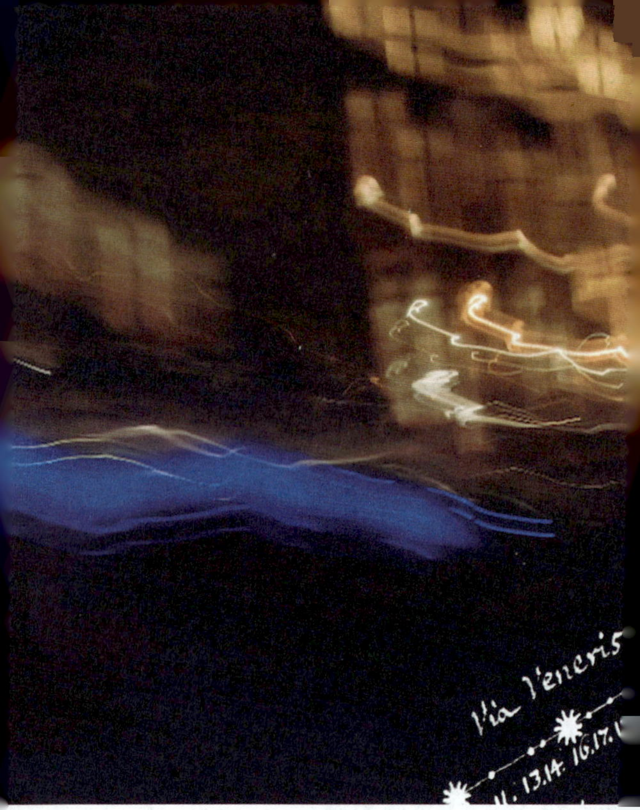
Via Veneris

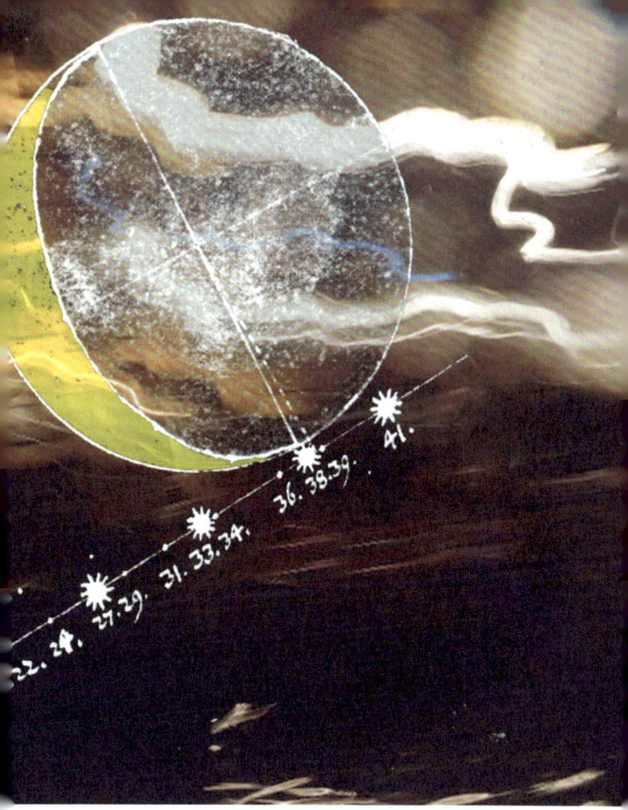
22. 24. 27. 29. 31. 33. 34. 36. 38. 39. 41.

»Lass die vier Engel los,
die an den großen
Euphratstrom gefesselt
sind!«

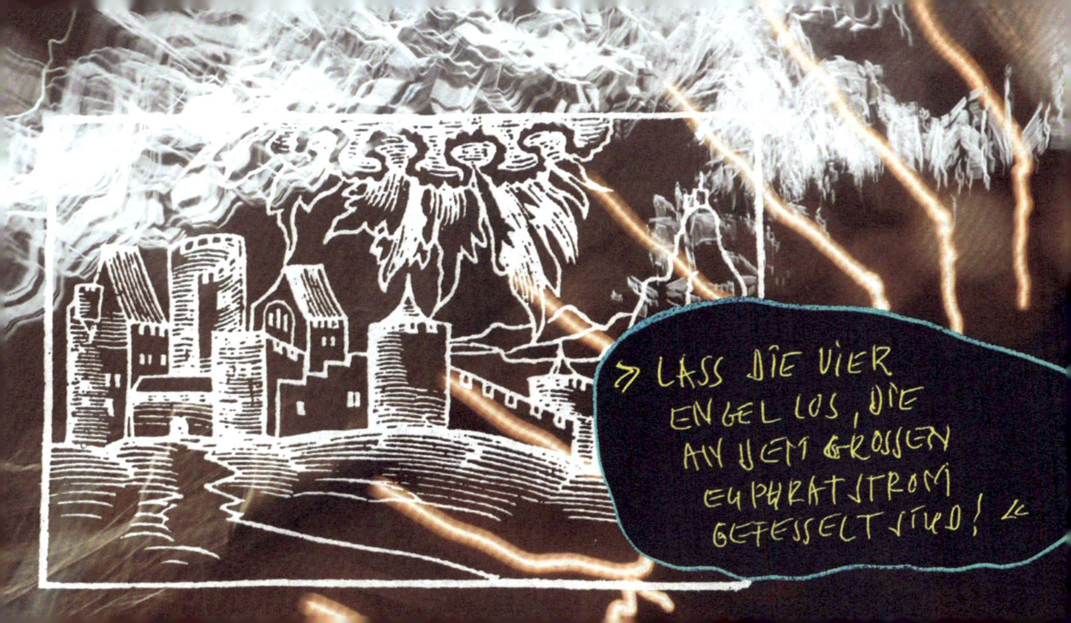
»LASS DIE VIER ENGEL LOS, DIE AN DEM GROSSEN EUPHRATSTROM GEFESSELT SIND!«

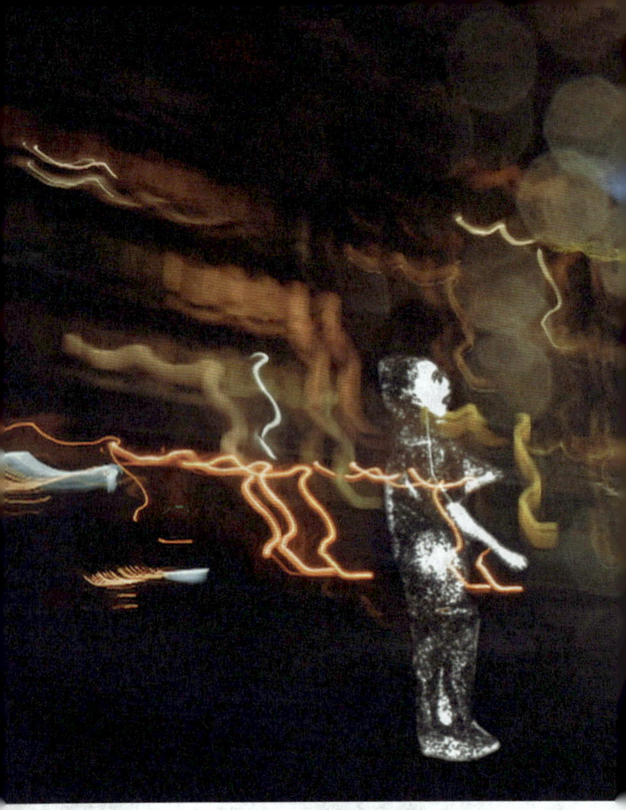

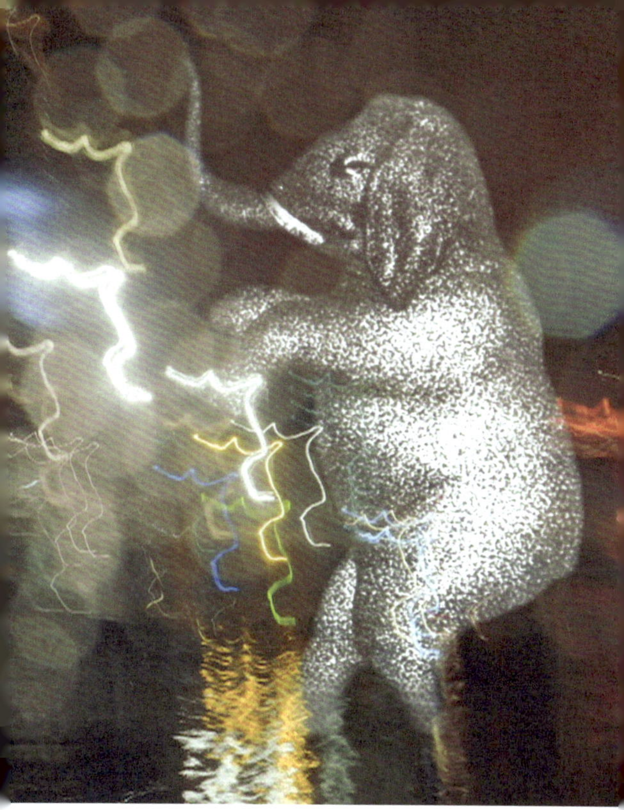

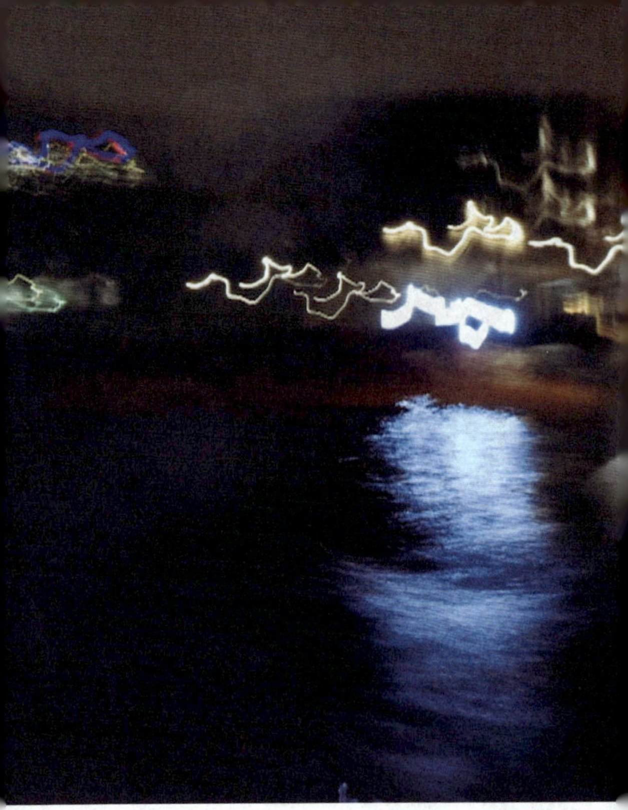

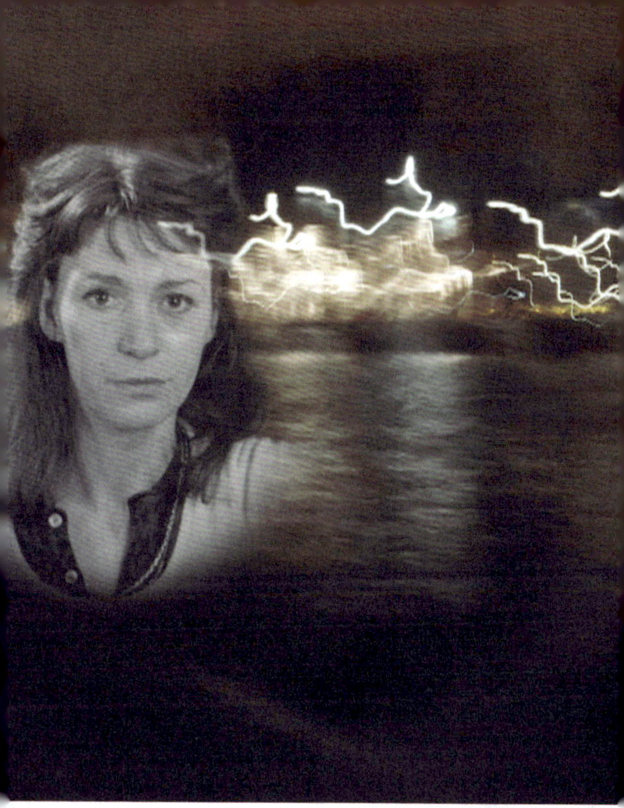

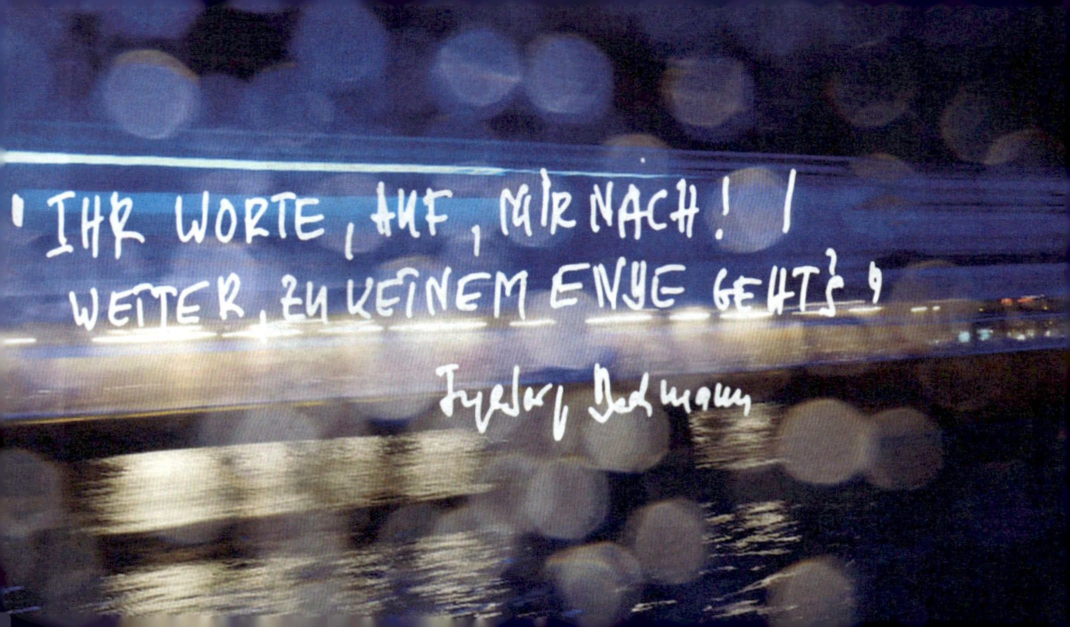
'IHR WORTE, AUF, MIR NACH! /
WEITER, ZU KEINEM ENDE GEHT'S'
Ingeborg Bachmann

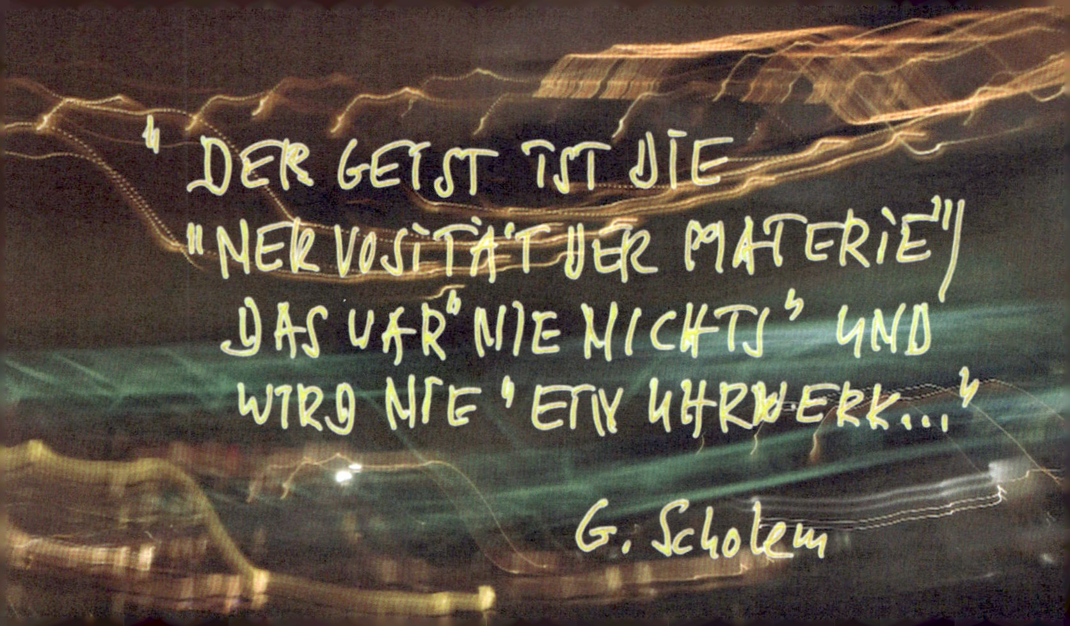
„DER GEIST IST DIE
"NERVOSITÄT DER MATERIE")
DAS WAR "NIE NICHTS" UND
WIRD NIE 'EIN UHRWERK...'
G. Scholem

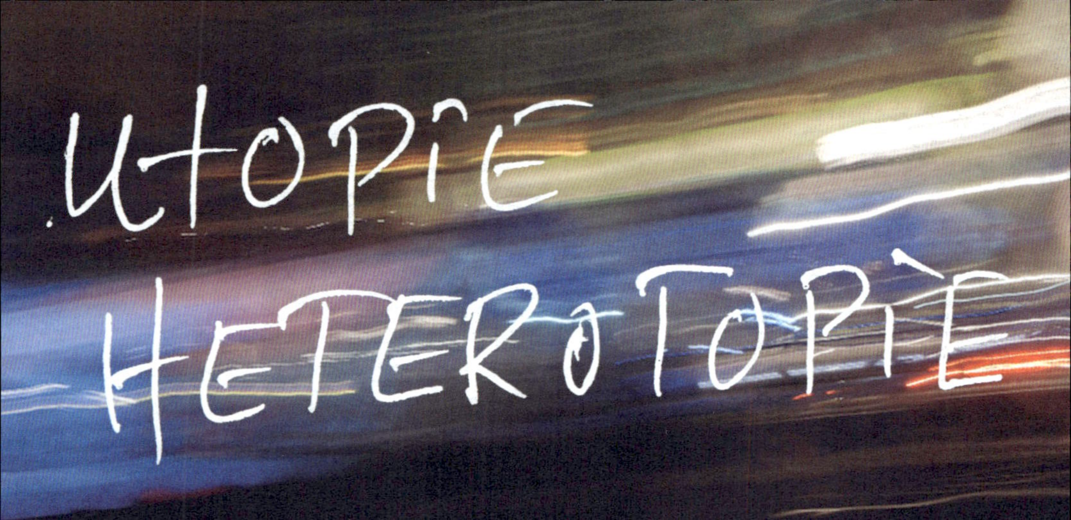
UTOPIE
HETEROTOPIE

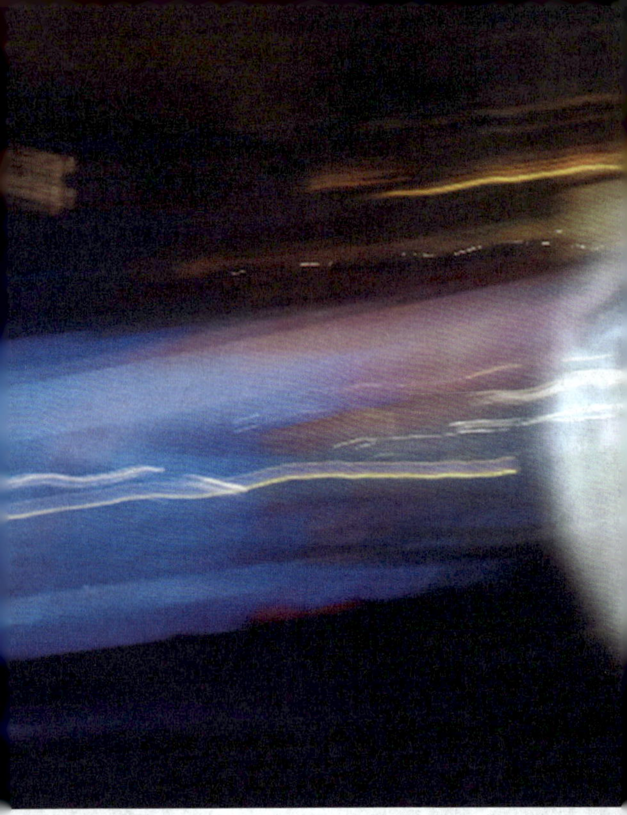

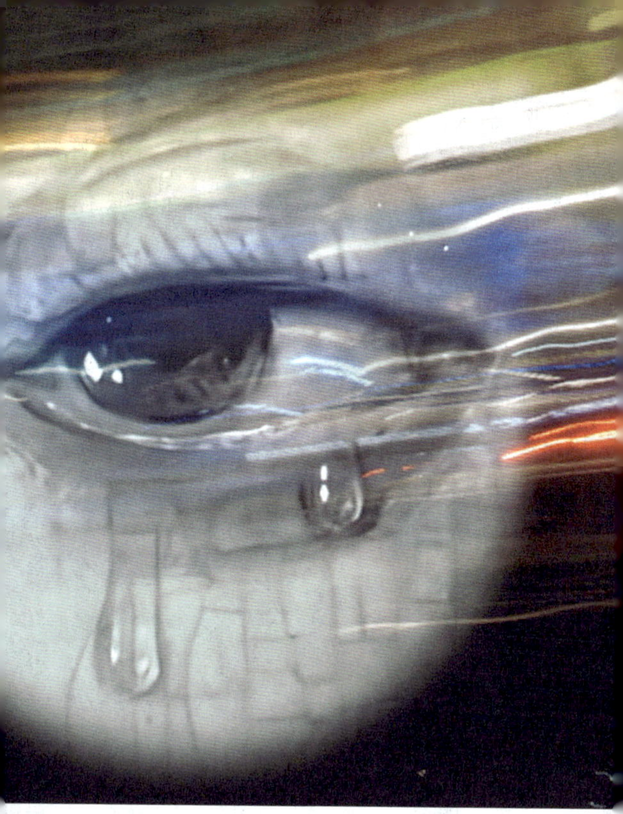

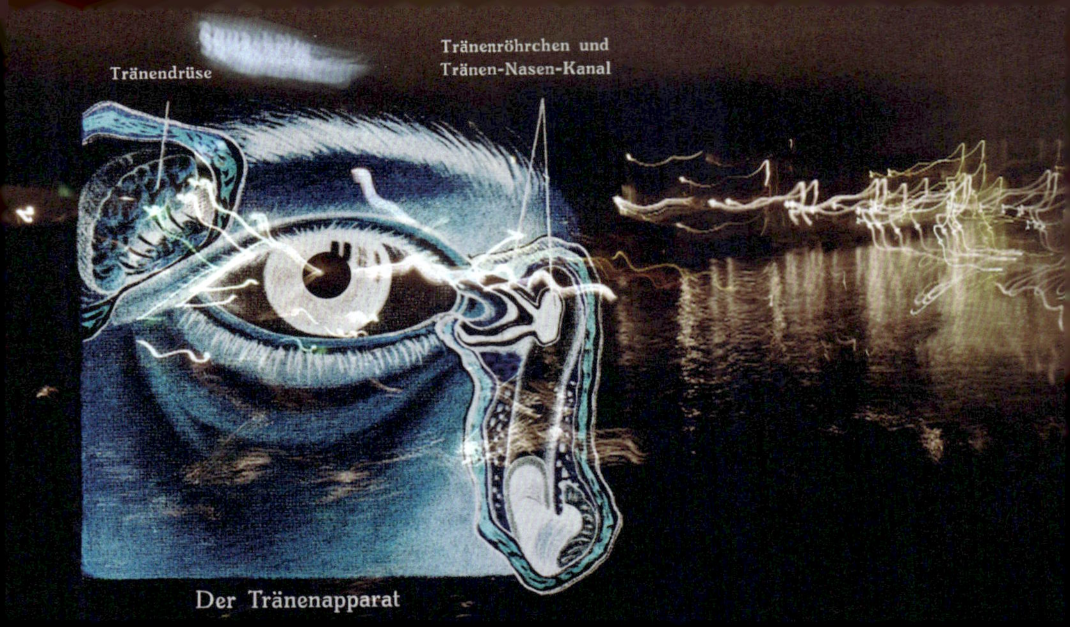

Der Tränenapparat

»DIE UNMÖGLICHKEIT, NICHT ZU WEINEN«

Es heißt, dass nur Seetiere salzhaltige Flüssigkeit aus ihren Körpern nach außen transportieren. Wir Menschen besitzen infolge unserer Abstammung von solchen Seetieren (vor maßlosen Zeiten) die Fähigkeit zu schwitzen und zu weinen. Ein Puma ist schneller als jeder Mensch bei der Verfolgung einer Gazelle. Aber nach 400 m Schnell-Lauf muss er seinen Angriff, überhitzt, aufgeben: er vermag nicht zu schwitzen. Unsere Vorfahren dagegen, auf ihren Füßen deutlich langsamer als jedes Raubtier, verfolgten, während der Schweiß sie kühlte, eine Gazelle bis nachts das Tier müde hinsank. Dann wurde ihm der Hals durchschnitten und die Beute zu den Menschenjungen in die Höhle zurückgeschleppt. Ganz anders der TRÄNENAPPARAT. Dass man die Gier, Aggressionslust und Härte abtrauern kann, ja, dass ein Mensch nicht in der Lage wäre, seine Augen am Weinen zu hindern, wenn es schrecklich wird, das gehört – wie die Lamenti als Kern aller Opern beweisen – zu den Spontaneitäten, den authentischen Charakteren des Menschengeschlechts. Wenn sich das steinerne Herz verflüssigt, wendet sich etwas im Innern und kehrt sich um. Metamorphose, die Fähigkeit zu trauern, ist die Wurzel aller Poetik.

Lamento auf den Tod
eines Maulwurfs
02:35

Regeln für das Weinen
03:44

REGELN FÜR DAS WEINEN

Wenn feuchtes Holz beim Brennen singt, ist es das Weinen der armen Seelen. Wenn der Wind im Holz und um die Ecke des Hauses pfeift, weinen die ungetauften Kinder. In den Tälern des Nordharzes (vor allem oben in Schierke und Elend) soll der Pate am dritten Tag nach der Geburt dem Neugeborenen das Weinen abkaufen. Er muss Geld in die Wiege legen. Wenn eine schwangere Frau weint, gibt das ein brüllendes Kind. Nun weinte meine Mutter, wie schon gesagt, im Februar 1937 bitterlich, aber ihr am 2. April 1937 geborenes Kind, meine Schwester, war stets fröhlich, brüllt niemals Leute an, wie es ihr Vater oder ich durchaus tun.

In der Schweiz heißt es, man müsse Kinder weinen lassen, denn während sie weinen, wächst ihnen das Herz. Bei Homer, bei den Sioux, auf den Andamanen und auf Neuseeland werden Heimkehrer mit Tränen empfangen. Das sei, sagt Derrida, nicht Ausdruck seelischer Erregung, sondern eine das Übel abwehrende Kraft. Es soll dem Heimkehrer gutgehen, und er soll keine Übel importieren.

Die Tränen der im Leben Zurückbleibenden, die den Toten liebten, brennen im Verstorbenen wie Feuer. Je mehr man um den Toten weint, desto mehr Wasser muss er in der Unterwelt schöpfen. Deshalb sagt man in einem Seitental der Etsch, wo ein altes Latein gesprochen wird, es dürften um ein totes Kind nicht mehr Tränen vergossen werden, als eine Tasse davon fasst. Da der Tote noch zwei Tage lang alles sieht, soll man in diesen Tagen nicht zu viel weinen.

Gestorbene Kinder, die unter den Tränen ihrer Mutter litten, erschienen im Hause und wiesen auf ihr nasses, schweres Hemdchen hin. Sie schleppten einen Krug mit sich, bis zum Rande mit Tränen gefüllt, und ließen sich erst wieder ins Grab niederlegen, als die Mutter versprach, nicht mehr zu weinen.

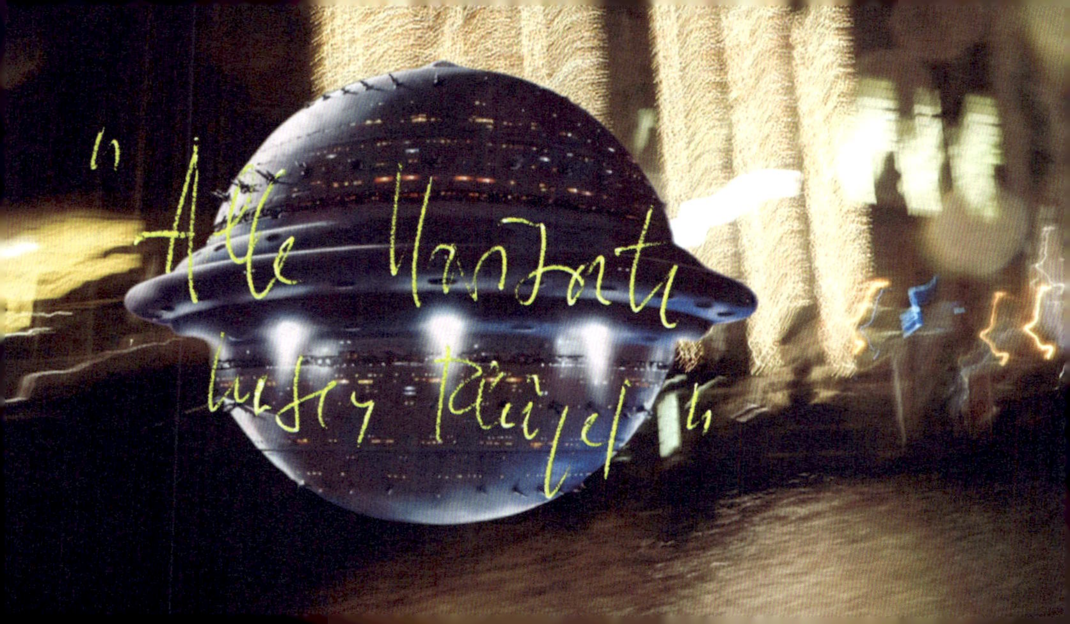

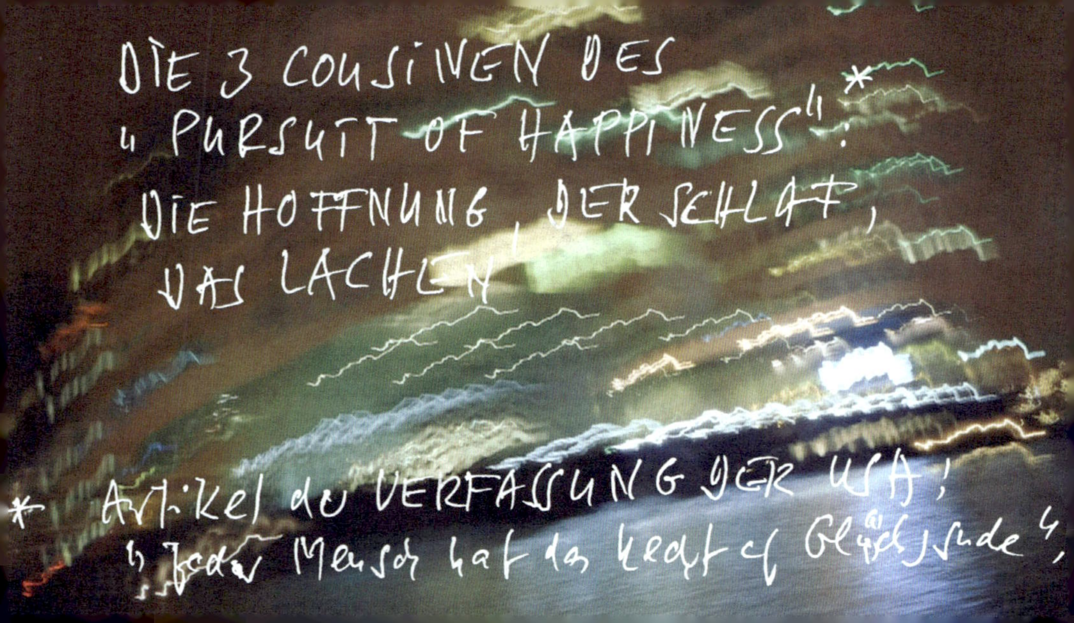
DIE 3 COUSINEN DES
„PURSUIT OF HAPPINESS“*:
DIE HOFFNUNG, DER SCHLAF,
DAS LACHEN
* Artikel der VERFASSUNG DER USA!
„Jeder Mensch hat das Recht auf Glückssuche“,

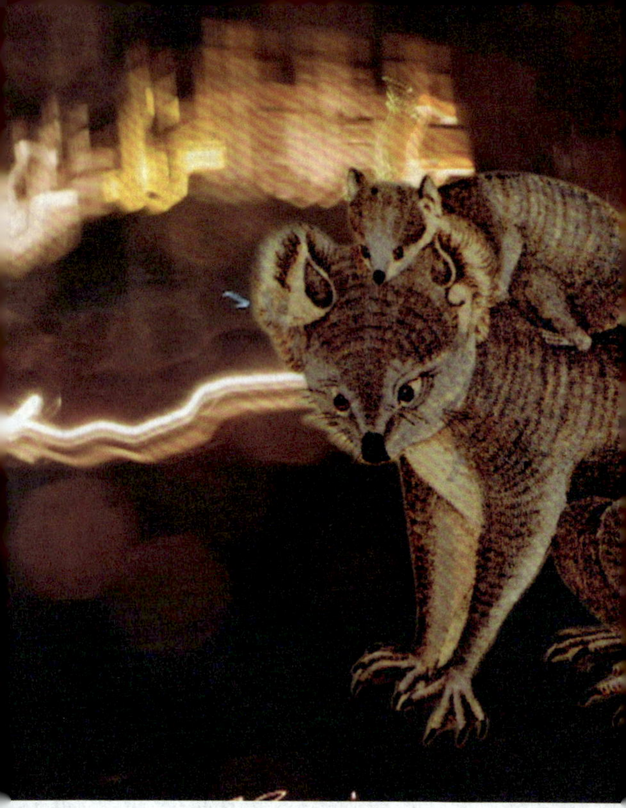

»MUTTERWITZ«

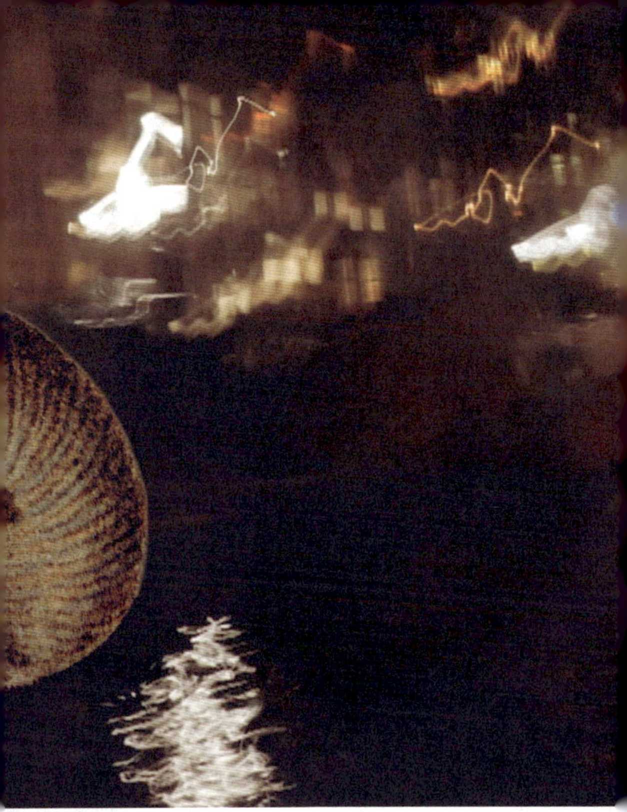

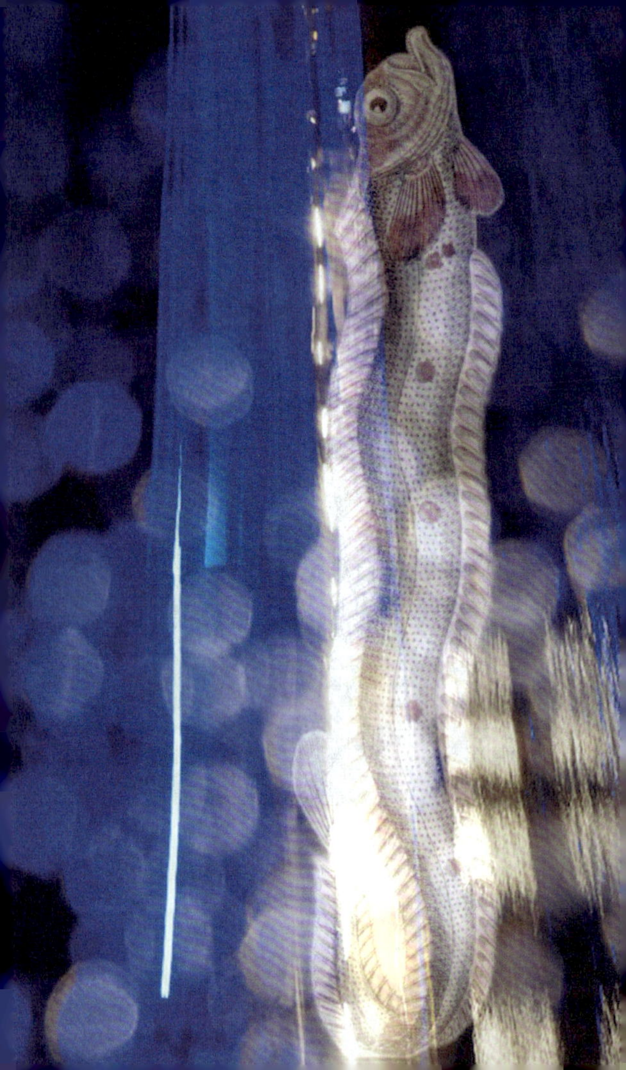

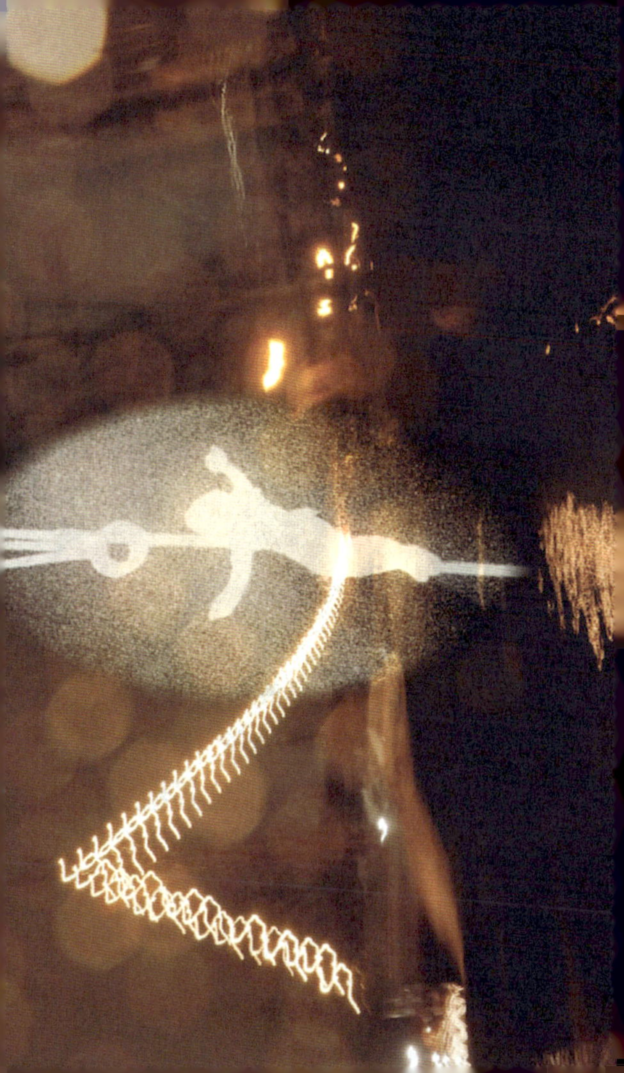

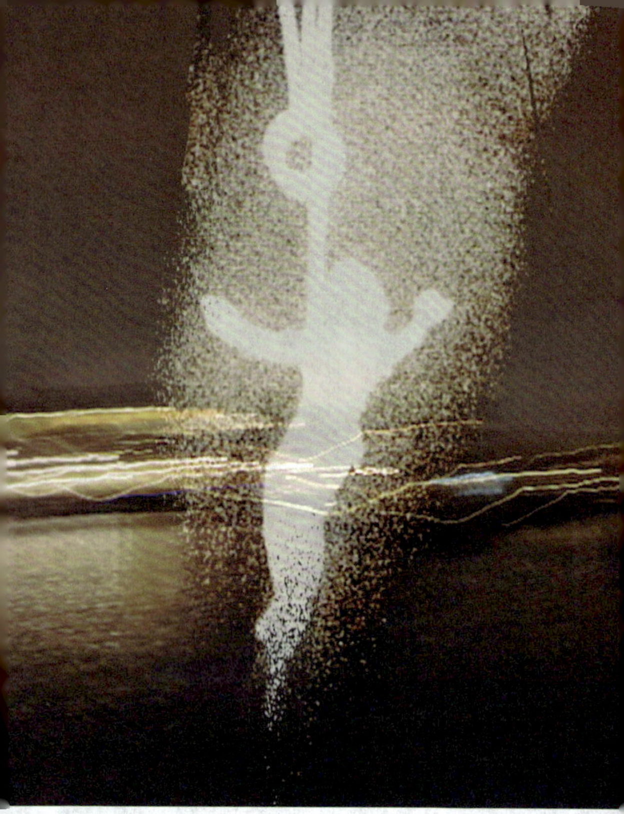

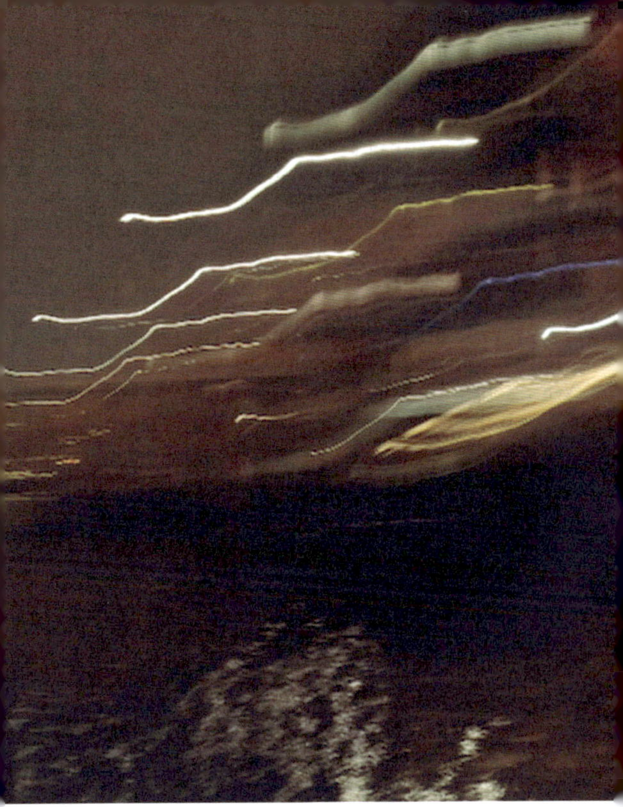

BERICHT ÜBER SCHUTZENGEL IM ZIRKUS

Oft sieht man unter der Kuppel des Zirkus Schutzengel springen. Wer will unterscheiden, ob das Zirkusartisten oder Engel sind? Es ist nämlich ein Irrtum zu glauben, dass man die Schwingen der Engel im Gegenlicht der Zirkusscheinwerfer sehen könnte. Als Schutzengel könnte einer im Zirkus nur durch das Resultat seines Eingreifens: durch die Rettung eines Stürzenden – entgegen aller Wahrscheinlichkeit – wahrgenommen werden. Artistische Engel, deren Schwingen das Publikum sähe, hätten keine Überzeugungskraft. Welcher Wissenschaftler könnte bestätigen, dass nicht ein Artist es war, dessen ungeahnter, geschulter Griff einen der anderen Kühnen oder eine Artistin rettet, die er insgeheim liebt, ohne dass sie ihn erhört, und die gerade abstürzt, sondern der Schutzengel, gottgesandt, ein Bote der Unwahrscheinlichkeit, die doch das Leben ist.

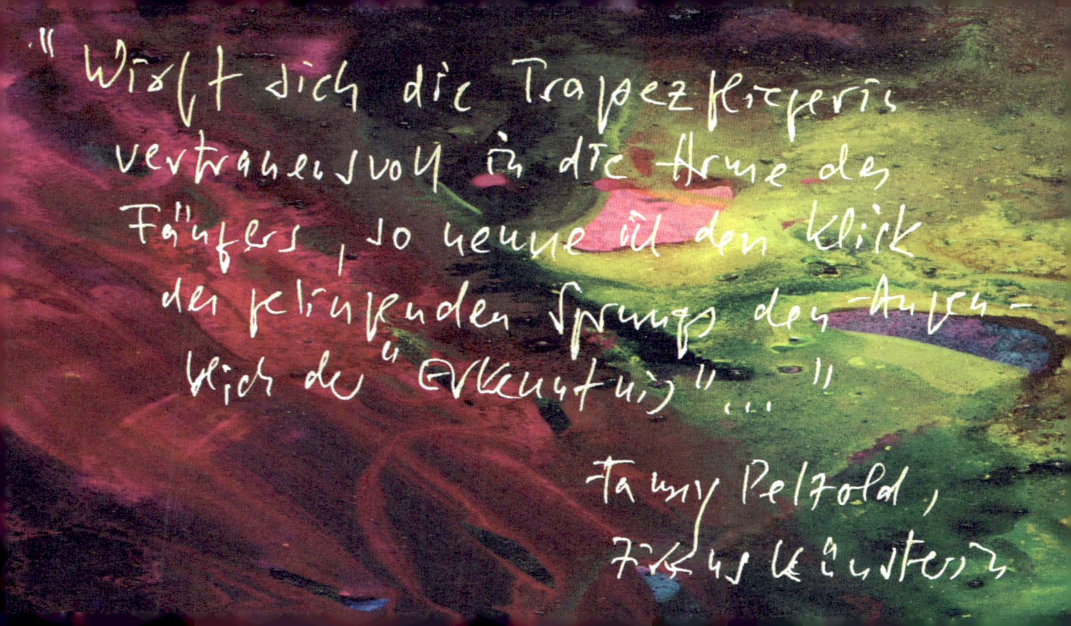
„Wirft sich die Trapezfliegerin
vertrauensvoll in die Arme des
Fängers, so nenne ich den Klick
des gelingenden Sprungs den Augen-
blick der „Erkenntnis“...“
Fanny Peltzold,
Zirkuskünstlerin

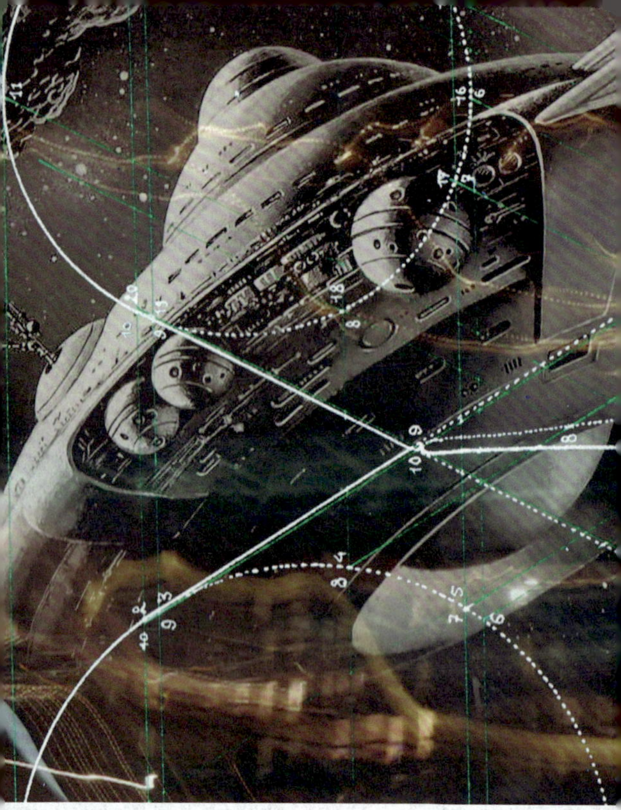

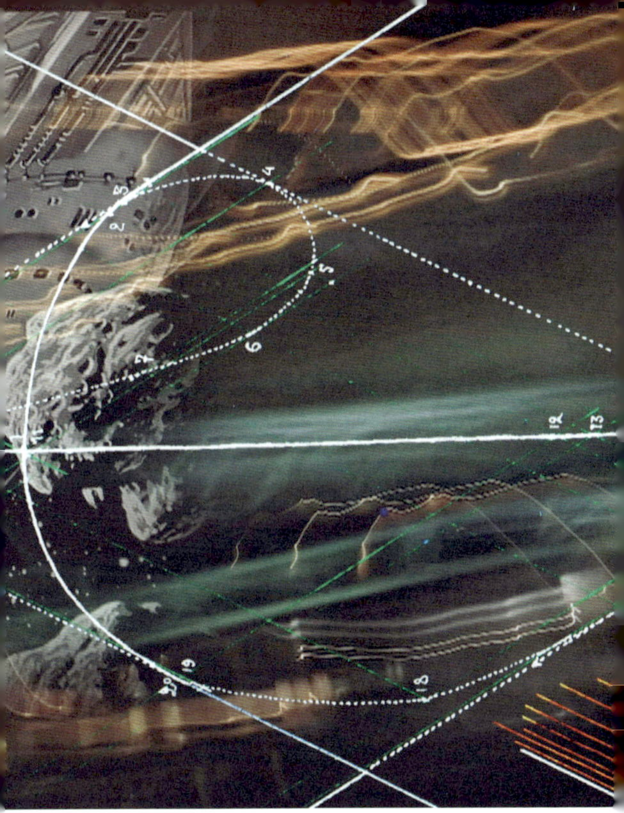

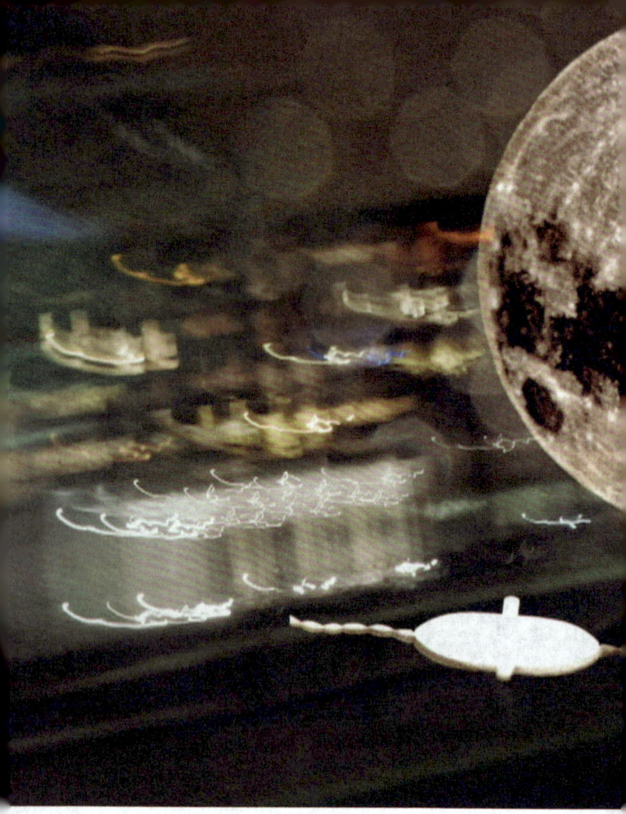

HOMMAGE FÜR MAN RAY

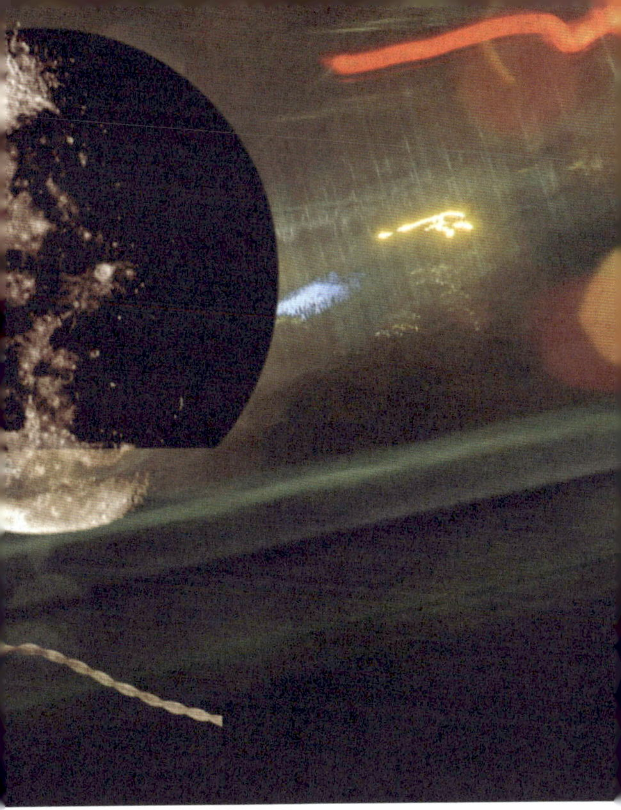

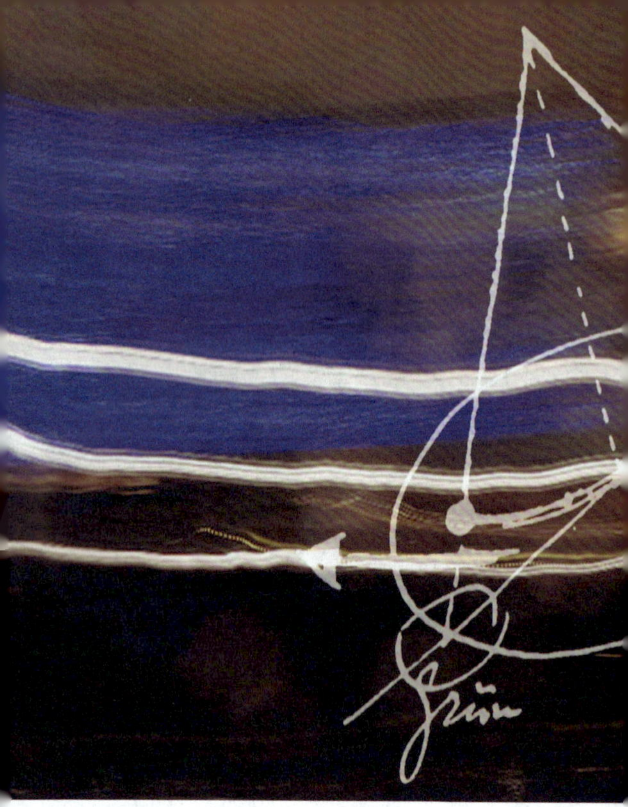
Grün

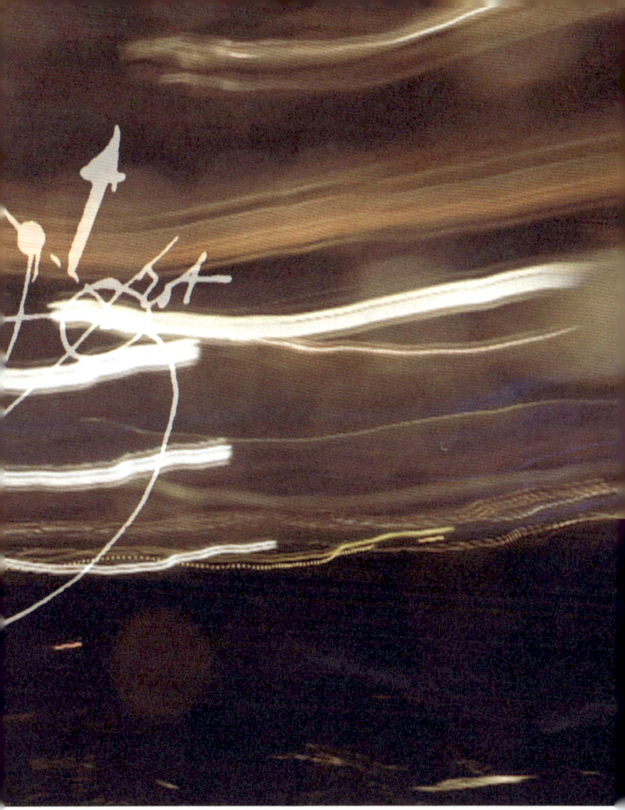

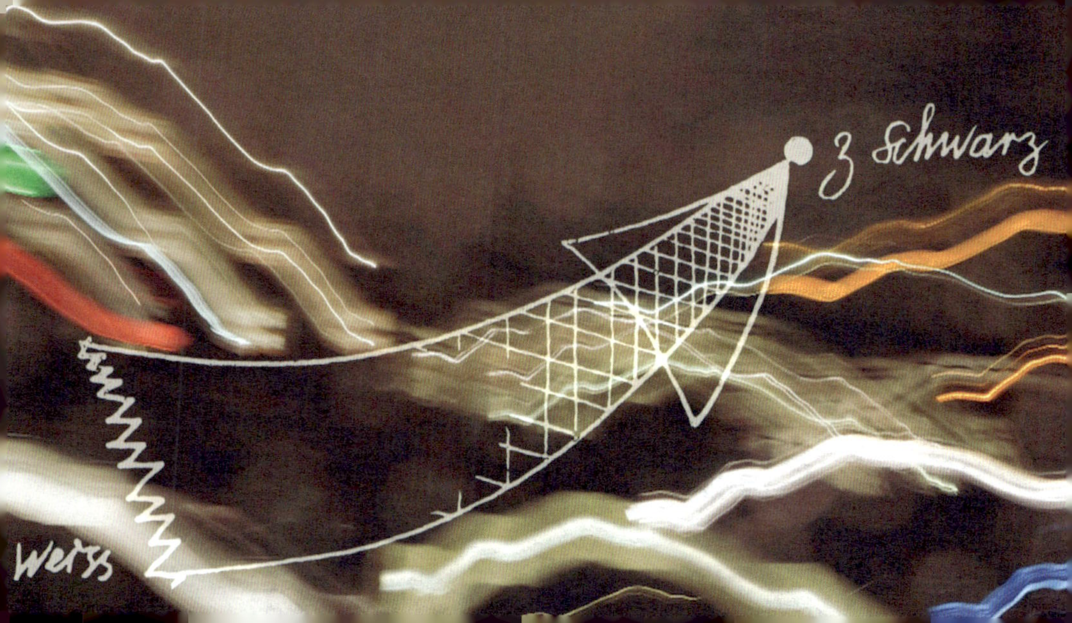
3 Schwarz
weiss

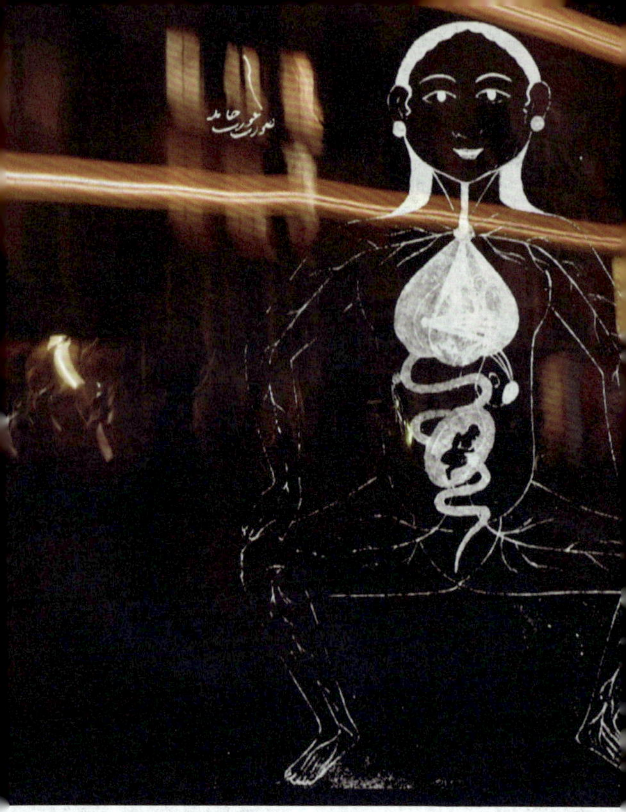

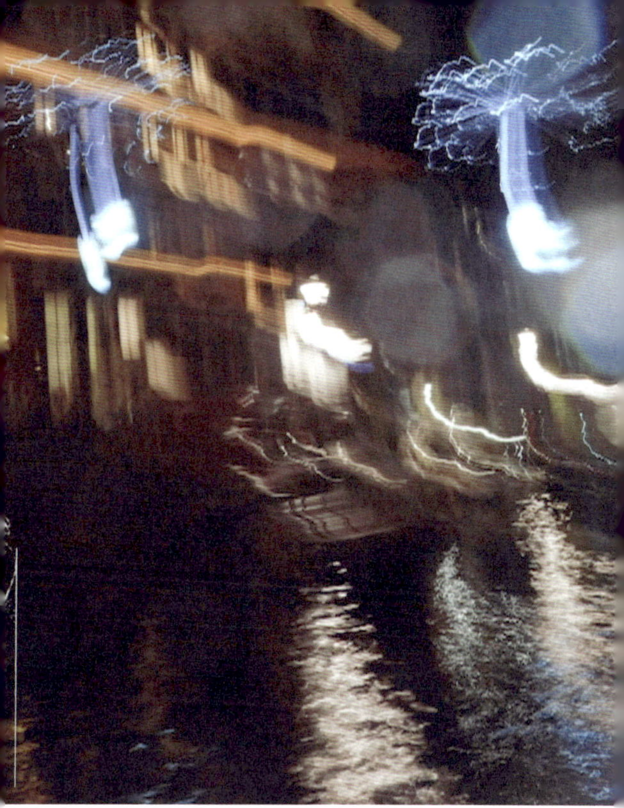

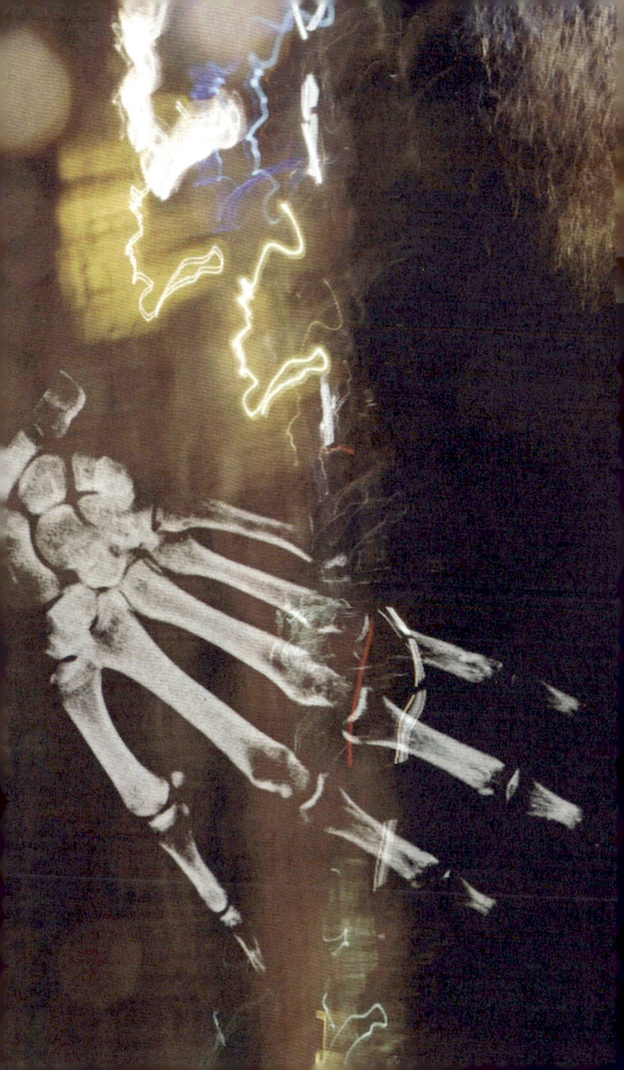

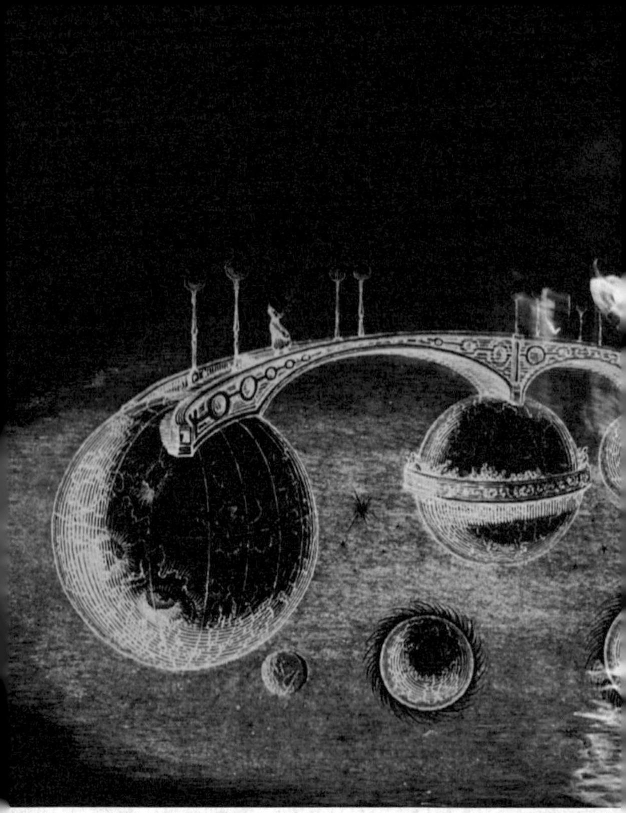

»PLANETENBRÜCKE«

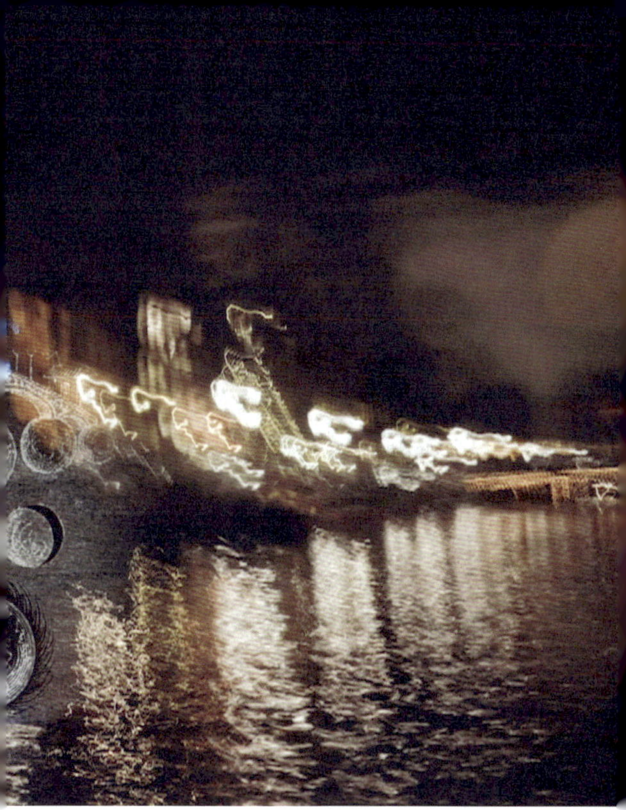

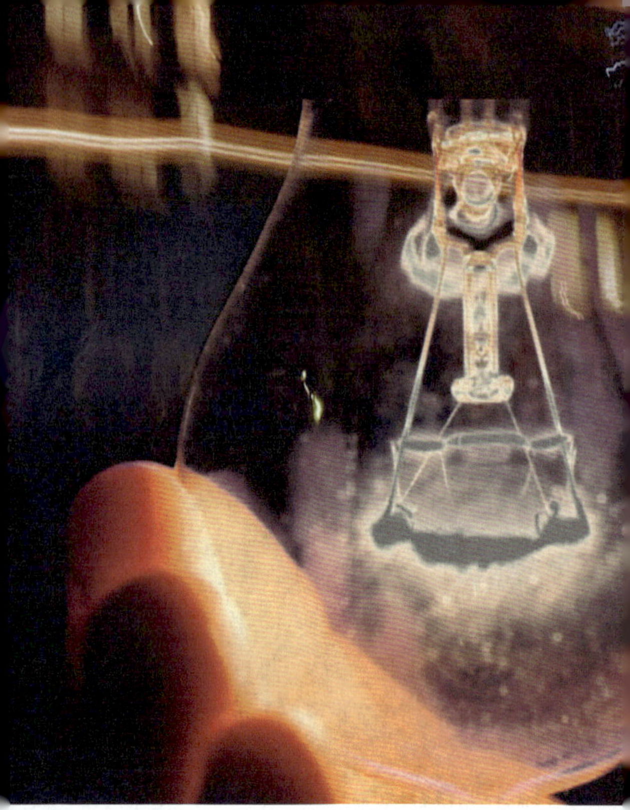

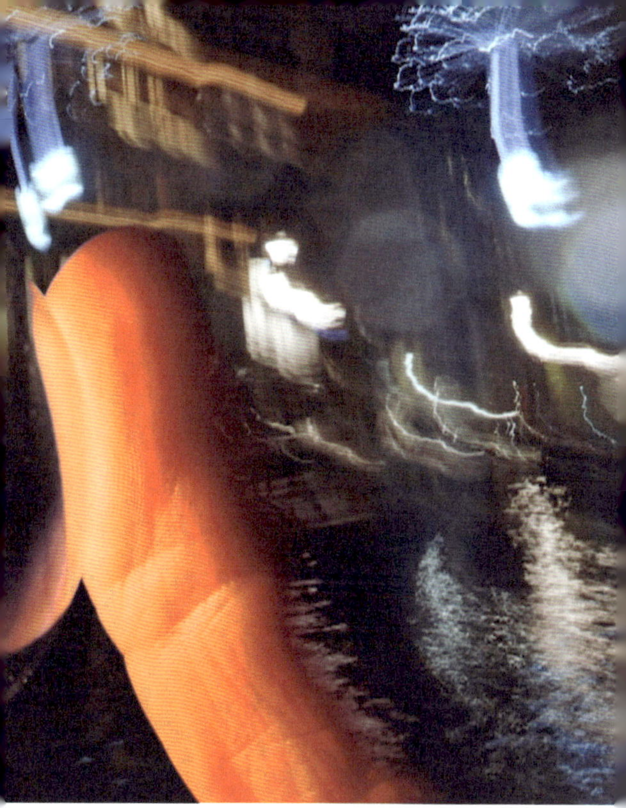

Lichter im Hafen
02:37

TRUNKEN VOR LICHT

100 Jahre nach Lichtenbergs Tod: Edisons Glühbirnen überwältigen auf allen Kontinenten die Nacht. Licht-Etablissements. Eine Orgie der Unterhaltung. Die jetzt SICHTBARE ELEKTRISCHE KRAFT wird mit Hilfe der Filmkameras festgehalten und kann auf eine Wand projiziert werden. Die Glühlampe erobert die Nächte. Was sind Kolonien gegen die Eroberung der Nachtzeiten Sibiriens? Für Analphabeten: Lesezeit. In manchen Nächten sind Teile der Erdbevölkerung »trunken vor Licht«.

SIEG DER MENSCHHEIT
ÜBER NACHT UND WÜSTE

Einige Jahre nach Verdis *Aida* und der Eröffnung des Suezkanals wurde Marencos Ballett EXCELSIOR an den Opernhäusern und in großen Unterhaltungsstätten gespielt. Es geht um eine Auseinandersetzung zwischen dem GEIST DER DUNKELHEIT und dem GEIST DES LICHTS. Getanzt von einer professionellen Gruppe aus Paris von 120 Mitgliedern. Im dritten Bild dringt das Licht in alle nächtlich dunklen Zonen der Erde vor. Im sechsten Bild beruft sich der Geist der Dunkelheit nur noch auf seine letzten nach Ende des Tages unberührten Gelände in der Wüste. Kaum je ein Blitz dort, für Feuer kein Stoff. Allenfalls Sterne, und die sind nicht von Menschen gemacht. Ein Zug Fackeln brächte kaum Licht in diese Dünen. Da brechen überraschend die HEERSCHAREN DER ELEKTRISCHEN INDUSTRIE, Tänzer als Glühbirnen kostümiert, in diese Idylle des dunklen Geistes herein, jagen ihn und sein Schattenballett in die Flucht. Sand, mittels Windmaschinen zu Wanderdünen gehäuft, die sich über die Bühne hinweg als große Haufen von links nach rechts bewegen. Es sind nämlich Dampfer unterwegs. Man sieht sie hinter den Sandhaufen im Bühnenhintergrund vorüberziehen, mit viel Rauchentwicklung von rechts nach links. Ferngläser, aber auch Suchscheinwerfer beleuchten das Ballett, die Sandhaufen, die Dampfer, die Rampe und leuchten auch ins Publikum hinein. Eine Vierergruppe aus Figuren, die England, China, die Türkei und Spanien darstellen, tanzt die Habanera von Sebastián de Yradier.

9

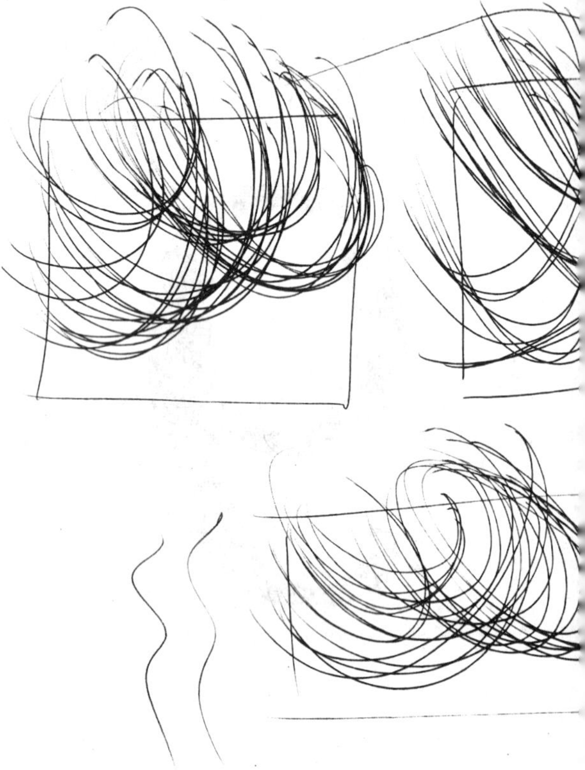

II

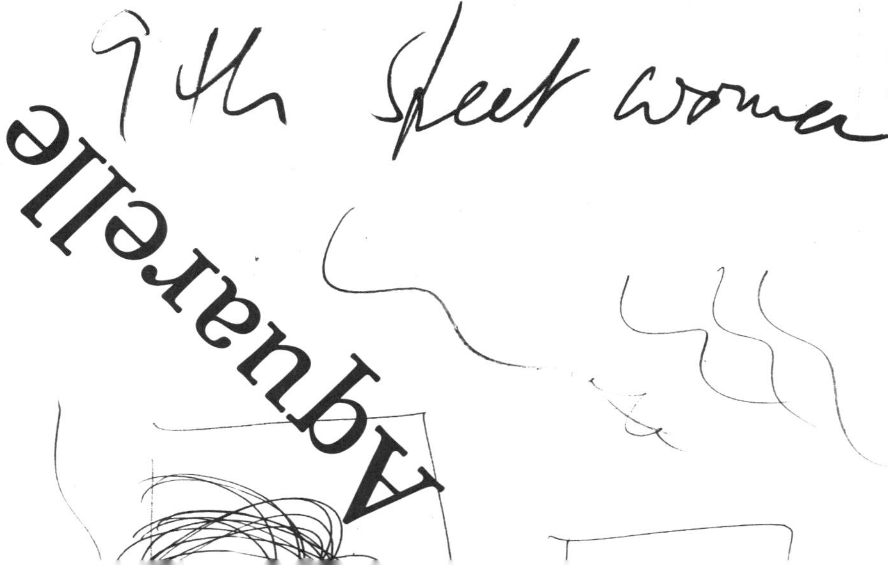

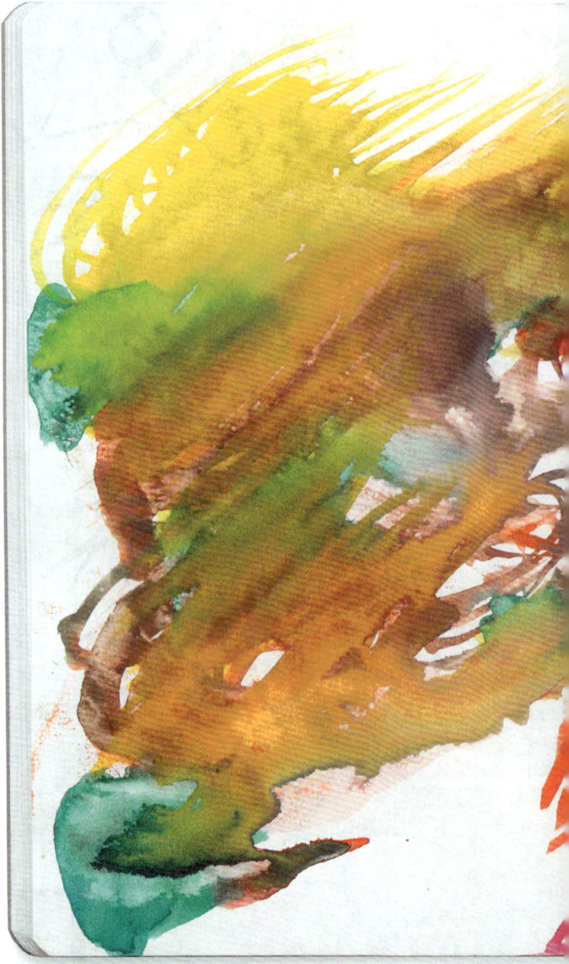

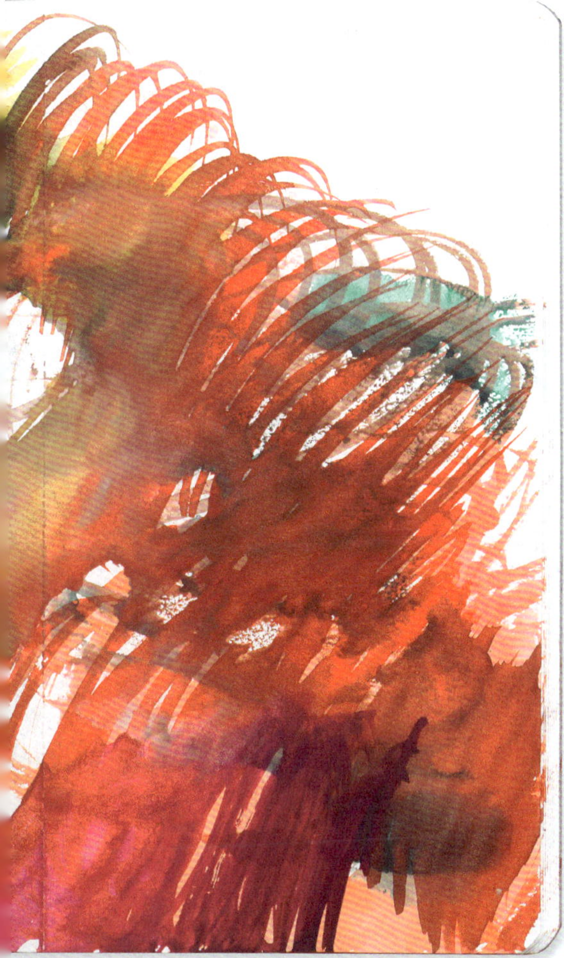

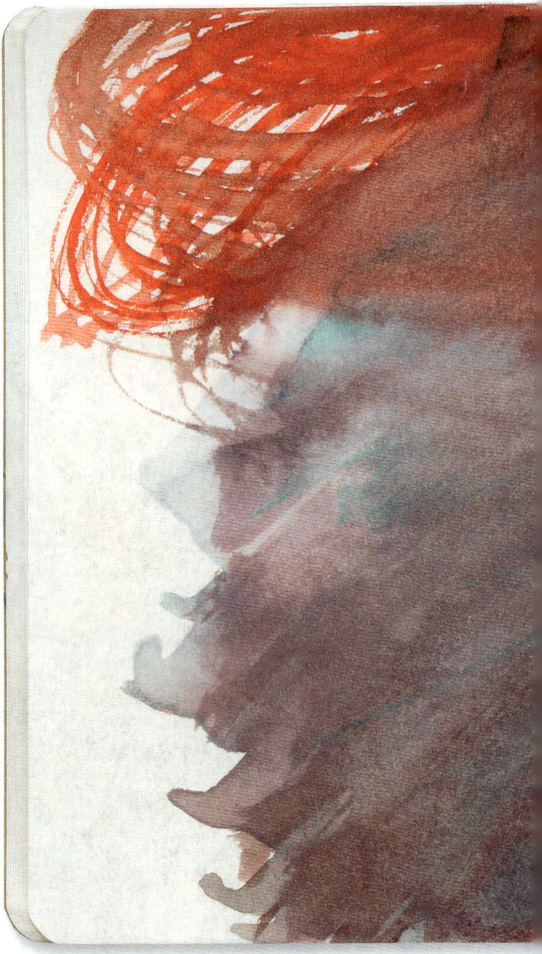

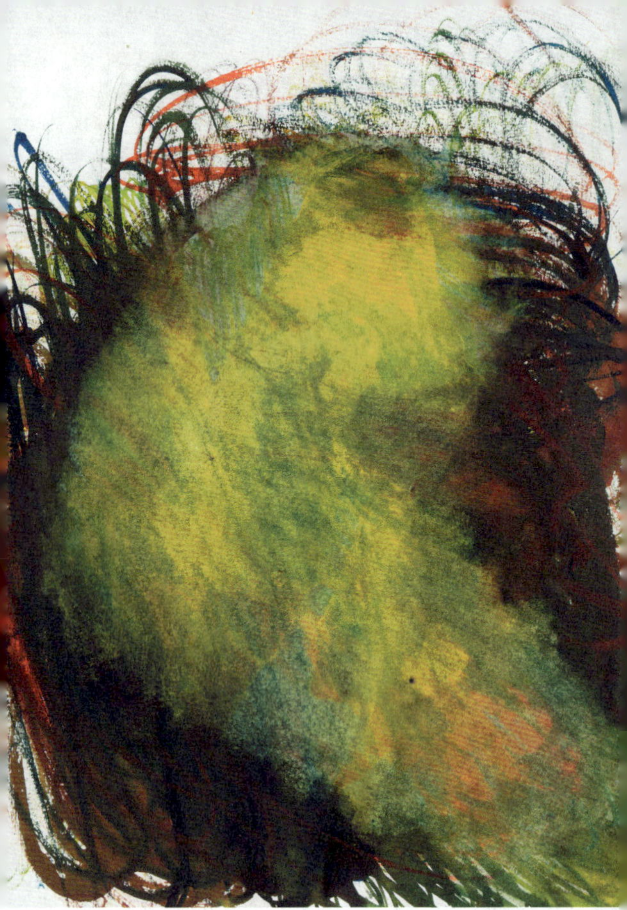

SCHNEE, WENIGER DICHT ALS LUFT

Das ist der Schnee, der die Herzen kühlt. Er macht aus Aktivisten Beobachter. Umbauter Seelenraum aus solchem Material ist den Hangars der Atombomber in Nordgrönland zu vergleichen, die lange Zeit im Norden dieser Insel stationiert waren, und über die Sicherheit der Welt wachten, indem sie – allein durch ihre Präsenz und ihre Unangreifbarkeit in einer Tiefe von 4000 Metern unter dem Schnee – alle Hitzigkeiten der Welt löschten. Soweit die Metapher.

Die reale Erfahrung indessen ist, dass im Innern einer jeden Liebesflamme, dort, wo die Flamme in Plasma übergeht, ein leiser Schneefall sich vorbereitet. Einmal geschah es, dass ein Offizier, der bemerkt hatte, dass seine Frau und sein bester Kamerad in momentaner Verwirrung ihn betrogen, UNTER DEM EINFLUSS LEISEN SCHNEEFALLS IN SEINER GROSSEN SEELE die beiden freigab und sich das Schicksal König Markes sparte.

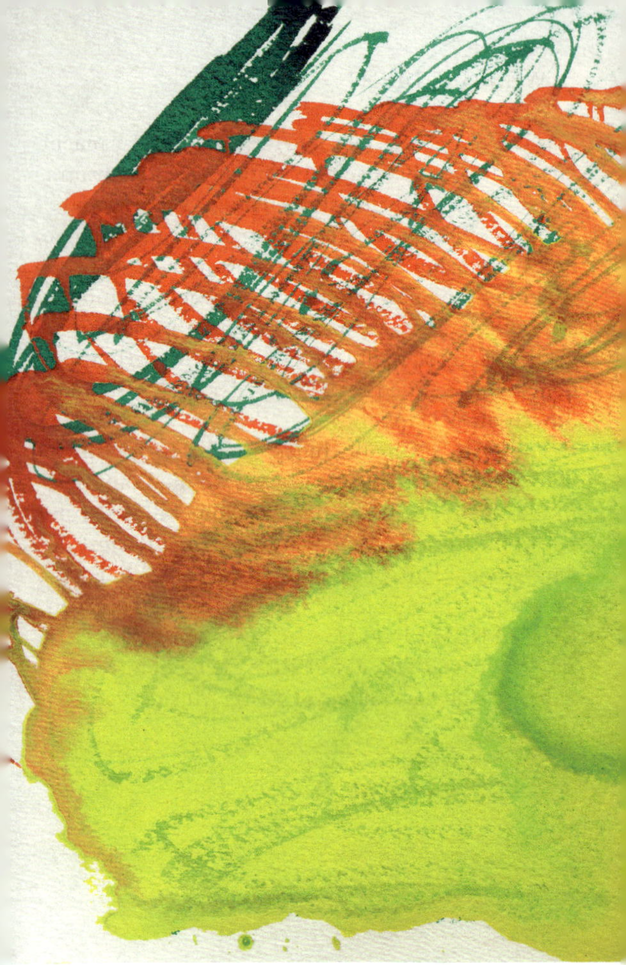

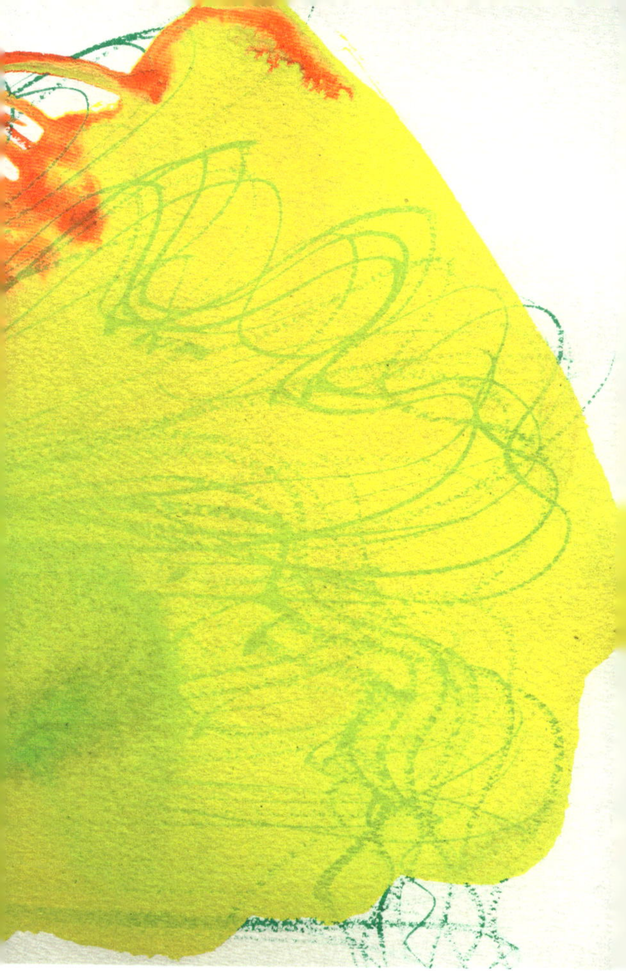

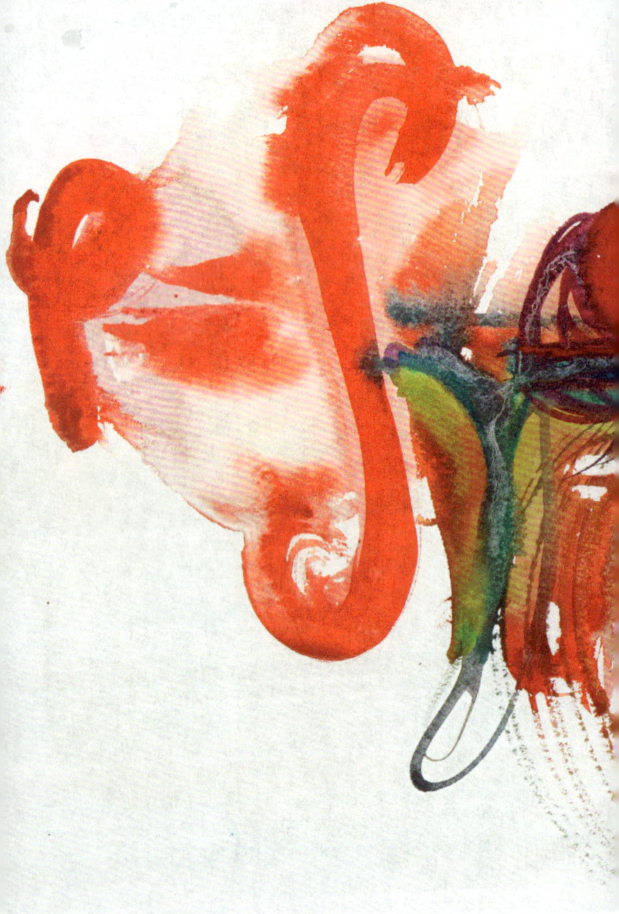

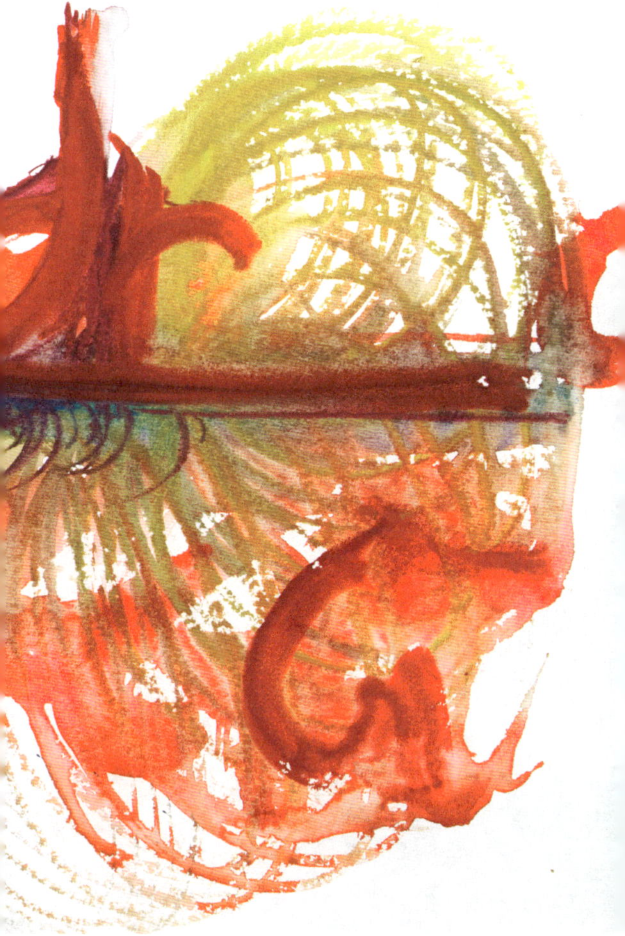

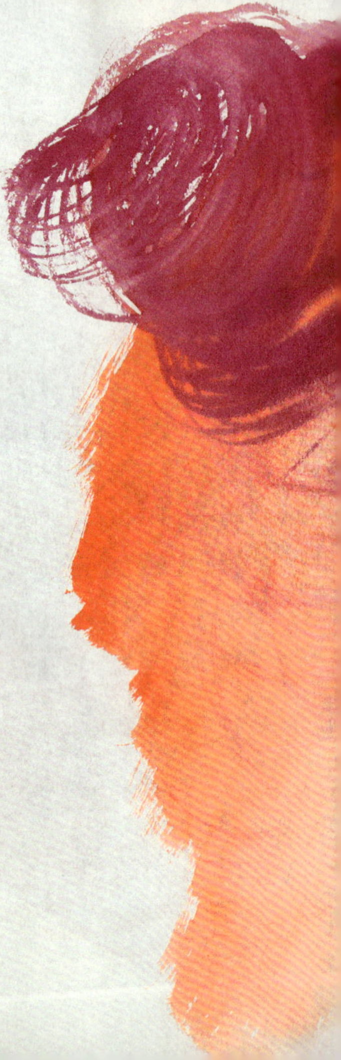

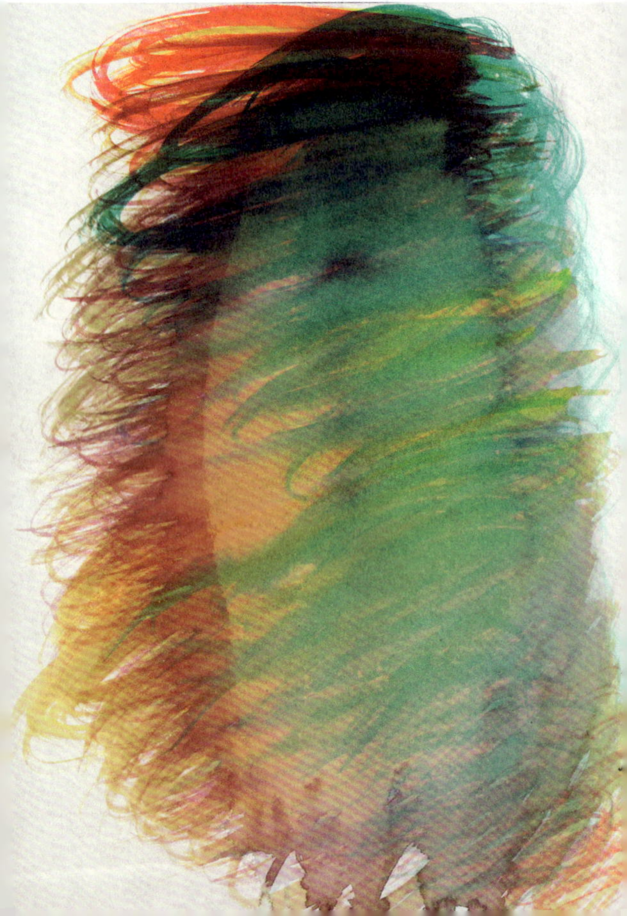

NACHTS
IN DEN WASSERN
DER LAGUNE

In seiner Zeit in Venedig schwamm der junge Lord Byron, ganz nackter Körper, in der Lagune. Stufen führten aus dem Palazzo bis tief ins Wasser. Mit dem linken Arm teilte der Dichter die Wellen, in der rechten Hand hielt er eine Fackel. Dann aber wagte er sich in das freie Wasser in Richtung der Lido-Insel hinaus: mit seinen britisch-dünnen Armen, denen eines Hochadligen, der Landgüter verwaltete, oder eines Schreibenden – jedenfalls nicht mit den trainierten Muskeln eines Seemannes, Holzfällers oder professionellen Schwimmlehrers. Das Wagnis blieb für ihn prickelnd. Unheimlich alles, was jenseits des Scheins der Fackel an Wassermassen auf ihn eindrang. Er konnte nicht sicher sein, das rettende Ufer zu erreichen, weil die endgültige Schwäche, die Erschöpfung der Kräfte, die dem Ertrinken vorausgeht, sich erst auf dem Rückweg zeigt. Jeder Räuber hätte den Poeten gefangensetzen und für ein Lösegeld feilhalten können, und woher weiß man, ob nicht einer der Fischer, die im Umkreis in ihren Booten Nachtfischfang betreiben, angesichts eines verwirrten Mondenschwimmers sich in das ursprüngliche Raubwesen verwandelt, von dem alle Fischer Venedigs abstammen? Solcher Gefahr entging der radikale Poet, der später an einer billigen Lungenentzündung auf dem Peloponnes zugrundeging.

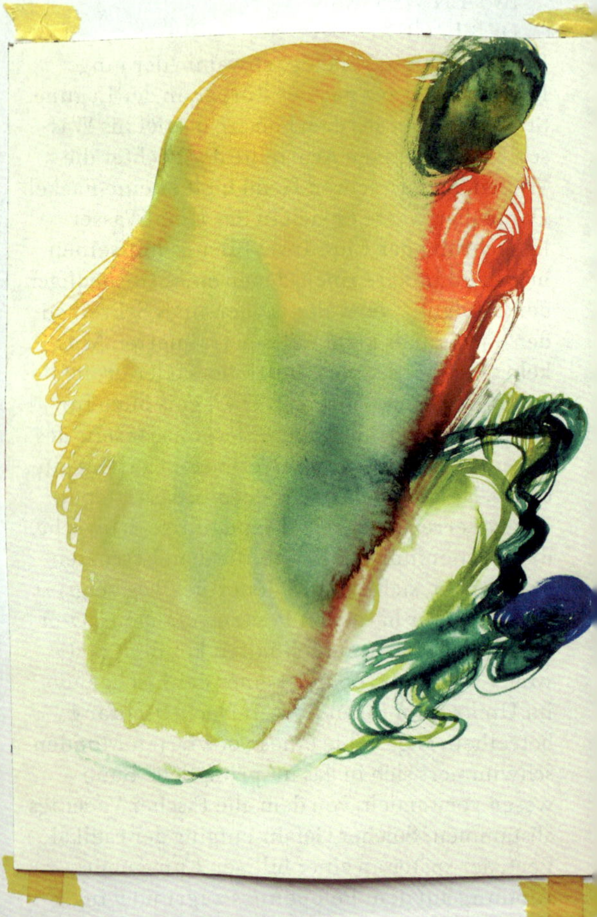

»COUGHING / BLOOD INTO
A HANDKERCHIEF IN RUSSIA«
– nach Ben Lerner
in *Mean Free Path*

Die Kommandeurin einer Partisaneneinheit, eine Frau von vierzig Jahren, die bei Minsk siebzehn deutsche Transportzüge mit Nachschub 1944 zur Entgleisung brachte (und so den legendären Zusammenbruch der Heeresgruppe Mitte entschied), also eine selbständig denkende Person, empfand sich 28 Jahre zuvor als hilflos in ihrer Zuneigung zu dem politischen Kommissar Gerasimov, dem sie dienstlich zugeteilt war.
So gravitativ bestimmend war die Strömung, der Taufakt, mit dem seine Nähe, die tägliche Präsenz sie unter Wasser tauchte, das Gemütswasser, in dem unsere Entscheidungskräfte schwimmen, dass sie für nichts anderes mehr Interesse fasste als für diesen politischen Mann aus Haut und Knochen (für keinen anderen Mann, keine Frau, keinen Freundschaftsdienst, keine Ruhe bei Tag und Nacht, ja, selbst zur Arbeit war sie nur um seinetwillen fähig). Sie magerte ab. Geistig und dann auch körperlich. Der, den sie liebte, nahm nichts von ihr wahr. Die Pflichten ließen ihm keine Zeit. Mit hageren Wangen suchte er aus dem Provinznest, in das er von der Zentrale kommandiert war, einen städtischen Zusammenhang zu machen, wenn möglich bevölkert von bolschewistischen Menschen (nicht etwa nur kommunistisch gesinnt, sondern kommunistisch tätig).

Dann wurde offensichtlich, dass er Blut spuckte. Hier nun zeigte sich, dass die Liebe Ludmillas, so hieß die spätere Widerstandskämpferin keine schwachbrüstige Idealität, sondern eine materielle Gewalt war. Sie reiste in die Hauptstadt. Sie setzte Kreisläufe der Befehlsgewalt in Gang. Gegen alle Routine und Wahrscheinlichkeit wurde ihr Geliebter, der wie gesagt, von seinem Geliebtsein nichts wusste, außer jeder Reihe mit Devisen ausgestattet und in eines der Schweizer Sanatorien entsandt. Dort war – unabhängig von der Sauerstoffqualität der Höhenluft – im Laufe von Jahrzehnten Heilkunst akkumuliert (bei so viel Vergeblichkeit im Kampf gegen die tückische Tuberkulose). Der Mann wurde geheilt und diente seinem Vaterland noch vierzig Jahre. Über den Eifer seiner Wohltäterin, einer Untergebenen, die ihm sonst unauffällig diente, wunderte er sich. Er war aber, in sein Taschentuch bluthustend, vor seiner Abfahrt in den Westen so schwach, dass er die Sache nicht zur Sprache brachte. Bald nach seiner Rückkehr war Krieg. So blieb sein Engel unentdeckt. Man weiß, dass Engel nur in solcher Unsichtbarkeit ruhig arbeiten. Fixiert mit Augen werden sie starr.

*

Noch in der Chruschtschow-Ära propagierte Ludmilla, in der Hierarchie aufgestiegen, hochdekoriert als kämpferische Patriotin (obwohl sie

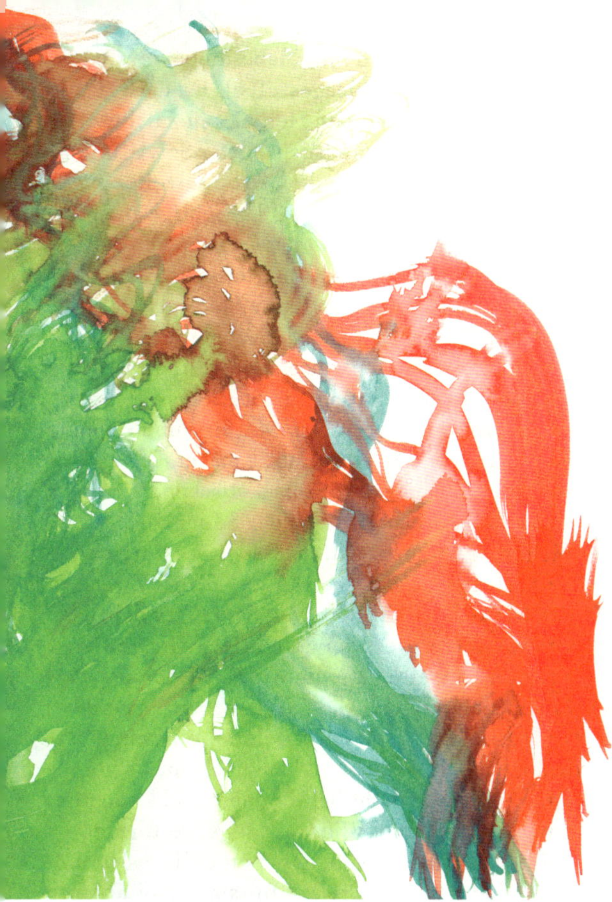

vom Motiv her doch nur Liebesdienerin war), schon aber auch zurückgestuft als Frau, ein Projekt für den Aufbau von Heilstätten zur Bekämpfung der Schwindsucht in der Sowjetunion. Die Luft war aber an jedem Ort des weiten Kontinents zu »dickflüssig«, die Gebirge entweder nicht hoch genug oder weit abgelegen von den Zentren der ärztlichen Kunst, dass das Projekt zu keiner Ausführung kam. Es war auch als PROJEKT DES FORTSCHRITTS nach 1945 obsolet, weil die Tuberkel-Bazillen durch Penicillin inzwischen gezähmt wurden. So geht ein Stück liebesgegründeten Progresses verloren, weil eine überholende Kausalität den Einsatz unnötig macht. Das aber wollte Ludmilla – unter sozialistischen Prämissen! unter Druckverhältnissen der Solidarität! – nicht als Argument gelten lassen. Der Fortschritt steht als ein Stück Leben außerhalb der Zwecke, der Dichtkunst ähnlich, weil beides auf dem Einschmelzprozess der ZUNEIGUNG, nämlich privater Leidenschaft, die wir Liebe nennen, wie Ludmilla wusste, ihre Wurzel haben. Auch die Unlogik, dass sie von »Einschmelzen«, einer industriellen Vokabel und zugleich von »Wurzel« sprach, war sie nicht bereit, näher zu betrachten. Im Jahr 2017, Ludmilla war längst gestorben, zeigte sich im übrigen, dass penicillinresistente Tuberkelrassen im großen Russland (vor allem im unwirtlichen westlichen Sibirien, wo die Luft wie ein dicker Nebel angetroffen wird) unbekämpfbar wieder auflebten. Noch immer keine

Plätze im weiten Russland wie früher in Davos. In der Schweiz selbst aber inzwischen ist die Heilkultur gegenüber der Krankheit, an der Kafka starb, ihrerseits fast ausgestorben. Wo Sanatorium war, kommt Weltwirtschaftskonferenz hin. Nichts ersetzt Ludmillas Testament, das Denkmal für den Mann, der in der Sowjetunion Blut in sein Taschentuch spuckte.

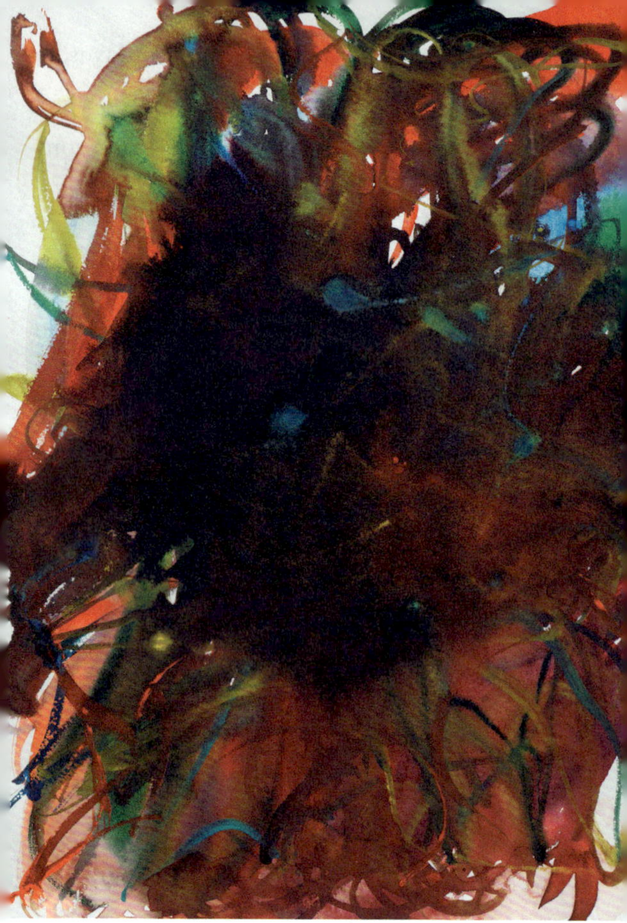

»NUMBERS LEANING AGAINST THEIR RADICALS«

Die Zahlen-Tiere (sie sind Zahlen, »in Tierfelle gekleidet«) lehnen sich mit der Hand an eine herausgerissene Eiche. Was sie stützt, gegen jeden Wind, sind die Wurzeln dieses Baumes. Sie weisen zum Himmel. So können diese Wurzeln den Baum nicht nähren. Die Zahlenbrüder selbst wiederum haben nicht die Kräfte, den Baum zu bewegen. Die Wurzeln ins Erdreich zurückzubetten, ist nämlich eine schwere Arbeit.

»THEORY, LIKE SWIMMING IN A STORM«

Sturmvögel, auf andere Weise Abkömmlinge von Sauriern als wir, schwimmen, entgegengesetzt zur Richtung der Tiefausläufer, also gegen den Wind, nach Westen über den Atlantik. Dass sie theoriefähig sind, zeigt die Eleganz ihrer Flügel. Die Wolke von Plastikteilen, mikroskopisch klein, aber die Lungenbläschen durchschneidend wie Eisen- oder Glassplitter, umfliegen sie weiträumig. Wo liegt der Sitz ihrer souveränen Kenntnis? Was heißt für sie die »poetische Kraft der Theorie«?

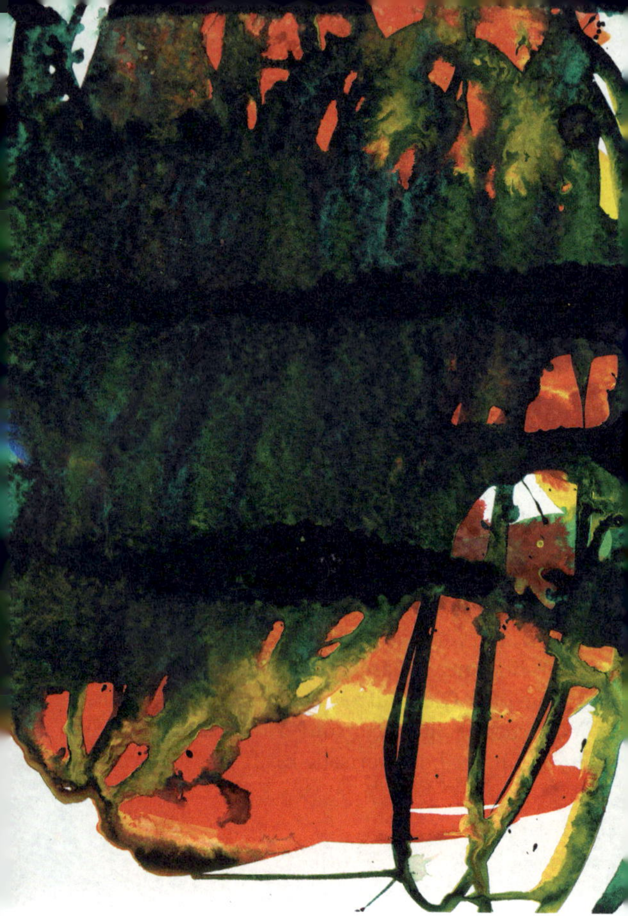

ICH GLAUBE, DASS DIE SEELE EHER FLÜSTERT ALS SPRICHT ...

Ich hatte im Alter von vier Jahren nachts Alpträume. Meine Kinderfrau fand mich mit dem Kopf nach unten neben dem Bett hängend, schreiend. Mit Rufen und Reden drang sie zu mir nicht durch. Sie begann zu flüstern. Auf Flüstern hörte ich. Wenn ich allein bin und memoriere, mit mir selbst spreche, geschieht das im Flüsterton. Bei normaler Rede entstehen für meine Aufmerksamkeit – mit zunehmendem Alter – verschlammte Wege. Ich glaube, das, was gesprochen wird, schon gehört, schon verstanden zu haben, noch während ich zuhöre, und die Sinne schweifen ab. Ich zeige noch Interesse, bin aber nicht aufmerksam. Das Geflüsterte aber weht wie ein Wind in den Telegraphendrähten weit in der Höhe und tief unten im Subtext.

Auf der Münchner Sicherheitskonferenz beobachte ich in einer der Übersetzerkabinen sechsundzwanzig Übersetzerinnen und Übersetzer. Sie sprechen leise in ihre Geräte. Wenn sich auf der Bühne der Veranstaltung Kontrahenten erregen, ihre Stimme heben, machtvoll aufeinander eindonnern, senkt sich die Lautstärke der Übersetzer unwillkürlich. Fast bis zum Flüstern. Die sanfte Tonart der Übersetzung gelangt über die Kopfhörer ans Ohr der Diskutanten. Ich habe aber nie bemerkt, dass eine erregte oder feindselige Debatte dadurch schon gemildert würde.

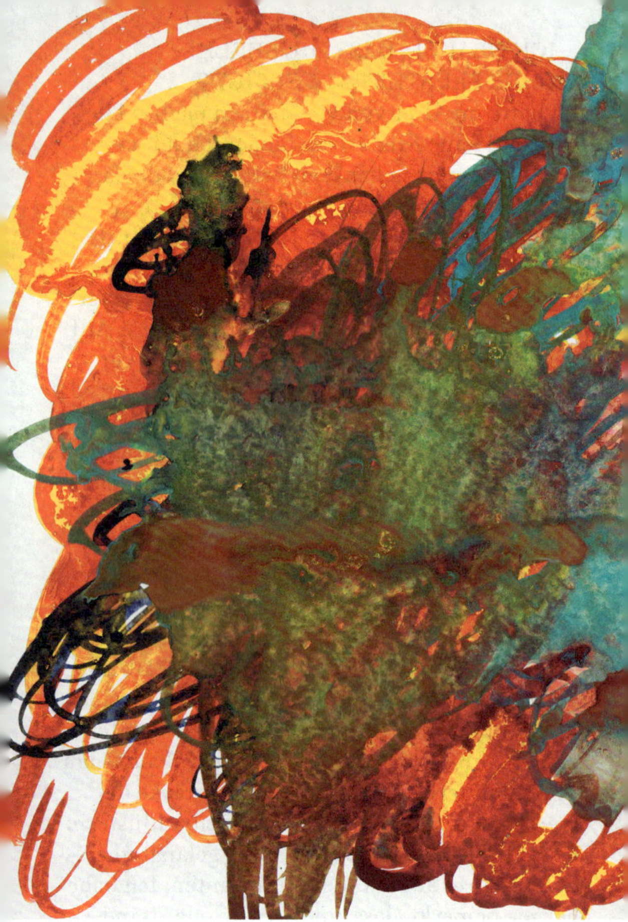

DAS BÖSE IST EIN TRÜMMERSTÜCK

Das Böse, heißt es bei Anselm von Canterbury (*De casu diaboli*), sei entfremdeter guter Wille. Entkleidet man das Böse, so tritt hinter der Maske, der Verkleidung, eine längere »Erzählung« hervor, welche die Beschädigung des Guten, die allmähliche Vergesslichkeit, das »Geheimnis der Bosheit« zutage treten lässt, eine DESTRUKTION DER FREIHEIT. Dies gehört zur Bösartigkeit des Bösen, sagt Anselm, dass es sich jeder Ordnung widersetzt, auch der des Verstehens. Es ist ein Trümmerstück.

In unserem Jahrhundert hat das Mitglied der britischen Royal Society, Prof. Dr. Rupert Sheldrake, dem eine wichtige Beobachtung hinzugefügt. Es gehe eine der gravitativen Wirkung ähnliche Anziehungskraft morphogenetischer Natur von größeren Ansammlungen solcher Trümmerstücke ehemals guten Willens, gescheiterter Gottesbewohntheit aus: Ein Unglück ziehe das andere an.

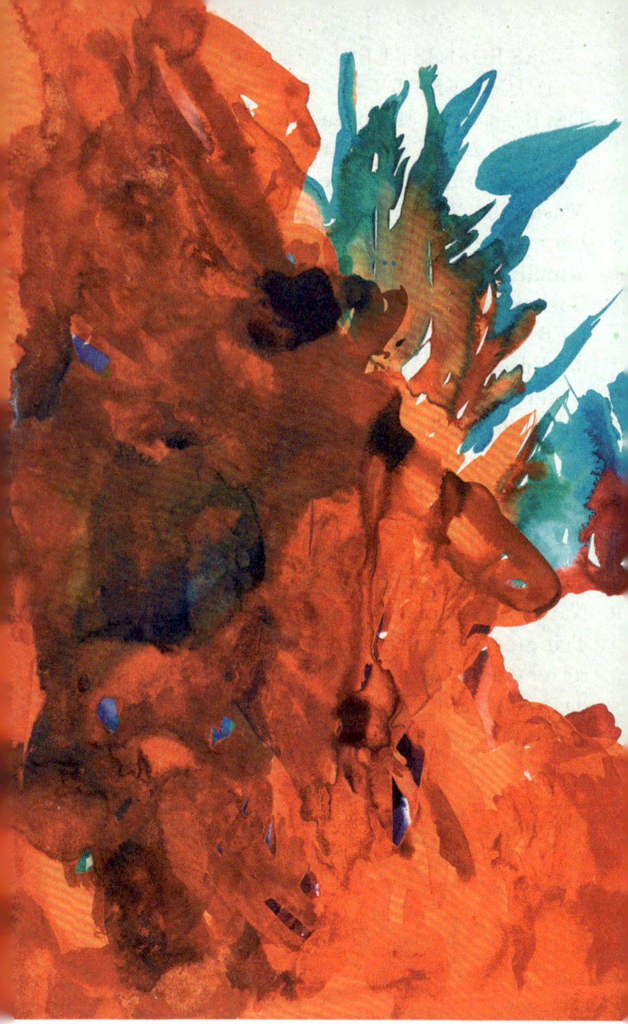

GLÜCKLICHER ZUFALL

Der spillerige Junge von etwa fünf Jahren rannte in großer Erregung, mit dem Schrei

– Jach!

den Steg entlang, glitt an der obersten Sprosse der Eisenleiter zum See ab, das Köpfchen schleuderte zurück und verfehlte um Millimeter die harte Eisenkante, die den Hinterkopf getroffen hätte, wäre nicht viel Glück in der Schlenkerbewegung versteckt gewesen. So wäre der Junge beinahe gestorben, mit aufgeschlagenem Hinterkopf ins Wasser gestürzt und ertrunken. Es war kein schwimmkundiger Retter in der Nähe, nur gutwillige Laien, und es bleibt zweifelhaft, ob eine der älteren Damen, die den Vorgang vom Ufer aus beobachtete, die richtigen Maßnahmen ergriffen hätte, einen der Kellner des Hotels zu benachrichtigen, der einen Schwimm-Meister ausfindig gemacht hätte ... Alles das hätte die Lebenszeit überschritten, die dem Jungen geblieben wäre, hätte er nicht Glück gehabt, ein schlenkriges Glück, da die winzige Zappelbewegung, die ihn rettete, den Kopf, den er nicht mehr beherrschte, durch einen Schlenker über die Sprosse hinwegtrug.

Jetzt schwimmt der Junge im See, ruft:

– Ich muss nochmals rein ...!

Er hat nämlich nicht bemerkt, in welcher Gefahr sich sein junges Leben befand, dass er selber sein Lebensretter war, irgend etwas in ihm, stärker als der Zufall, der die Bewegungen auf Glitschboden regiert.

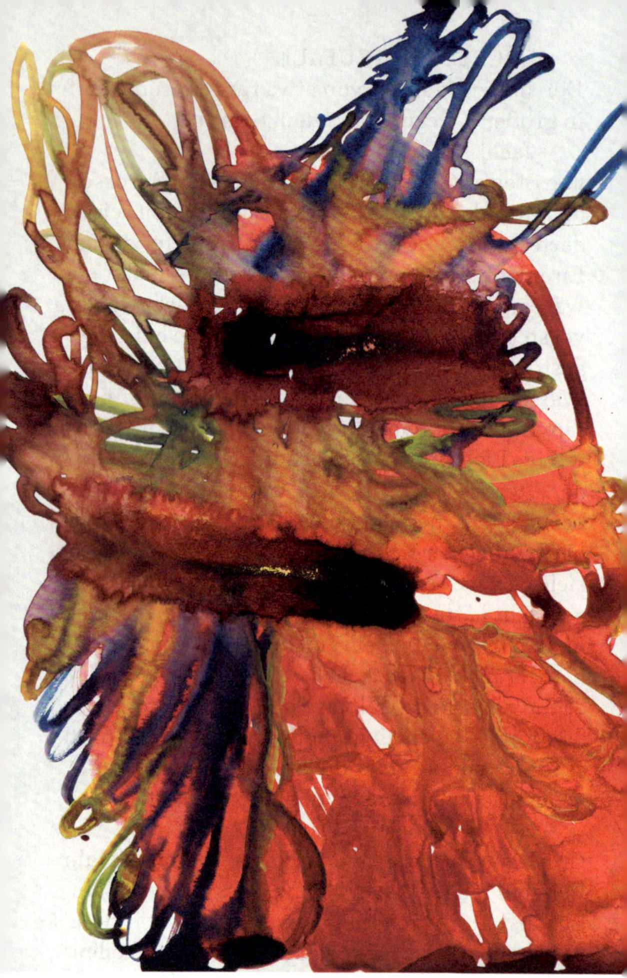

DER STARKE GLANZ DER BLUMEN

Das starke Blau der Wasserpflanzen »riecht« der Frosch, vermutlich sieht er es nicht mit seinen Augen. Frösche sind kurzsichtig. Der in ihnen verkappte Prinz gilt als wenig farbtüchtig. Vermutlich interessiert den Frosch die Berührung mit dem Hinterbein des Nachbarfrosches mehr als der starke Glanz der Blumen. Längere Zeit bleibt diese Szene unverändert.

Schildkröten dagegen sind exzessiv farbsüchtig. Sie besitzen in ihren trägen, jahrhundertealten Augen vier Farbrezeptoren (während wir Menschen über nur drei verfügen). Was würde ein Maler mit dem Auge einer Schildkröte malen? Krokodile dagegen, Bewohner des Nils, bleiben alt und farbenblind.

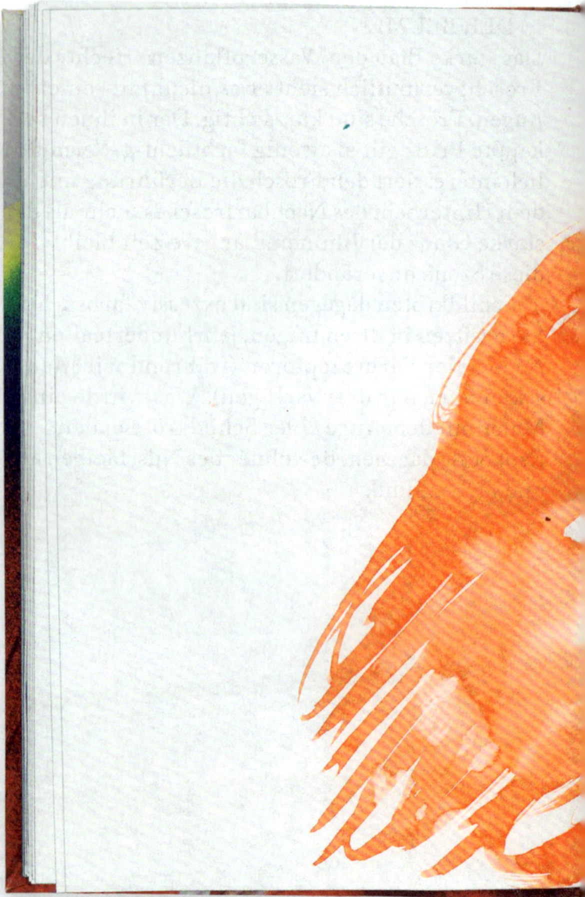

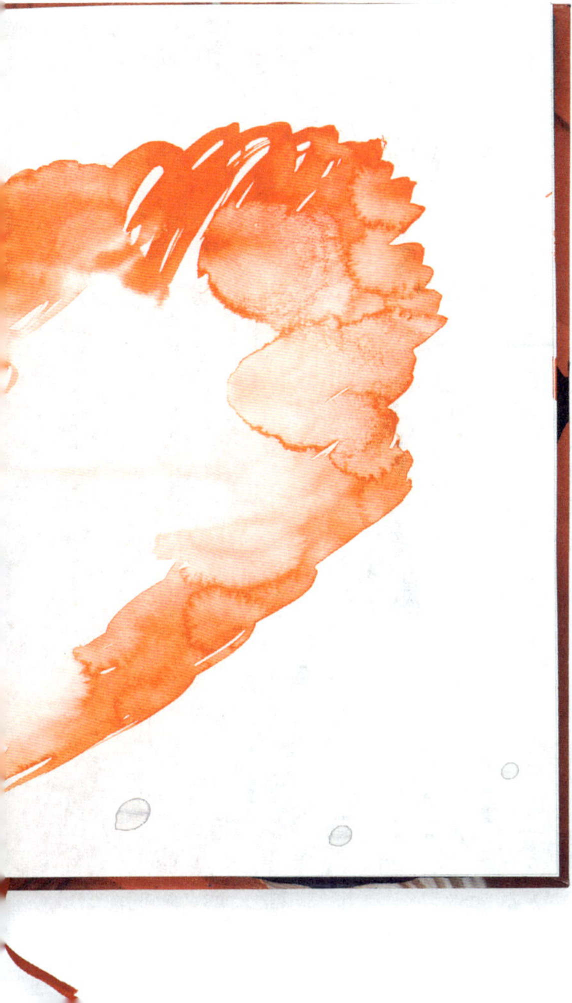

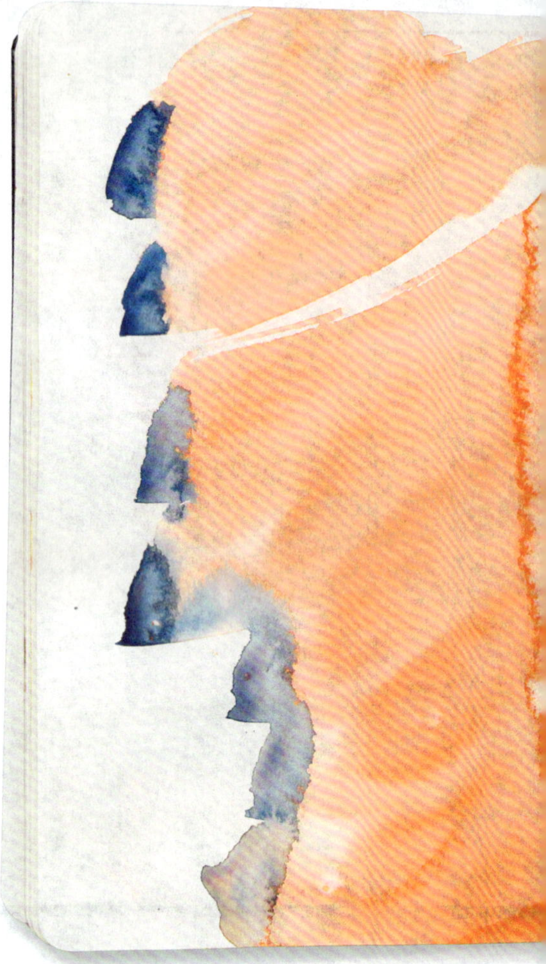

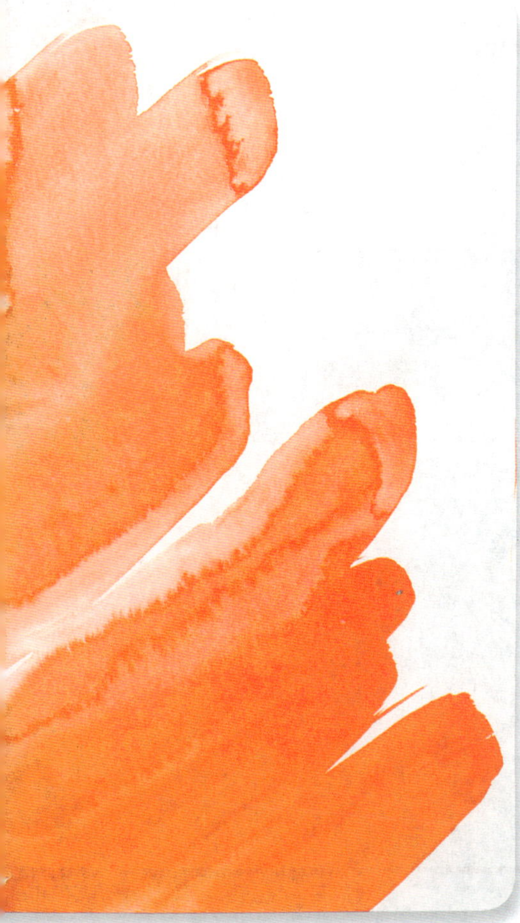

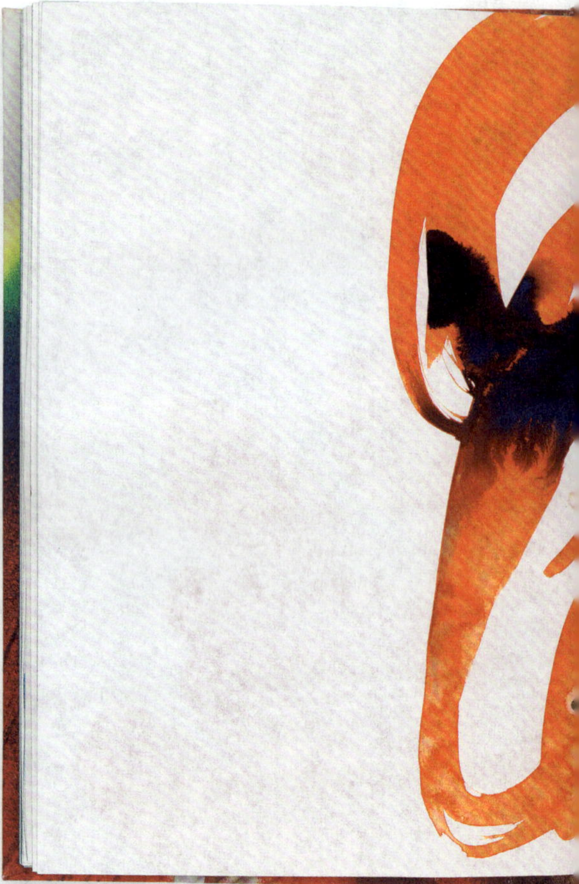

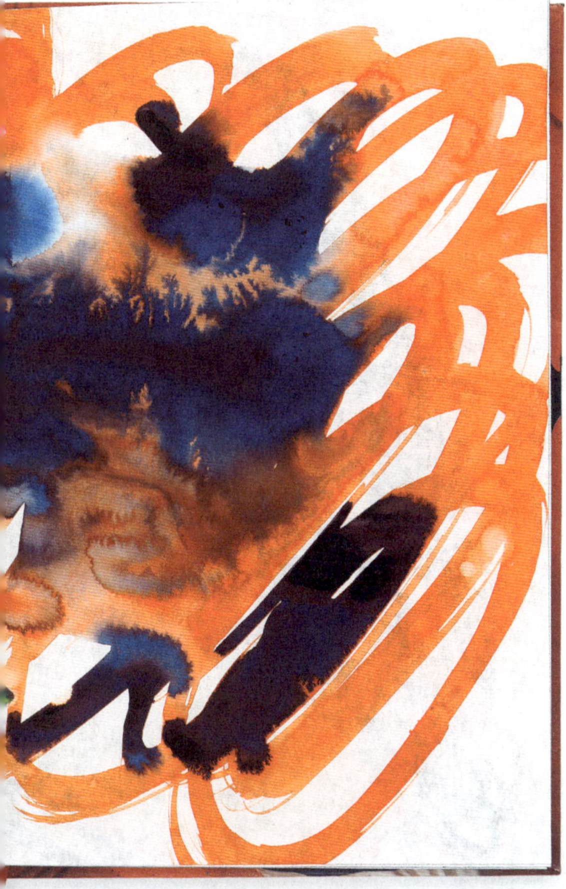

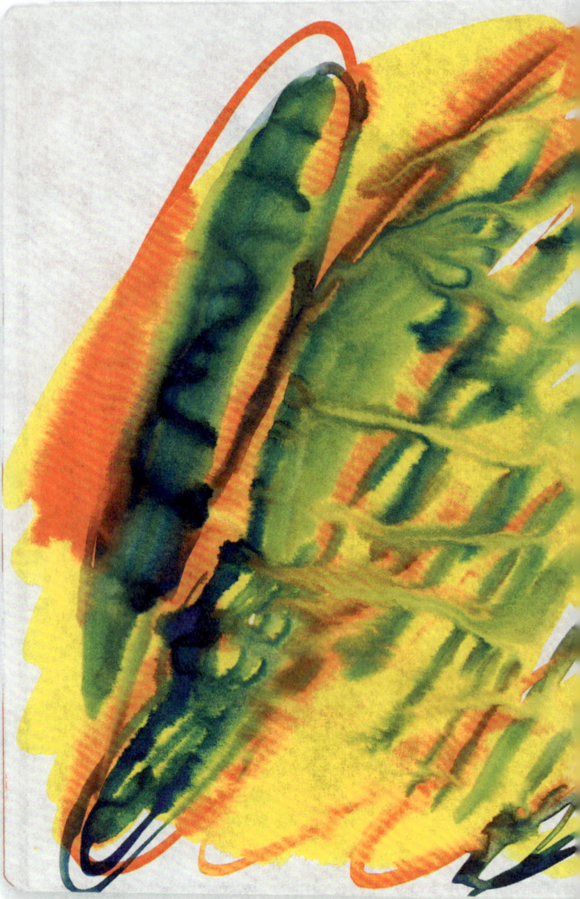

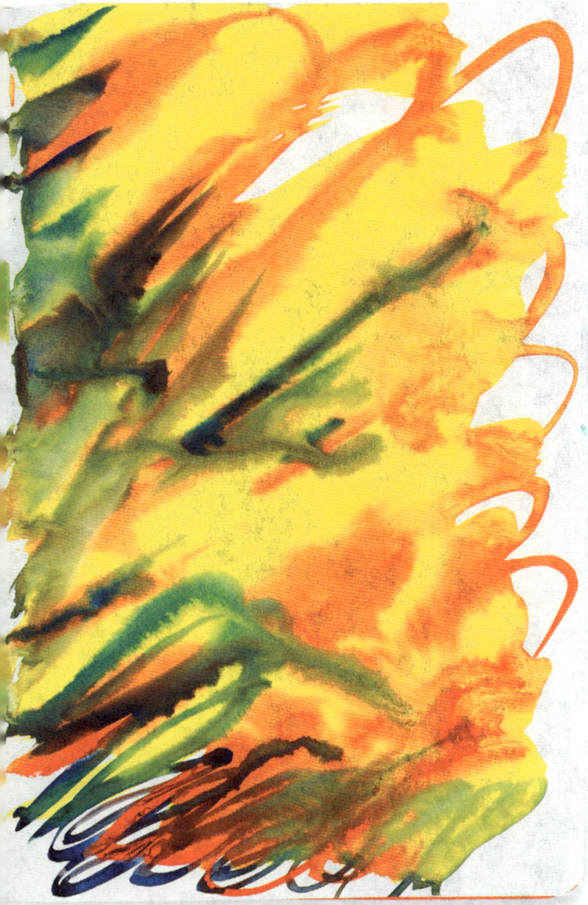

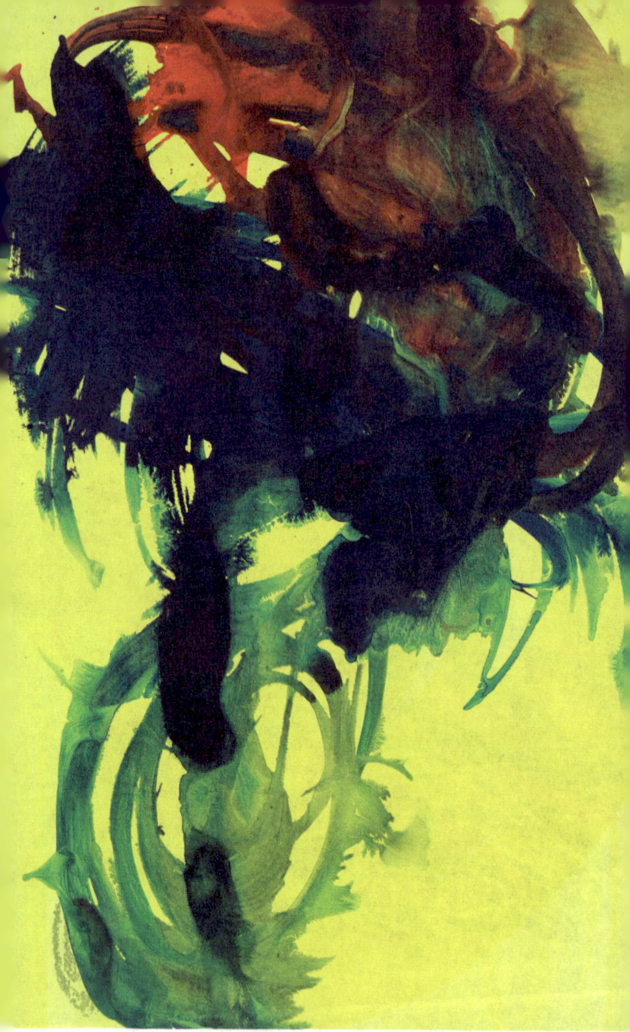

ICH MACHE EIN FOTO

Ich mache ein Foto. Darin ist ein Augenblick festgehalten. Die Haut des Bildes besteht aus einer dünnen Schicht, die man fast »nicht-materiell« nennen kann. Was das Bild festhält, die Belichtung, ist nicht stofflich wie eine aufgetragene Farbe oder ein Klecks Tinte. Diese »technische Spiritualität« ist bei digitalen Fotos verstärkt.

Zugleich kann man nicht von einem »kristallisierten Augenblick« sprechen. Der Zeitausschnitt, der im Foto der zäh dahinfließenden Wirklichkeit abgewonnen wird, ist kürzer als der Lidschlag eines Auges (»Augenblick«), auch kürzer als das Unterscheidungsvermögen, über welches das Auge verfügt. Ein Foto sollte »Ausschnitt« oder »Fragment« heißen. In einer Serie oder Sammlung nehmen die Fotos untereinander Kontakt auf. ALLE FOTOS, DIE ES GIBT, FÜHREN NACHTS IHR EIGENES LEBEN.

10

Strategie von unten

Strategie von oben

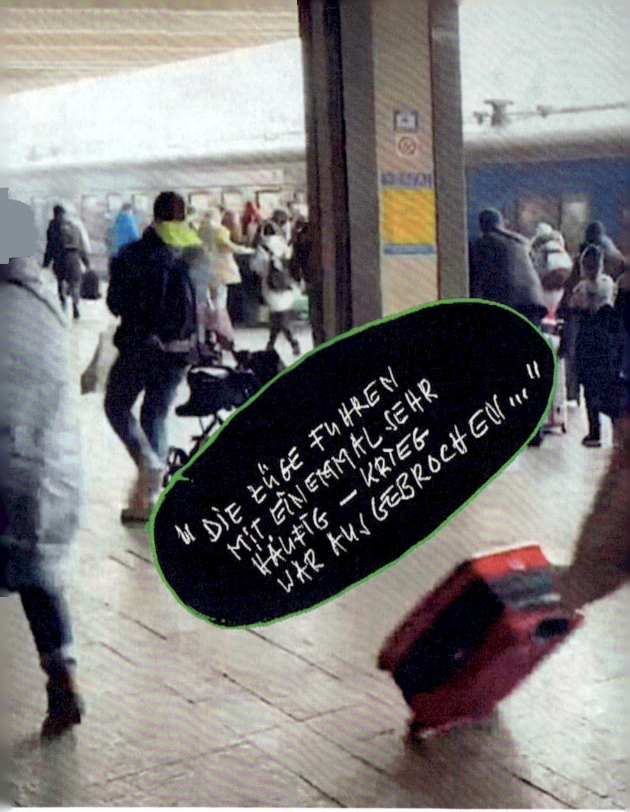
„DIE ZÜGE FUHREN
MIT EINEMMAL SEHR
HÄUFIG – KRIEG
WAR AUSGEBROCHEN ...“

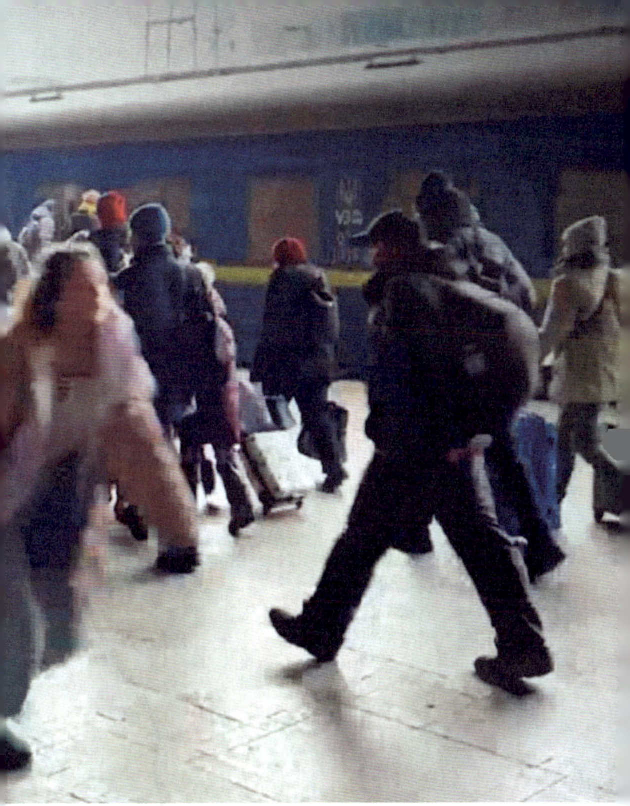

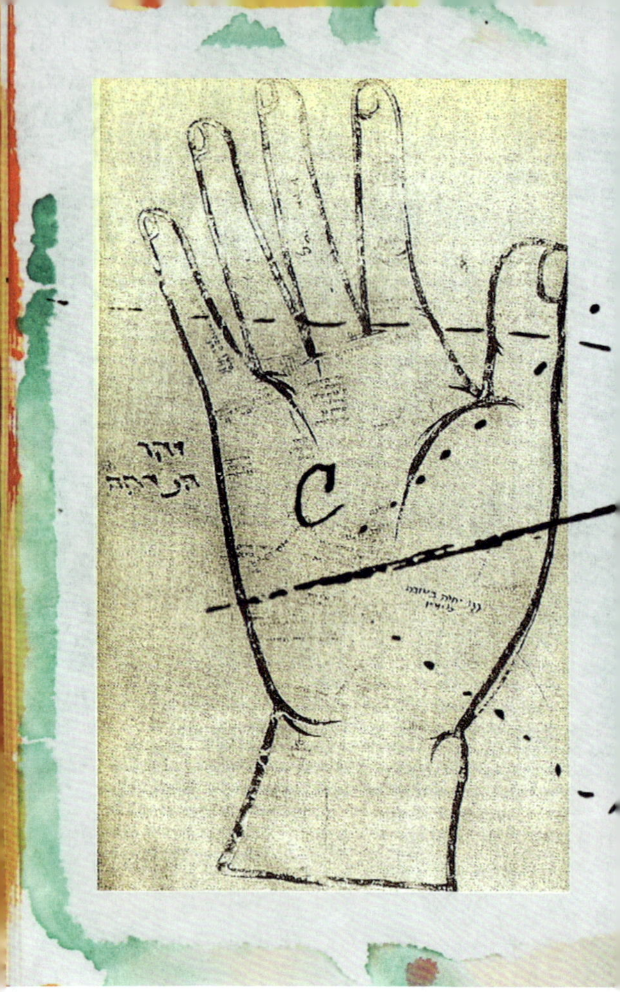

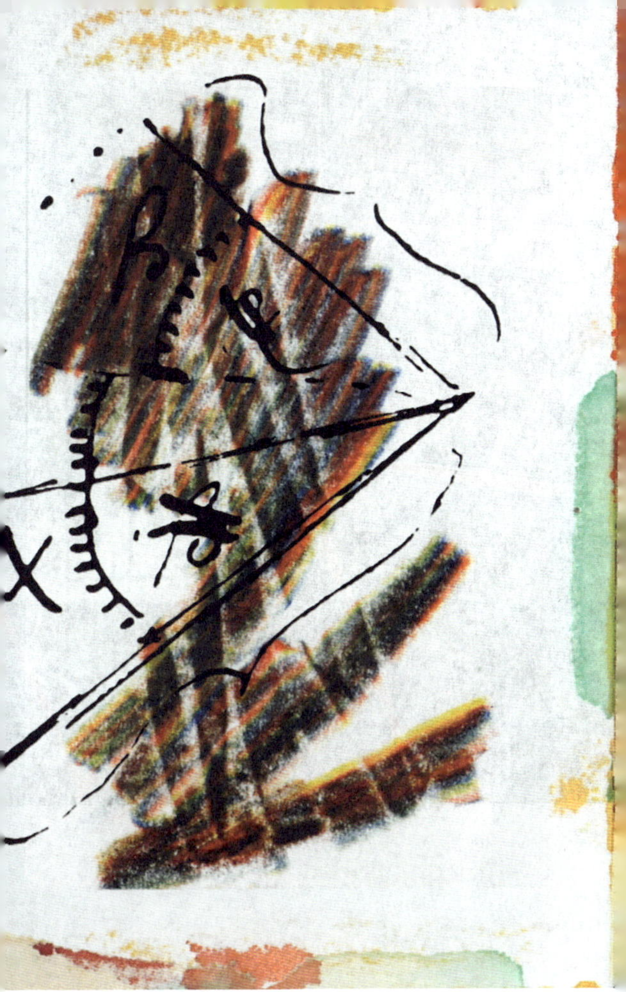

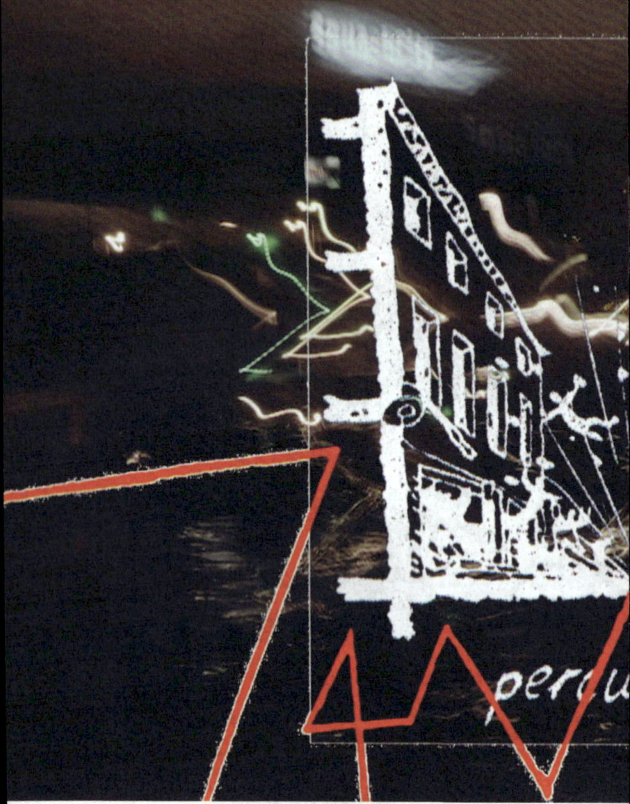

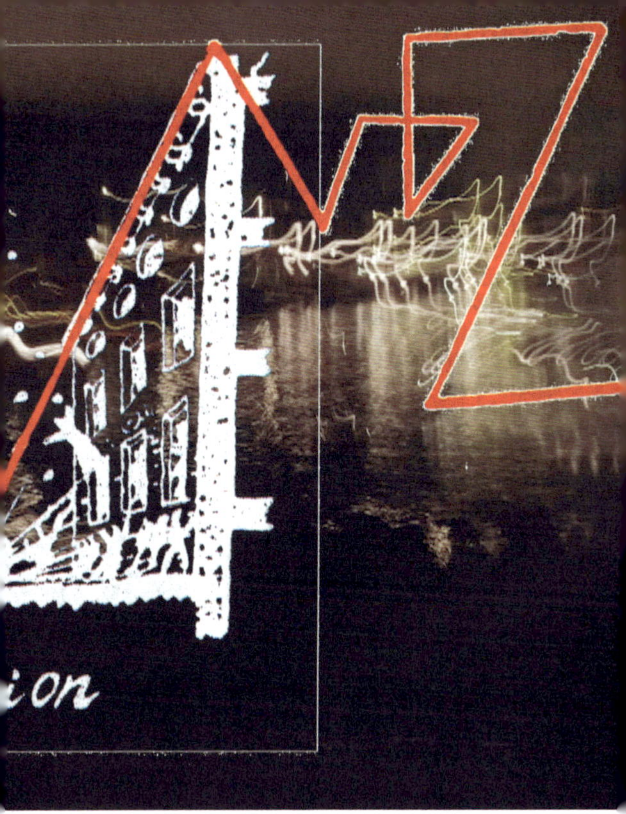
ion

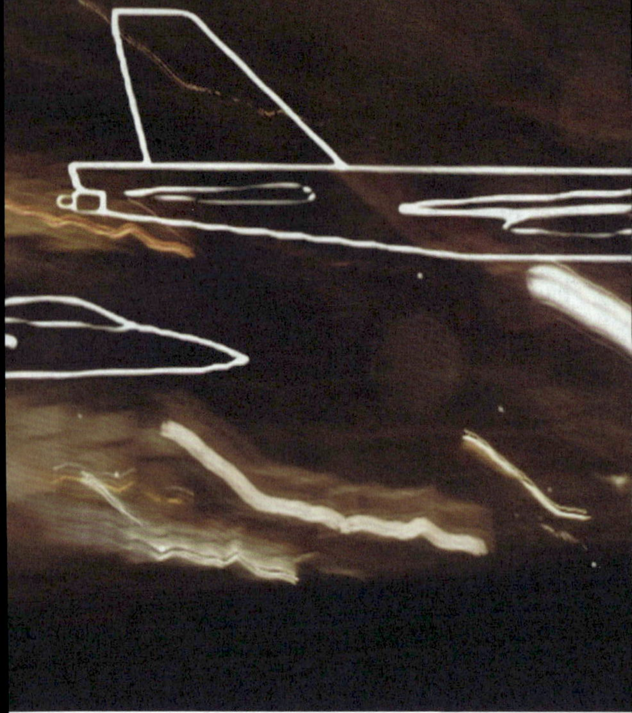

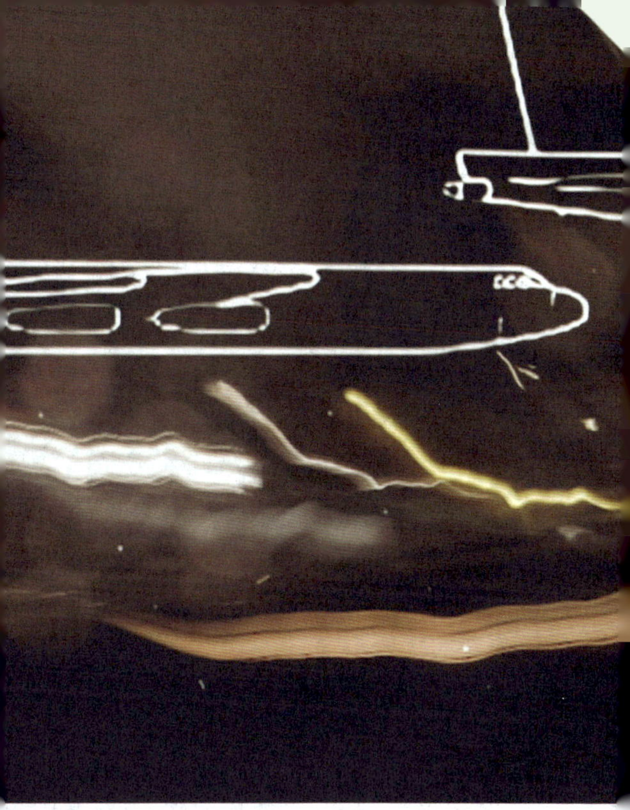

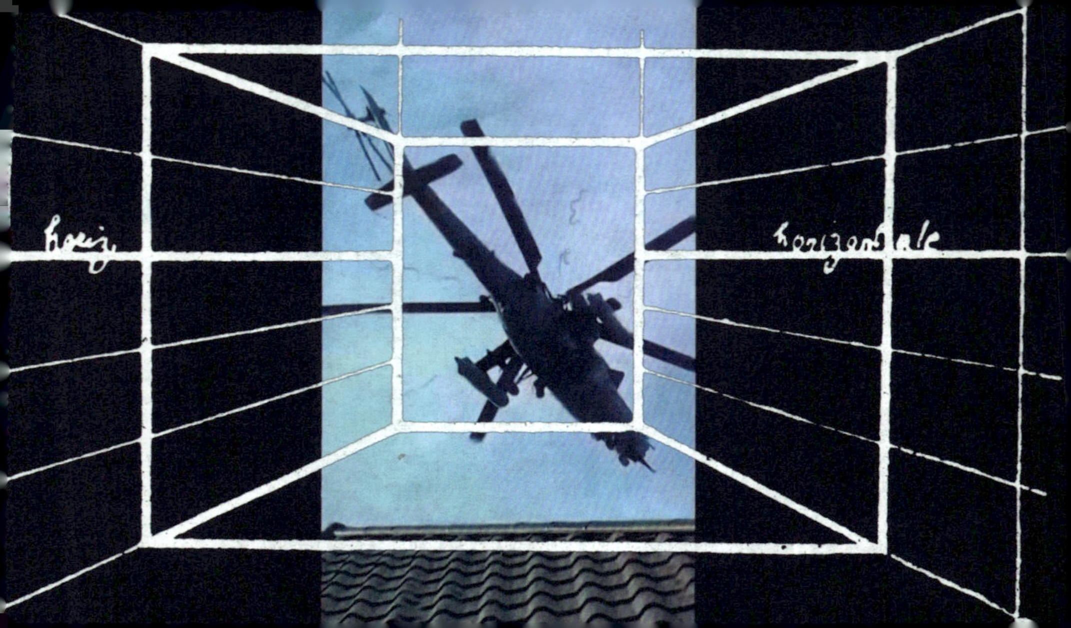
horiz
horizontale

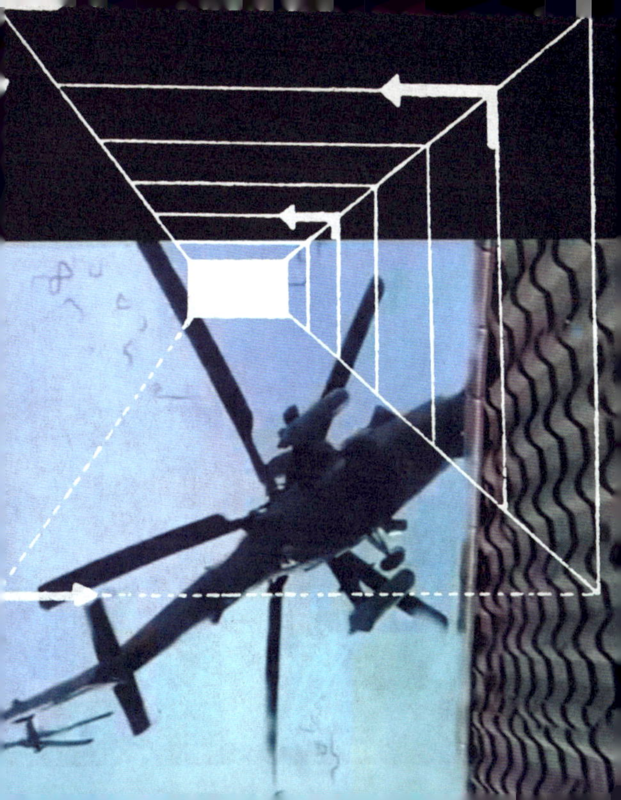

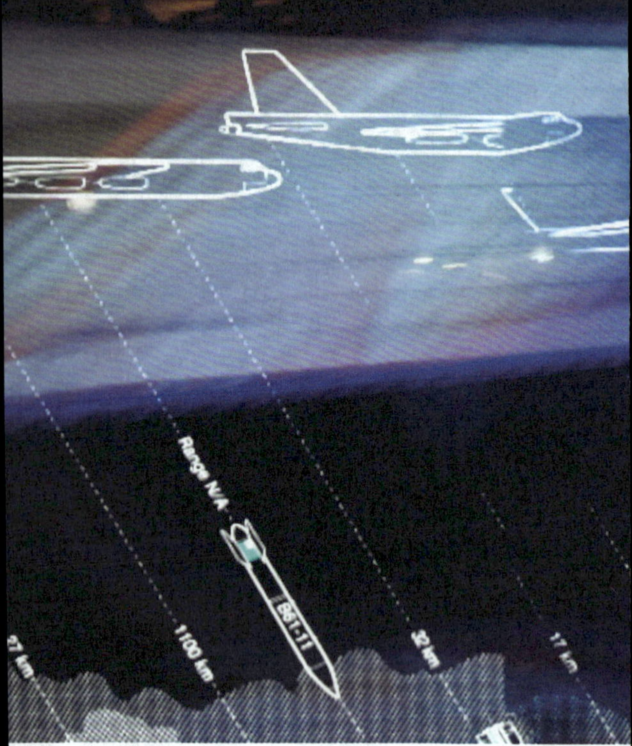
Range N/A
27 km
1100 km
32 km
17 km

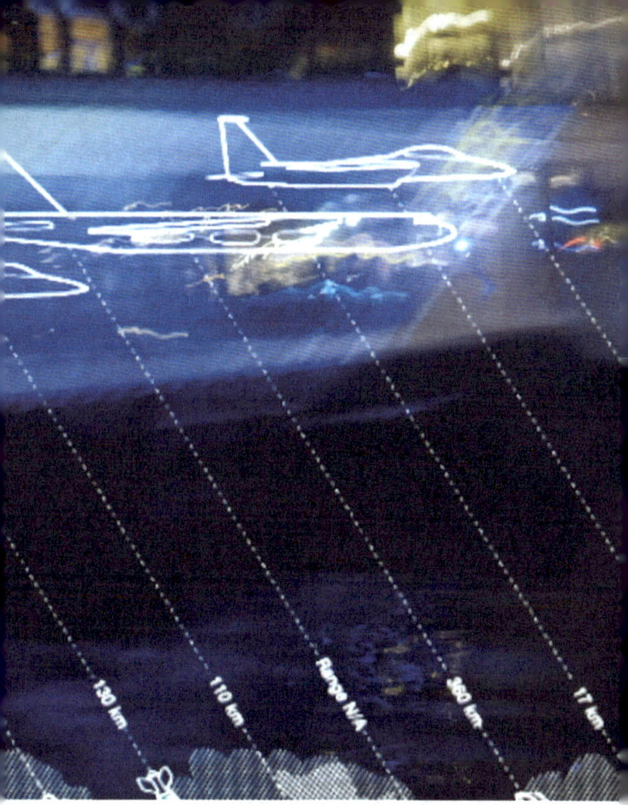
130 km
110 km
Range N/A
360 km
17 km

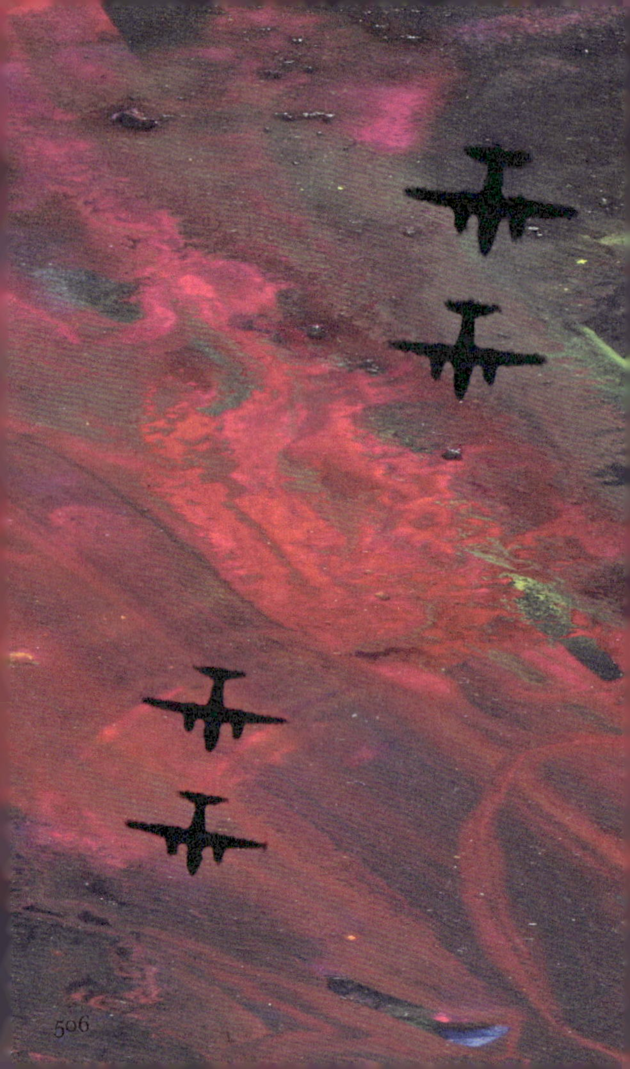

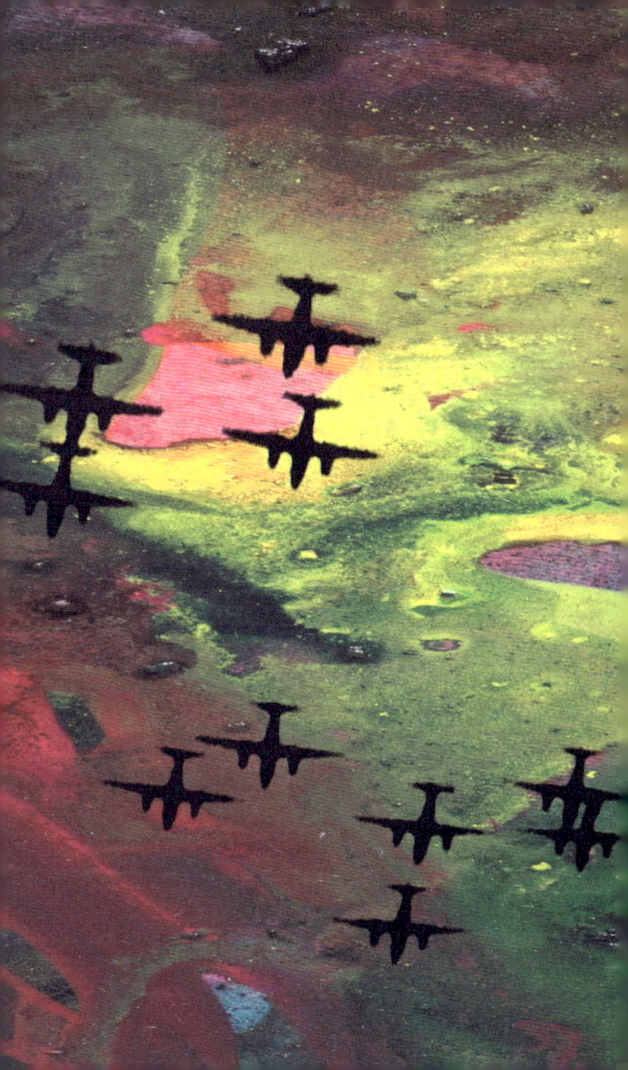

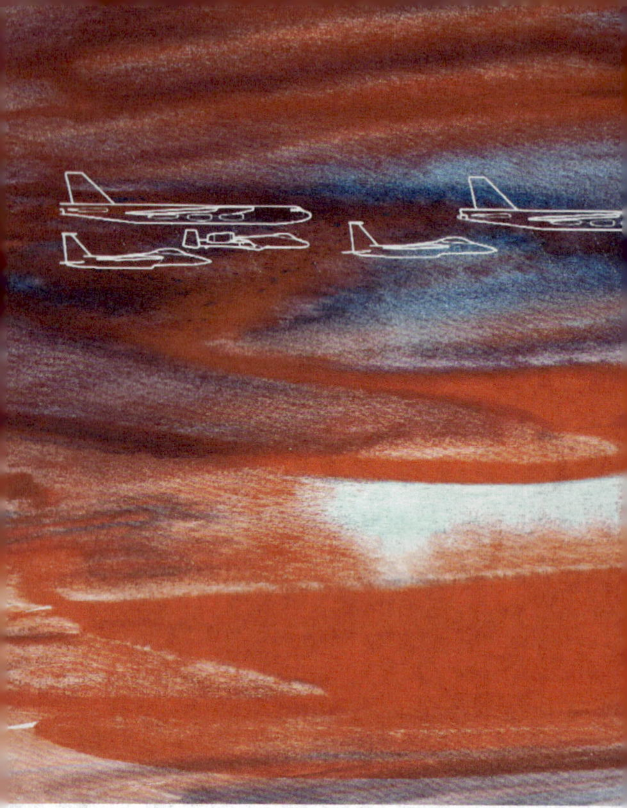

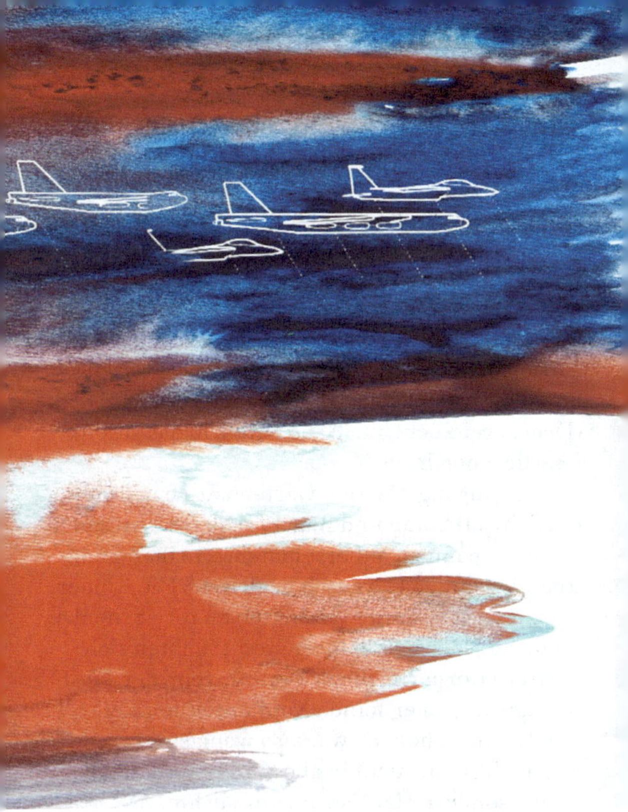

STRATEGIE VON UNTEN IM FRÜHJAHR 1945

Die Evakuierte aus der Gegend von Gelsenkirchen, Volksschullehrerin, jetzt als Munitionsarbeiterin dienstverpflichtet, Gerda Baethe, mit ihren drei Kindern, neun, sieben und fünf Jahre alt, bewohnt das Gartenhaus des Grundstücks Breiter Weg Nr. 55/57, das nicht unterkellert ist. Um 11.32 Uhr, sie hat die Vollalarm-Sirene gehört, Bombeneinschläge in der Ferne, war sie gerade mit dem Anziehen der Kinder fertig, da schlagen Sprengbomben in den Luftschutzkeller des Hauses Nr. 9 (Druckerei Koch), ins Haus Nr. 26, in das gegenüberliegende Haus Nr. 69.*

Die Eingangstür zum Gartenhäuschen bricht, ein Schwall Staub und Rauch. »Die Detonationen waren von einem äußerst lauten, schrillen und unangenehmen Geräusch begleitet.« Die Kinder krochen bei ihr unter, drängten an ihre Schenkel, an ihren Hals, neben ihren Kopf, suchten sich breitere Körperflächen zu erdrängeln, der Fünfjährige, indem er seinen Kopf unter den Leib der Mutter schob. Es war also wenigstens so, dass Gerdas Truppe nicht in alle Winde auseinanderfetzte, sondern Hautberührung suchte.

Es war keine Zeit. Leitsätze einer »Strategie von unten«, die Gerda in diesen Sekunden in ihrem Kopf zu versammeln suchte, konnten nicht übermittelt werden. Hier von ganz unten gesehen, zu den für Gerda nicht sichtbaren Planern in 3000 m Höhe über der Stadt hinauf, oder auch ganz fern zu den Absprungbasen der Bomber hin, wo die höheren Planungsstäbe saßen. Die Dachgeschosse der Häuser am Breiten Weg brannten sofort.

* In diesen Kellern ersticken 18 Schutzsuchende. Das weiß Gerda Baethe nicht.

STRATEGIE VON OBEN
1945

Der Bomberpulk, etwa 200 Maschinen, denen im Abstand von zehn Flugminuten, d.h. jetzt über Nordhausen, weitere 115 Maschinen folgten, flog in etwa 7000 m Höhe von Südwesten auf die Stadt Halberstadt zu. Die Formation, »wie zur Attacke geordnet«, hatte einen traditionell-kavalleristischen Anschein, war aber *berechnet*, nicht Parade, sondern eine Position, in der die Maschinen, würden sie durch Jagdflugzeuge angegriffen, zum Feuerschutz zusammenrückten, würden sie durch Flak beschossen, auseinandergezogen werden könnten.

Die Pionierphase solcher Angriffe mit viermotorigen Fernbombern B17, jeder eine Werkstatt, aber der kompakte Verband als Fabrik, liegt 3–4 Jahre zurück. Die Komplettierung des Verfahrens hat Faktoren, die in der Pionierphase eine Rolle gespielt haben, wie Gottvertrauen, militärische Formenwelt, Strategie, Binnenwerbung gegenüber den Besatzungen, damit sie angriffswillig sind, Hinweise auf Eigentümlichkeiten des Ziels, Sinn des Angriffs usf. als irrational ausgegliedert.

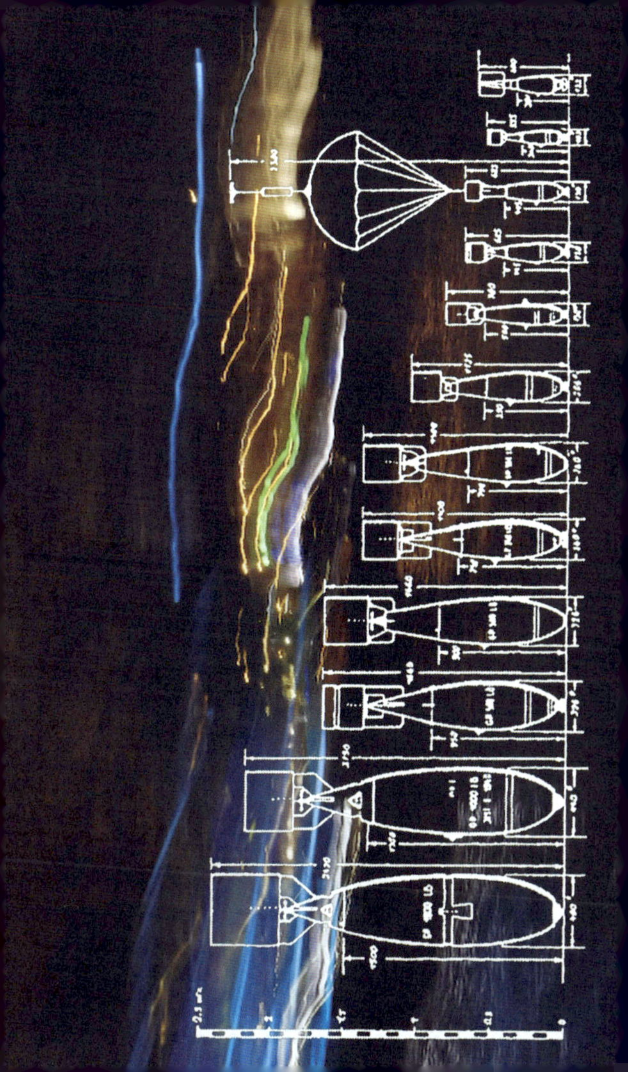

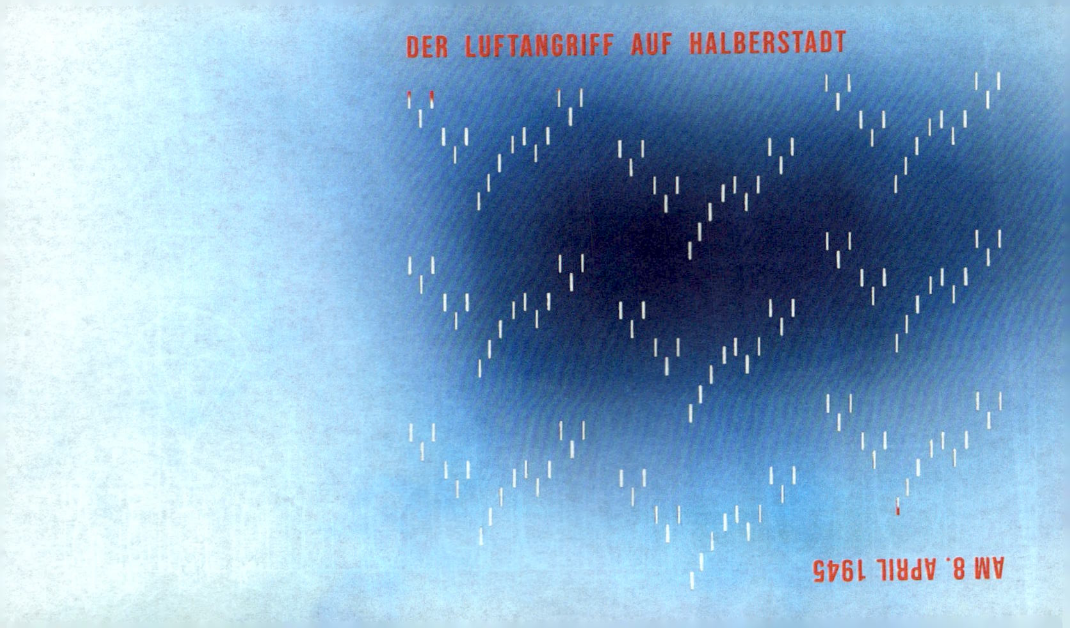
DER LUFTANGRIFF AUF HALBERSTADT
AM 8. APRIL 1945

DIE STRATEGISCHE PERSPEKTIVE DER GERDA BAETHE

Um eine strategische Perspektive zu eröffnen, wie sie sich Gerda Baethe am 8. April in ihrer Deckung wünschte, »stark angebraten«, insbesondere dann in den Nachtstunden, als die Hitze am schlimmsten wurde, hätten seit 1918 siebzigtausend entschlossene Lehrer, alle wie sie, in jedem der am Krieg beteiligten Länder, je zwanzig Jahre, hart unterrichten müssen; aber auch überregional: Druck auf Presse, Regierung; dann hätte der so gebildete Nachwuchs Zepter oder Zügel ergreifen können (aber Zepter und Zügel sind keine strategischen Waffen, es gab kein Bild für die hier erforderliche Gewaltnahme). »Das alles ist eine Frage der Organisation.«

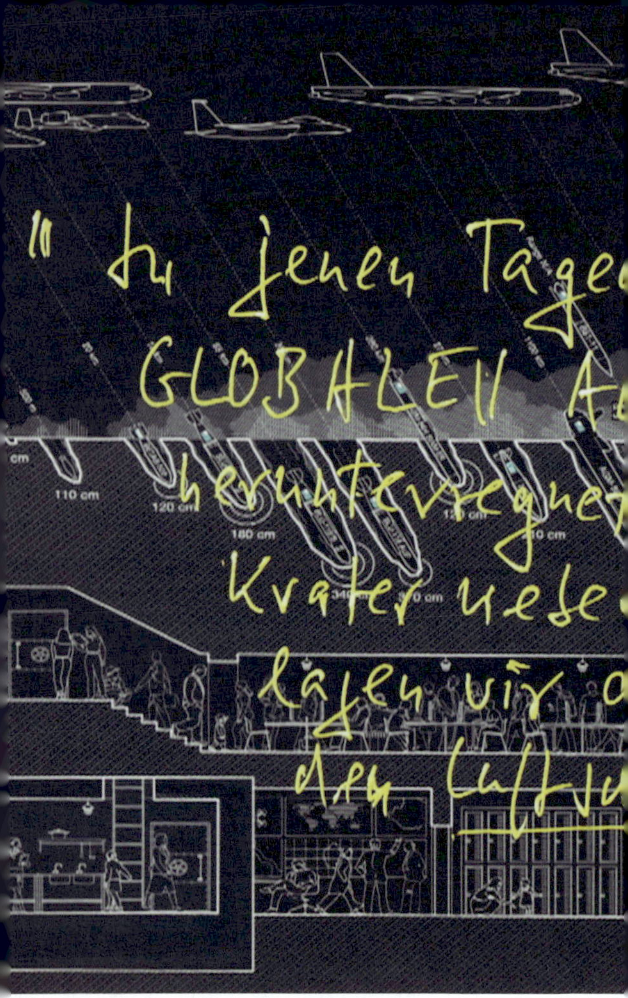

„In jenen Tage
GLOBALEN A
herunterregne
Krater niede
lagen wir a
den Luftsc
110 cm
120 cm
180 cm

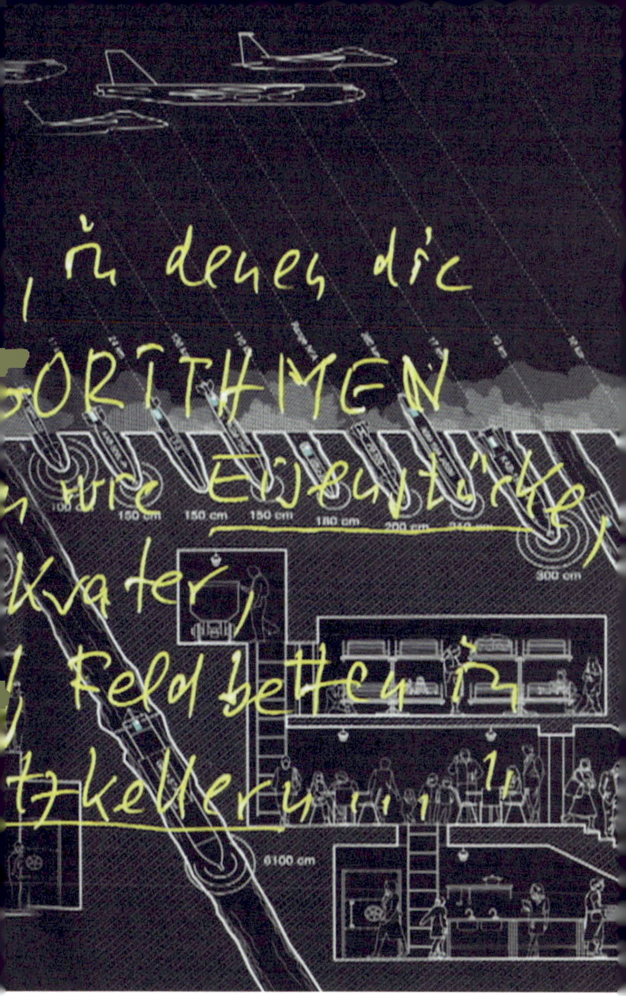
in denen die
ORITHMEN
wie Eisenstücke,
150 cm
150 cm
150 cm
150 cm
180 cm
200 cm
300 cm
kvater,
Feldbetten im
tzkellern,,,,
6100 cm

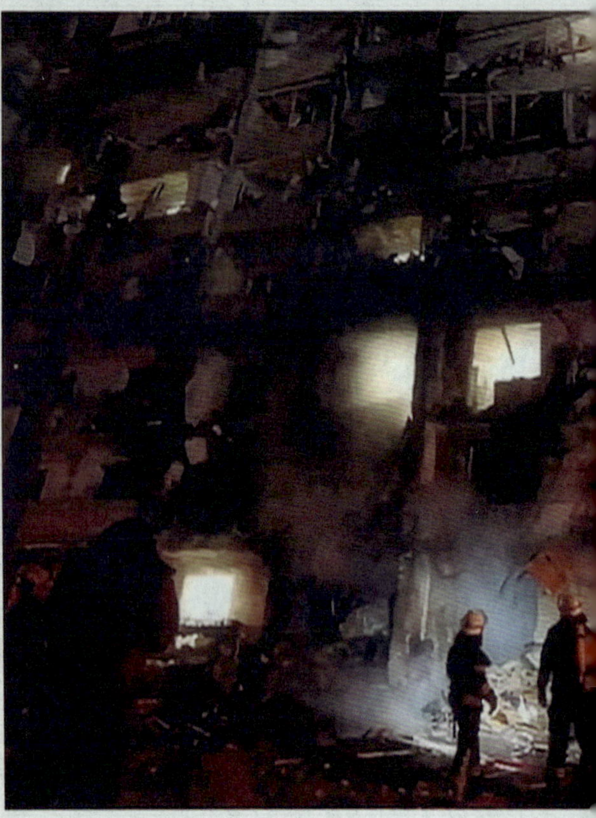

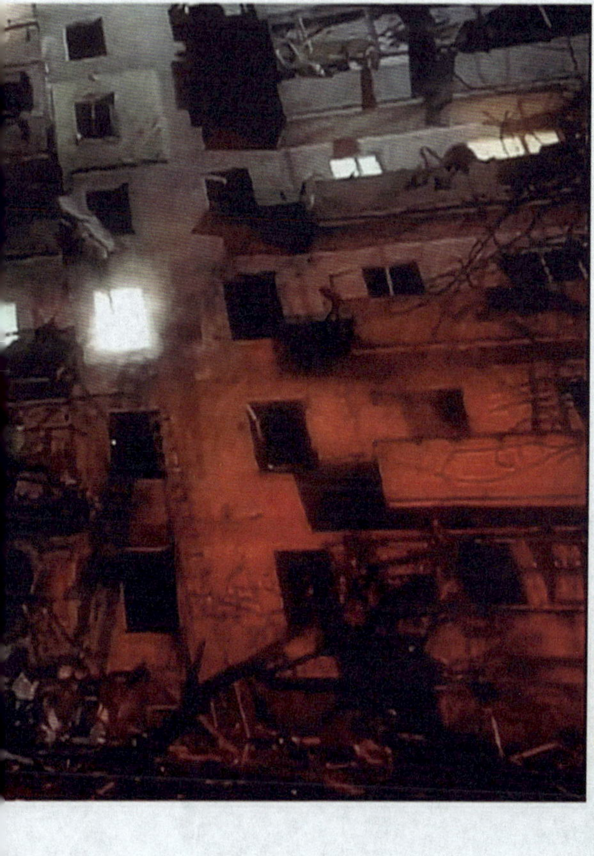

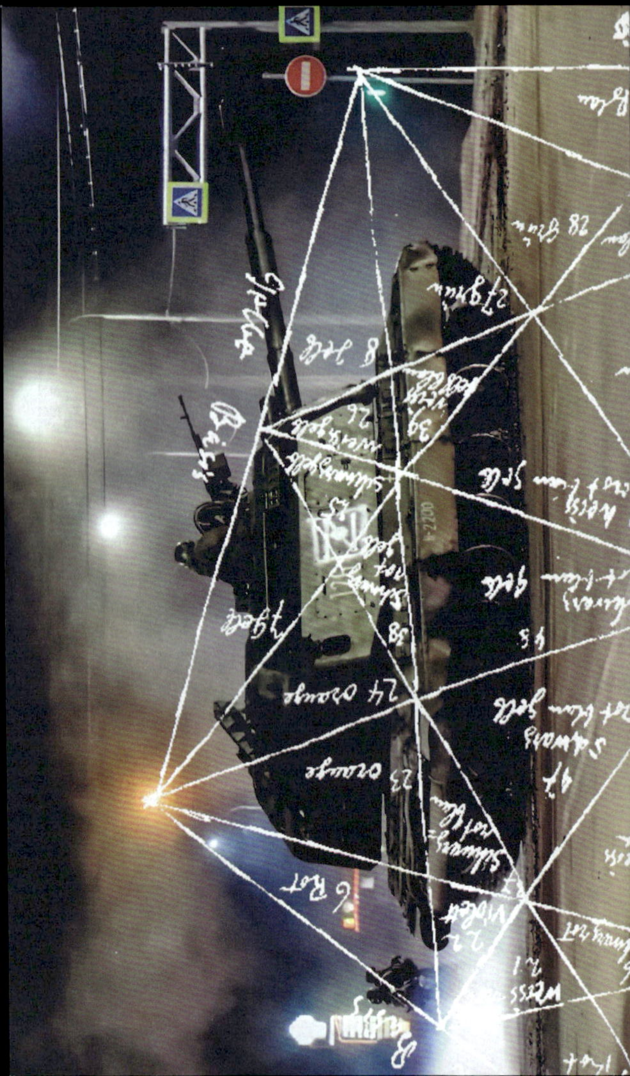

24 orange
23 orange
6 Rot
8 gelb
27 grün
28 grün

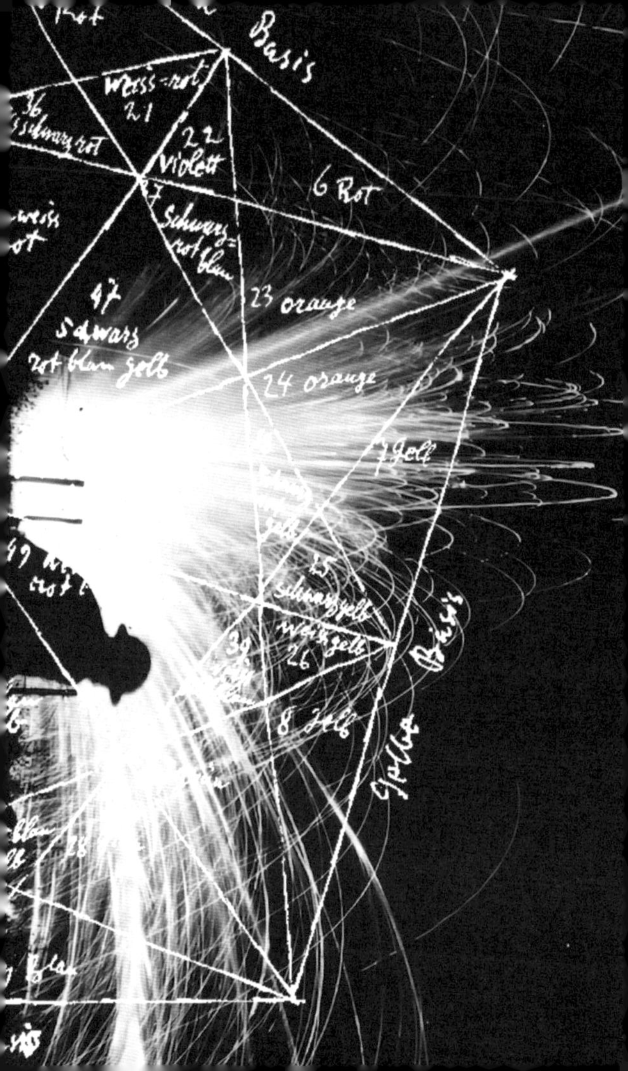

Basis
weiss-rot
21
36
schwarz rot
22
violett
6 Rot
schwarz=
rot blau
23 orange
47
schwarz
rot blau gelb
24 orange
7 Gelb
25
schwarz gelb
weiss gelb
26
Basis
8 Gelb

Zirkus im Krieg
01:49

Utopie der Panzerung
02:10

Der Wunsch ist der Vater aller
Dinge / Kein Vater ist der Krieg
02:24

STRATEGIE VON UNTEN IN DER UKRAINE-KRISE

Menschen, die fliehen und Menschen, die sterben im Krieg, sind keine Strategen. Ich weiß nicht, was Menschen, die russischen Angriffen in der Ukraine ausgesetzt sind, an konkreten Chancen haben. Das gilt auch für die uniformierten Jugendlichen, die in den Panzern, die sich in glühende Särge verwandeln, verbrennen. Es gilt der Satz von Frau Anna Wilde, ausgebombt, fünf Kinder, aus Halberstadt, im April 1945: »An einem bestimmten Punkt der Grausamkeit angekommen, ist es schon gleich, wer sie begangen hat: sie soll nur aufhören.« Strategie von unten ist gleichbedeutend mit Stillstand der Waffen. Nichts gilt außer diesem Ende des Kriegs.

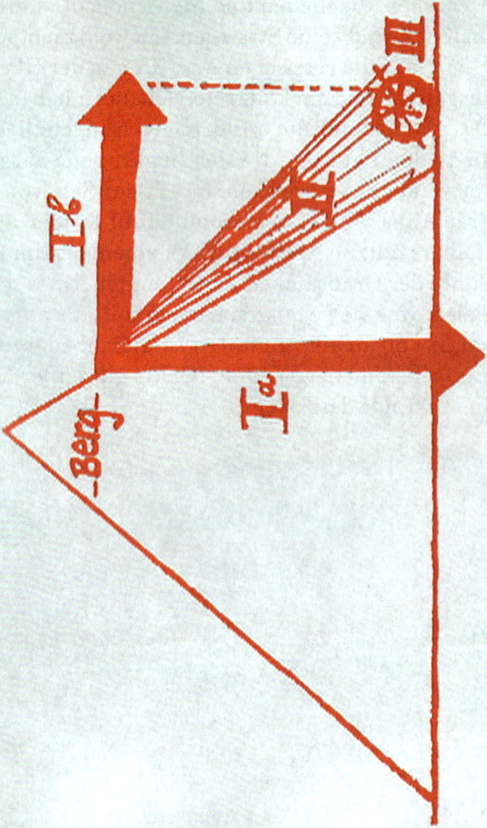
Berg
Ia
Ib
II
III

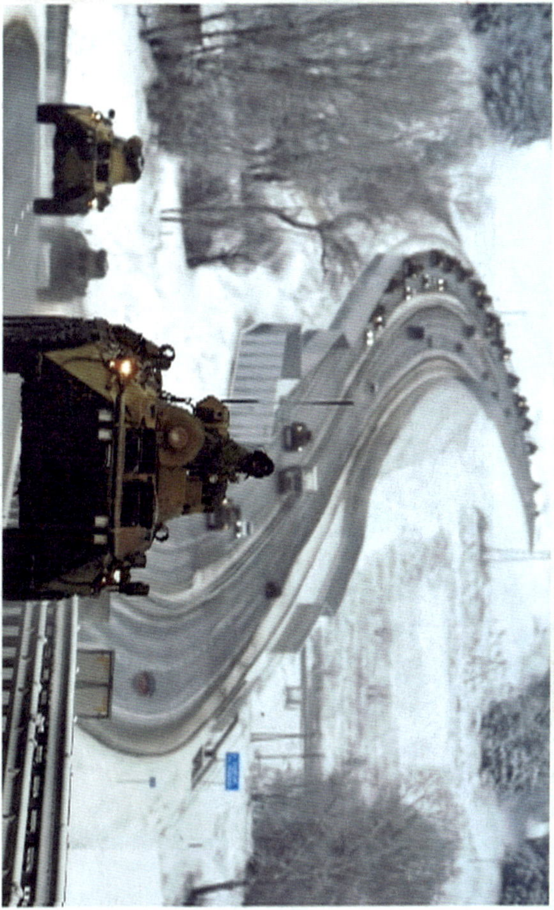

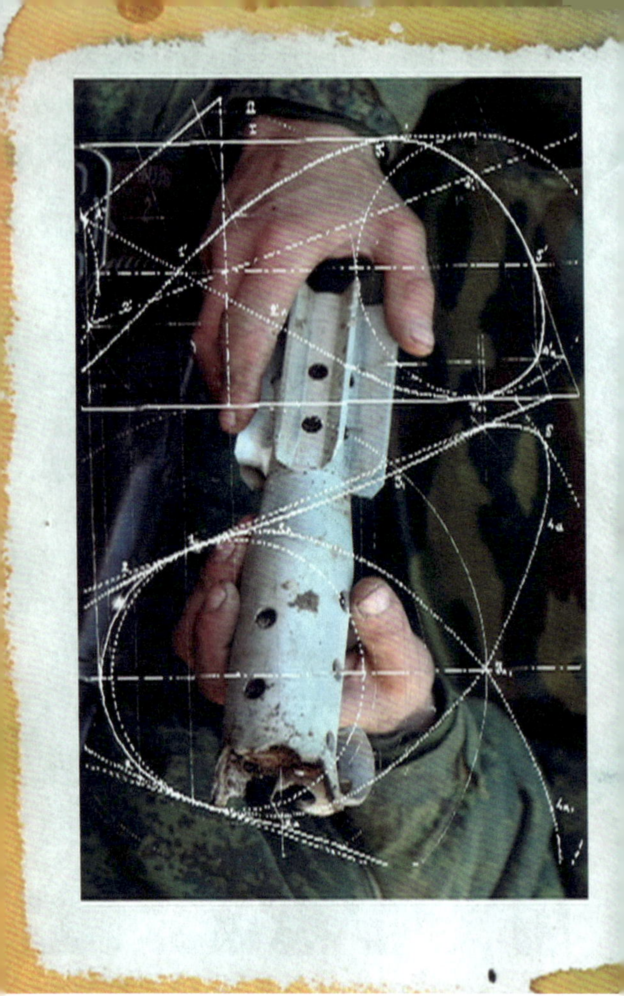

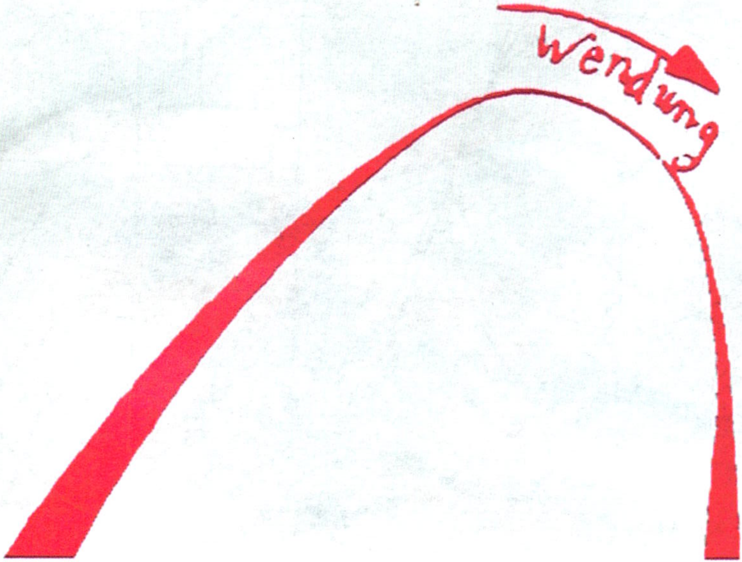
Wendung

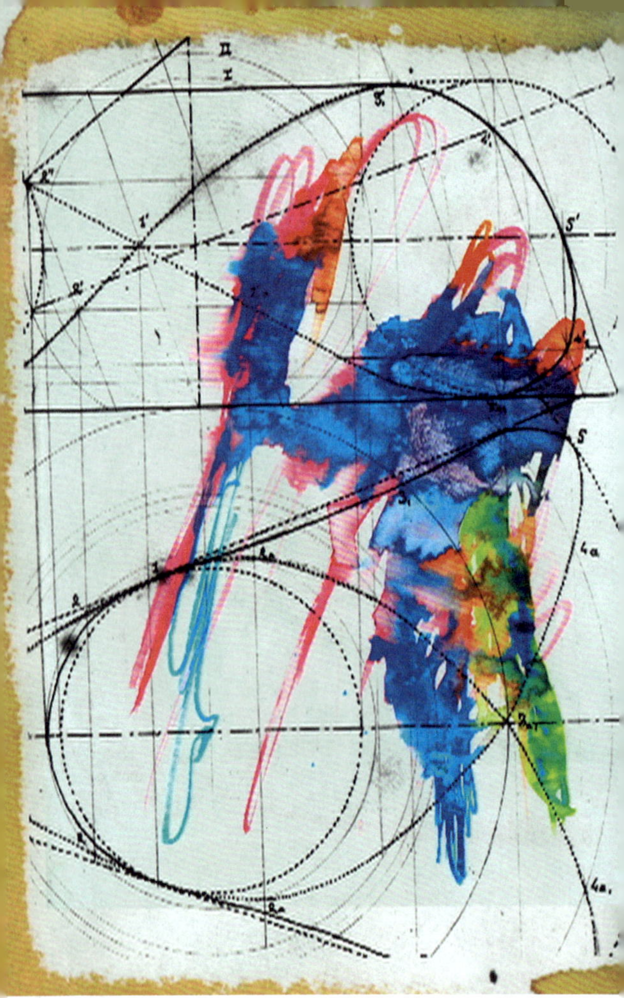

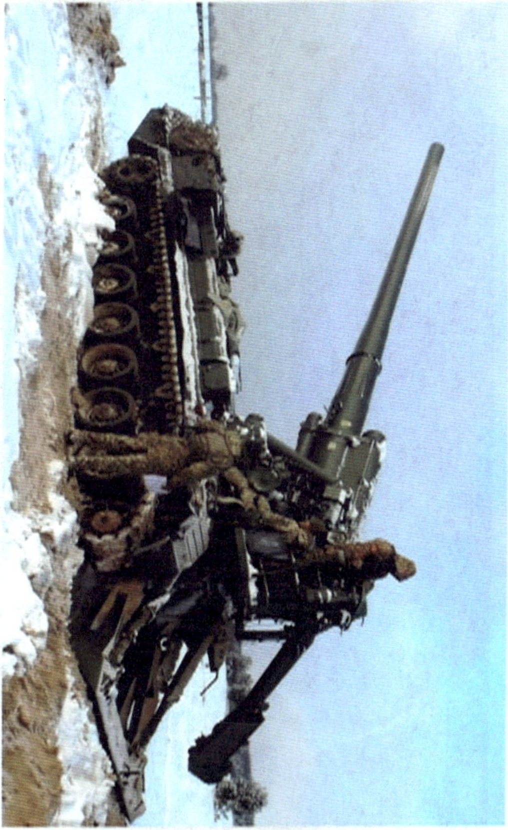

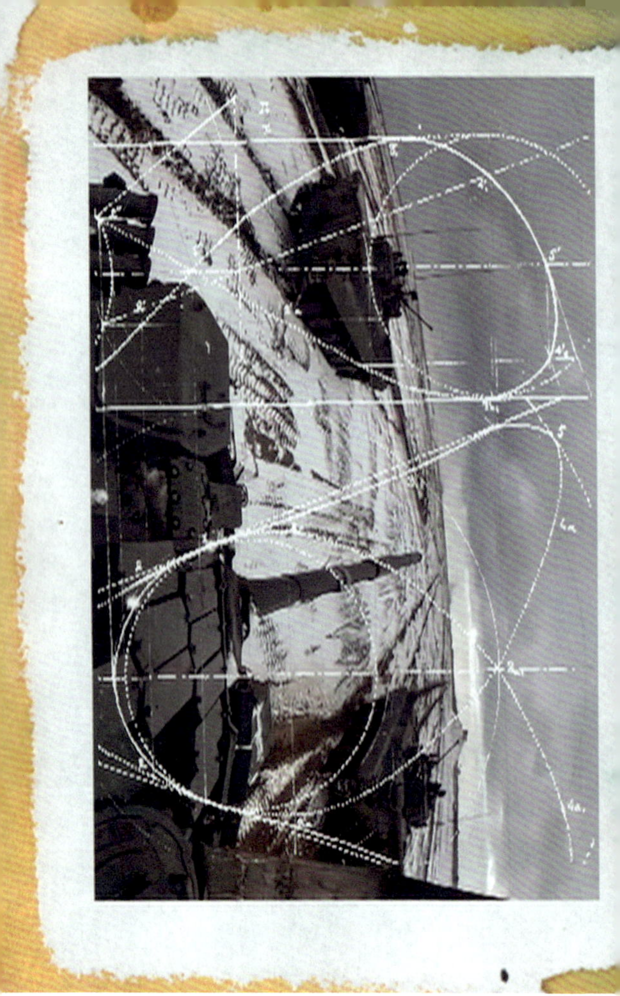

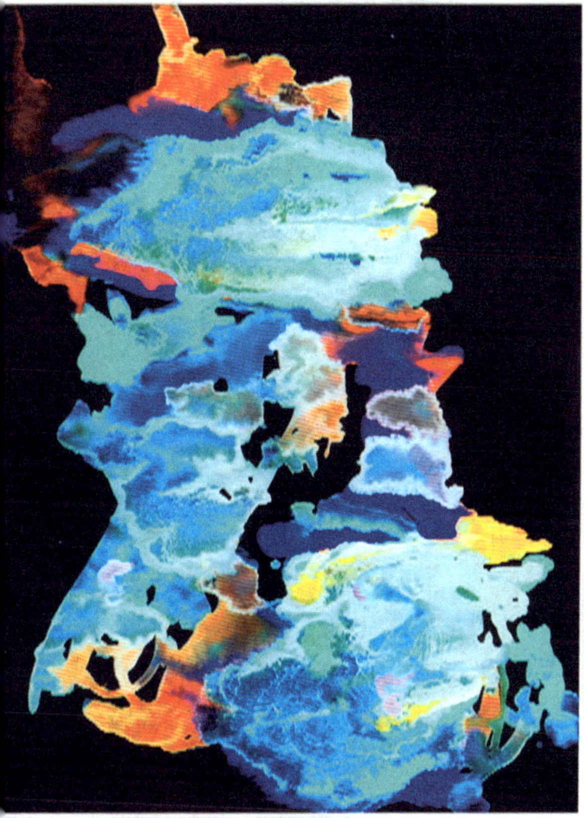

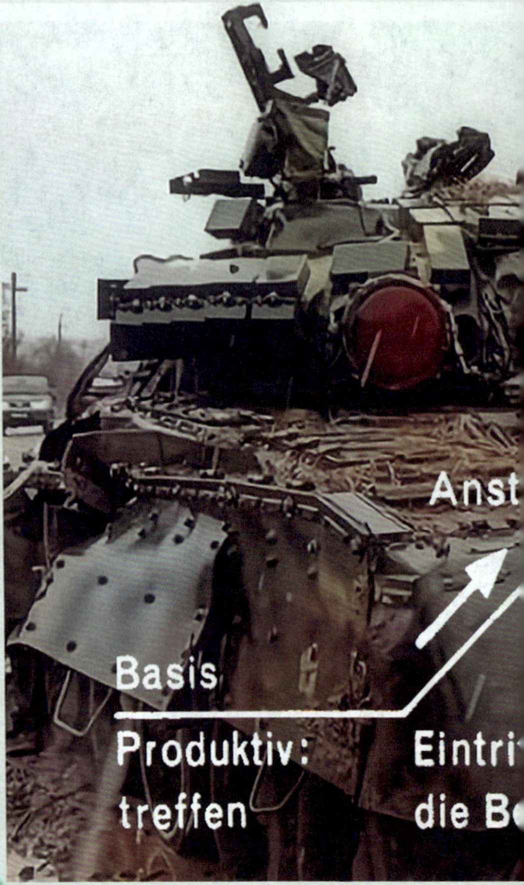
Anst
Basis
Produktiv:
treffen
Eintri
die B

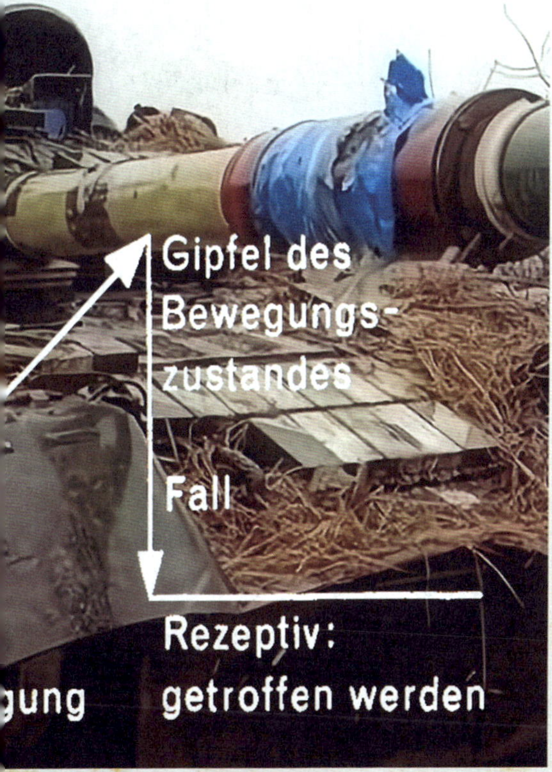
Gipfel des Bewegungs-zustandes
Fall
Rezeptiv: getroffen werden
gung

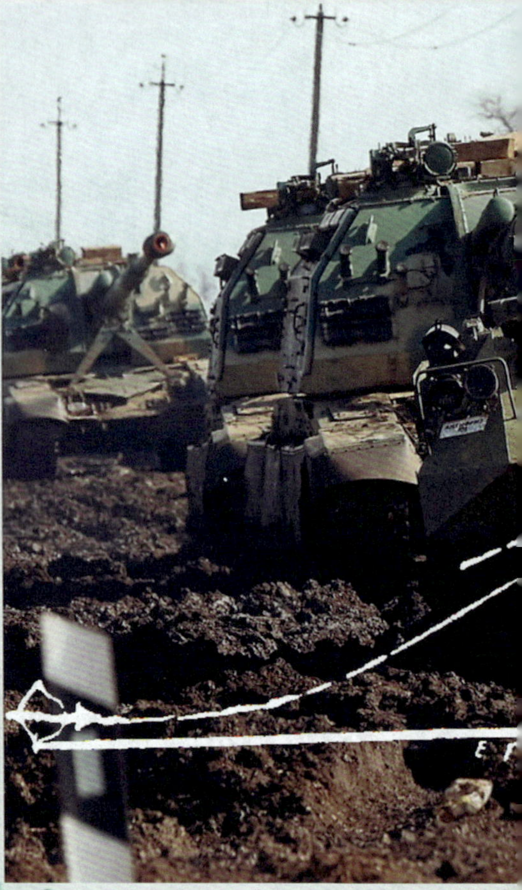

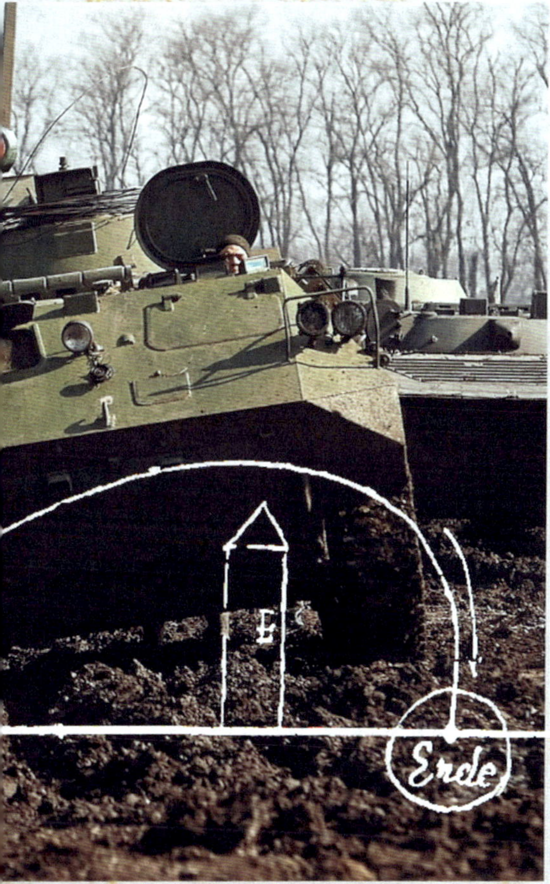
E
Erde

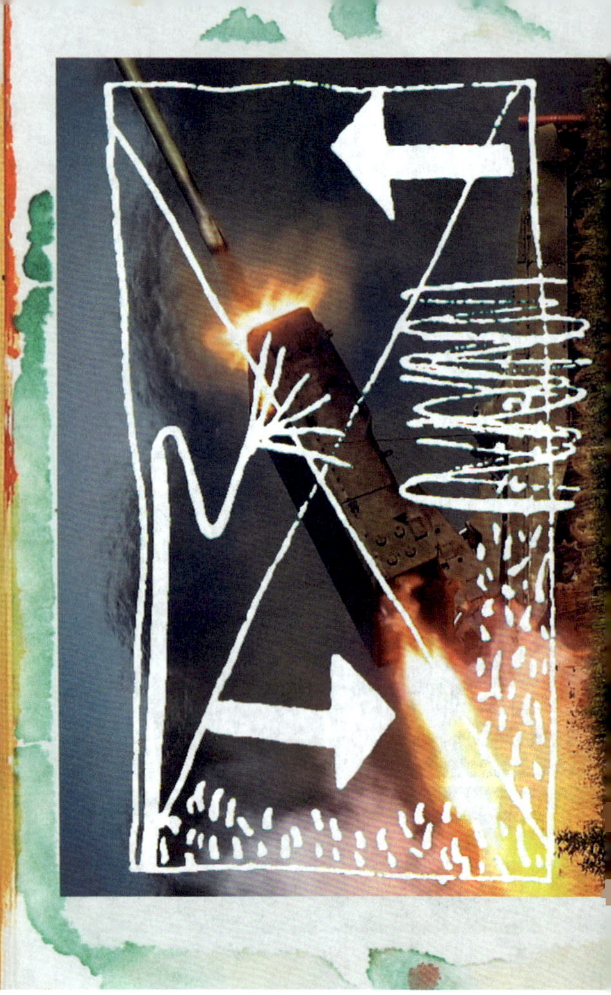

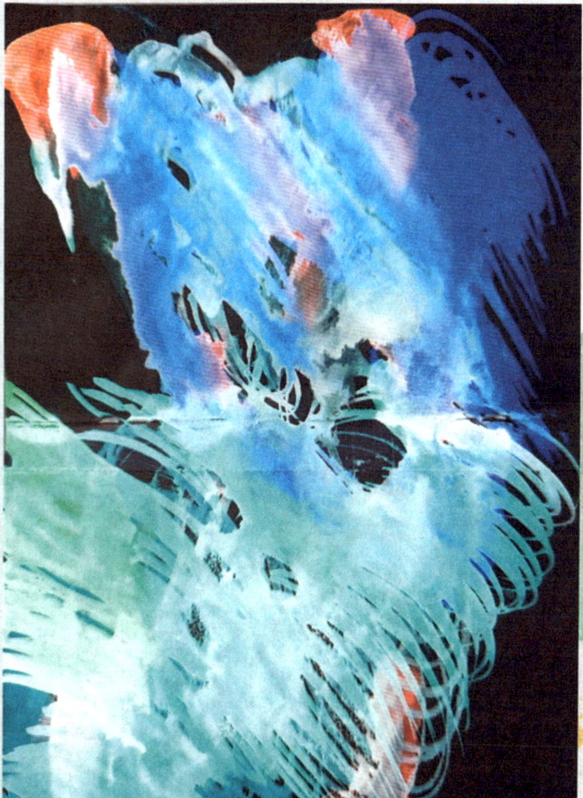

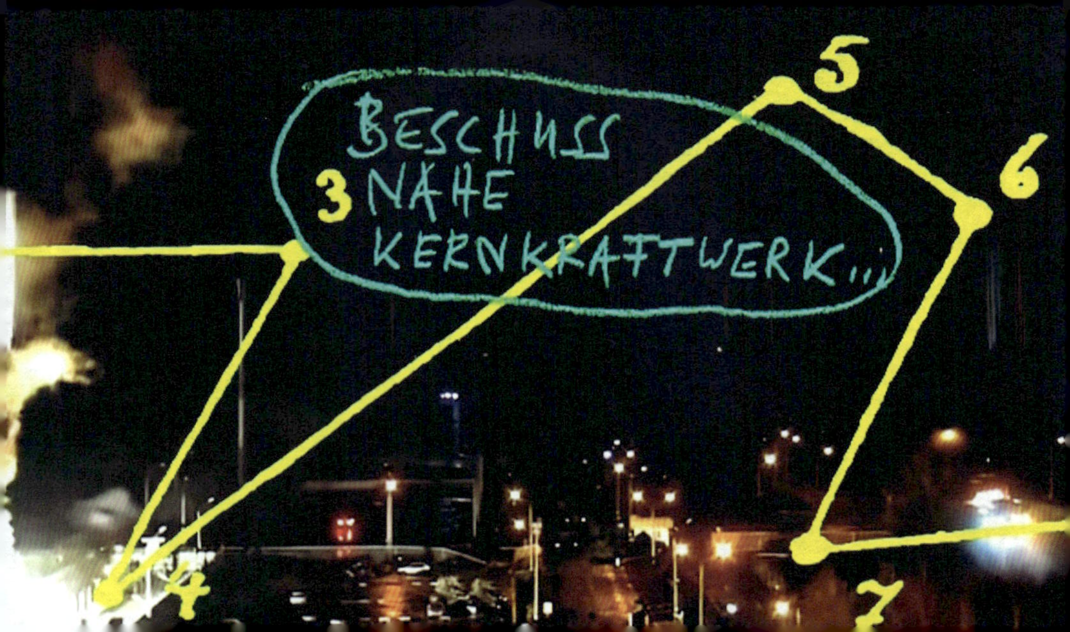
BESCHUSS
3 NÄHE
KERNKRAFTWERK ..
4
5
6
7

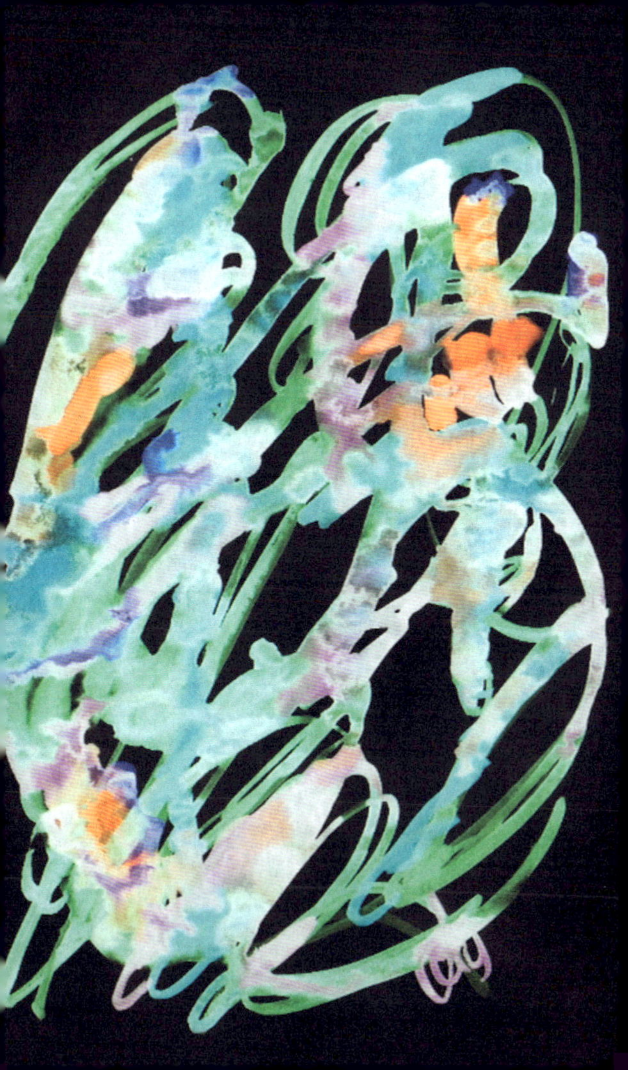

DIE DUNKLE SEITE DER WAHRSCHEINLICHKEIT

Vor einer Unterkommission des Zentralkomitees, die über etwas mehr Zeit zum Zuhören verfügte als die Leute im Politbüro, hielt in den eiligen Tagen des September 1983 der Militärpsychologe im Generalstab I.W. Smirnoff einen Vortrag. Er wies auf den »Bodensatz« von psychisch labilen Selbstmördern und Paranoikern hin (im letzteren Fall fanatischen Patrioten mit Zwangsideen), die – einmal an eine gefährliche Waffe geraten – nicht zögern würden, diese in Gang zu setzen.

Er veranschlagte eine solche Kriegsgefahr mit 0,3 Prozent Wahrscheinlichkeit, während er einen Angriff der Westalliierten (angesichts dessen, dass deren Befehls zentralen nach einem Angriff auf die Sowjetunion eine halbe Stunde Überlebenszeit hätten, bis sie durch den Gegenschlag ausgelöscht wären) auf 0,001 Prozent bezifferte. Und das Vier-Augen-Prinzip? Hindert einen entschlossenen Täter, der unter Selbstaggression leidet an nichts, weil dieser den kontrollierenden Genossen umbringen wird, ehe der ihn aufhält.

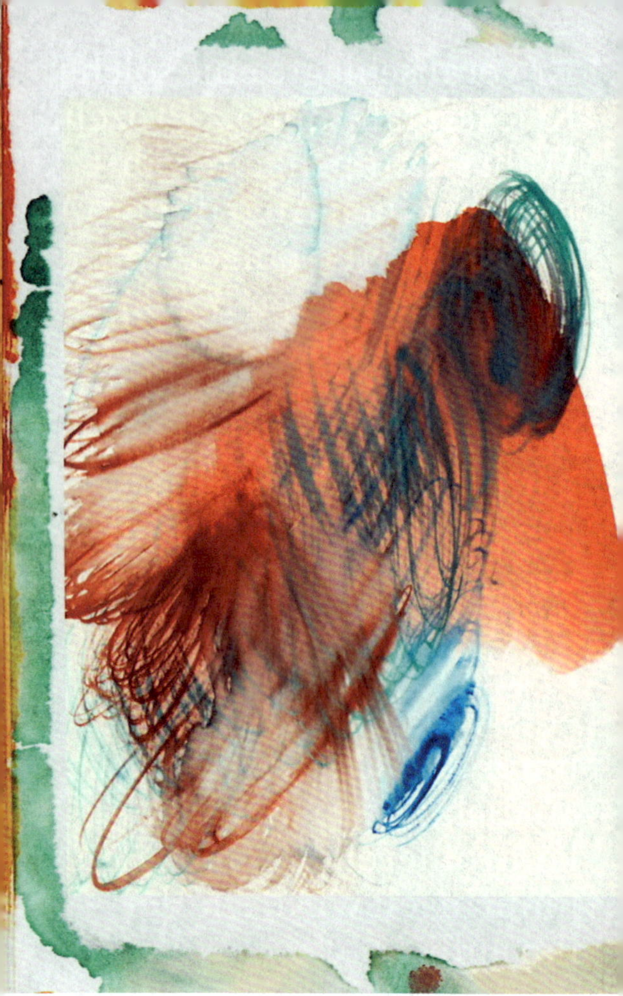

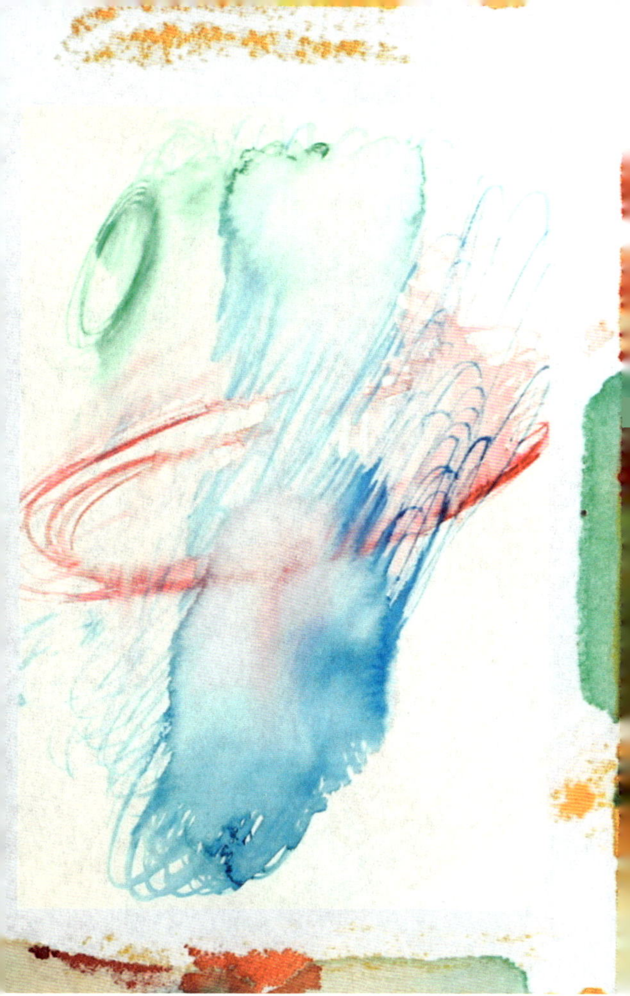

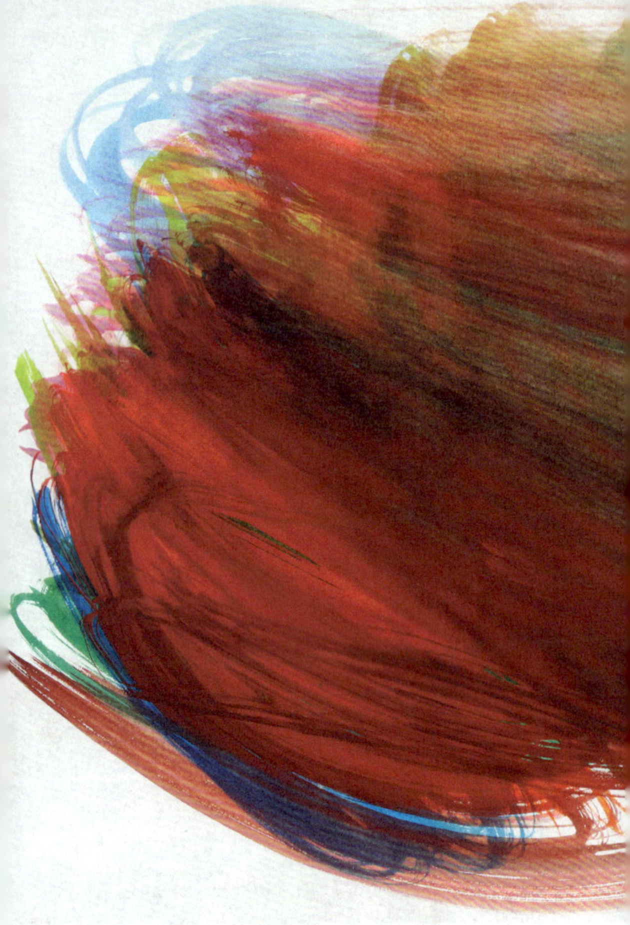

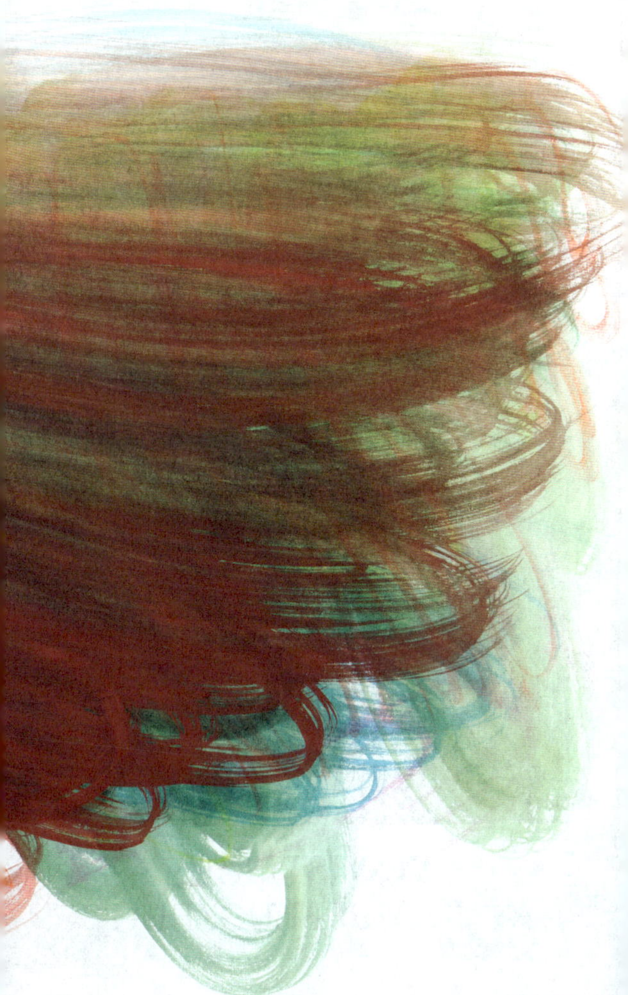

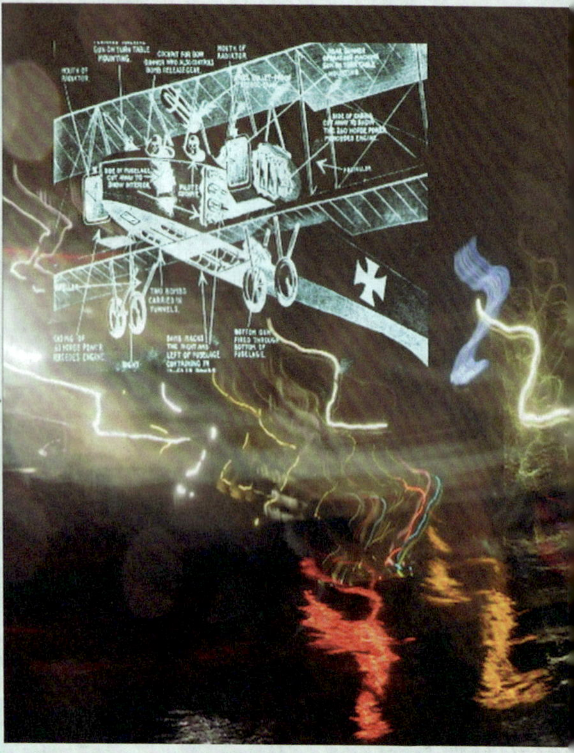

ATAVISTISCHES KAMPFFLUGZEUG

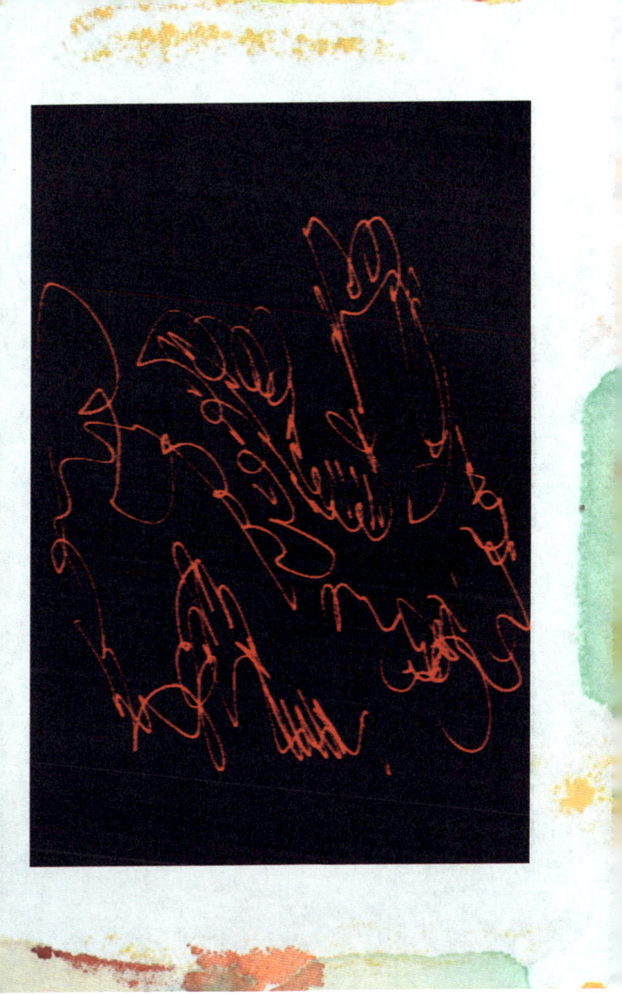

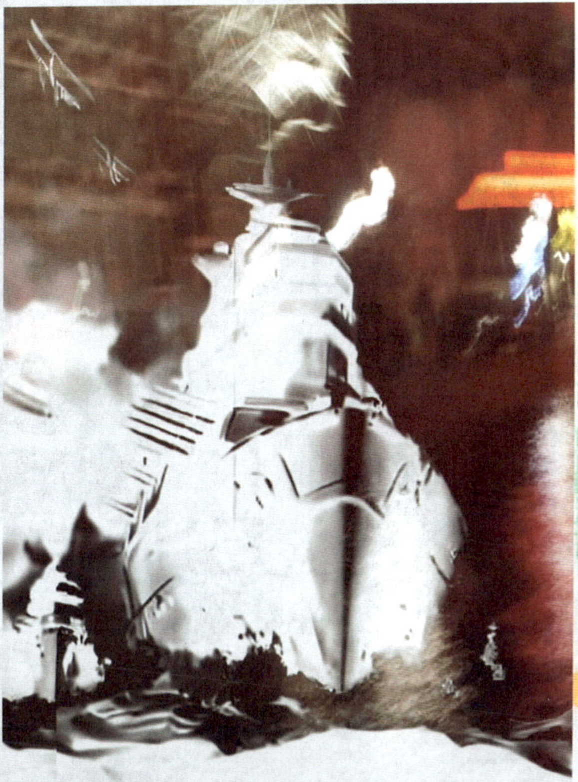

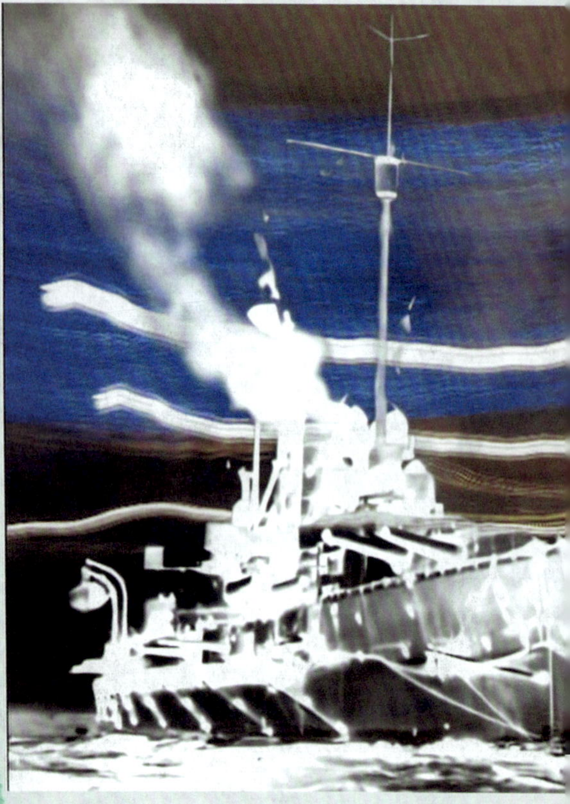

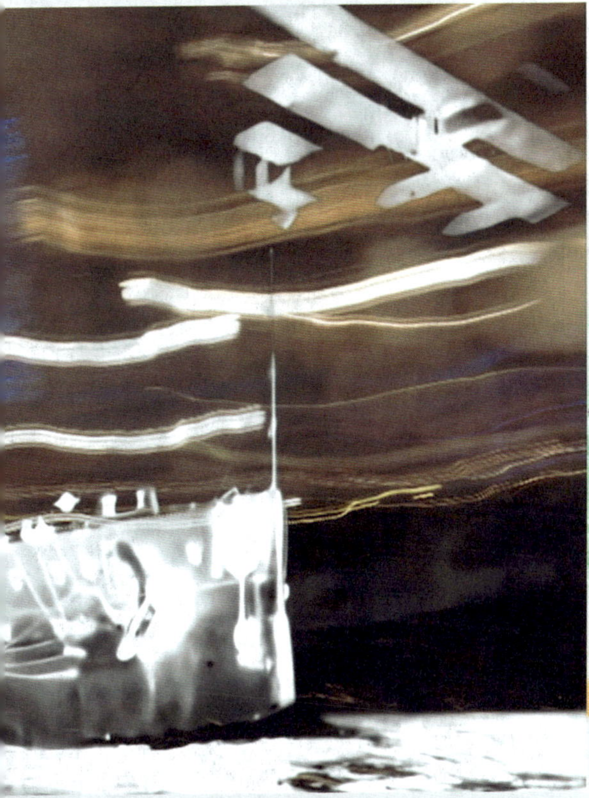

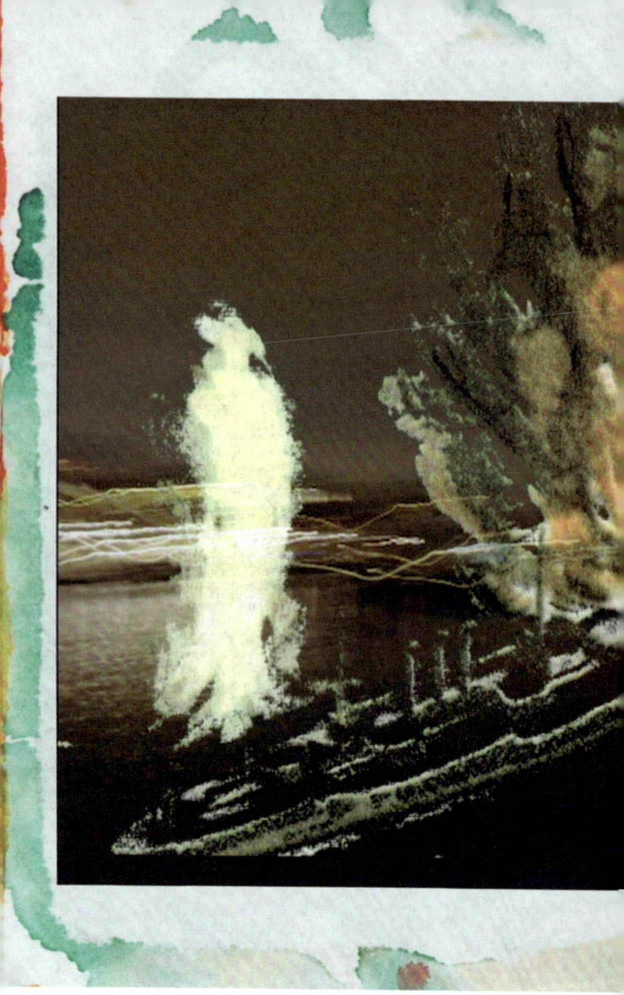

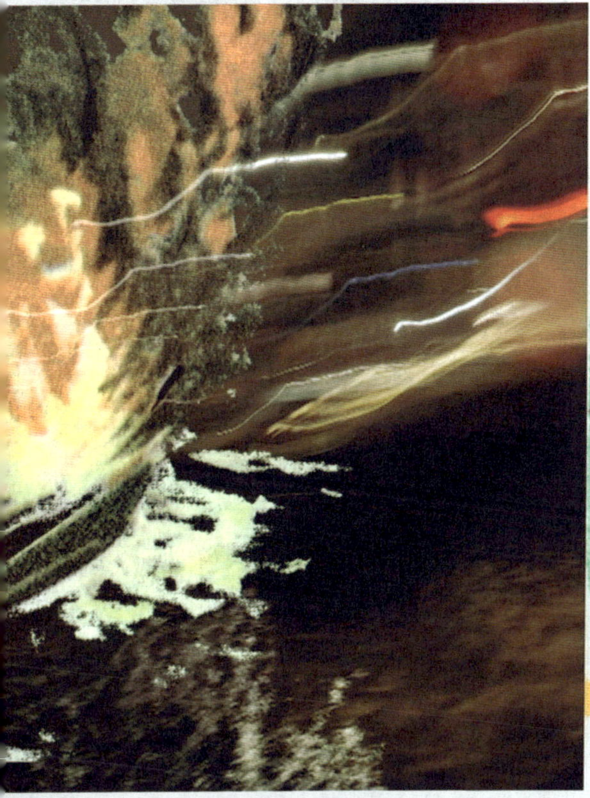

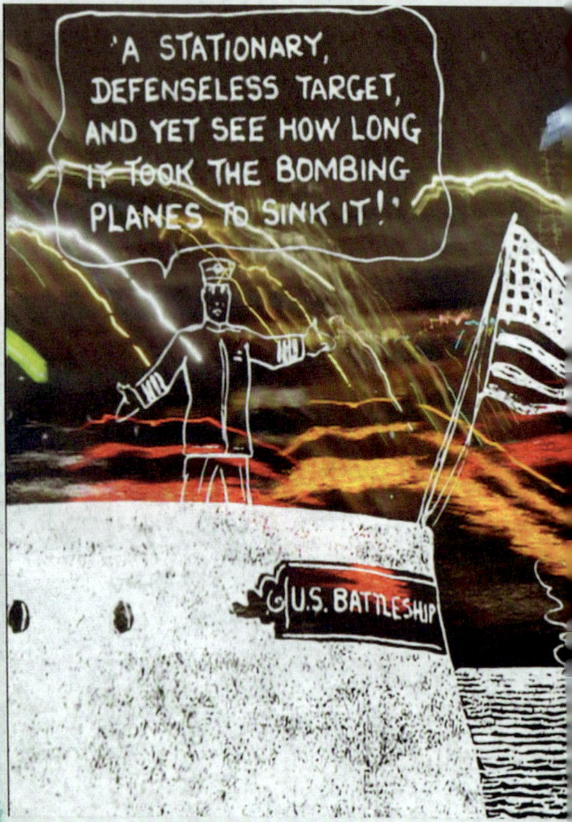
'A STATIONARY, DEFENSELESS TARGET, AND YET SEE HOW LONG IT TOOK THE BOMBING PLANES TO SINK IT!'
U.S. BATTLESHIP

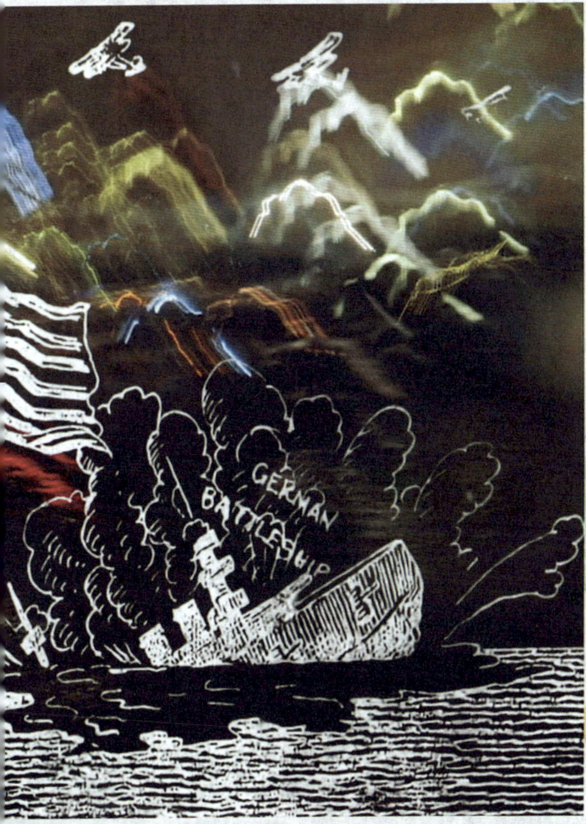
GERMAN
BATTLESHIP

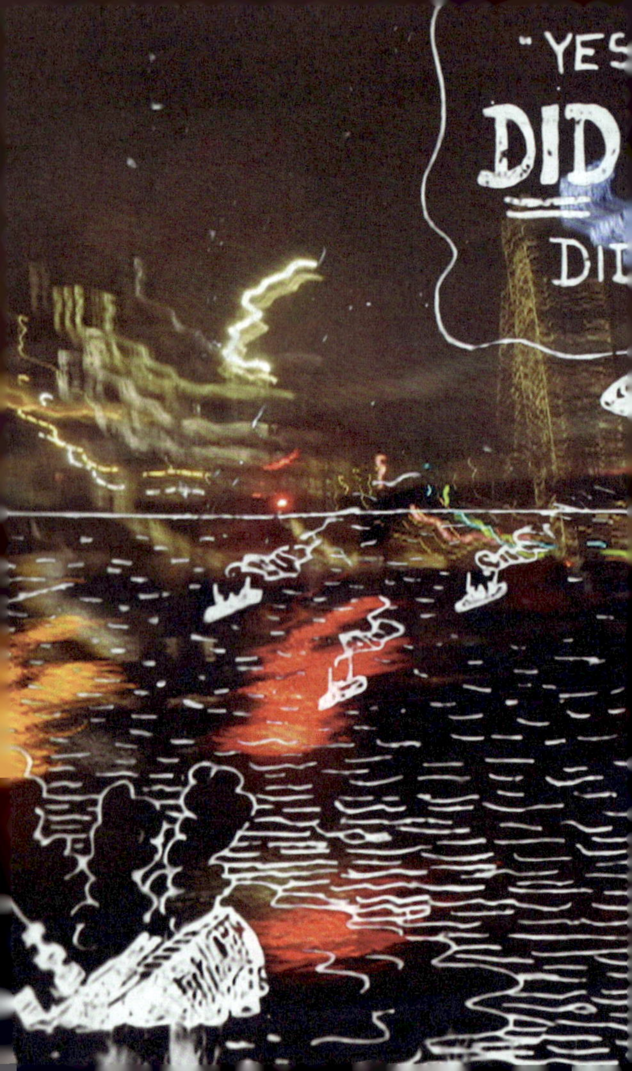
"YES
DID

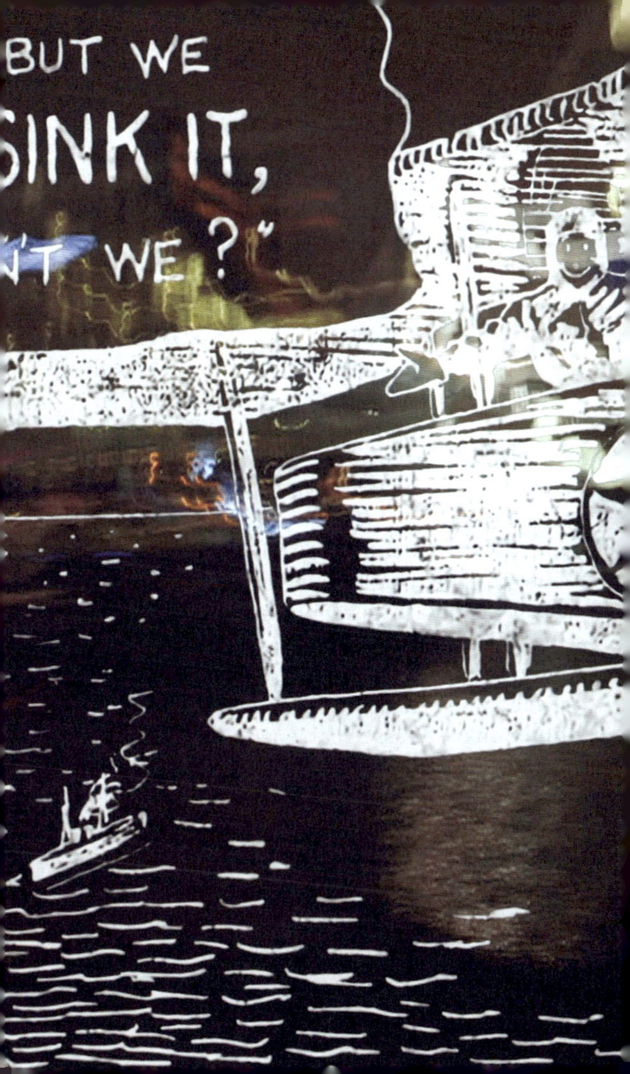
BUT WE
SINK IT,
N'T WE ?"

TRAUER MUSS DIE FLOTTE TRAGEN

Noch immer hatten wir keine Theorie darüber, was geschehen war. Unser Stolz sprach dagegen, dass der Feind uns in dieser krassen Art getroffen haben könnte, unsere *Moskwa*, unser Flaggschiff. Auch waren die Befehlsketten zerrüttet. Die umlaufenden Befehle widersprachen sich. In ihrer plötzlichen allseitig umhertönenden Masse bildeten sie KNÄUEL UND KNOTEN. Man musste sie abrollen, neu installieren und für die Mehrzahl der Befehle gab es keine Adressaten.

Jetzt kamen Schlepper heran. Zudem drängten sich drei Korvetten an die dem Sturm zugewandte Seite des Schiffs. Der Sturm hatte sich machtvoll verstärkt. Diese Kausalität stand sichtlich in keinem Zusammenhang mit der Katastrophe, fachte aber die Ungleichgewichte so maßlos an, wie die Originalkatastrophe es tat. Solche Nordstürme des Schwarzen Meeres sind tückisch. Anders als im Mittelmeer – so jedenfalls meine Einschätzung als Seeoffizier – kerben sie tiefe Kuhlen in die Wassermassen, die dann WIE EIN FESTES GERÖLL auf die Seefahrzeuge schmettern. Sind die Seefahrzeuge intakt, werfen die »wehenden Berge« sie lediglich aus dem Kurs, schieben sie auf der Meeresfläche unbeherrscht umher. Ein havariertes Schiff aber wird von den Wassertürmen, und auch in der Tiefe der Kerben oder Täler, von den mechanischen Kräften wie von den Maschinen einer eisenverarbeitenden

Industrie oder von einem Dampfhammer einer Schrottverwertungsanlage zerschlagen und zermalmt. Wir dachten, dass wir unser Schiff in einen Hafen bringen und dort reparieren könnten. Bis in die Nacht hinein gingen wir – mit den Resten unseres Hochmuts – davon aus, dass wir dieses uns herzensvertraute, teure Wrack nach Hause bekämen. Nur meterweise kamen die Schlepper voran. Die Begleitkorvetten, die den Sturm tatsächlich, weil sie ihm selbst ausgesetzt waren, nicht wirksam bekämpfen konnten, boten Trost.

Dann war es die Dauer der Seegewalt gegen unser zuckelndes quergeworfenes Schiff, welche gegen dessen Trossen zu den Schleppern anrannte, die wie ein Rammstoß das Ende brachte. Noch immer rätselten wir über die Ursache des Unglücks. Trauer verlangsamte jede Reaktion. Wir waren übermüdet. Aber auch in vollkommener Frische hätten wir nicht verhindern können, dass unsere *Moskwa* in die Tiefe sank. Das Wort Tiefe ist, bezogen auf die Struktur des Schwarzen Meers, nicht eine Dimension, die sich in Metern messen lässt. Es handelt sich um verschiedene Etagen. Bis weit nach unten geht es um stark gesalzenes Meerwasser. Dann im Tiefengeschoss dieses merkwürdig alten Meeres, befindet sich der usrprüngliche Süßwassersee, in dessen dunklen Gewässern (daher der Name Schwarzmeer) es kein Leben gibt. Wir nehmen an, dass unser Schiff tief in der Nacht mit seinen zerrissenen Teilen auf den Boden aufschlug.

Sorge tragen wir, dass kein feindlicher Geheimdienst mit Spezial-Unterseebooten das gesunkene Schiff erreichen kann. Wir bewachen also mit üppiger Elektronik den Seeraum und die Sinkstelle. Das Schiff enthält eine Schatztruhe von Geheimnissen. Wie attraktiv, sich auf dem Meeresbooten als Feind dem Wrack zu nähern und diesen Schatz an elektronischer Erfahrung zu heben. Unsere Seekriegsleitung hat in das Schiff Jahr für Jahr Feinheit auf Feinheit eingebaut. Das Schiff ist ein Inventarverzeichnis unserer Modernität. Ich weiß nicht, ob der Gegner – im Wesentlichen sind das die USA – schnell genug eine Unterwasseroperation hätte einleiten können. Ich glaube auch, die geheimdienstlichen Taucher hätten wohl mit enttäuschten Augen geblickt. Den chaotisch und durch das Zufallsprinzip der Explosionen durcheinandergeworfenen Edelmetall-, Kunststoff-, Stahlkomponenten und den in ihnen verklemmten Apparaturen, wären weder unter noch über Wasser Informationen zu entlocken gewesen. Ich stelle mir – mit Vergnügen, Trauer und Stolz – vor, wie die Spione sich in den engen, mit scharfen Risskanten durchlöcherten Schiffsresten die Tauchpanzer aufgeschlitzt hätten und sie selbst so im fauligen Grundwasser gestorben wären.

Unabhängig davon hätte zu diesem Zeitpunkt – die gesamte russische Flotte war zu einem Trauerkundukt im Umkreis der Sinkstelle versammelt – nichts was größer ist als eine Maus, sich zur Grabstelle unserer *Moskwa* durchschlängeln können. Jetzt waren alle unsere Waffen alert wie sie es im Augenblick der Katastrophe nicht gewesen waren. Inzwischen können wir Feindeinwirkung nicht ausschließen. Es sollen Neptunraketen gewesen sein, die unserem Flaggschiff den Bauch aufrissen. Obwohl alles in unserem Gefühl – stabil kontrafaktisch – diese Möglichkeit leugnet.

Unterwasserdrohnen, über die wir selbst verfügen, haben die Größe eines Wolfes, eines großen Pelztiers oder eines jungen Hirschen. Mausgroß wären sie nicht. Zur Ausforschung eines Wracks taugen sie. So sind wir im modernen Krieg von Gefahren umlauert, von denen die Lehrgangsteilnehmer unserer Seekriegsschulen vor zehn Jahren noch nichts geahnt hatten. Für unsere schönsten Schiffe gilt: im Kriegsfall irgendwo verstecken! Dieses wertvolle und intelligente PORZELLAN DES KRIEGES ist zu schade, so zügig vernichtet zu werden wie das neuerdings geschieht.

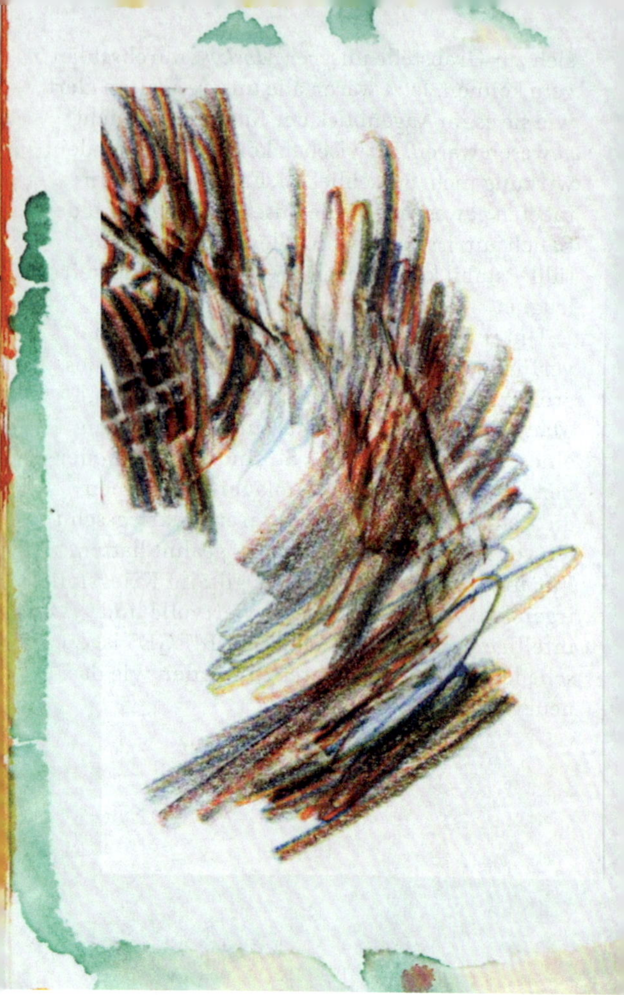

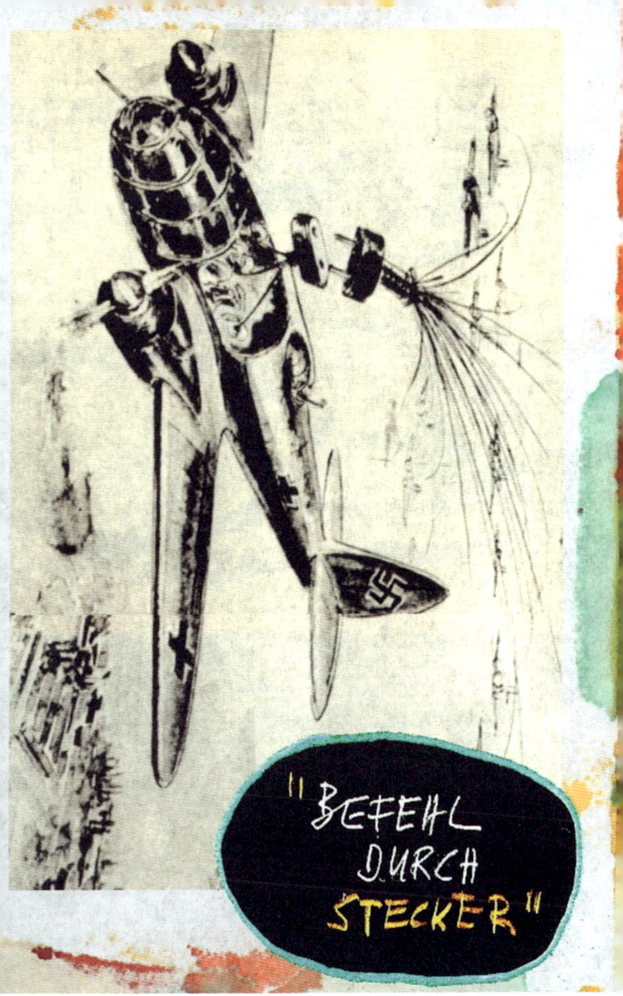
"BEFEHL
DURCH
STECKER"

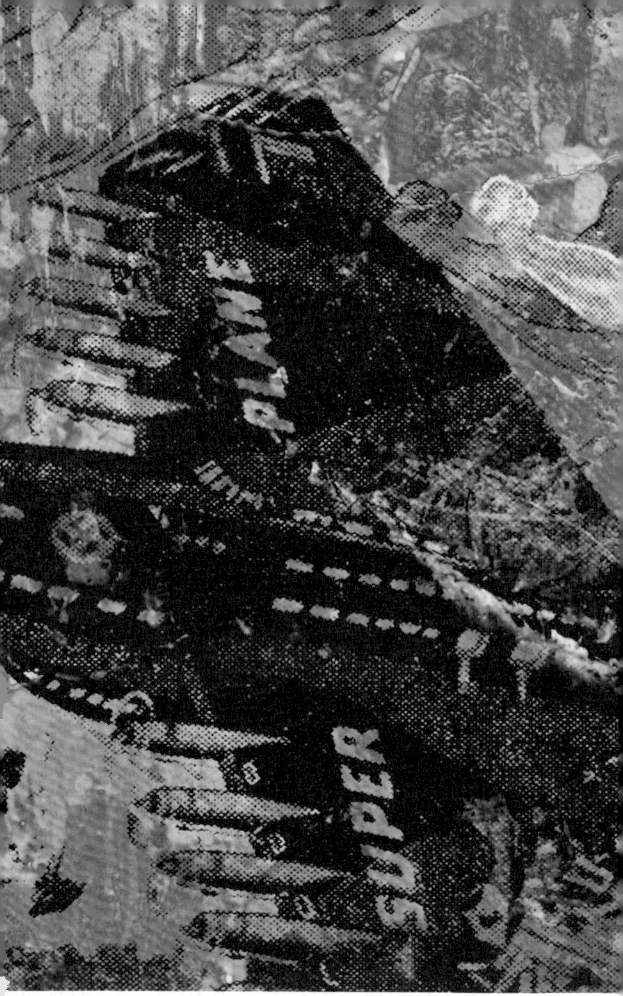
SUPER

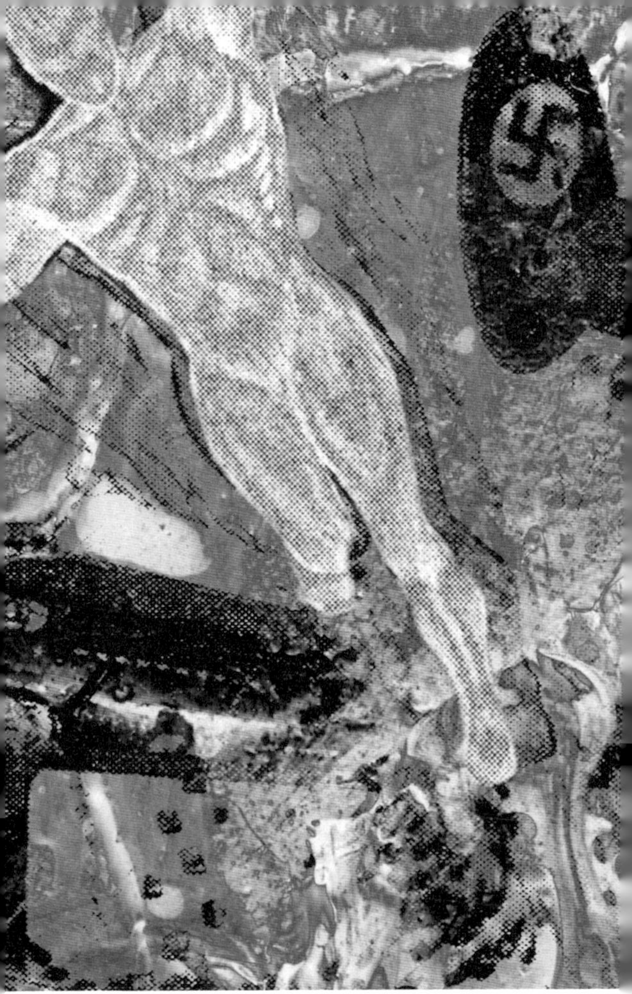

Silver Surfer vs. Super Plane

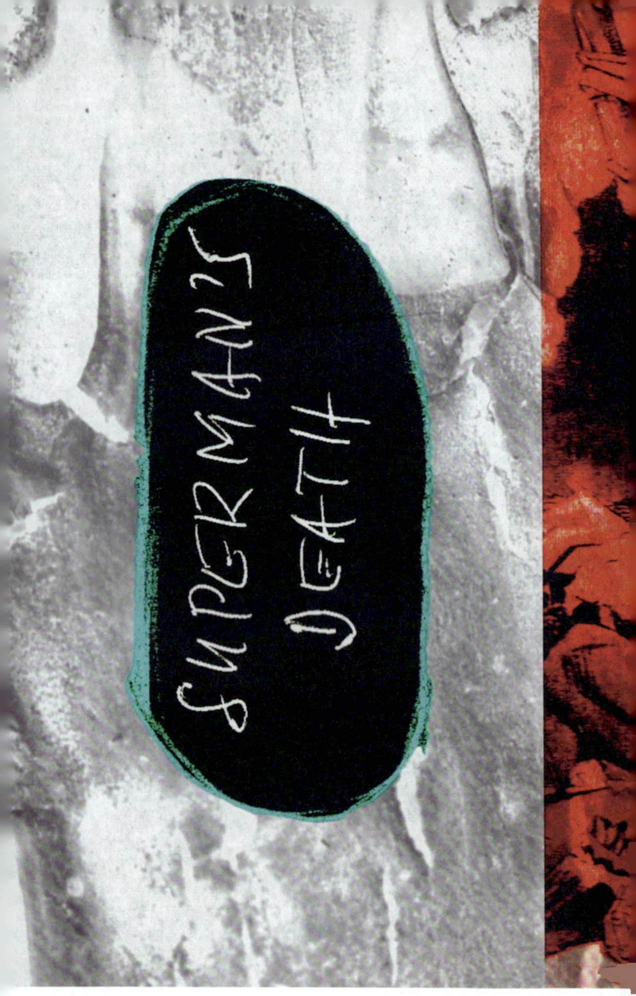
SUPERMANS
DEATH

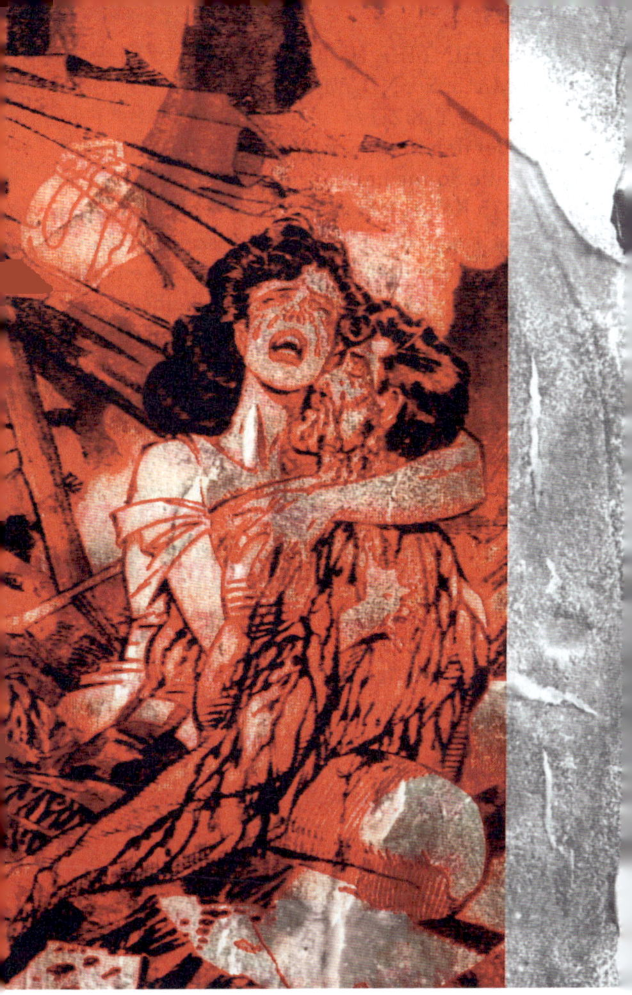

»DER HIMMEL HÖRT AUF ZU MALEN UND WENDET SICH DER KRITIK ZU«

Dort über den Bergen, wo sonst aus den Morgennebeln die Sonne heraustrat: jetzt silbrige Glitzerpunkte in Reihe. Um sie herum – wie an so vielen anderen Tagen der gleichen Jahreszeit – färbte sich der Himmel nach Angaben von Zeugen, aber doch täglich stets etwas anders: stachelbeerfarb, bläulich-virtuos, flanellgelb, rotschimmernd, engelsfarb, hysterieweiß, rosa-melange. Und immer das Echo am entgegensetzten Westhorizont. Noch immer im Dunkel antwortete er auf die Lichtspritzer des Ostens.

Die Farbfülle zerstach die noch winzigen Artefakte, deren Motorenlärm in der Höhe ihrer Erscheinung vorauseilte. Noch waren sie Punkte. Und schon zog ihr Geräusch (»die Posaune«), nämlich die Vorauserwartung, alle Aufmerksamkeit der Betrachter auf sich.

Zwanzig Minuten später war die Stadt zerstört. Obwohl es sechs oder acht solcher Angriffe bedarf, um sie tatsächlich auszulöschen – und dann sind immer noch Nester von Menschengeist im Gange, die sich zu retten und neu einzurichten suchen. Der Angriff der Flugzeuge, eine solche Einwirkung BEWAFFNETER INDUSTRIE, INGENIEURS-ZENTRIERTER HIMMELSMACHT, enthält einen starken SCHUB VON KRITIK.

Im Luftschutzkeller gefragt: Wo war die letzte Abzweigung für mich und meine Kinder, wenn es darum geht, dem Verhängnis, das in zwei Meilen Höhe über uns hereinbricht, zu entgehen? Vor zwanzig Jahren? Hätte ich gestern noch entkommen können? Wohin ausweichen? Kenntnis der sicheren Orte ist der Anfang der Philosophie.

So kritisiert der SICH VERÄNDERNDE HIMMEL OBEN, den Körper, die Sinne und den Geist und fordert dringlich den Homo Novus, wie er zuletzt 1917 von den Biokosmisten der russischen Revolution ins Auge gefasst wurde. Wo Brüder seid Ihr jetzt in meiner Not? Es war genug Zeit, mit Euch in Verbindung zu treten, aber ich war beschäftigt. Ich habe die kristallenen Farben des Himmels abzuzählen versucht.
Der Himmel in der Frühe und der in der Abenddämmerung ist in unseren Breiten ein begabter Maler. Ich sauge an den Zitzen der Wölfin, um dieses Wundermittel in mich hineinzufüllen, falls mir Zeit bleibt.

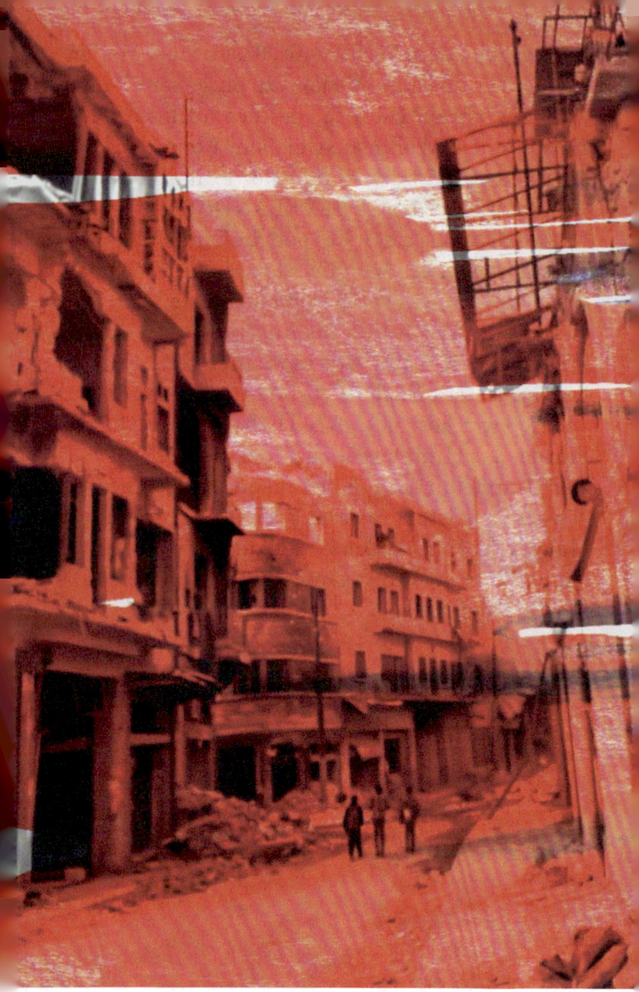

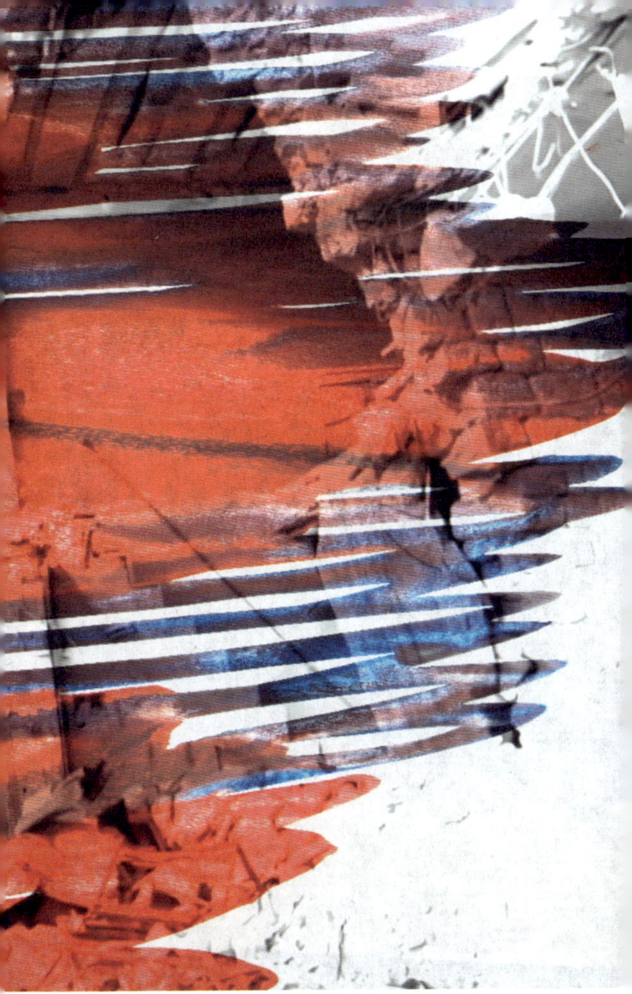

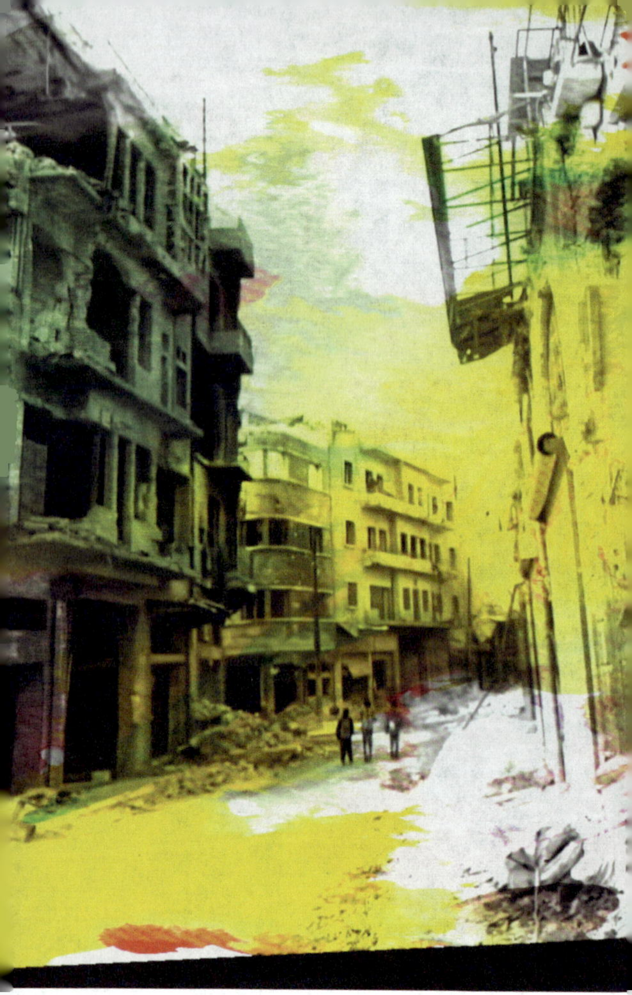

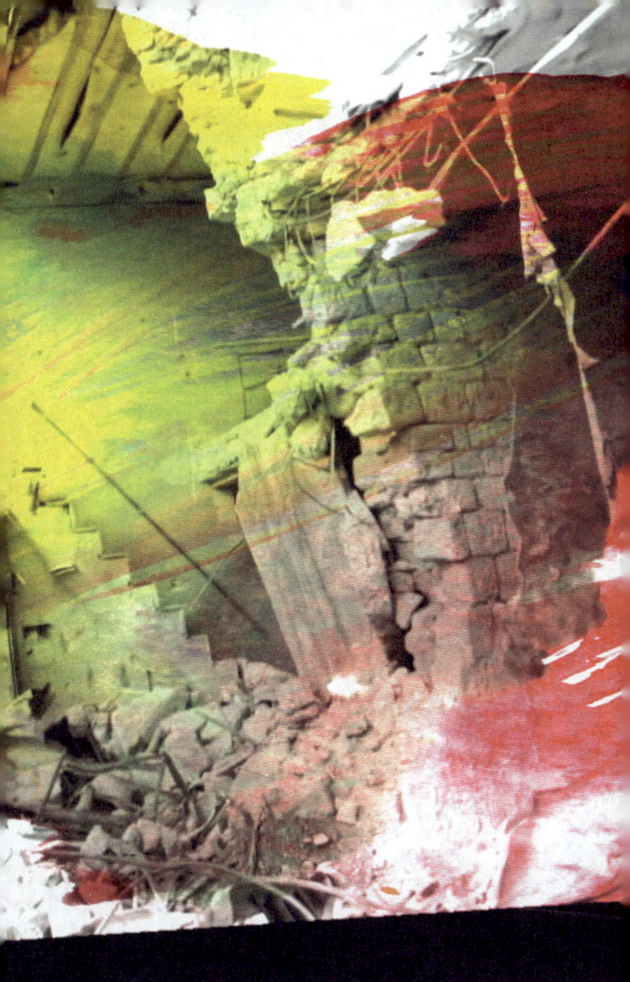

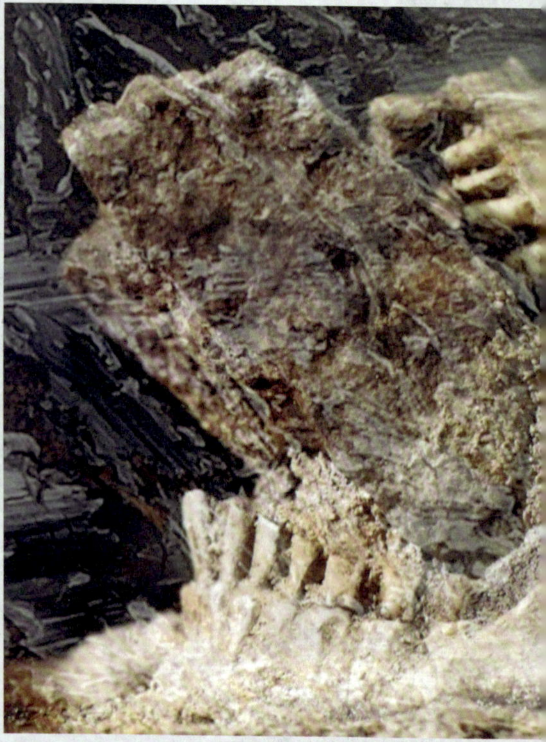

"Der Tod der Steine fraß

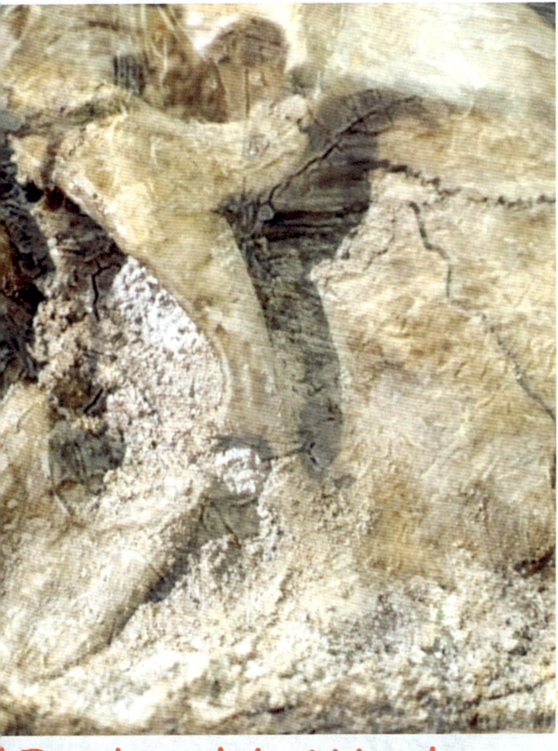

Fundstück bei Verdun

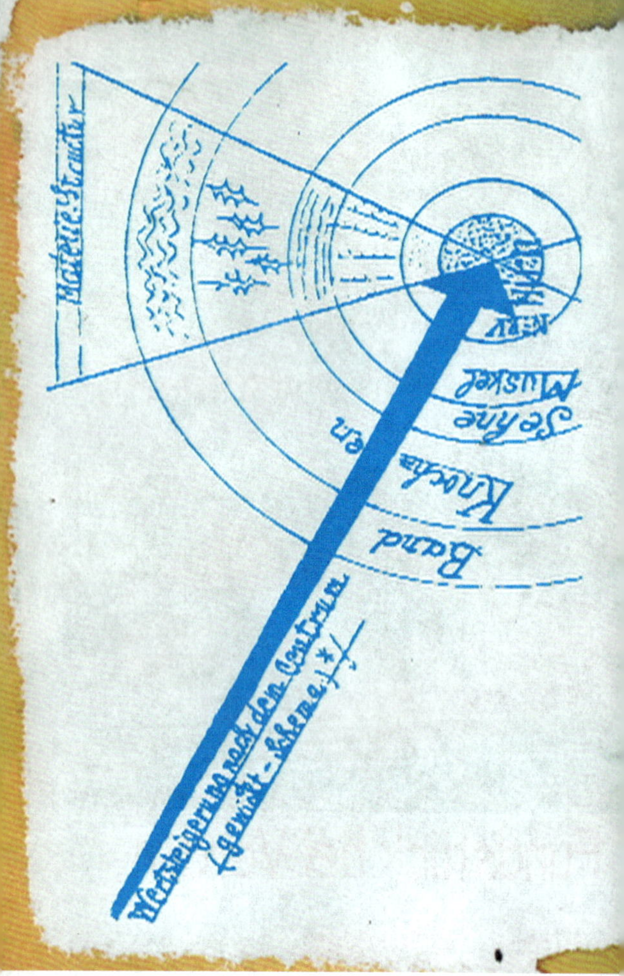
Materie-Structur
Band
Knochen
Sehne
Muskel
Nerv
Wertsteigerung nach dem Centrum
(gewicht-Scheme:) *

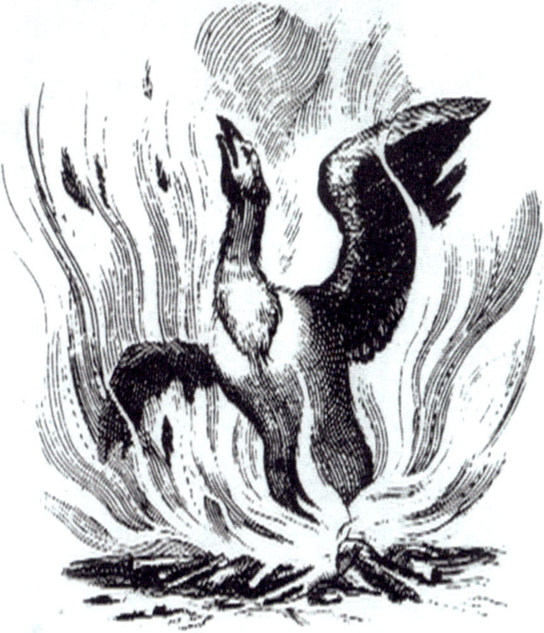

"Phönix
aus der Asche"

11

Wappentiere der Aufklärung

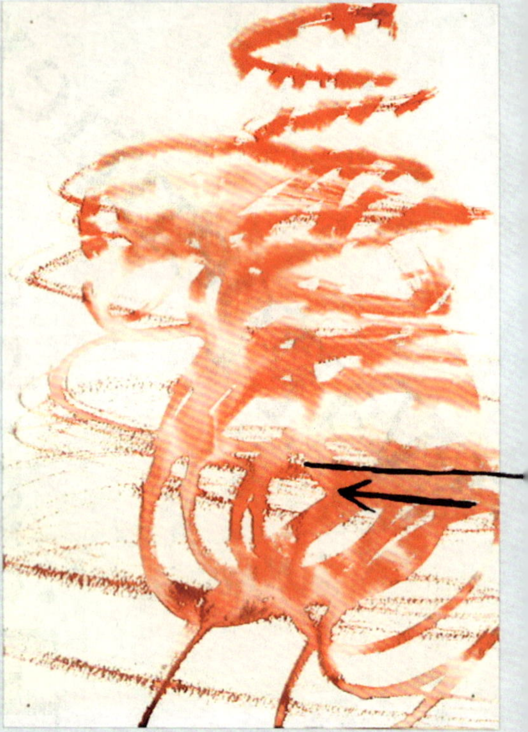

Die Erschaffung d

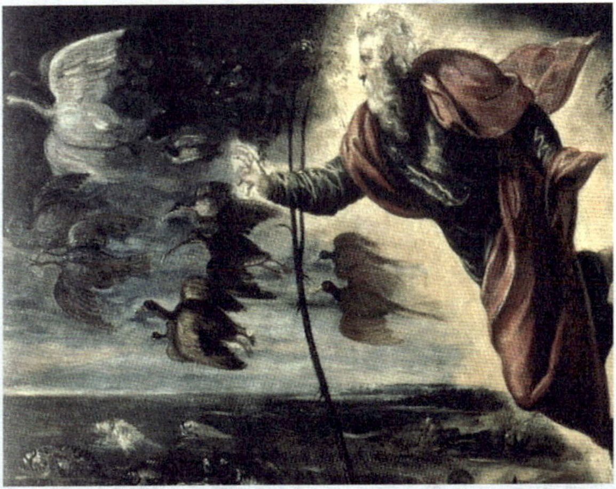

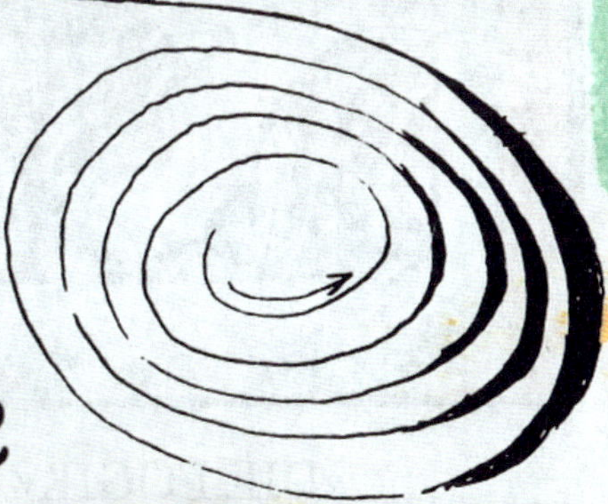

Tiere

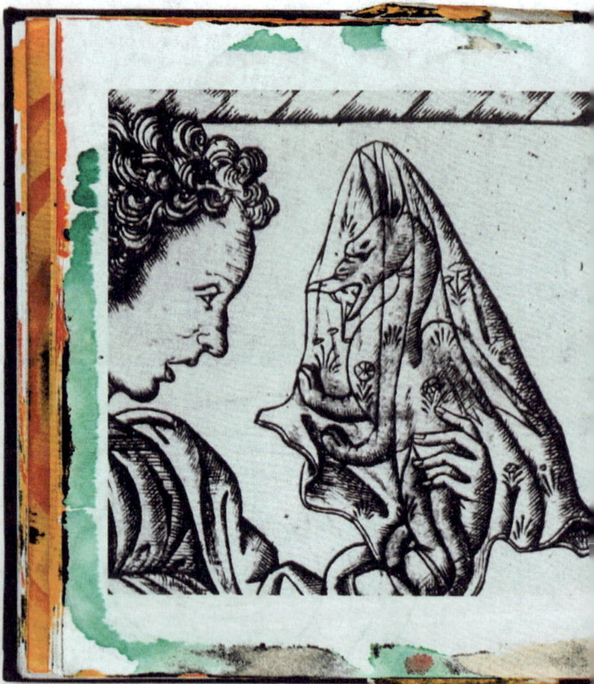

»DIE LOGIK«

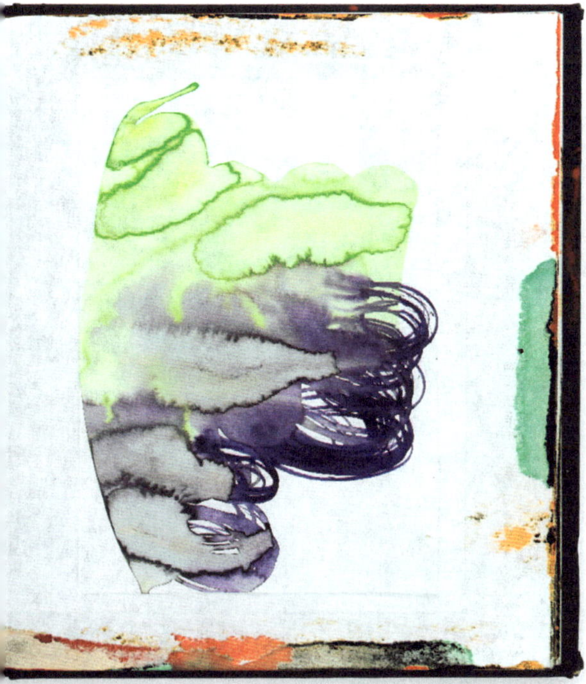

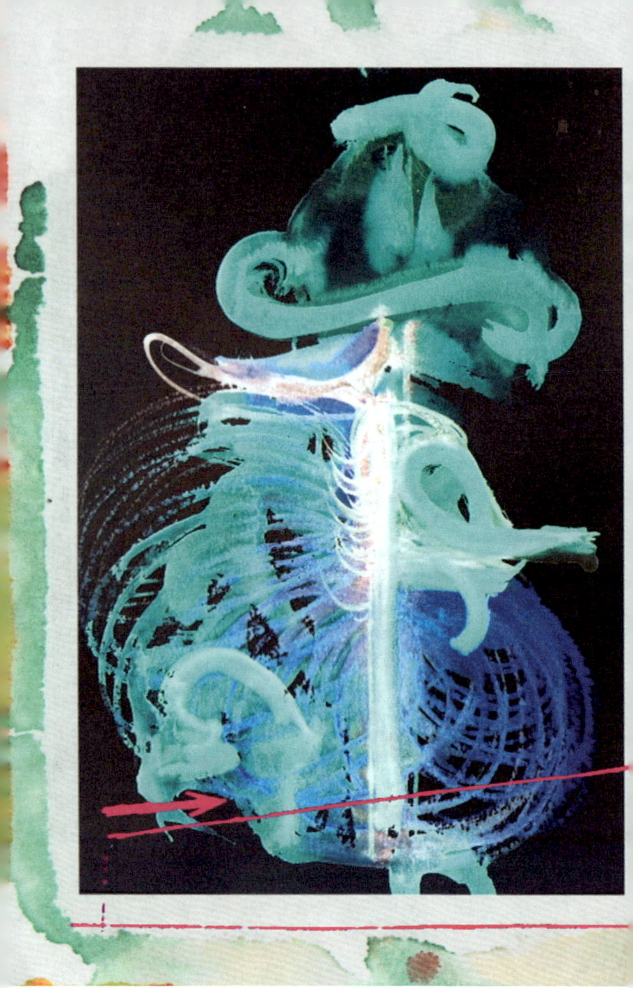

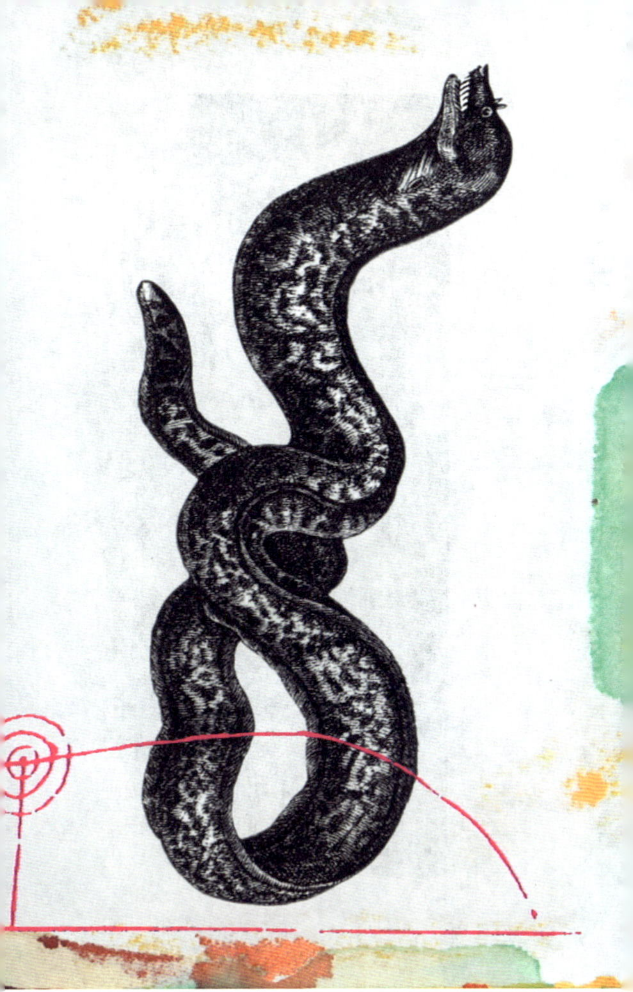

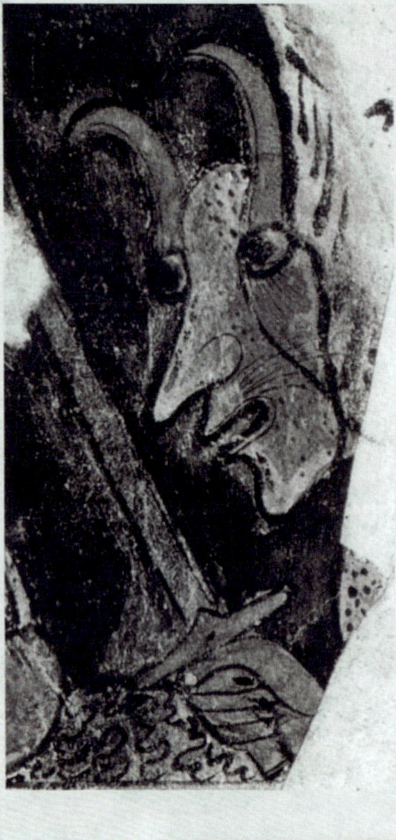

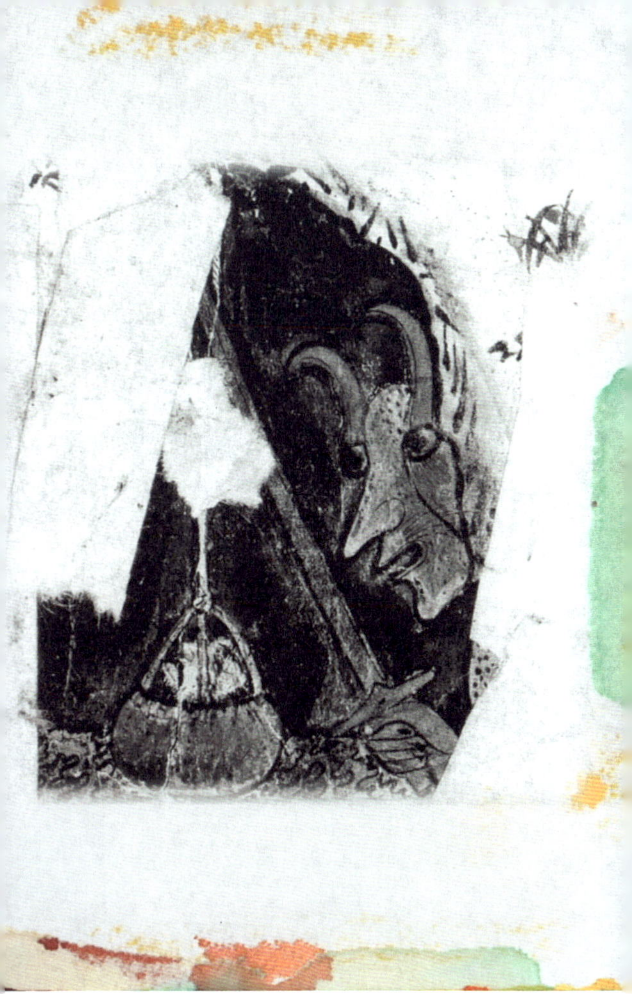

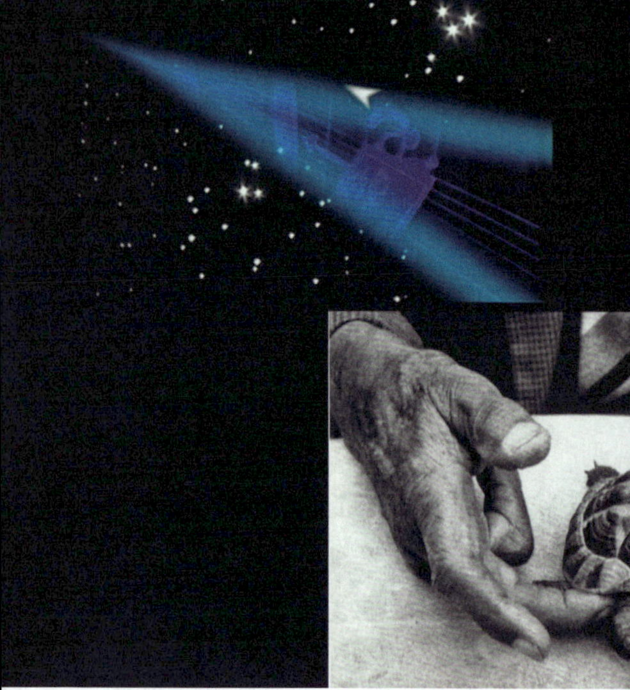

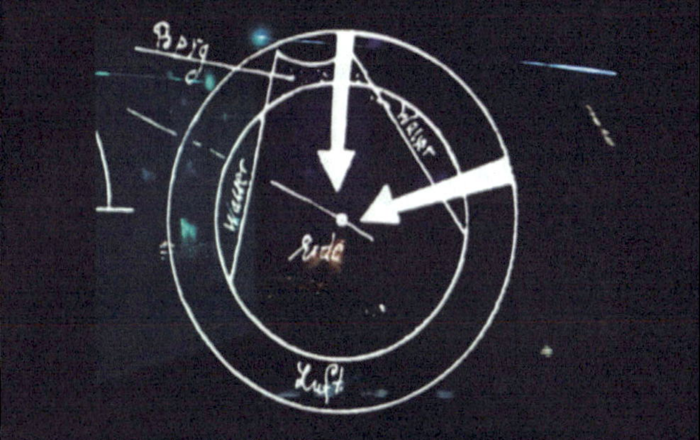

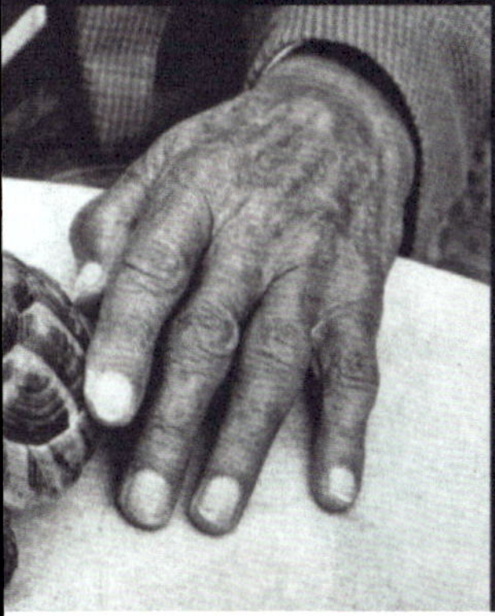

SCHILDKRÖTE MIT DEN HÄNDEN VON ERNST JÜNGER

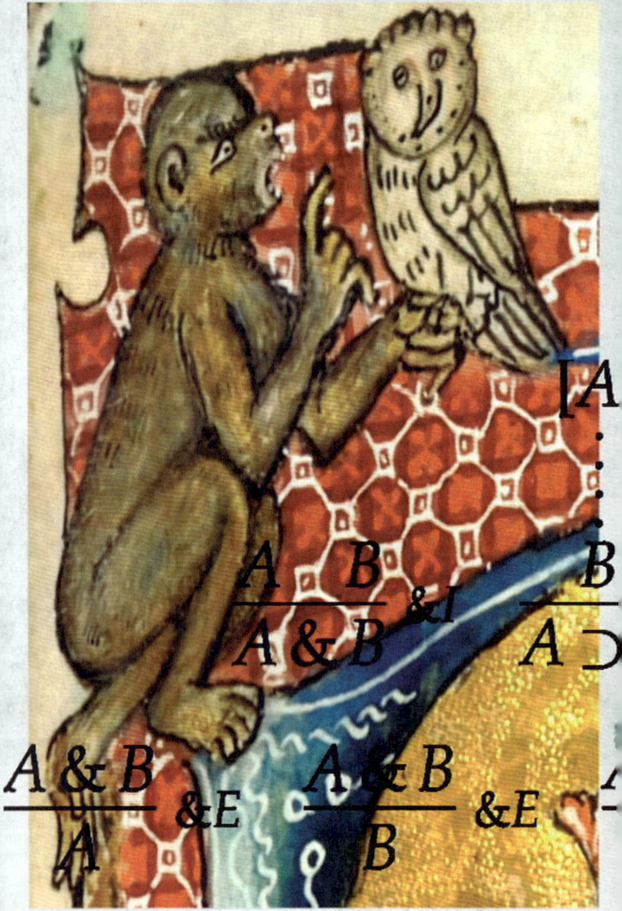

$\frac{A \quad B}{A \& B}$ &I
$\frac{B}{A \supset}$
$\frac{A \& B}{A}$ &E
$\frac{A \& B}{B}$ &E

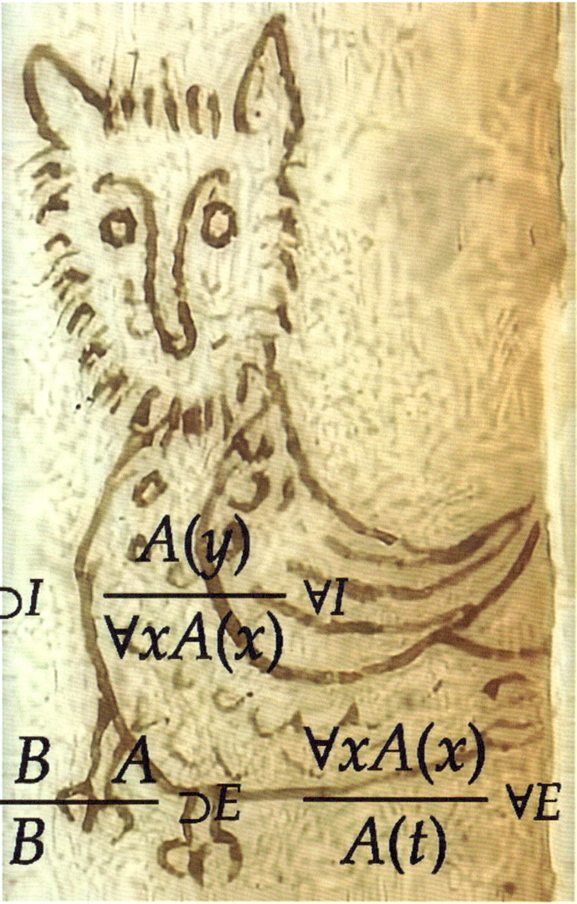

⊃I
A(y) / ∀xA(x) ∀I
⊃ B   A / B ⊃E
∀xA(x) / A(t) ∀E

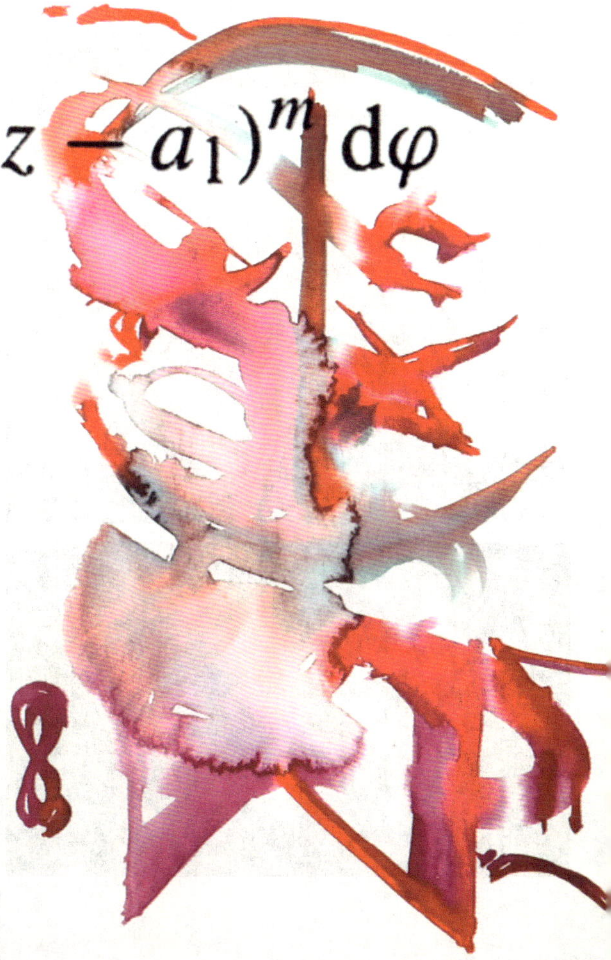
$z - a_1)^m \mathrm{d}\varphi$

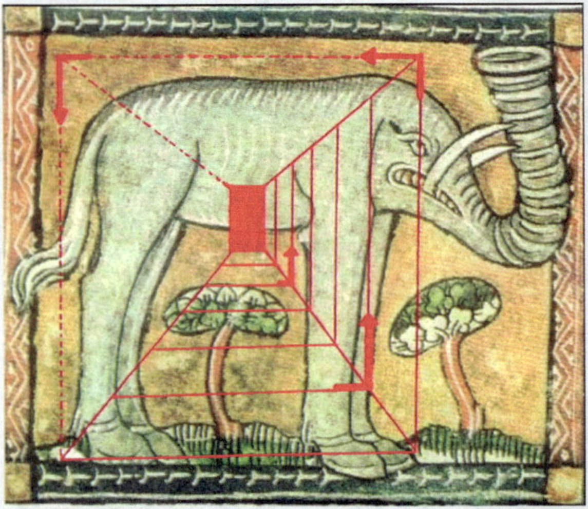

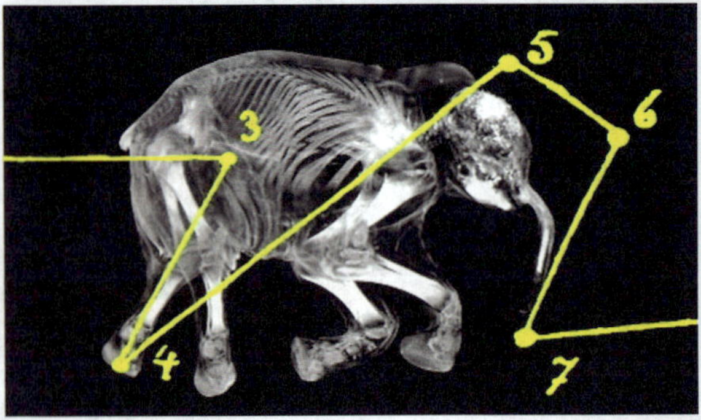
5
6
3
4
7

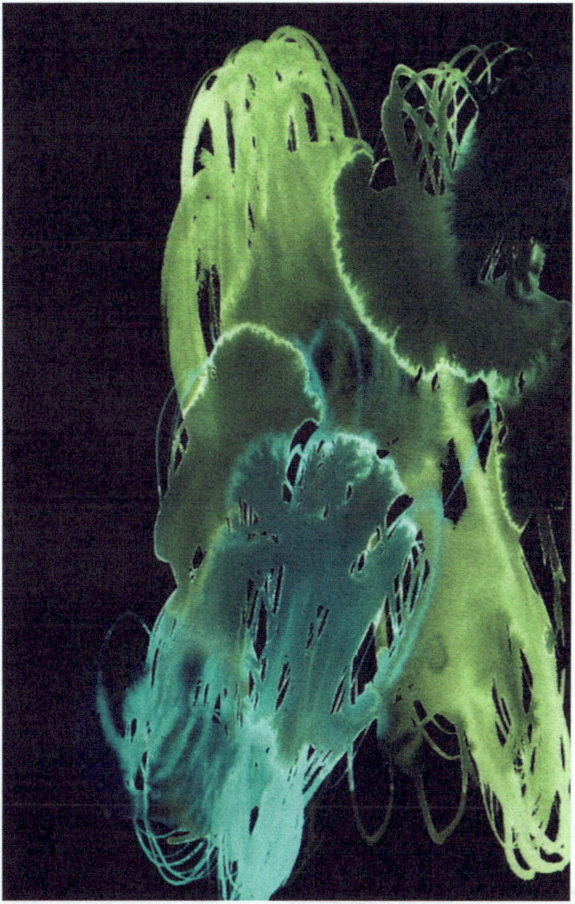

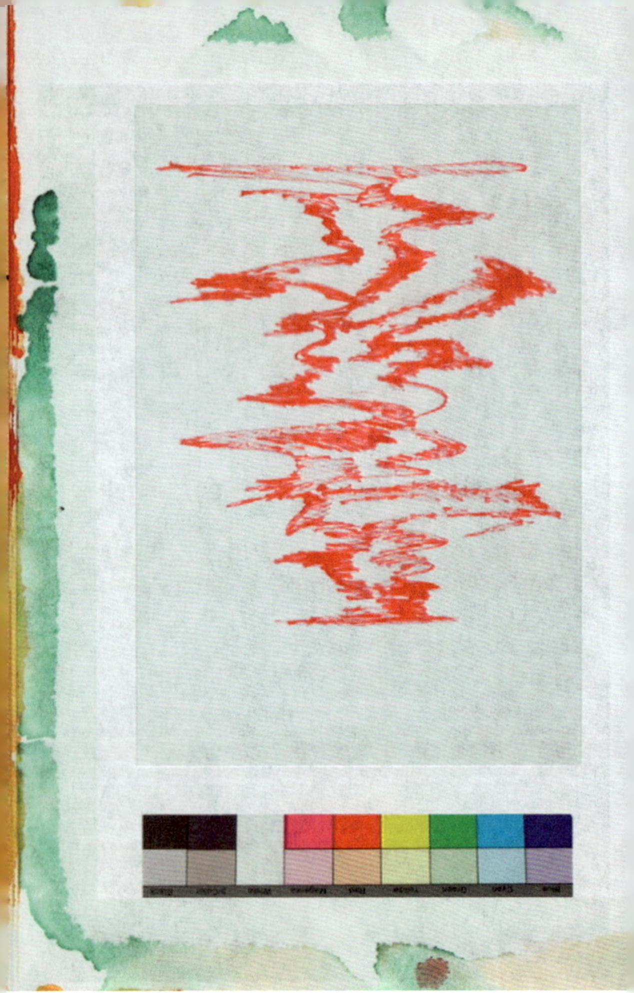

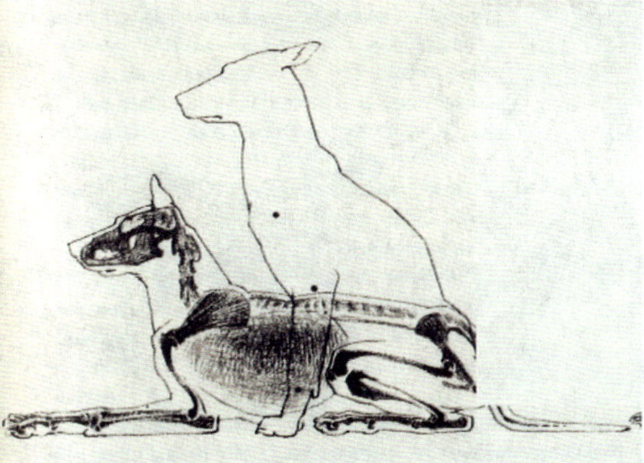

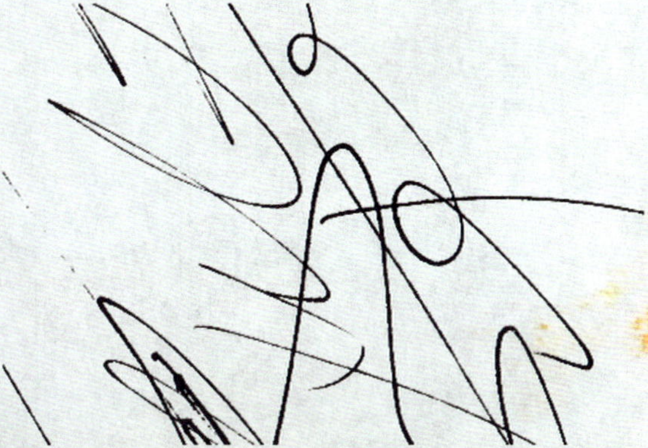

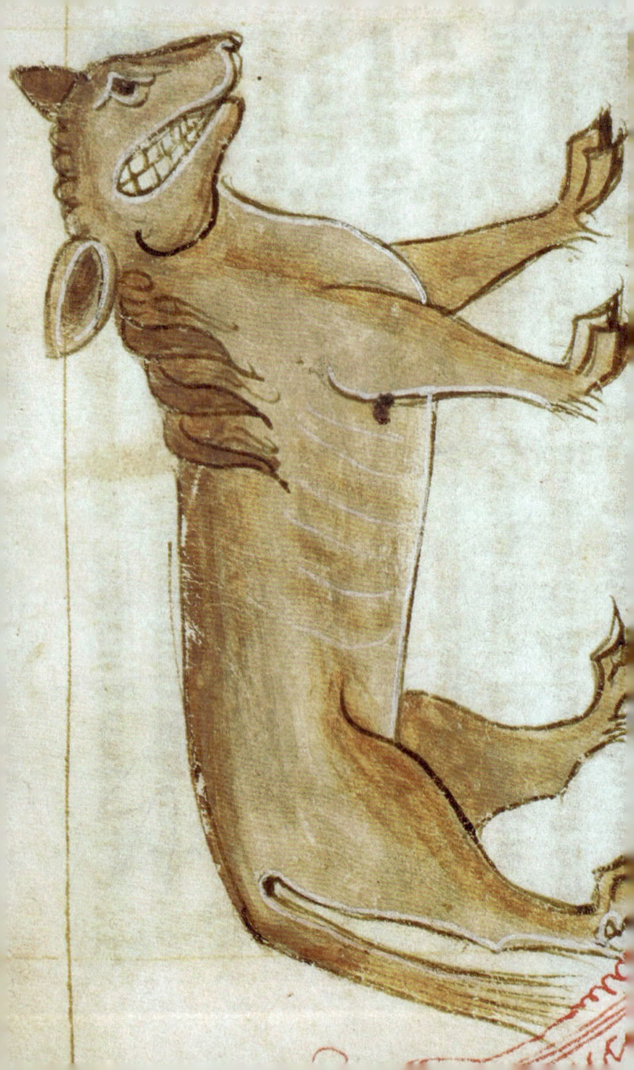

DER WOLF ALS WAPPENTIER DER VERNUNFT. WÖLFE FÜHREN UNTEREINANDER KEINE BÜRGERKRIEGE

In der Zeit der Aufklärung, in welcher Sklaven aus Afrika die Zuckerplantagen auf Haiti bearbeiteten und der Zucker in komplizierten (aus Europa gelieferten) Maschinen raffiniert und als Luxusartikel nach England verschifft wurde, war in einem der Salons von Edinburgh eine große Schüssel mit den süßen Kristallen auf den Tisch gestellt worden. Der Philosoph David Hume umstrich den Nachmittag über diesen Lustkübel und hörte nicht auf, sich Zuckerstücke in den Mund zu schieben. Bis der Gastgeber, der auch um die Innereien des Philosophen fürchtete, das Gefäß mit den Süßigkeiten entfernen ließ.

Jetzt, getrennt von den begehrten Objekten, begann Hume zu formulieren. Ein Mensch ist nicht des anderen Wolf. Es ging um eine Widerlegung des Satzes von Thomas Hobbes: *homo homini lupus*. Hume stützte sich auf ein Gespräch, das er kurze Zeit zuvor mit seinem Freund Adam Smith über das Thema geführt hatte. Menschen seien grausamer und wesentlich ungeselliger als Wölfe, sagte Hume. Menschen unterscheide aber von Wölfen generell, dass sie zu keiner Einheitlichkeit ihres Charakters kämen. Vielmehr beruhe die Chance von Menschen darin, dass sie stets durch zwei disparate Eigenschaften ausgezeichnet seien, die miteinander ringen. Das sei Wölfen unmöglich. Menschen (und keiner unterbrach Hume, der so konzentriert lehrte, wie er zuvor Zucker verzehrt hatte) verfügten nämlich über den BLICK DES UNPARTEIISCHEN BEOBACHTERS und – gegensätzlich dazu – über den zwingenden Impuls zur EINFÜHLUNG IN DIE ANDEREN. Das seien zwei »Zangen des Gefühls«, welche die Welt zu fassen in der Lage seien. Das sei der Apparat der Erkenntnis. Das sei auch in jeder WERKSTATT der Boden des Prozesses. Die Gesellschaft empfand Lust an den Ausführungen des Gelehrten, den sie kurz zuvor noch als Naschegeist despektierlich beobachtet hatte. Sie sahen seiner »Arbeit des Gedankens« zu, bei der er sich immer weiter von einer Sache entfernte, um sich ihr um so inniger zu nähern.

Unter den Gästen des Salons befanden sich Sklavenhändler, Physiker und Erfinder. Für ihre tägliche Praxis folgte aus Humes Einsichten nichts. Es war aber deutlich, dass die BEWEGUNG DER EINSICHT selbst etwas war, dem sie gern zusahen und von der sie naschen wollten. Sie alle fühlten sich der PRODUKTIVEN KLASSE zugehörig. Grundbesitzer fehlten in dieser Gesellschaft. Eine Flut von sich öffnenden Türen, eine Flucht von Räumen schien sichtbar zu werden, je länger der Abend dauerte. Der lange Weg der Zuckerbrocken, von Haiti kommend, wo die Zuckerrohre unter Schweiß geerntet wurden, war nichts, was die Gäste bewegte. Sie verhielten sich dazu weder als unparteiische Beobachter noch mit Empathie.

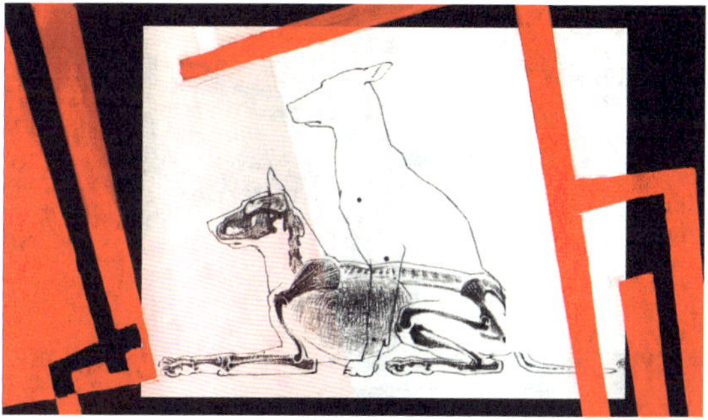

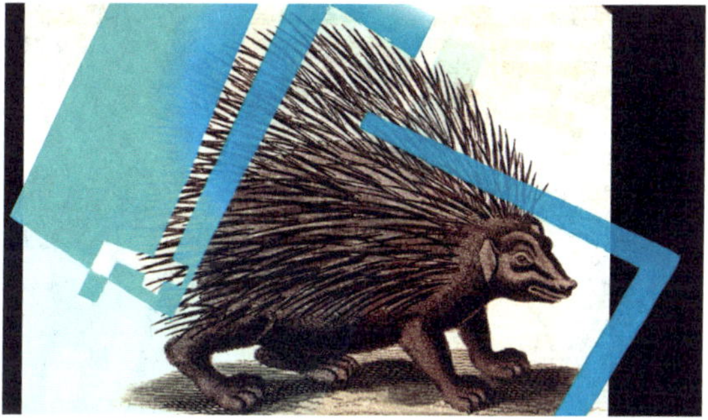

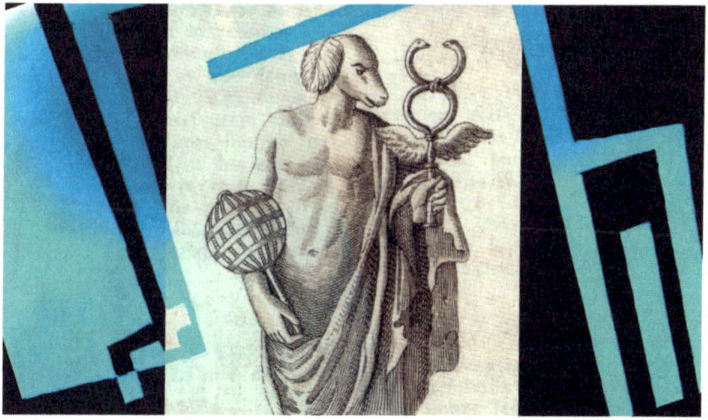

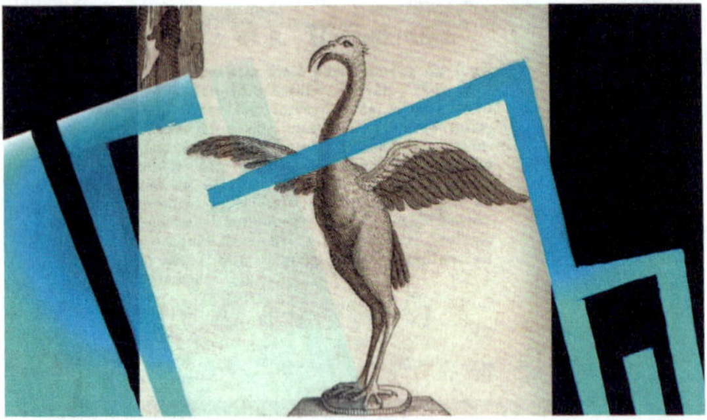

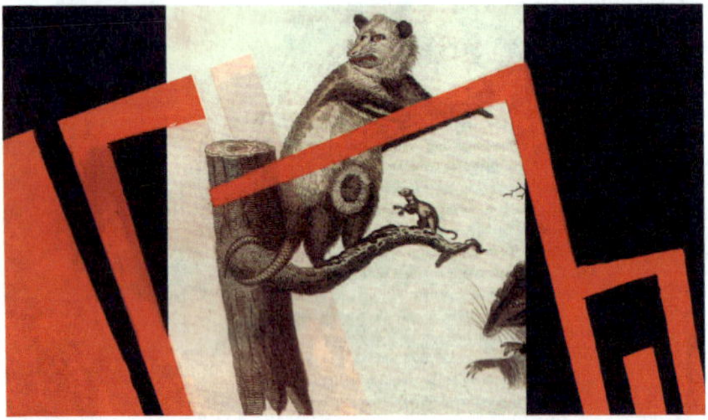

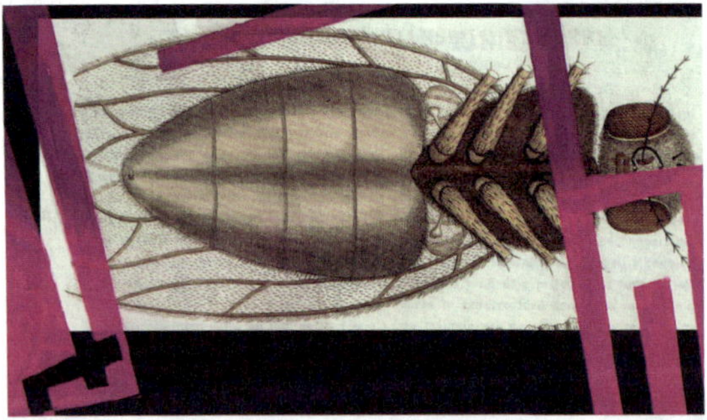

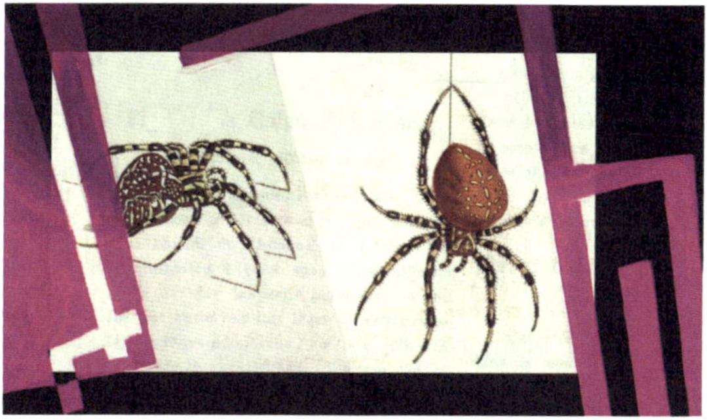

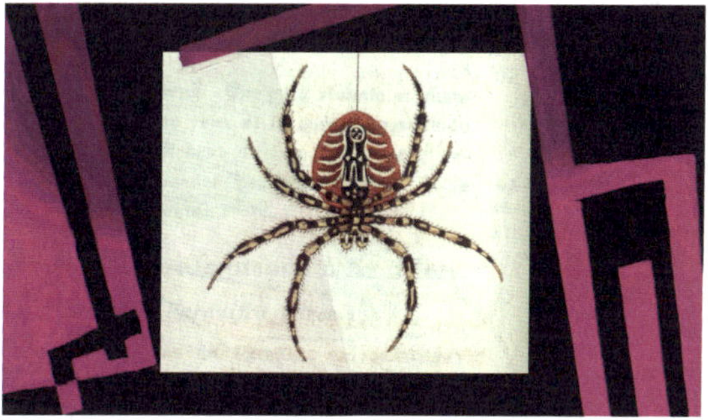

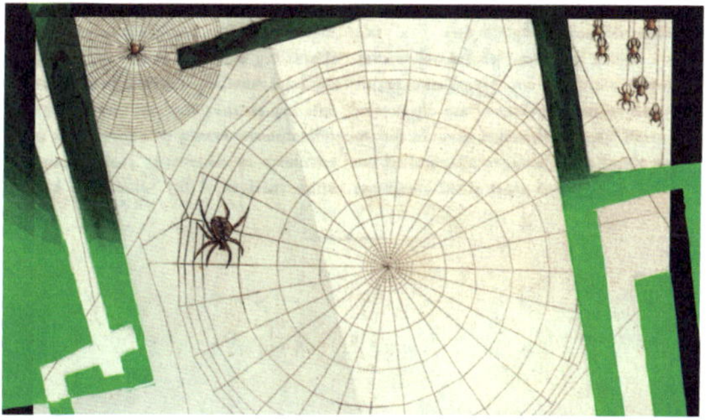

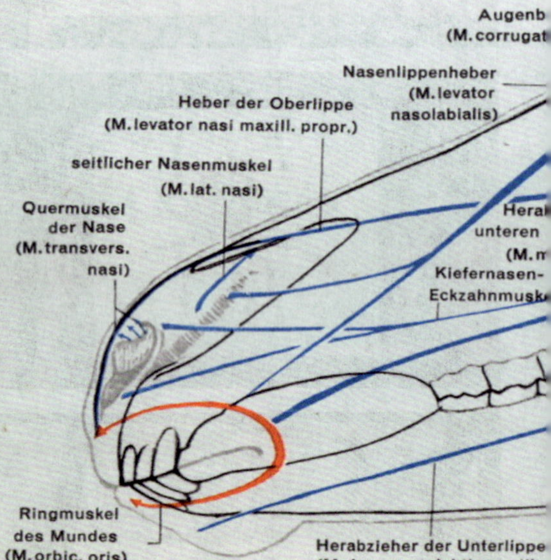
Augenb
(M. corrugat
Nasenlippenheber
(M. levator
nasolabialis)
Heber der Oberlippe
(M. levator nasi maxill. propr.)
seitlicher Nasenmuskel
(M. lat. nasi)
Quermuskel
der Nase
(M. transvers.
nasi)
Herab
unteren
(M. m
Kiefernasen-
Eckzahnmusk
Ringmuskel
des Mundes
(M. orbic. oris)
Herabzieher der Unterlippe
(M. depressor labii mandib.

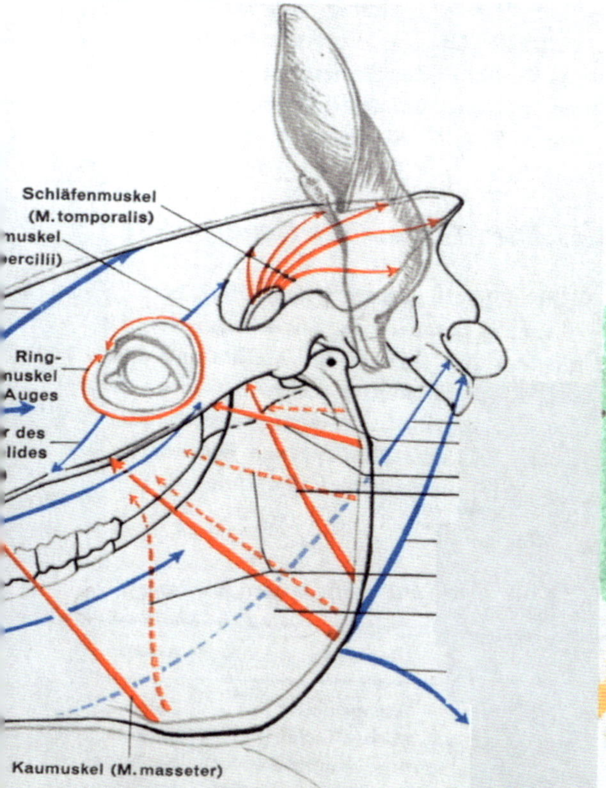

Schläfenmuskel
(M. tomporalis)
muskel
ercilii)
Ring-
muskel
Auges
r des
lides
Kaumuskel (M. masseter)

Phantasie als »Pferd«

Die Phantasie ist ein Fluchttier /

Sie ist ein politisches Tier /

Sie besitzt zahlreiche Quellen, auch solche mit kargem, unausbeutbarem Untergrund; Fontänen springen empor, die alles Umfeld zerschlagen /

Die wichtigste Produktionsstätte der Phantasie, behauptet Th. W. Adorno, sei das Leid /

Ich musste ihm widersprechen /

Ich kenne Phantasien, die sich aus Luxus, aus Jubel in Gang setzen /

Sie laufen mit denen, die der Selbstverteidigung dienen, um die Wette /

»In spitzen Klammern die verbrannten Wörter«

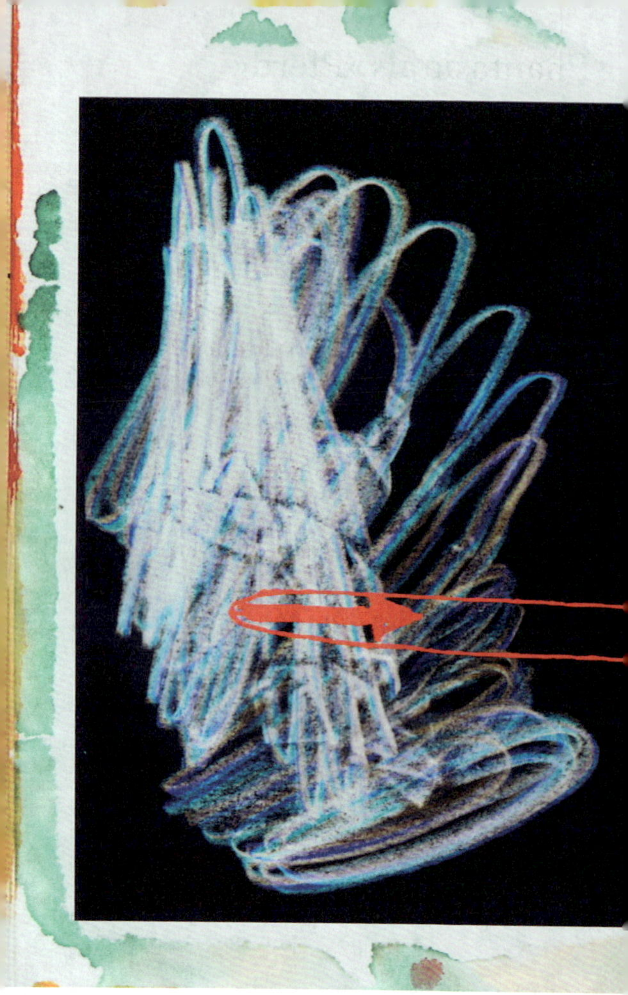

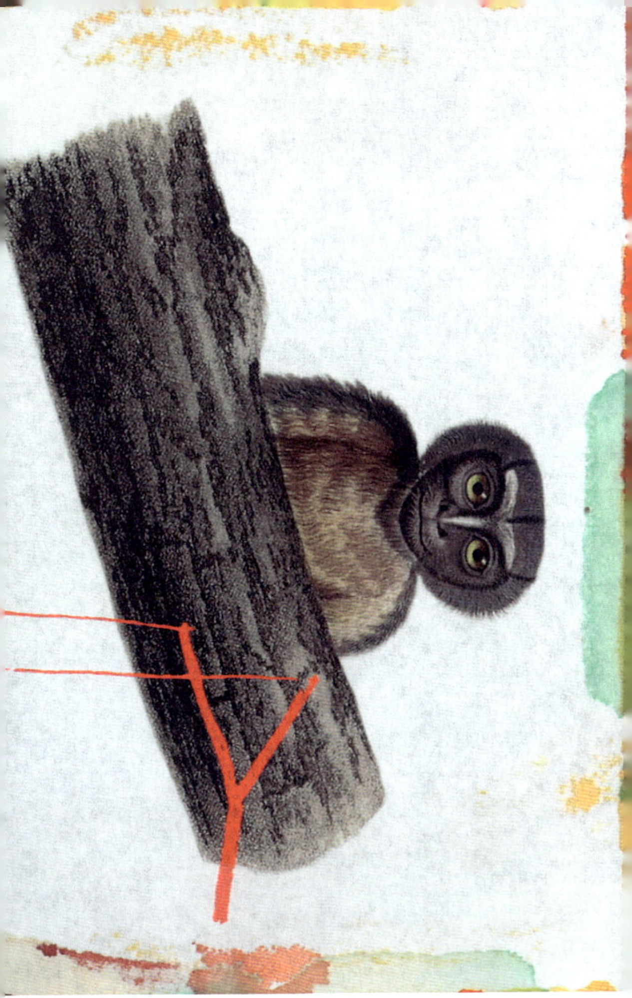

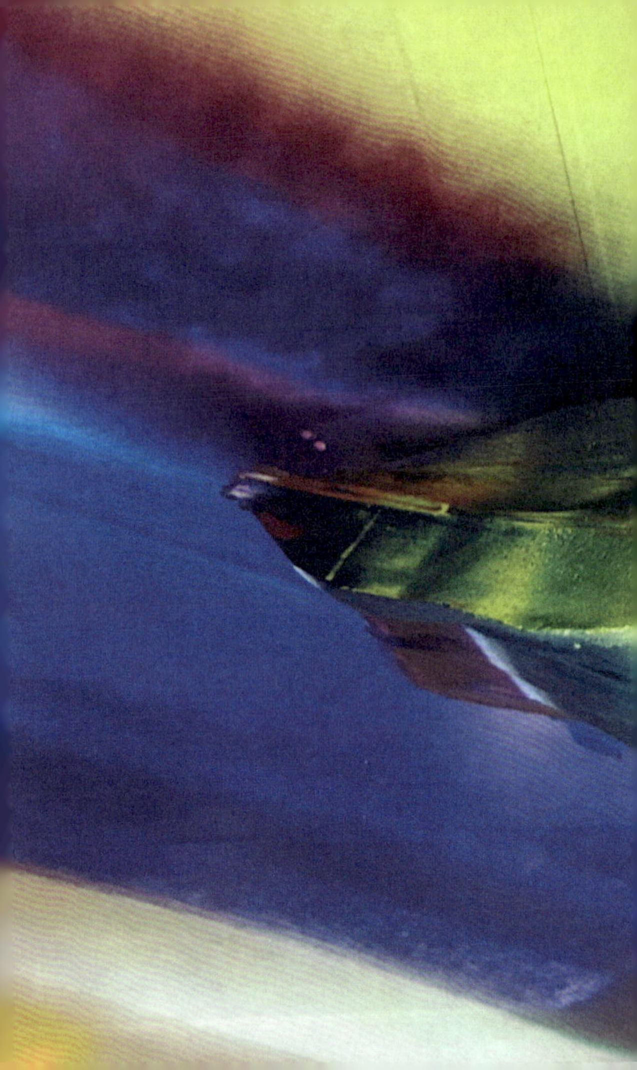

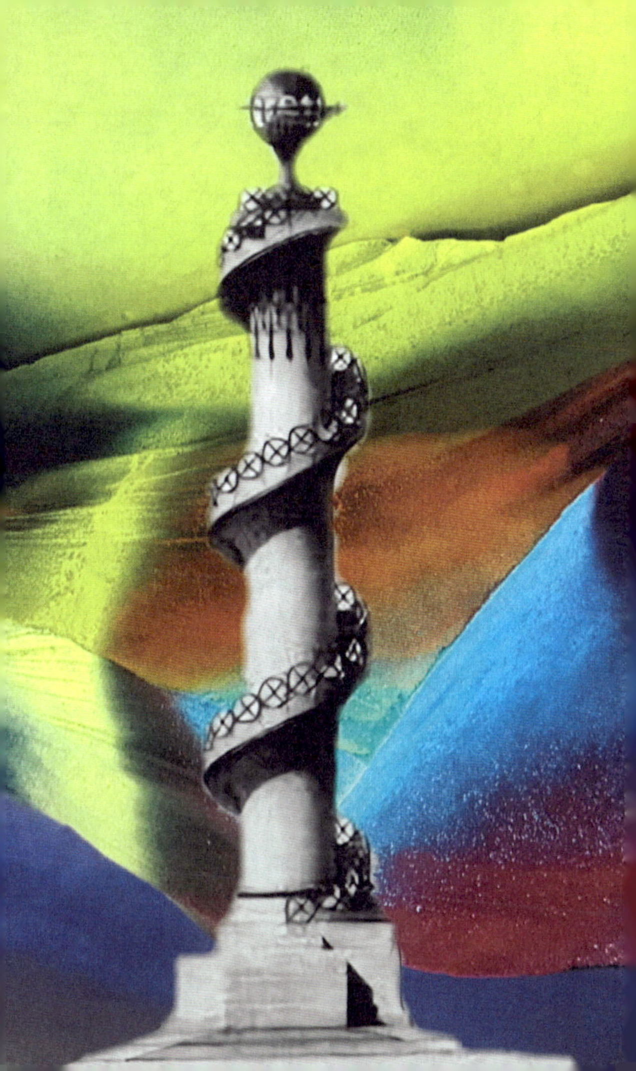

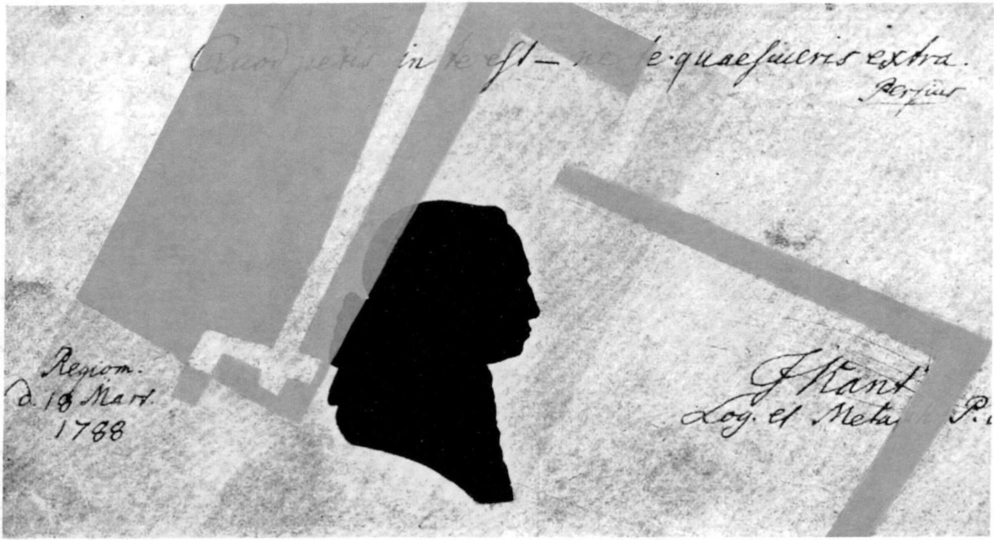
in te est – quaesiveris extra.
Persius
Regiom.
d. 18 Mart.
1788
J Kant
Log. et Meta

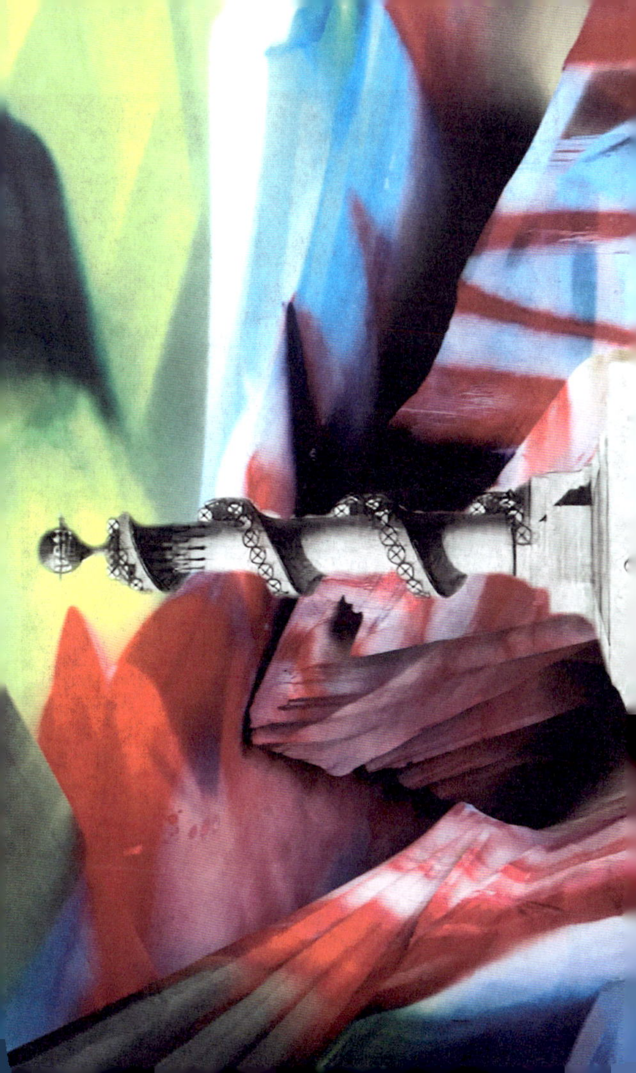

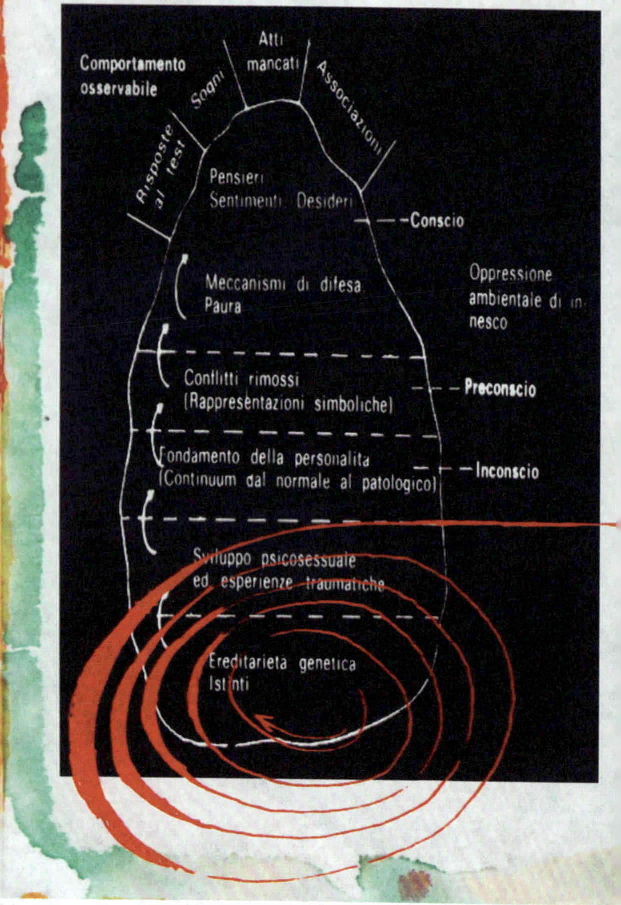
Comportamento osservabile
Risposte al test
Sogni
Atti mancati
Associazioni
Pensieri
Sentimenti Desideri
Conscio
Meccanismi di difesa
Paura
Oppressione ambientale di innesco
Conflitti rimossi
(Rappresentazioni simboliche)
Preconscio
Fondamento della personalità
(Continuum dal normale al patologico)
Inconscio
Sviluppo psicosessuale
ed esperienze traumatiche
Ereditarietà genetica
Istinti

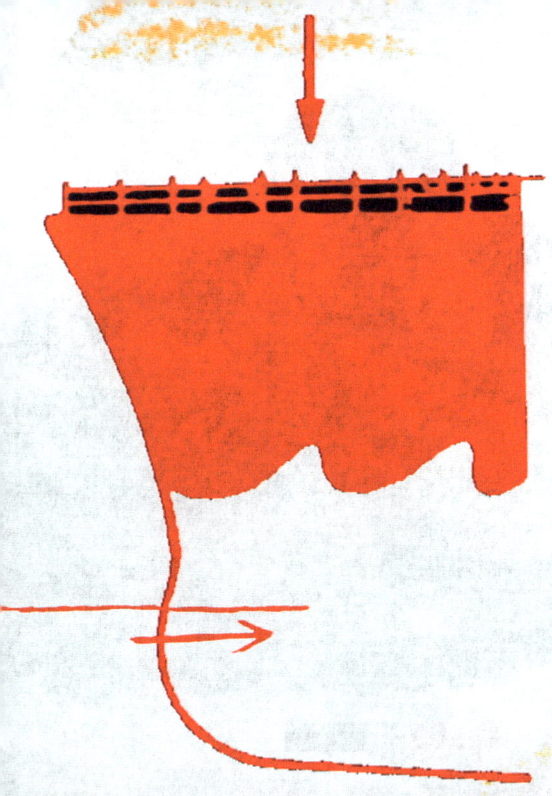

"Die Vernunft als Schiff
und der Eisberg"

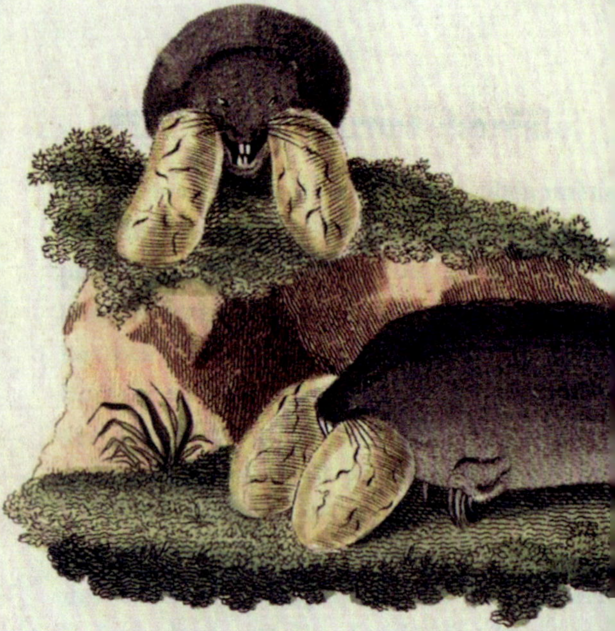

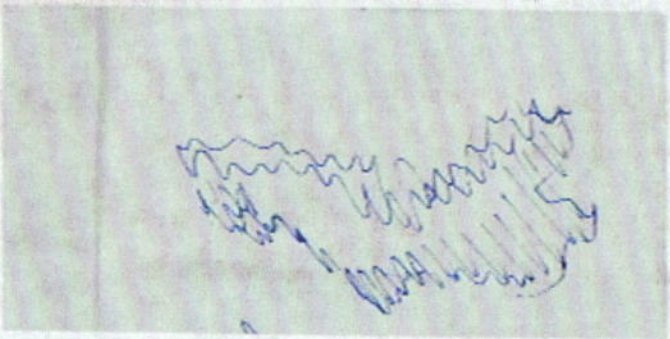

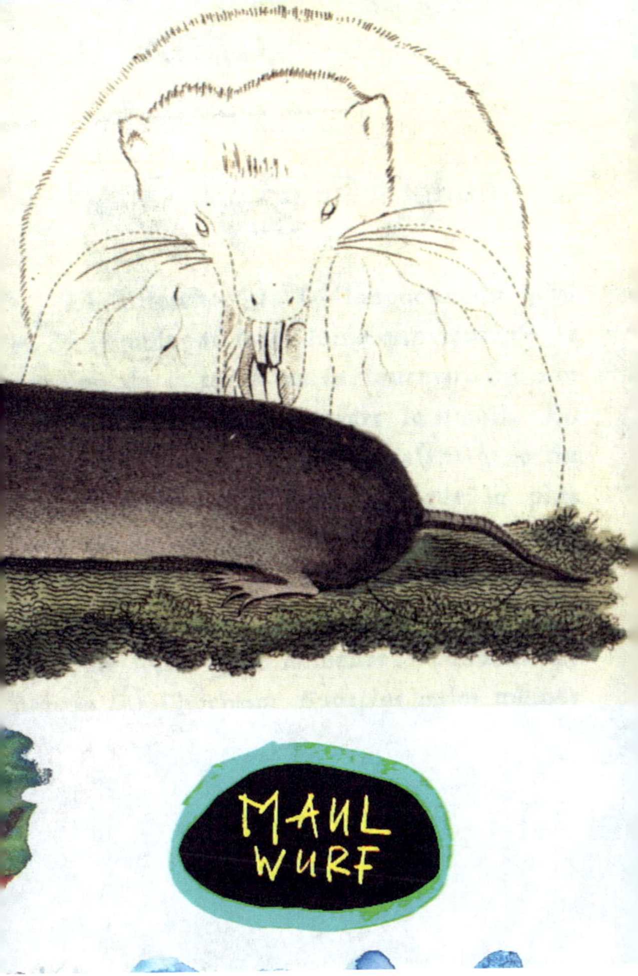
MAUL
WURF

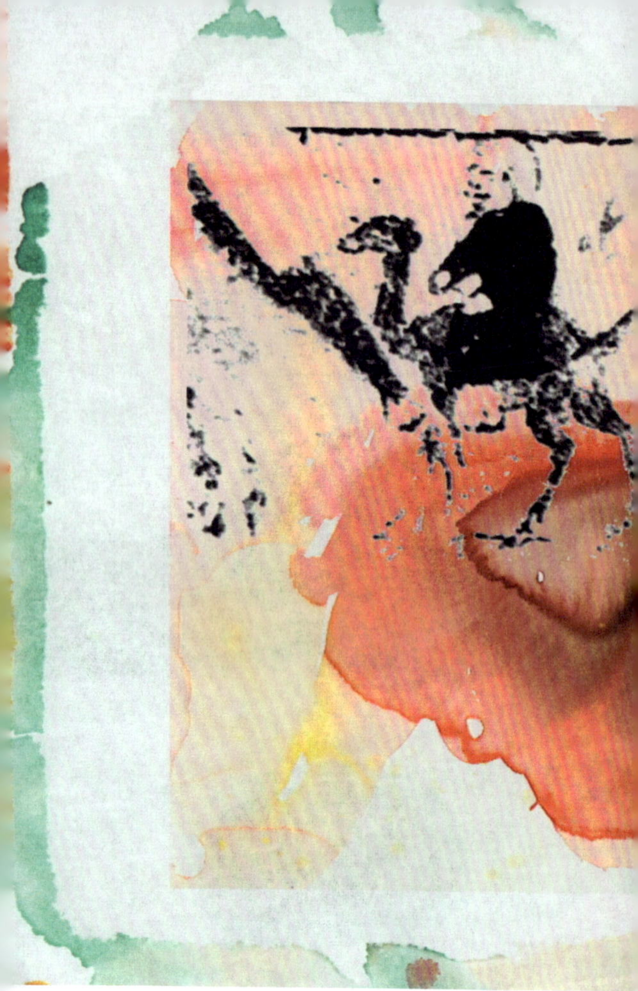

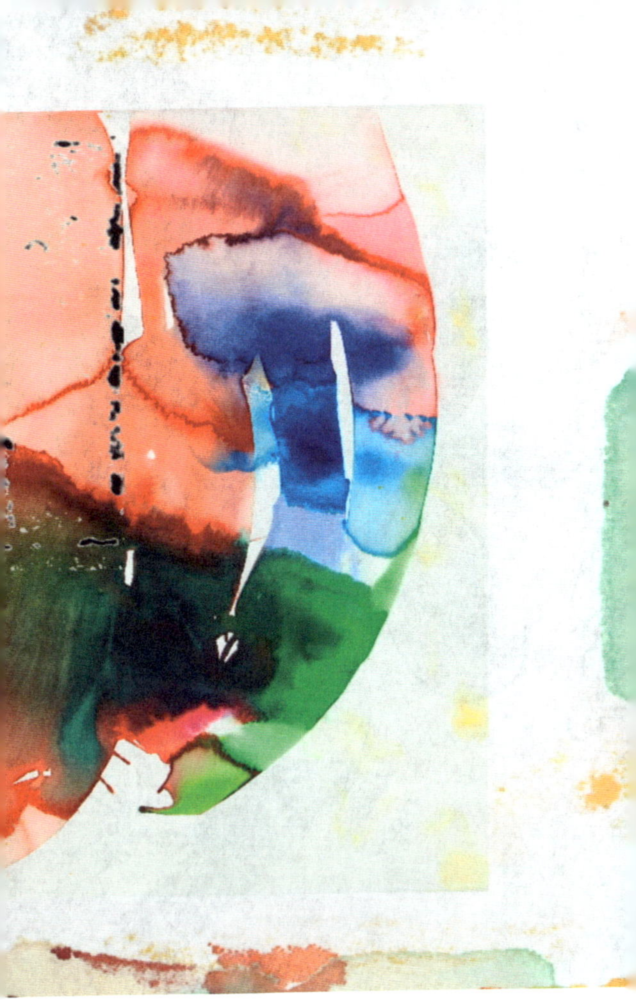

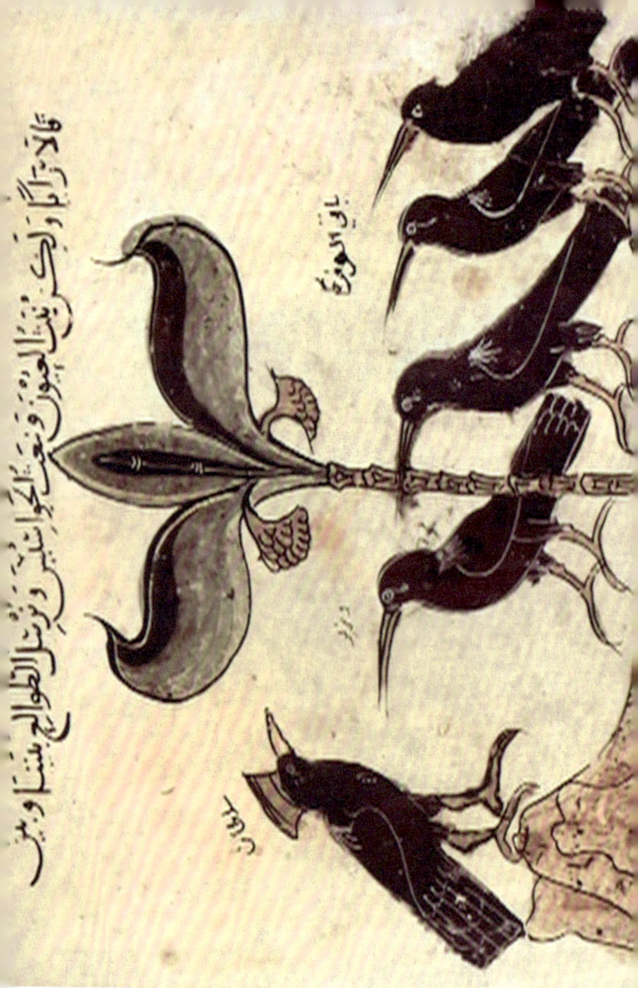

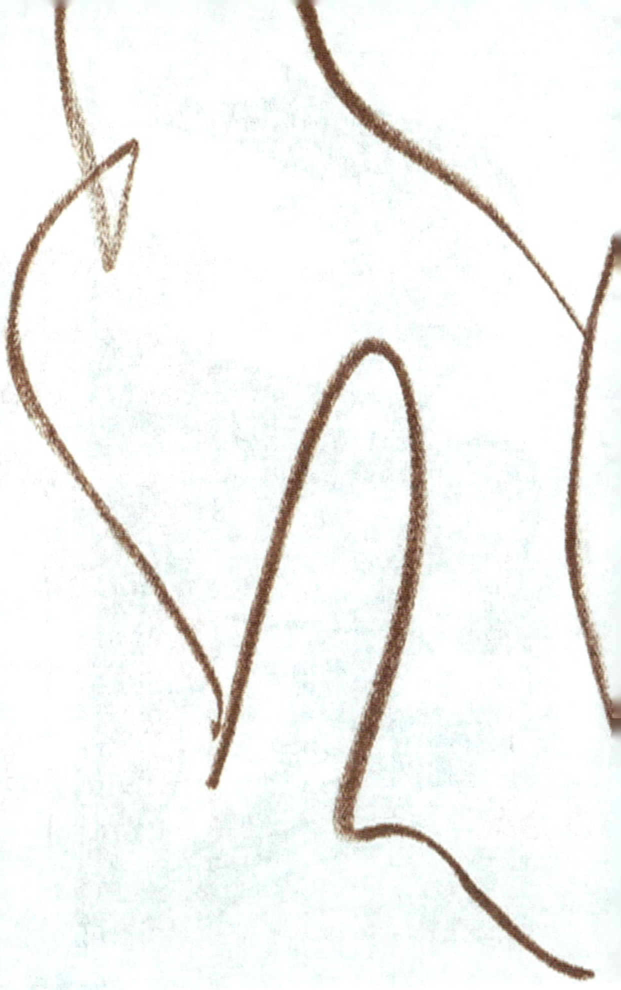

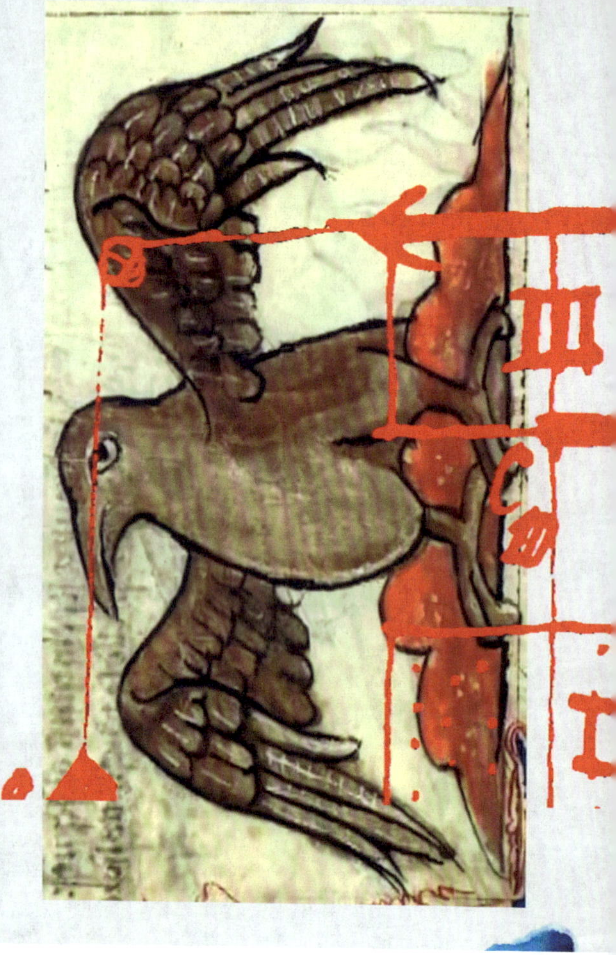

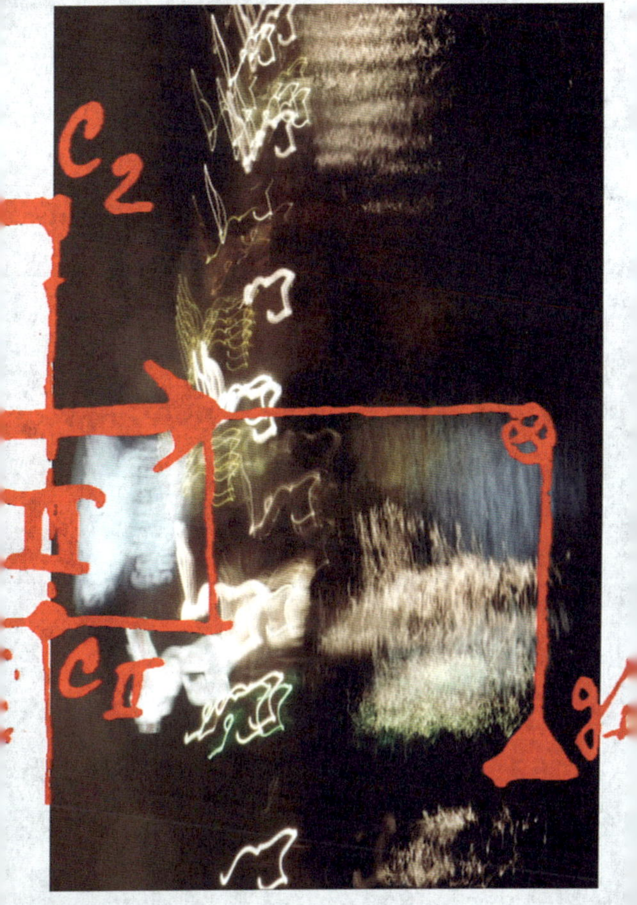

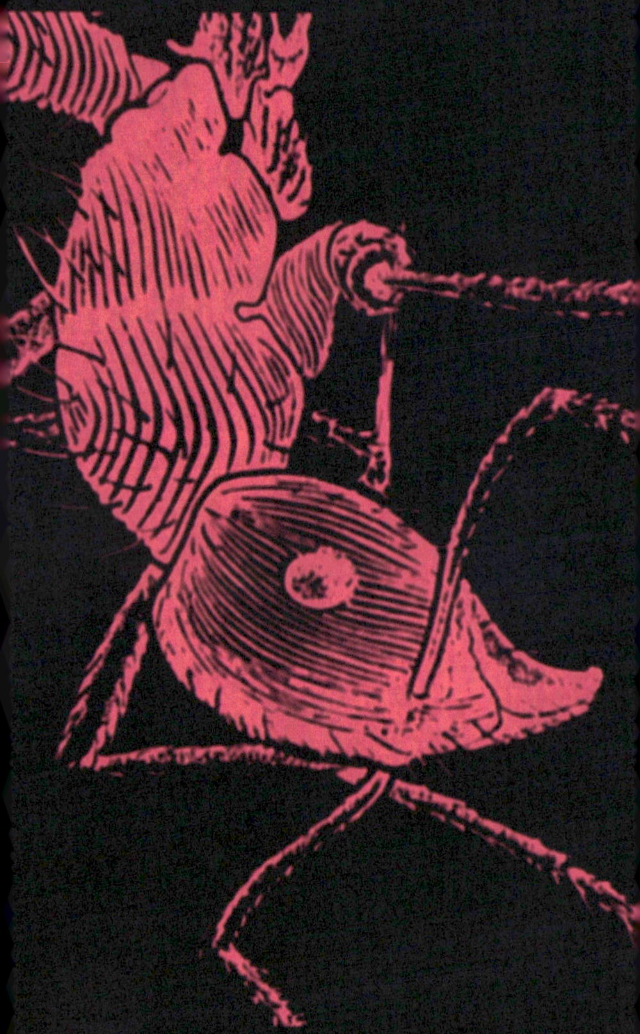

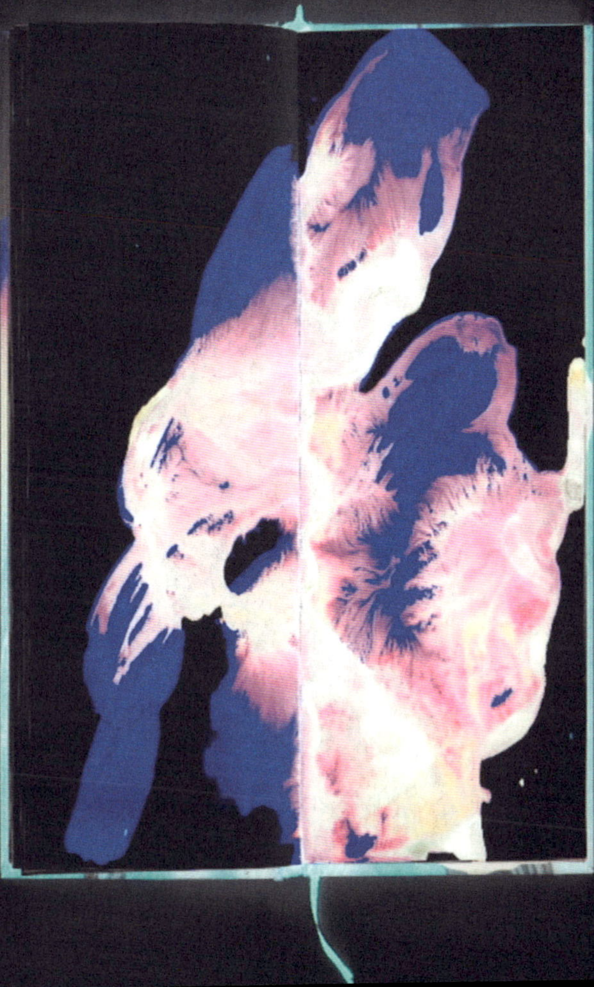

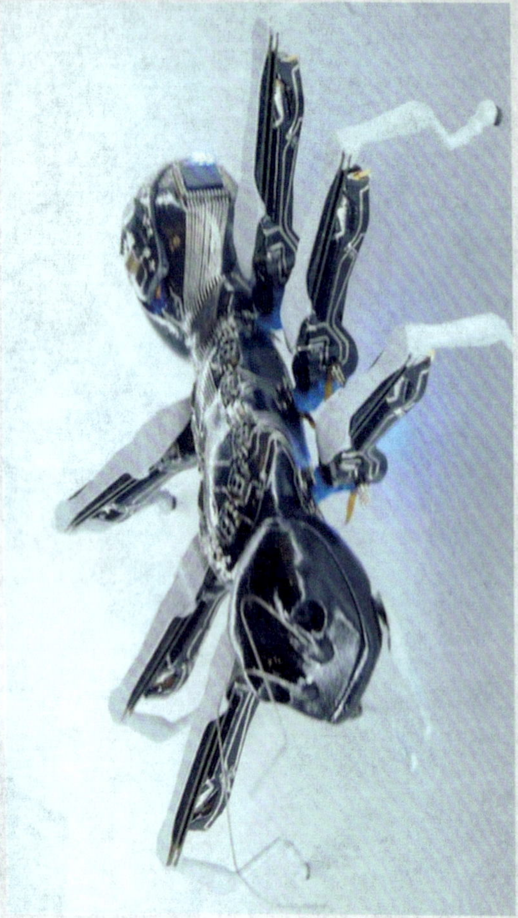

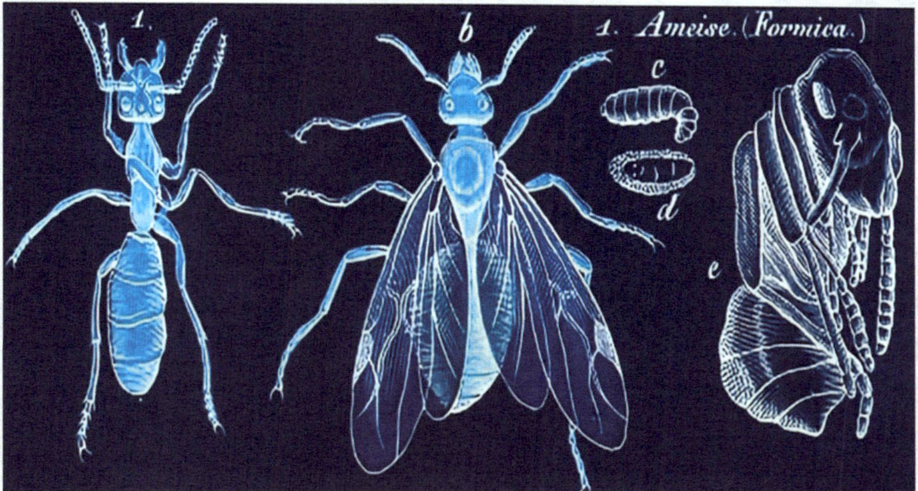
1.
b
1. Ameise. (Formica.)
c
d
e

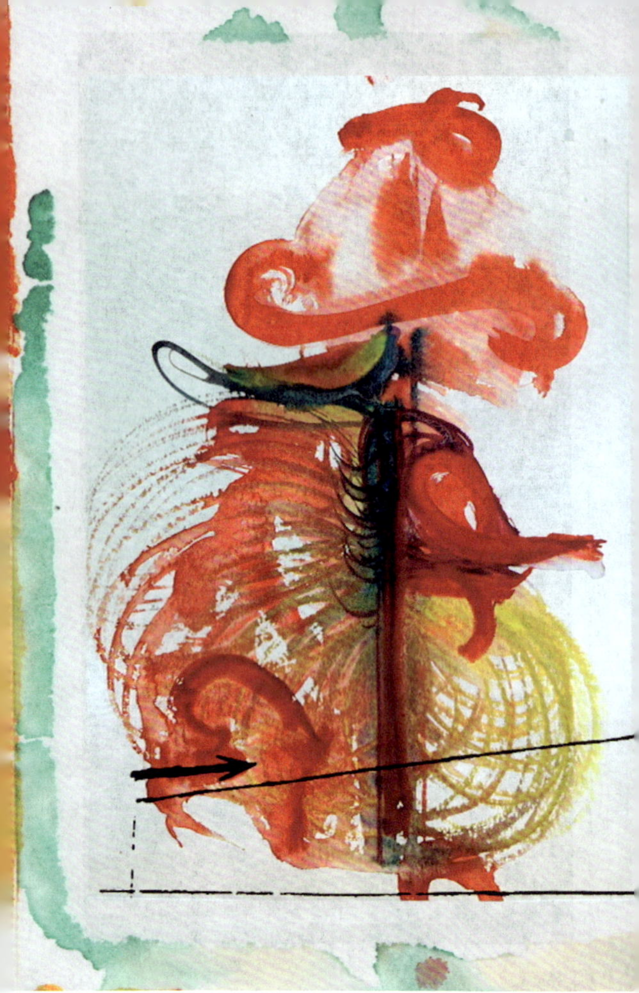

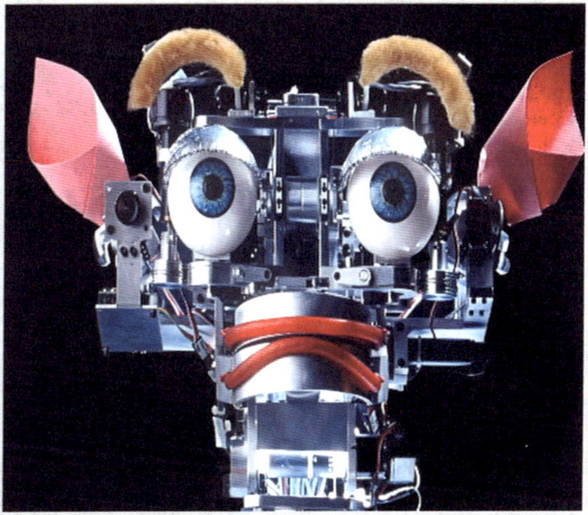

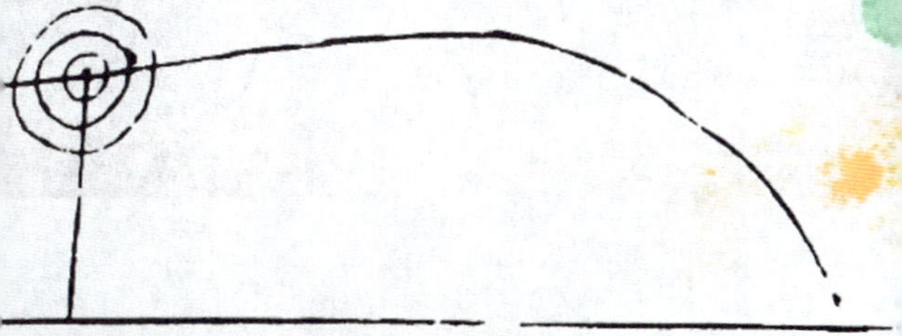

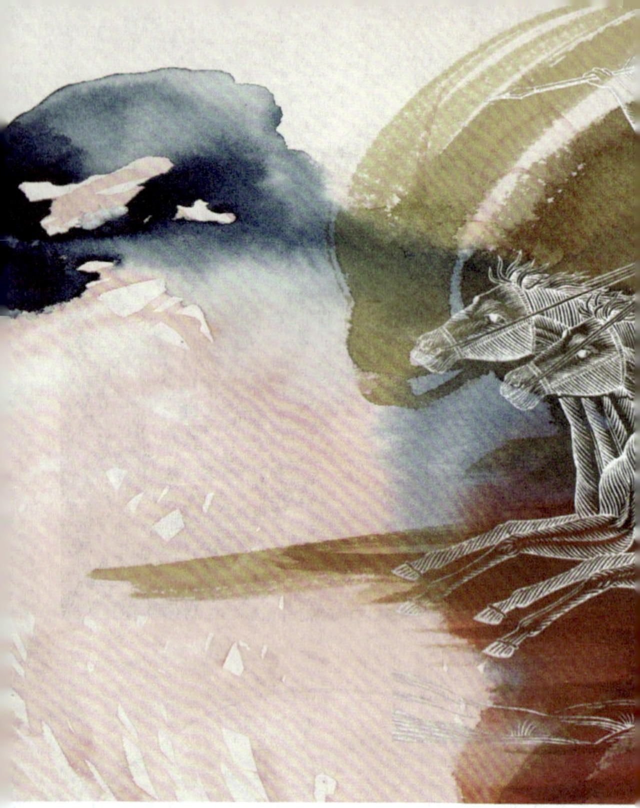

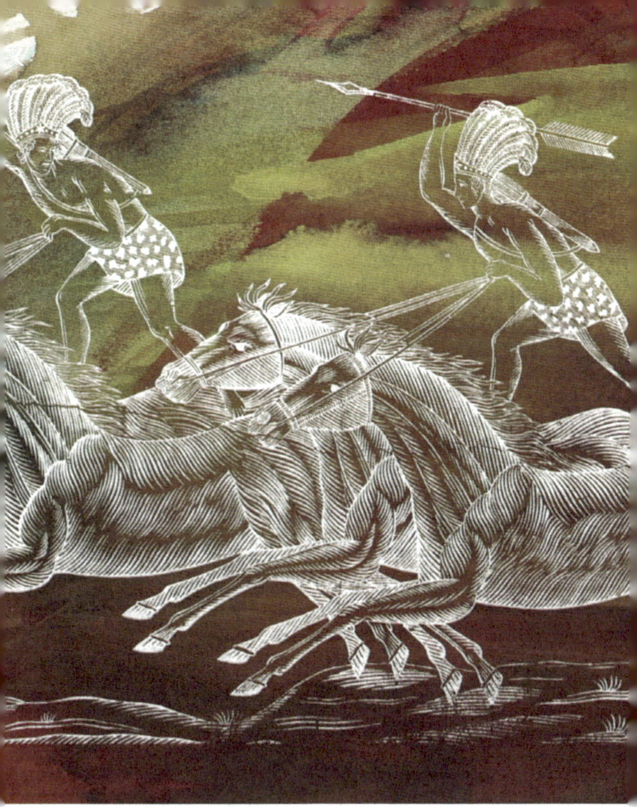

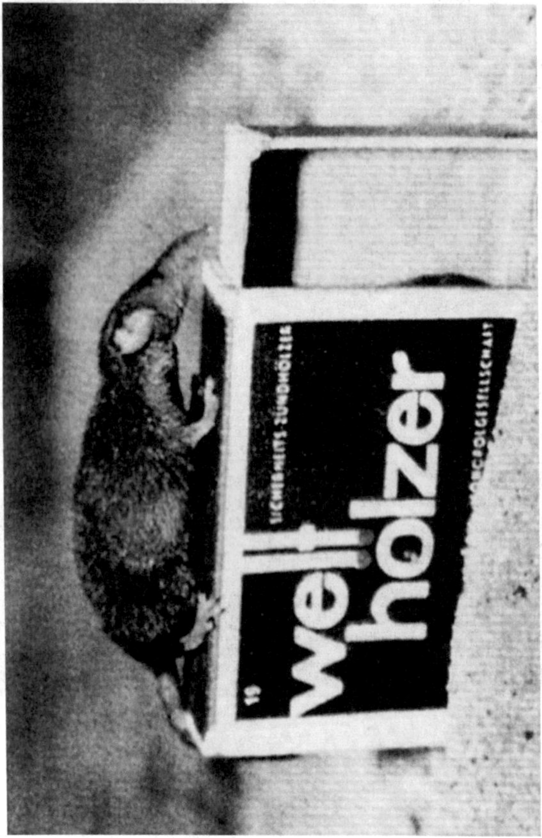
SICHERHEITS-ZÜNDHÖLZER
welt
hölzer

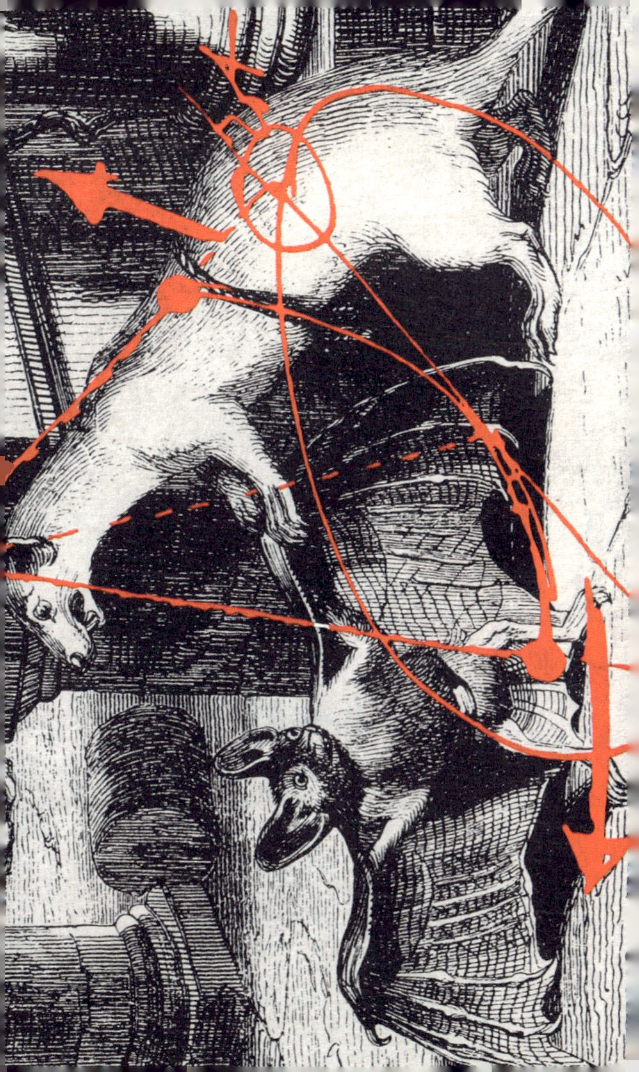

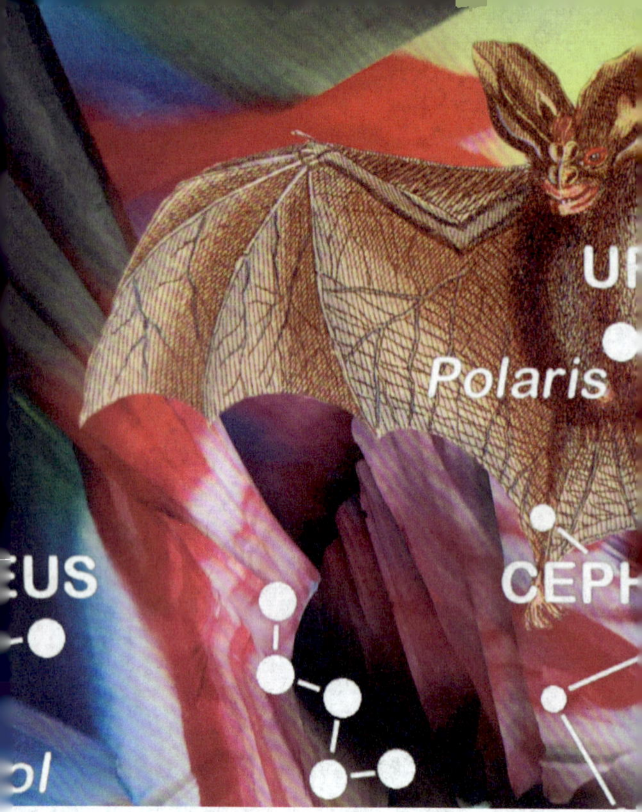
UR
Polaris
EUS
CEPH
ol

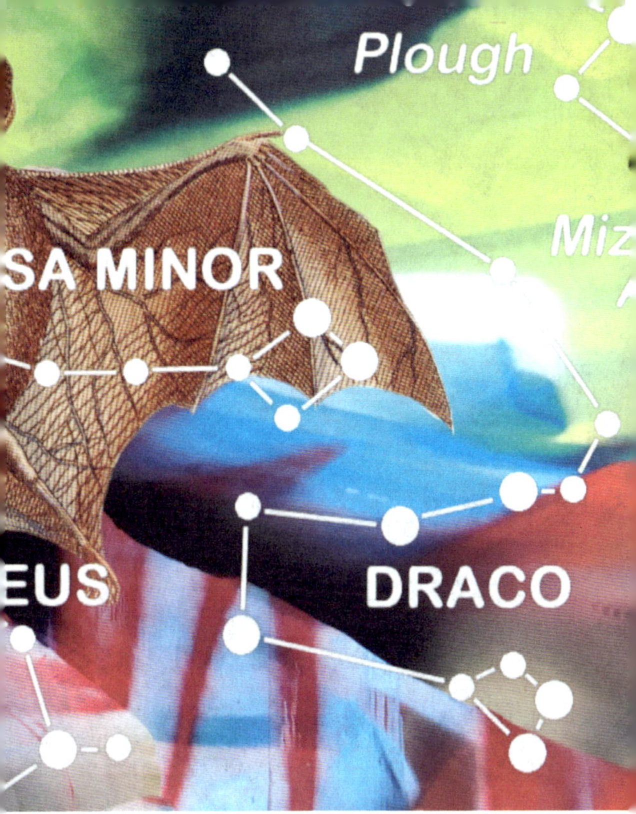
Plough
Miz
SA MINOR
EUS
DRACO

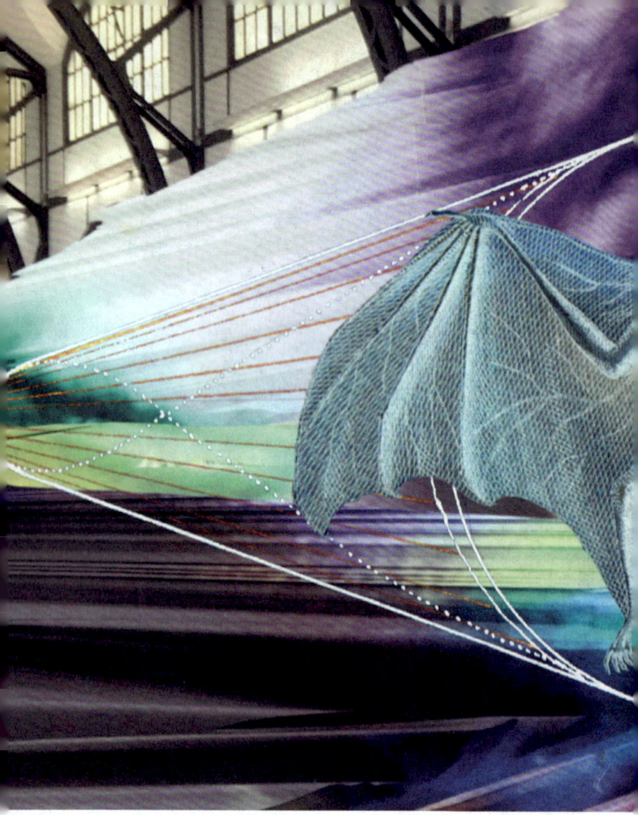

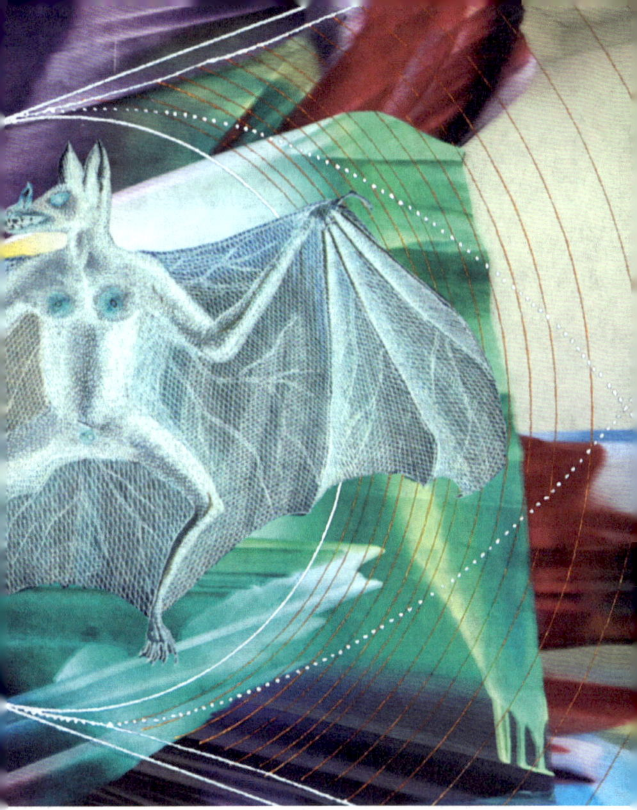

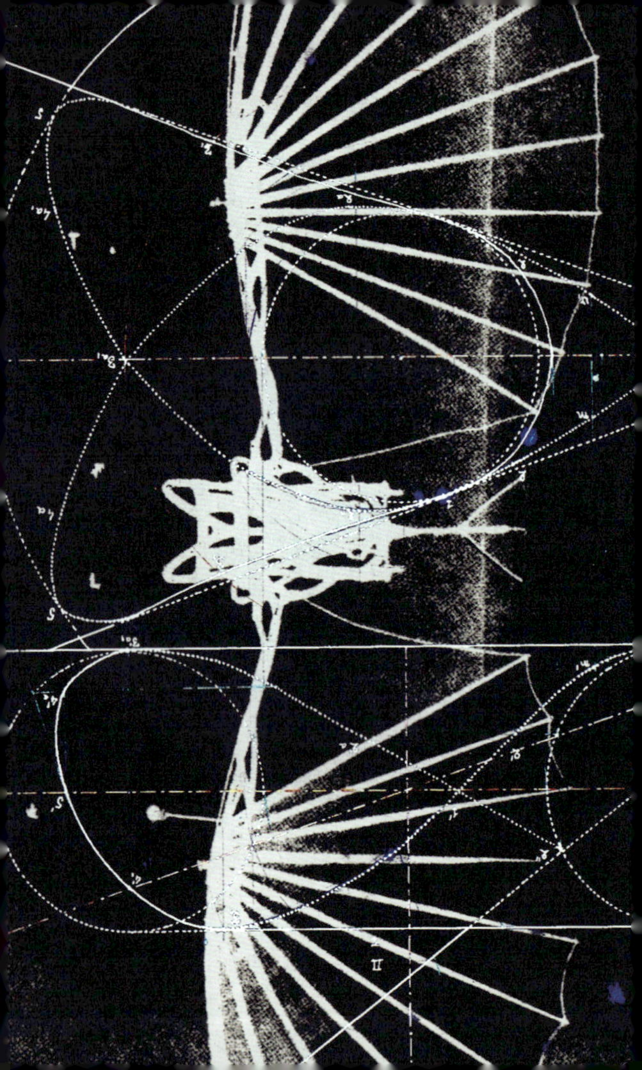

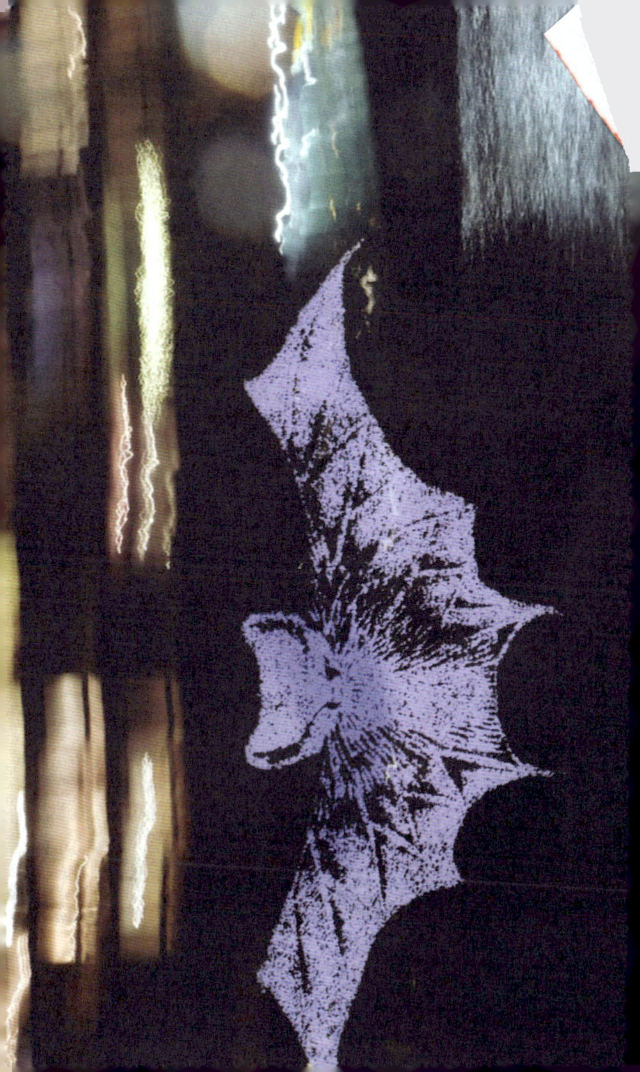

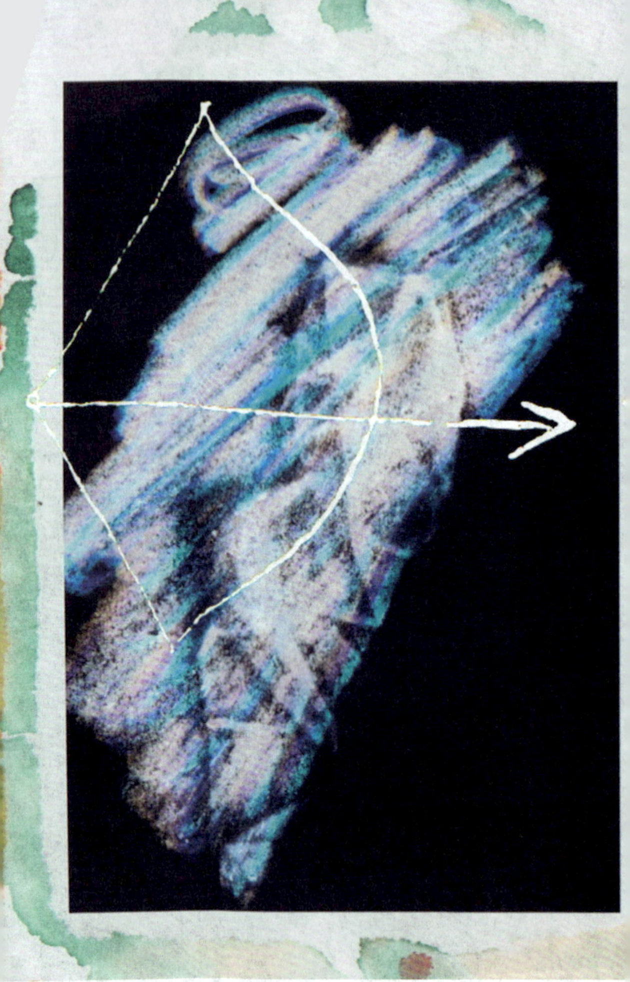

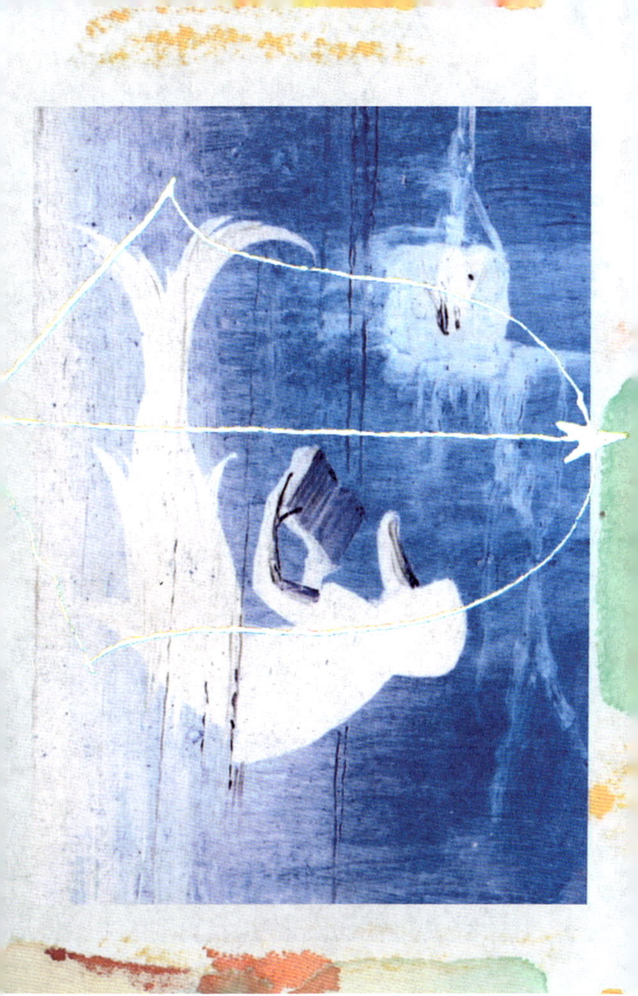

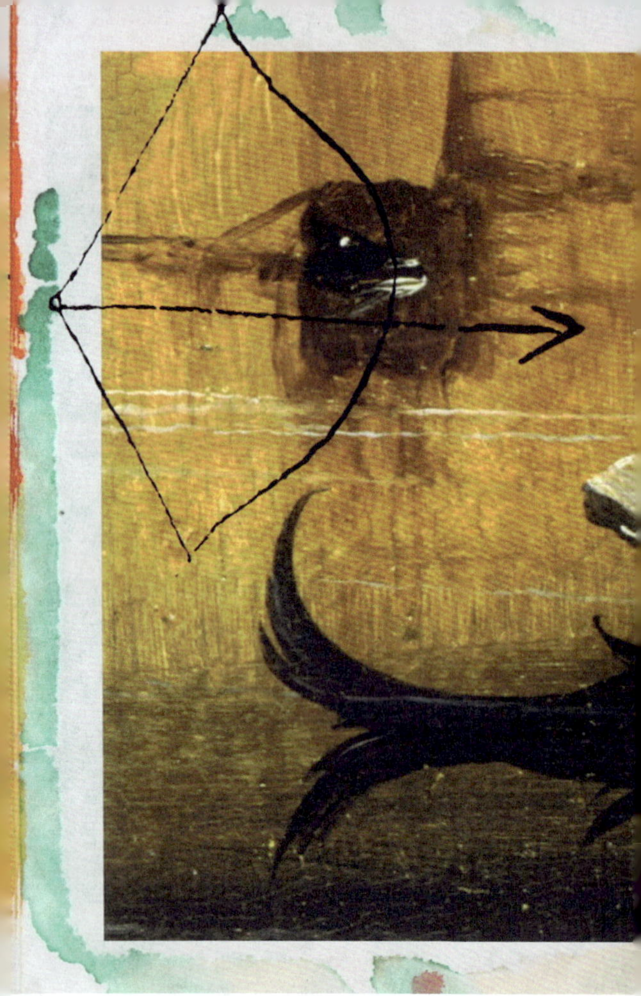

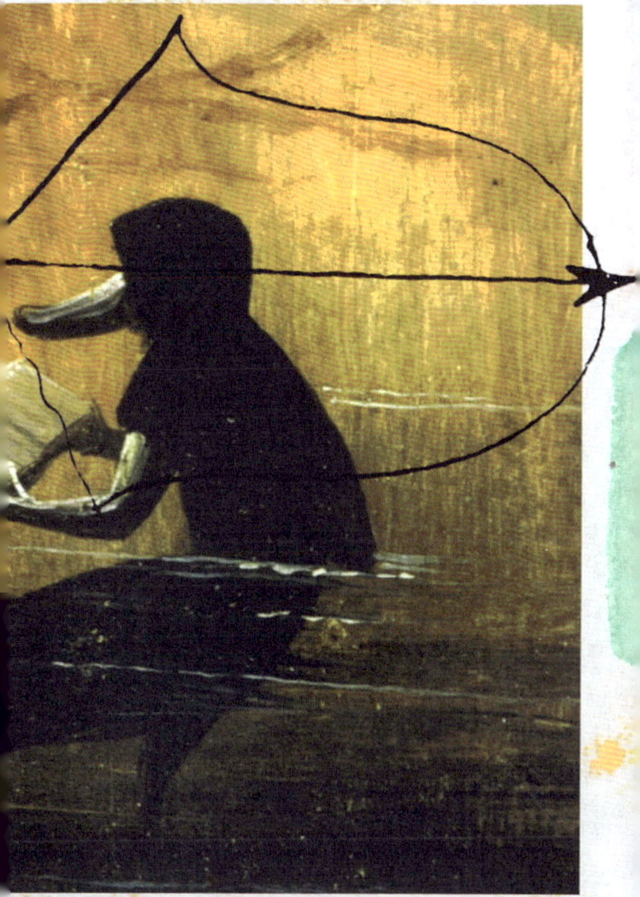

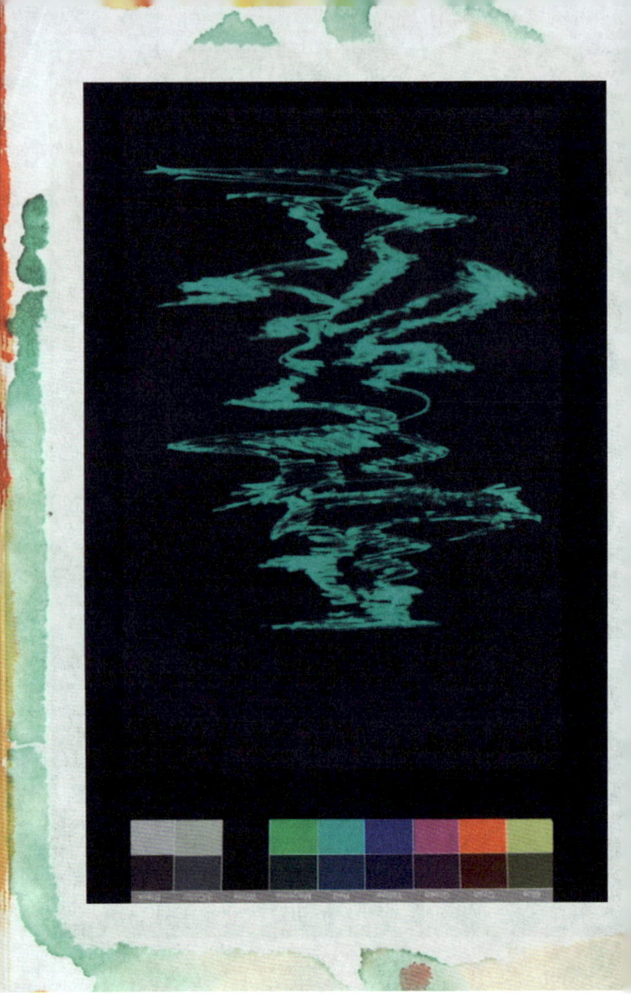

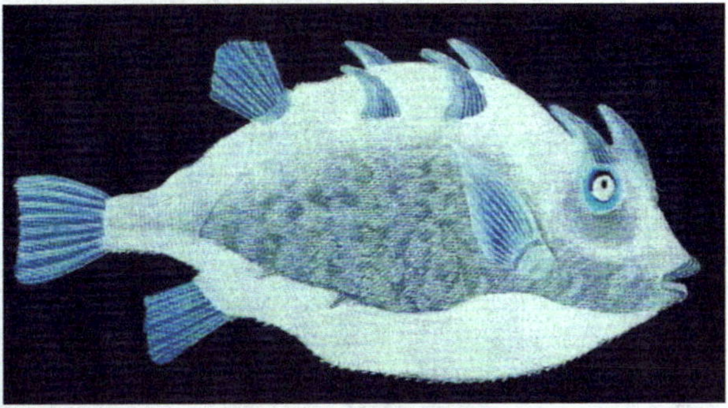

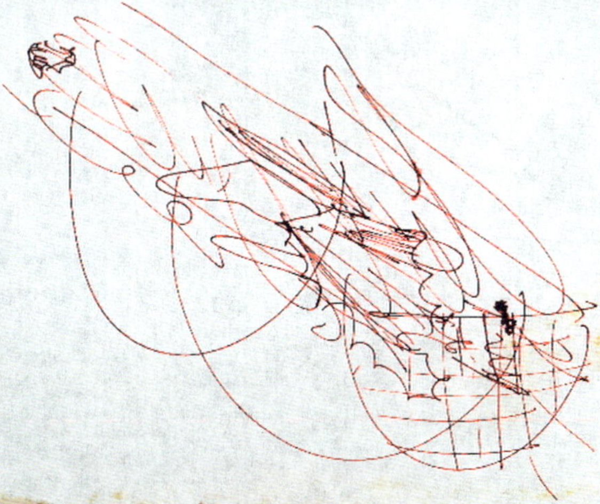

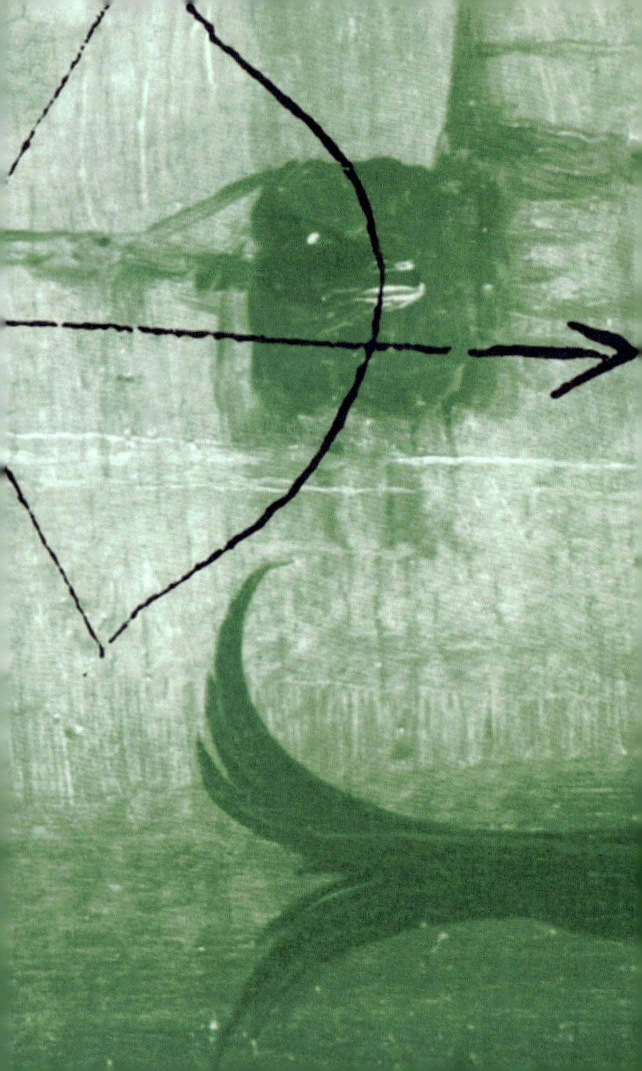

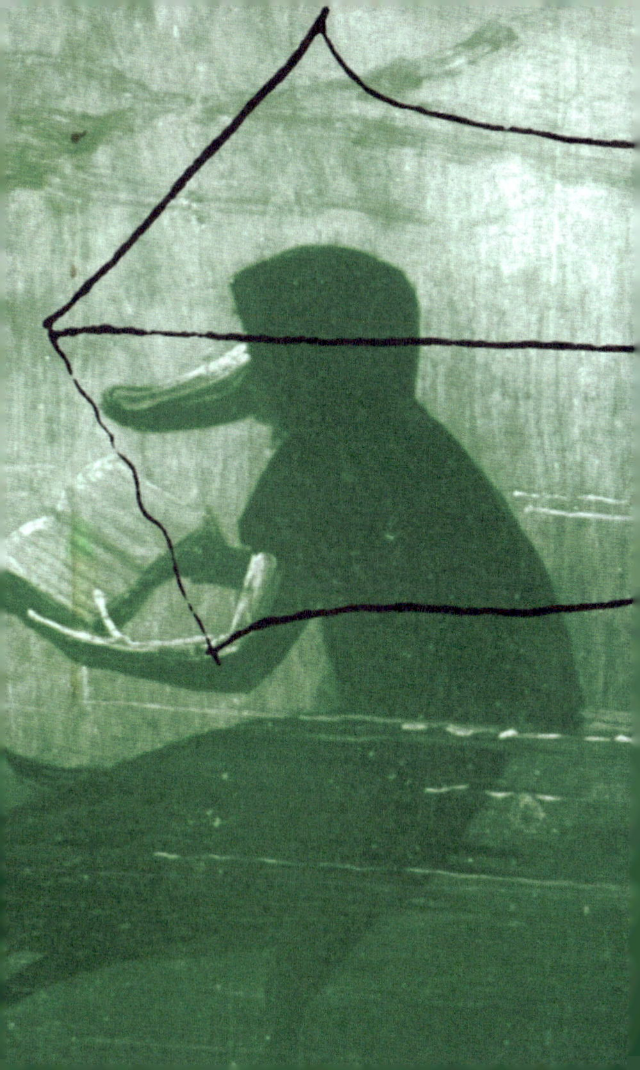

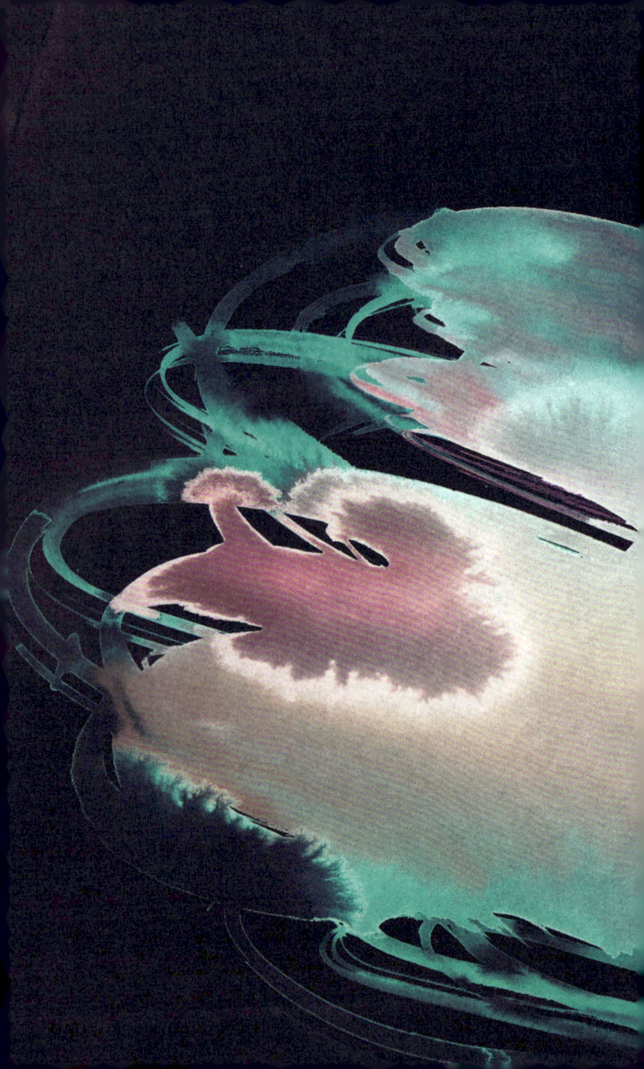

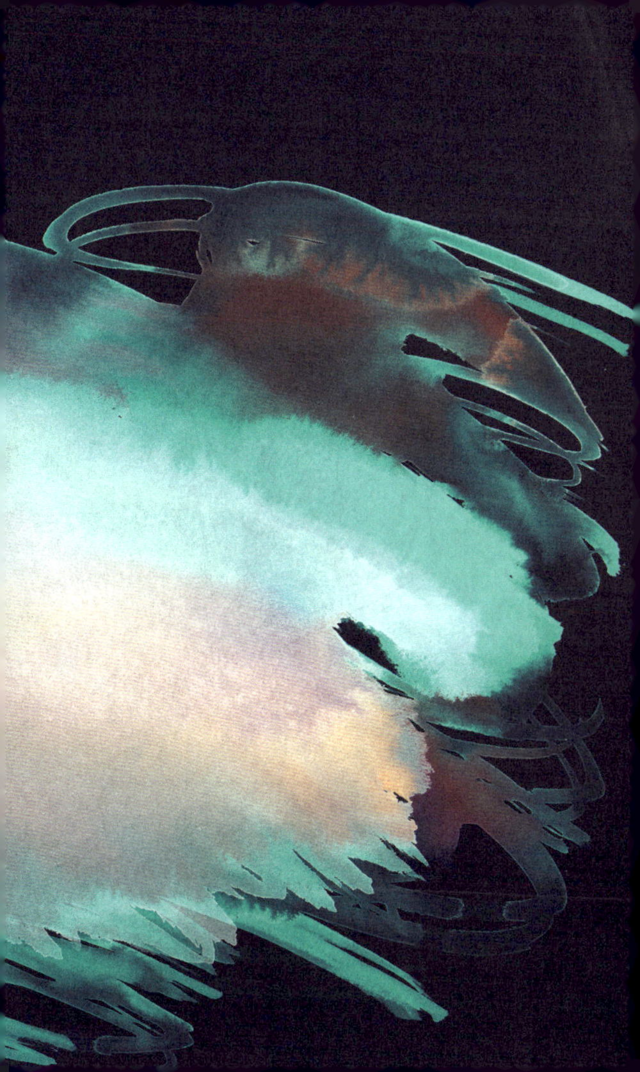

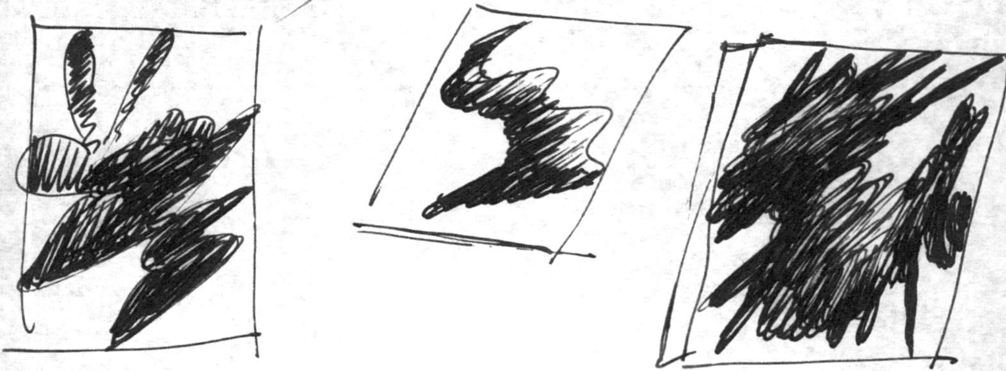

Nachweise und Hinweise

Aquarelle und Zeichnungen von Katharina Grosse treffen in diesem Buch auf Filmstills, Kameraarbeiten und Texte von Alexander Kluge. Wir haben (mit Ausnahme der Stationen 1, 8 und 9) Station für Station, Buchseite für Buchseite gemeinsam bearbeitet. Es wäre nicht richtig, alles, was wir gemacht und gedacht haben, zu erklären. Die Entscheidungen sind letztlich subjektiv, gerade in der Zusammenarbeit. Oft haben wir auch experimentiert und die Erklärung wird sich zeigen, wenn wir weiterarbeiten.

ungefähre Abweichung

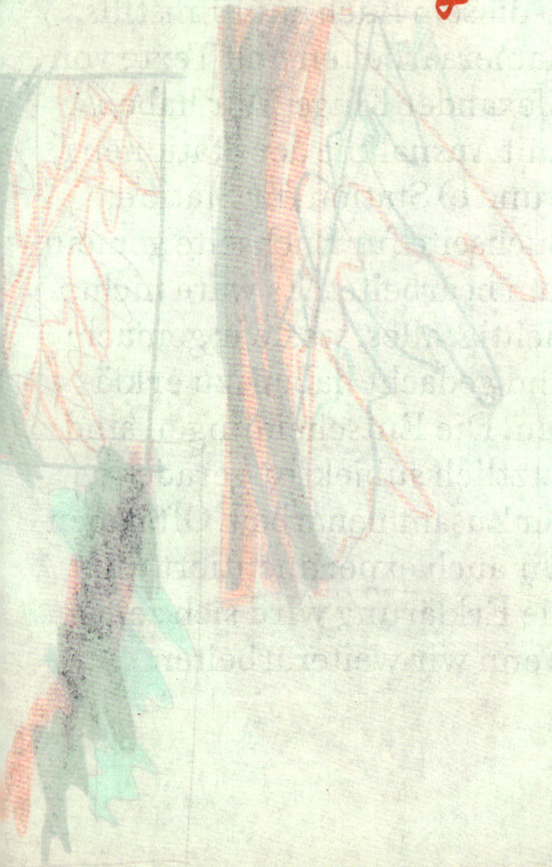

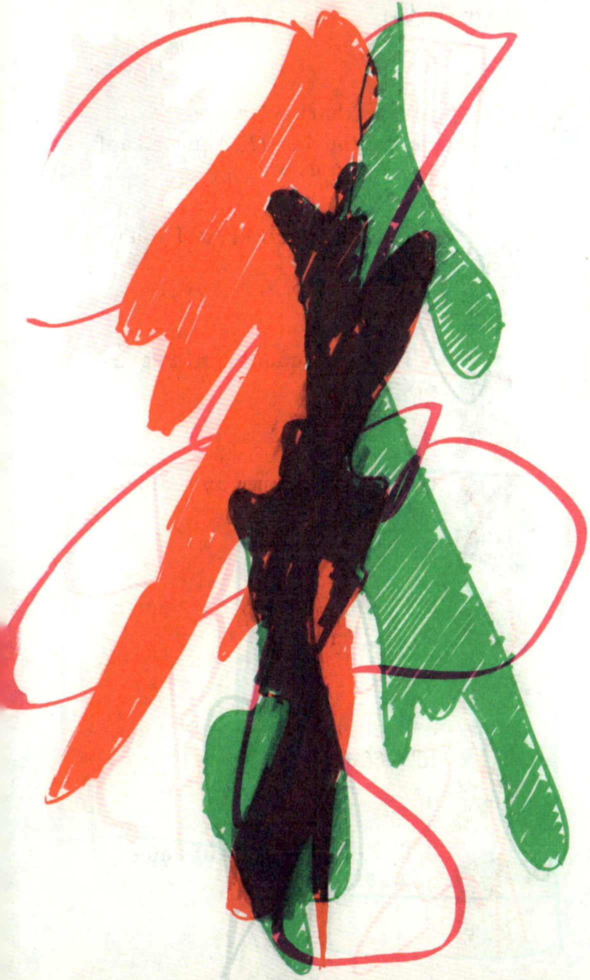

Seiten 10–41

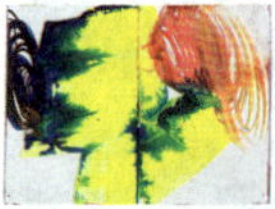

Aus: Katharina Grosse, Skizzenbuch, 2021, Aquarell auf Papier, 29,8×21×1 cm

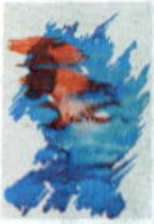

o.T., 2019, Aquarell auf Papier, 30×21 cm

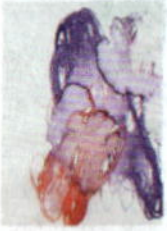

o.T., 2020, Aquarell auf Papier, 41×31 cm

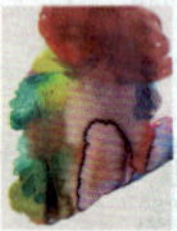

o.T., 2021, Aquarell auf Papier, 40,5×31 cm

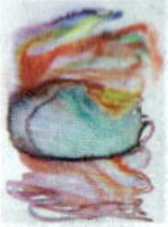

o.T., 2019, Aquarell auf Papier, 30,5×23 cm

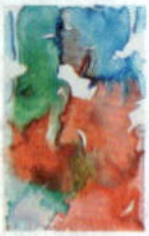

o.T., 2019, Aquarell auf Papier, 102×66 cm

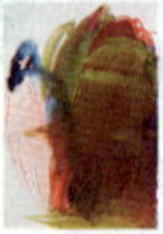

o.T., 2021, Aquarell auf Papier, 29,5×21 cm

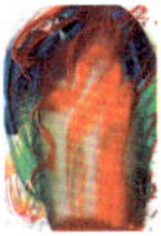
o.T., 2021, Aquarell auf Papier, 29,5×21 cm

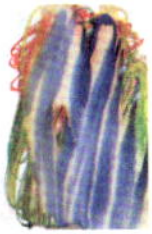
o.T., 2021, Aquarell auf Papier, 29,5×21 cm

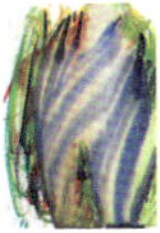
o.T., 2021, Aquarell auf Papier, 29,5×21 cm

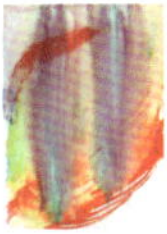
o.T., 2022, Aquarell auf Papier, 31,8×24,1 cm

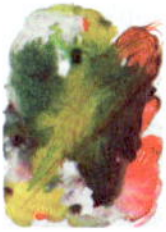
o.T., 2020, Aquarell auf Papier, 40×30 cm

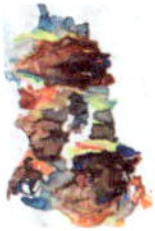
o.T., 2019, Aquarell auf Papier, 29,3×20,5 cm

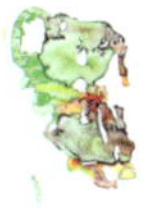
o.T., 2019, Aquarell auf Papier, 29,3×20,5 cm

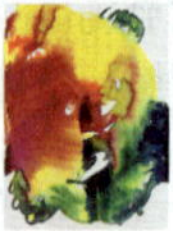

o.T., 2021, Aquarell auf Papier, 31,9 × 23,9 cm

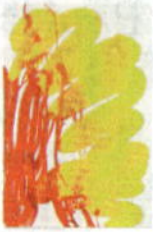

o.T., 2019, Aquarell auf Papier, 42 × 29 cm

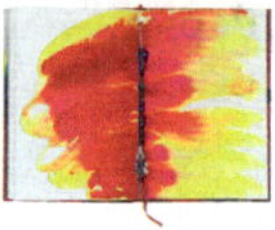

Aus: Skizzenbuch, 2021, Aquarell auf Papier, 21,5 × 15,5 × 4 cm

ZU STATION 2 – LEIBNIZ UND DIE SEPARATRIX

Seiten 50–51

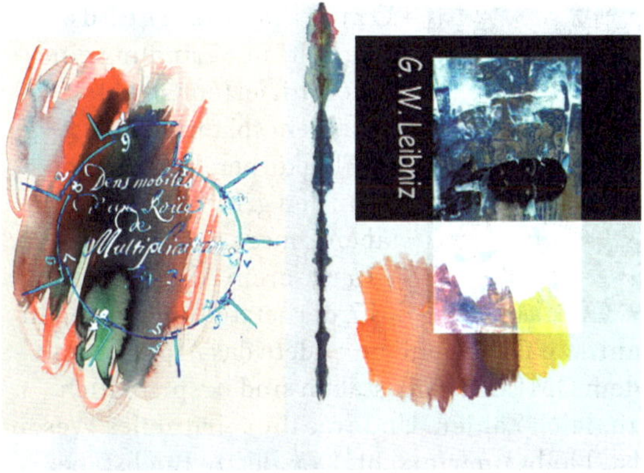

Abb.: Zusammengesetztes Bild auf Doppelseite. Links eine Zeichnung von Leibniz, das »Sprossenrad«, eine Rechenmaschine für Multiplikationen, 1673. Auf ein Aquarell von Katharina Grosse gesetzt. Zusammengesetzte Bilder werden im Folgenden nur kommentiert, wenn eine besondere Information damit verknüpft ist, die sich aus dem Bild nicht erklärt.

ZU STATION 3 – PALIMPSESTE, FREMDE PLANETEN

Seite 74

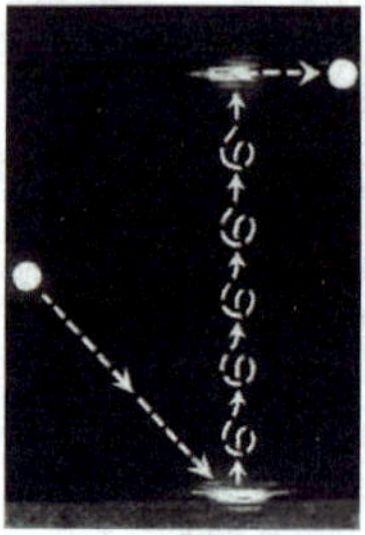

»Omega aufsteigend«
Abb.: Seltsame Landung eines unidentifizierten Objekts. Bei seinem späteren Start zeigt der Flugkörper ein Zeichen, das an den griechischen Buchstaben Omega erinnert.

In unserem Alphabet ist das Z der letzte Buchstabe, im antiken Griechenland endete das Alphabet mit dem OMEGA. Buchstaben sind ursprünglich zugleich Zahlen. Und was ihr spirituelles Wesen ist, bleibt unerforscht. Der »letzte Buchstabe im Alphabet«, die »Suche nach dem verlorenen Buchstaben« in der hebräischen Tradition und die Frage nach der »dunklen Rückseite des Alpha« sind nach wie vor eine Herausforderung für die Kunst und die Wissenschaft.

Seite 75

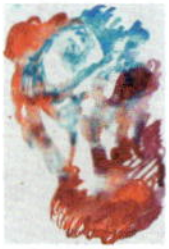

Katharina Grosse, o.T., 2021, Aquarell auf Papier, 29,7×20,9 cm

Seite 77

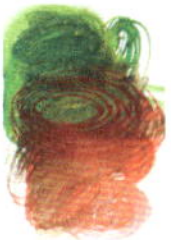

o.T., 2022, Aquarell auf Papier, 20,8×14,8 cm

Seite 120

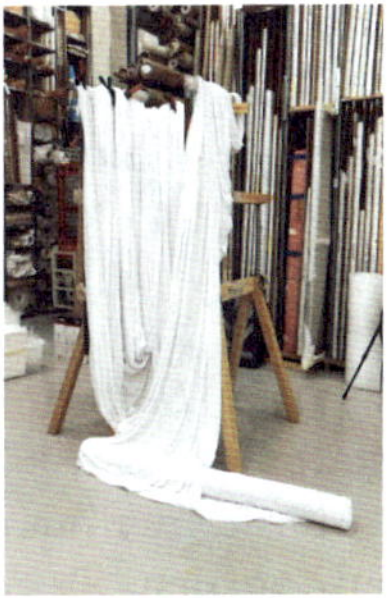

Katharina Grosse, *Der Profit*, 2019, Stoff, Holzböcke, Handklemmen, Holzlatten und Stretchfolie, 226×210×140 cm, entstanden für die Ausstellung *Alexander Kluge – DIE MACHT DER MUSIK / DIE OPER – Tempel der Ernsthaftigkeit*, Kunsthalle Weishaupt und Museum Ulm.

Seite 121

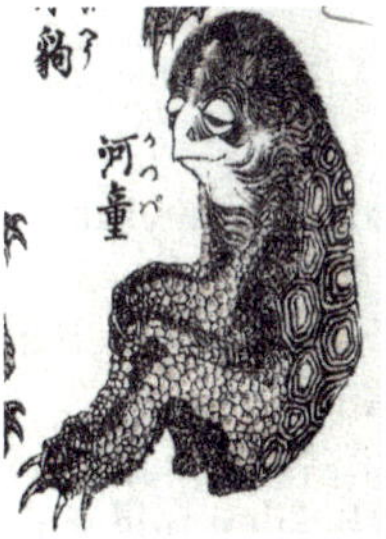

Eine Überlieferung aus dem antiken China berichtet vom »Goldenen Affen«. Über den Himalaya hinweg wanderte er weit in den Westen und kam mit gewiefter Erfahrung zurück nach Hause. Der Affe trägt einen Zauberstab mit sich. In einem Gedicht von Mao Tse-tung heißt es: »Da schlug der Goldene Affe mit seinem Zauberstab darein / Da war der Himmel aus Jade / Vom Staube wieder rein …«

ZU STATION 4 – DIE SEELE BADET IN MUSIK

Seite 138

Auf Mozarts Tod. Ein Lied, komponiert von Joseph Martin Kraus aus Anlass der Nachricht, dass Mozart gestorben sei. Kraus, Chef der königlichen Oper in Stockholm, galt als der »schwedische Mozart«. Legendär ist seine Oper *Dido und Aeneas.* Kraus gehörte zur Bewegung des *Sturm und Drang.*

Seite 145

Das Libretto für Alban Bergs Oper *Lulu* geht auf eine dramatische Vorlage von Frank Wedekind zurück. Der legendäre Mörder, der im dritten Akt von Alban Bergs Oper *Lulu* den Sopran umbringt, war – samt seinem Namen »Jack the Ripper« – ein Geschöpf der Boulevardpresse Londons.

Seite 153

Prometeo von Luigi Nono. Nono nennt sein Musikwerk eine »Tragödie des Hörens«. Das Werk wurde auf den Salzburger Festspielen 2011 aufgeführt. Die Probe zur Aufführung wurde für das dctp-Kulturmagazin News & Stories *Das Ohr badet in Musik* gefilmt. Bei den Bildern handelt es sich um Filmstills aus diesem Film. Eingeblendet sind Fragmente aus der Partitur.

»Willkürliche Götter entscheiden über Tod oder Leben im Trojanischen Krieg …« Filmfragment zu *Dido & Aeneas* von Joseph Martin Kraus. Württembergischer Kunstverein Stuttgart, Ausstellung *Das dünne Eis der Zivilisation*, 2020, Screen 4.
07:33

Hommage für Luigi Nono
Filmfragment zu *Prometeo*
04:14

ZU STATION 5 – GELÄNDE DER UNRUHE

Seite 194

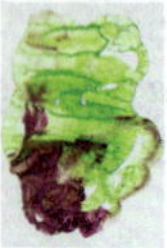

Katharina Grosse, o.T., 2021, Aquarell auf Papier, 29,6×20,8 cm

Seite 198

»Außerordentliche Wahrnehmung südlich von Afrika«. Aus: Alexander Kluge, »Die blaue Gefahr« in ders., *Die Lücke, die der Teufel lässt*, Seite 887, Suhrkamp, 2003. Die sagenhafte Schildkröte ist, nach den Berichten der geretteten Seeleute, so groß wie dreißig Matrosen.

Seite 207

Hommage an Edvard Munch *Tod des Marat I*, 1907. Munchmuseet in Oslo.

Seite 209

Berliner Abendblätter. Ein halbes Jahr lang, von Oktober 1810 bis 30. März 1811 publizierte der Dichter Heinrich von Kleist in Berlin eine Abendzeitung. An jedem Tag der Woche außer Sonntag. Umfang: vier Seiten. Das legendäre Blatt enthält amtliche Nachrichten von den Kriegsschauplätzen Napoleons, Nachrichten über Morde und Sensationen und zugleich unsterbliche Texte des Meisters. Sie sind kurzgefasst, wie es ein

Abendblatt erfordert. Die *Berliner Abendblätter* bilden eine »enge Nahtstelle, ein Separatrix« zwischen plebejischer Öffentlichkeit und Hochkunst. In einer Zeit der subjektiven und objektiven »Unruhe« in Kleists Leben.

Zum Tode von Charlotte Corday heißt es in den *Berliner Abendblättern*, 45. Blatt, den 21. November 1810:

> »Als Charlotte Corday guillotinirt wurde, nahm der Henker, wie bekannt, das Haupt, und gab ihm eine Ohrfeige. Man wollte bei dieser Gelegenheit, bemerkt haben, daß die Wangen des Mädchens erröthet wären, und ihr Auge, bevor es sich schloß, noch einmal unwillig auf den Elenden geblickt hätte, der ihr diese Schmach zufügte. Diese Sage gab Veranlassung bekanntlich zu vielen physiologischen Streitigkeiten zwischen denen, welchen darin ein Urtheil zustand: ob nämlich in dem bereits abgehauenen, vom Körper gänzlich getrennten Kopfe, Empfindung mit Bewußtsein vorhanden sein könne. Diejenigen, welche diese Frage verneinten, fanden mancherlei, dem Vorgeben nach auf Erfahrung sich stützenden, Widerstand. Ganz neuerdings hat der Professor Senff in Halle, im Beisein und mit Beistand mehrerer anderen einsichtsvollen Aerzte, an einem Dekollirten Versuche gemacht, welche ziemlich in letzter Instanz das Resultat geben, daß in dem also verletzten und völlig

getrennten Kopf keine Empfindung mit Bewußtsein wahrzunehmen ist.

Am 8.Oktober nämlich wurde der *Mörder von zwei Schwestern* enthauptet. Er war, was wohl hier von Gewicht ist, sehr ruhig vorher und gefaßt. Der Kopf war gerade in der Mitte des Halses abgehauen worden, und in weichen Sand gefallen. Noch ehe ihn der Experimentator mit seinen Gehülfen aufnahmen, bewegte sich zweimal die untere Kinnlade. Schnell wurde die Binde von den Augen gerissen, welche man weit offen, die Pupillen aber enger als gewöhnlich fand, auch drehten sich die Augäpfel etwas nach Außen hin. In das eine Ohr wurde stark der Name des Dekollirten gerufen, aber die Augen bewegten sich gar nicht, folglich auch nicht nach der Seite, wo gerufen wurde. Eine Stecknadel stach man tief in die Wange, worauf man auch nicht das mindeste Zeichen von Gefühl bemerkte. Man sprützte flüchtiges Laugensalz (Liquor Ammonii Caustici) in die Nase, aber es erfolgte auch nicht die mindeste Gegenwirkung auf diesen so heftigen Reiz, kein Zucken, keine auch noch so wenig merkliche Veränderung in den Zügen des Gesichts. Die Zeit dieser Versuche vom Moment der Enthauptung an, betrug nur wenige Minuten.«

Seite 225

G a l g e n. *Le Pendu,* gemalt von dem Dramatiker und Dichter Victor Hugo, 1854. Metropolitan Museum of Art in New York.

Seiten 234–235

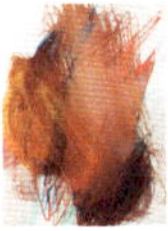

Katharina Grosse, o.T., 2022, Aquarell auf Papier, 41×31 cm

ZU STATION 6 – DAS RUHIGE KAPITEL

Seiten 244–284

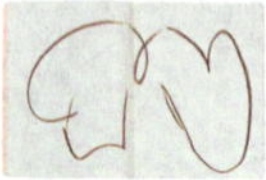

Aus: Katharina Grosse, Skizzenbuch, 2021, Buntstift auf Papier, 25 × 19 × 1,5 cm

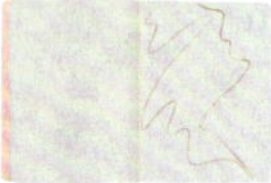

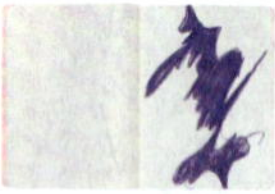

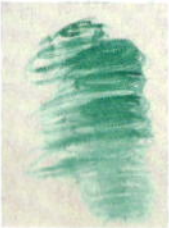

o.T., 2021, Aquarell auf Papier, 40,5 × 31 cm

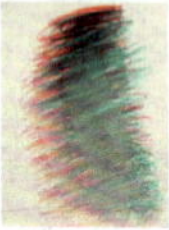

o.T., 2021, Aquarell auf Papier, 40,5 × 31 cm

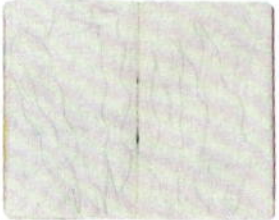

Aus: Skizzenbuch, 2021, Bleistift auf Papier, 14 × 9 × 1 cm

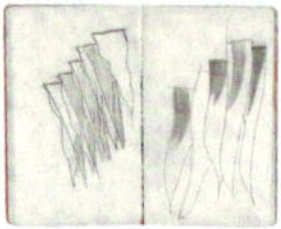

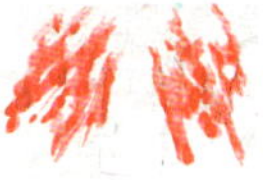

o. T., 2022, Aquarell auf Papier, 14,8 × 20,7 cm

o. T., 2022, Kugelschreiber auf Papier, (Vorder- und Rückseite), 42 × 29,7 cm

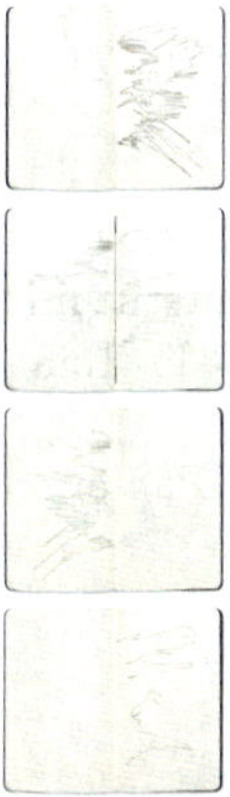

Aus: Skizzenbuch, 2022, Buntstift und Bleistift auf Papier, 21 × 13 × 0,5 cm

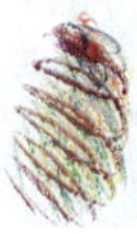

o. T., 2021, Aquarell auf Papier, 42 × 29 cm

Seite 286
»Zukunftsträchtiger Schnellläufer«. Abbild eines Tiers aus der Grube Messel. Auf einem Aquarell von Katharina Grosse. Dieser Schnellläufer mit »aufrechtem Gang« gehört zur Linie der Vorfahren, die zu uns Menschen führt.

Seite 288
Archaische Fledermaus. Skelett von vor einigen Millionen Jahren. Gerade beginnt die Symbiose zwischen dem Corona-Virus und den Fledermäusen. Im Bild der Brustkorb, welcher die für das Virus interessante Lunge beherbergt.

Seiten 300, 304, 316

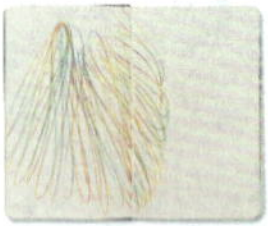

Aus: Katharina Grosse, Skizzenbuch, 2022, Buntstift mit Aquarell auf Papier, 21×13×1 cm

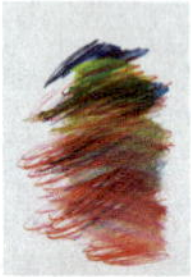

o.T., 2021, Aquarell auf Papier, 42×29 cm

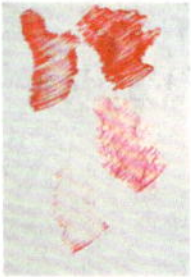

o.T., 2021, Aquarell auf Papier, 42×29 cm

Seiten 318–326

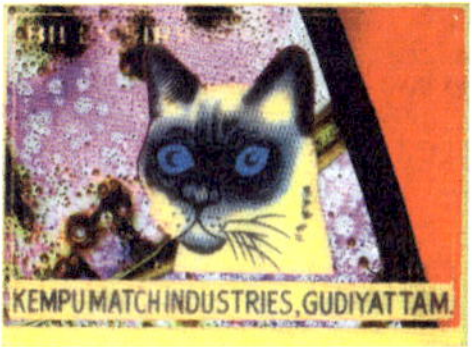

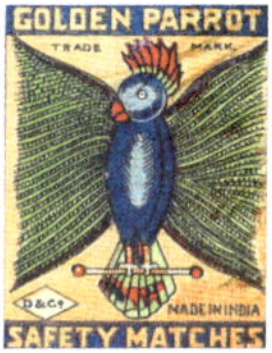

Bilder auf indischen Zündholzschachteln

Seite 323

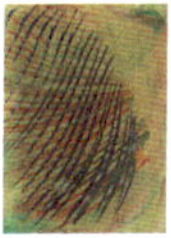

Katharina Grosse, o.T., 2022,
Aquarell auf Papier, 39,7 × 30 cm

ZU STATION 7 – HOMMAGE FÜR SERGEJ EISENSTEIN
(mit Welimir Chlebnikow, Kasimir Malewitsch und Giacometti)

Arbeitsskizzen von Sergej Eisenstein. Fragmente aus den Arbeitsskizzen sind verbunden mit Aquarellen von Katharina Grosse oder mit Kamerabildern, wie sie für Station 8 dieses Buches charakteristisch sind. Die Arbeitsskizzen Eisensteins beziehen sich auf Arbeiten bei seiner Inszenierung von Richard Wagners *Walküre* am Bolschoi Theater in Moskau sowie auf eine nicht fertiggestellte Arbeit über den *Untergang Trojas* und außerdem auf Dreharbeiten zu *Alexander Newski*.

Seite 365

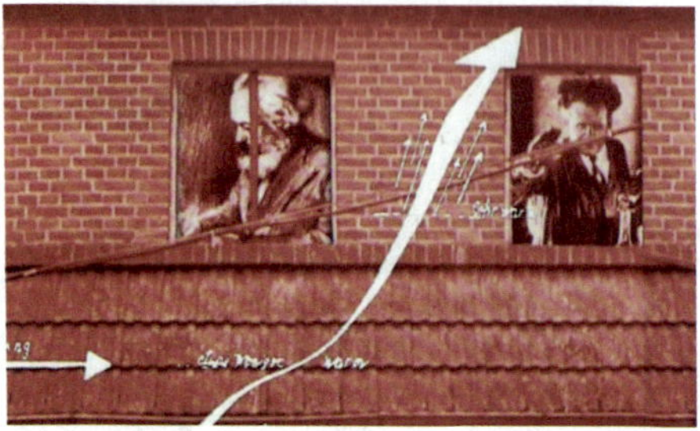

Abb.: »Eisenstein und Marx im gleichen Haus«. Titelbild zu *Alexander Kluge: Nachrichten aus der ideologischen Antike. Eisenstein – Marx – Das Kapital*, suhrkamp-filmedition, 2008

Nachrichten aus der ideologischen Antike. Kurzfassung für Cinemathek Lissabon, 1 h 29 min, 2021. Originalfassung: *News From Ideological Antiquity. Eisenstein – Marx – The Capital*, 6h 8 min. Installation für drei Projektoren – Biennale di Venezia, 2015. Collection de Audiovisuel du Centre national des arts plastiques (CNAP), 2021

Seite 367
Skulptur des jungen Karl Marx. Aus: Stefan Moses, Alexander Kluge *Le Moment fugitif*, Nimbusverlag 2014.

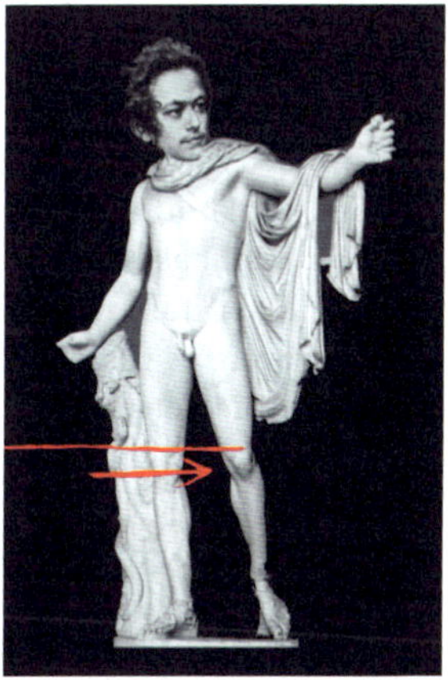

Seite 370

Der verhüllte Marx

Ein von der kommunistischen Partei Italiens – Sektion Venedig – an die DDR ausgeliehener Künstler schuf in der Hauptstadt der DDR eine ungewöhnliche Skulptur in weiß-rosa bemaltem Metall und schenkte sie der Sozialistischen Einheitspartei Deutschlands (SED) in Berlin: der junge Marx im Alter von vielleicht 25 Jahren, ohne alle Kleidung. Nackt und rosig stand er im Schnee auf einem der Höfe der Akademie der Künste.

Das hätte hingehen mögen, da in der Figur, wenn es nicht auf einem Schild notiert gewesen wäre, niemand den Begründer der dialektisch-materialistischen Methode vermutet hätte. Allerdings wirkte die Figur »modern« und nicht wie ein Akt aus der Antike. Dennoch schämten sich die Funktionäre in der Kulturabteilung des Zentralkomitees. Sie wussten ja, wen das Kunstwerk darstellen sollte. Und sobald der italienische Meister in seine Heimat zurückgereist war, ließen sie die Stellage verhüllen. So stand sie noch, als die Abwickler der Treuhand Ende 1990 über den Verbleib zu entscheiden hatten. Sie bewerteten – auch in Unkenntnis, um welches Abbild es sich handelte – nur den Metallwert. Das Artefakt wurde eingeschmolzen.

Der Körper, den der italienische Meister geschaffen hatte, war von eleganter Schönheit. Die Sympathien einer ganzen Generation hätte man für den Sozialismus gewinnen können, wäre Marx im rechten Augenblick so unverhüllt und öffentlich gezeigt worden.

Seite 374

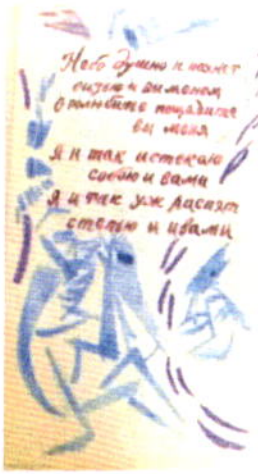

Eine Seite aus Alexei Krutschonychs Buch *Vzorval* von 1913.

Seite 372

Oben Beispiel für »poetische Mathematik« bei Welimir Chlebnikow.

Seite 375

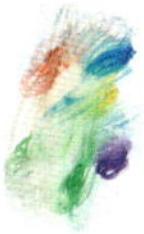

Katharina Grosse, o.T., 2022, Aquarell auf Papier, 20,8×14,9 cm

Seite 376

Oben Filmstill aus dem Film *Alexander Newski*.
Unten Filmstill aus dem Film *Oktober*.

Seiten 378–381
Die Bilderfolge ist eine Hommage an Georges Didi-Huberman, *Der Kubus und das Gesicht: Im Umkreis einer Skulptur von Alberto Giacometti*. Diaphanes Verlag, 2014. Zitierte Abbildungen: *Der Schädel* (1923); *Kopf auf einem Stab* (1947), *Ohne Titel*, Kunstmuseum Basel (Kupferstich-kabinett).

ZU STATION 8 – »LICHTER IM HAFEN«/ 48STEL SEKUNDEN-KAMERABILDER

Seite 402
Meine Schwester Alexandra. »Lichter im Hafen«. 42×24 cm Druck von Filmstill auf Aluminium. Knust Kunst Gallery Editions, 2022.

Seite 404
»Ihr Worte, auf, mir nach! / Weiter zu keinem Ende geht's«. Aus: Ingeborg Bachmann, *Sämtliche Gedichte*, Piper Verlag, 2003.

Seite 410
»Tränenapparat«. 42×24 cm Druck auf Aluminium. Knust Kunst Gallery Editions, 2022.

Seiten 418–419
»Mutterwitz«. Muttertier mit Jungem auf seinem Rücken. Mit Kamerabild aus »Lichter im Hafen«. Knust Kunst Gallery Editions, 2022.

Das Bild des Muttertiers: Aus Bertuchs *Bilderbuch für Kinder*, Band 10. Tafel Nr. 21: MERKWÜRDIGE BEUTHELTIERE. Es heißt zu diesem Bild: »Der Koala ist ein neuentdecktes Beutheltier aus Neuholland von der Größe eines mittleren Hundes, mit langhaarigem, dickem, aschgrauem Pelz, vorwärtsgerichteten Ohren und schwarzer Nase. Er kommt, in Rücksicht des Gebisses, dem Känguru, in Beziehung auf die Körperbewegung aber einem Bären nah. Das Weibchen trägt sein Junges auf dem Rücken, wie die Abbildung zeigt.« F. J. Bertuch hat den Band 1821 publiziert. Bertuchs *Bilderbuch für Kinder* war das Lieblingsbuch von Walter Benjamin. Er hat es im Jahr 1918 als Erwachsener nochmal gekauft. Es existieren insgesamt zwölf Bände.

Seiten 421–422
»Lichter im Hafen«. Mit Filmstill aus *Artisten in der Zirkuskuppel: ratlos.*

Seite 425
»Wirft sich die Trapezfliegerin vertrauensvoll in die Arme des Fängers, so nenne ich den Klick des gelingenden Sprungs den Augenblick der *Erkenntnis.*« Auf Detail eines Aquarells von Katharina Grosse. © Katharina Grosse, Alexander Kluge und VG Bild-Kunst, 2022.

Seiten 428–429
Hommage für ein Foto von Man Ray. 42 × 24 cm Druck von Filmstill auf Aluminium. Knust Kunst Gallery Editions, 2022.

Seiten 434–435
Hommage für Paul Klee. Anatomisches Bild, Persien, 13. Jahrhundert.

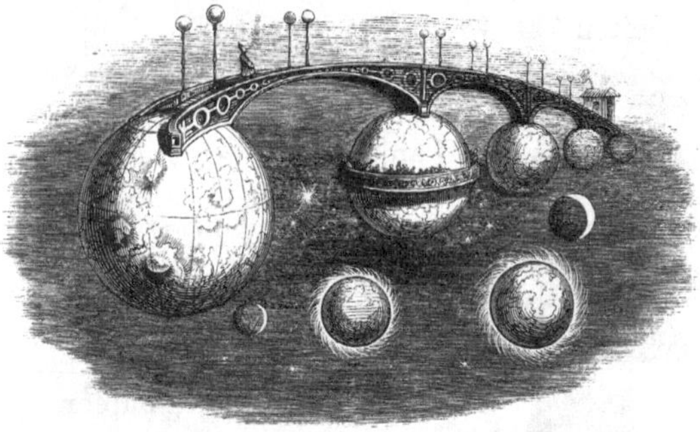

»Planetenbrücke« von Grandville. Im *Passagenwerk* von Walter Benjamin ist diese Zeichnung das Schlussbild von Band I. *Gesammelte Schriften*, Band V, 1. Am Ende der Brücke: »Lichter im Hafen«.

Seiten 450–488

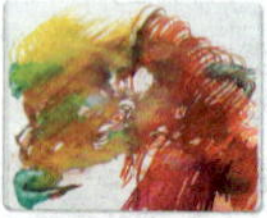

Aus: Katharina Grosse, Skizzenbuch, 2022, Aquarell auf Papier, 14×18,2×0,5 cm

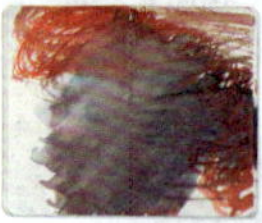

Aus: Skizzenbuch, 2022, Aquarell auf Papier, 14×18,2×0,5 cm

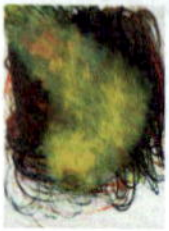

o.T., 2022, Aquarell auf Papier, 32×24 cm

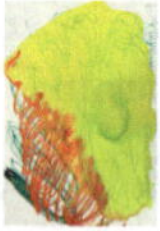

o.T., 2022, Aquarell auf Papier, 29,7×21 cm

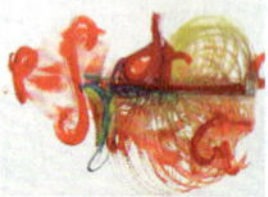

o.T., 2022, Aquarell auf Papier, 29,2×42 cm

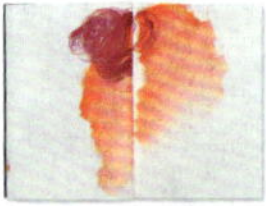

Aus: Skizzenbuch, 2022, Aquarell auf Papier, 29,5×21×1,5 cm

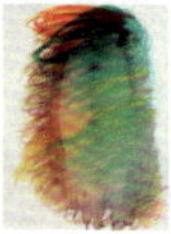

o.T., 2021, Aquarell auf Papier, 40,5×31 cm

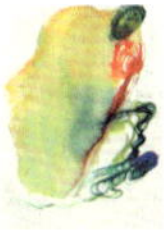

o.T., 2022, Aquarell auf Papier, 41×31 cm

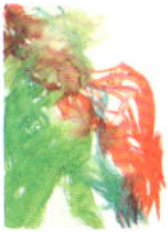

o.T., 2022, Aquarell auf Papier, 41×31 cm

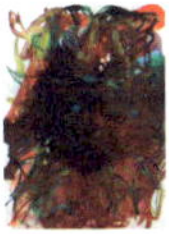

o.T., 2022, Aquarell auf Papier, 41×31 cm

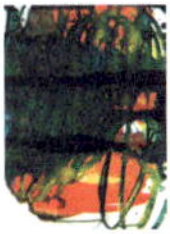

o.T., 2021, Aquarell auf Papier, 40×30 cm

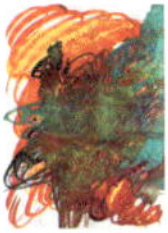

o.T., 2021, Aquarell auf Papier, 40×30 cm

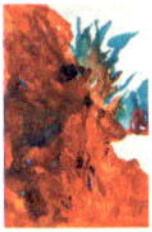

o.T., 2019, Aquarell auf Papier, 102×66 cm

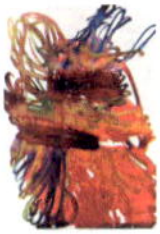

o.T., 2019, Aquarell auf Papier, 29,8×21 cm

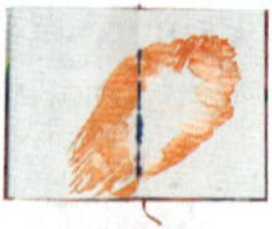

Aus: Skizzenbuch, 2021,
Aquarell auf Papier, 21,5×15,5×4 cm

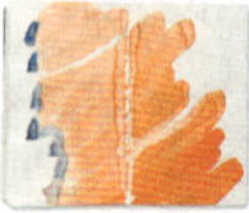

Aus: Skizzenbuch, 2022,
Aquarell auf Papier, 21×13×1 cm

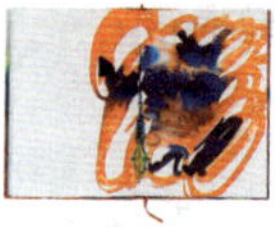

Aus: Skizzenbuch, 2021,
Aquarell auf Papier, 21,5×15,5×4 cm

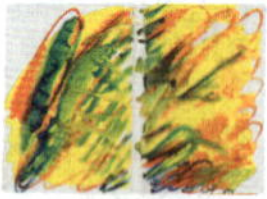

Aus: Skizzenbuch, 2021,
Aquarell auf Papier, 30×22,3×0,5 cm

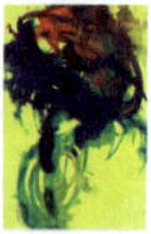

o.T., 2019, Acryl auf Papier,
101×67 cm

ZU STATION 10 – STRATEGIE VON OBEN / STRATEGIE VON UNTEN

Seiten 494–495
Bahnsteig auf dem Hauptbahnhof von Kyiv am dritten Tag der Invasion. 27. Februar 2022. »Die Zügen fuhren mit einem Mal sehr häufig – Krieg war ausgebrochen«, aus: Andrej Platonow *Tschewengur. Die Wanderung mit offenem Herzen*, Suhrkamp 2018.

Seiten 542–544

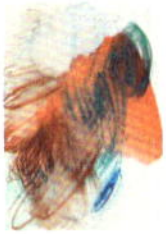

Katharina Grosse, o.T., 2022, Aquarell auf Papier, 41×31cm

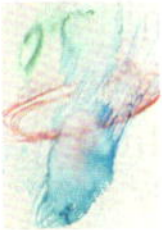

o.T., 2022, Aquarell auf Papier, 41×31cm

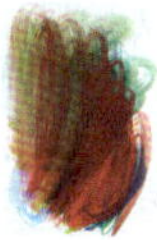

o.T., 2021, Aquarell auf Papier, 42×29cm

Seiten 549–551
Darstellung von Manövern von US-Flugzeugen in der Zwischenkriegszeit (1918–1939). Die Bombardierung von Kriegsschiffen wird geübt.

Seite 562

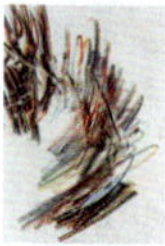

Katharina Grosse, o.T., 2021, Buntstift auf Papier, 13×9 cm

Seiten 570–573

»Ruinen von Aleppo«

Seiten 576–577

Zeitperspektive versus Raumperspektive

In der Malerei ist seit der Renaissance die Raumperspektive dominant. In der jungen Filmkunst ist die Zeitperspektive das relevante Element. Das Filmstill eines Steinfragments von vor 2400 Jahren, in dem Medea dargestellt ist, verknüpft mit einer Scherenkran-Bühne von Katharina Grosse, eine Installation, die in der Ausstellung *Die Oper: Tempel der Ernsthaftigkeit* in der Kunsthalle Weishaupt in Ulm zu sehen war und offensichtlich aus dem 21. Jahrhundert kommt, bildet eine solche *Zeitspur* bzw. Zeitperspektive. Das Separatrix-Projekt versucht räumliche Bilder und Zeitperspektiven miteinander in Reibung zu versetzen.

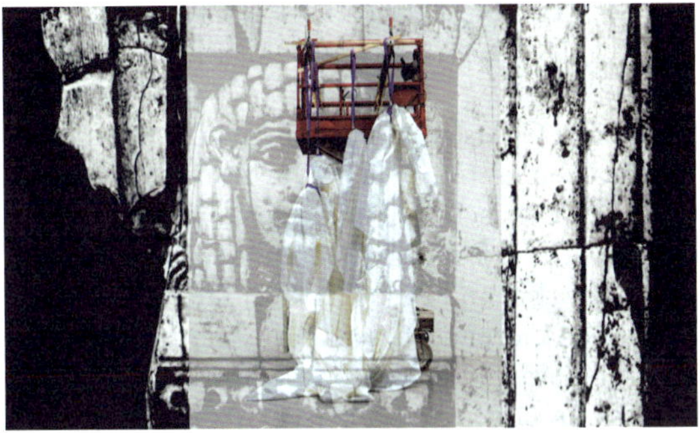

Abb.: *»Zeitspur der Medea«*

ZU STATION 11 – WAPPENTIERE DER AUFKLÄRUNG

Katharina Grosse und ich haben debattiert, was zu den Wappentieren der Aufklärung gehören könnte. Praktisch gehört die gesamte Evolution, die aller Tiere, Pflanzen, Pilze und Mikroben, zu den Wurzeln von Freiheit und Aufklärung. Es gibt allerdings Tiere von bewundernswerter Intelligenz und einige Lebewesen wie die Fliegen sind aus der Geschichte des Fortschritts nicht fortzudenken. Bei der großen EXTINKTION, dem Artensterben vor 66 Millionen Jahren, welche die Welt der Dinosaurier beendete, blieben die Weichtiere und Schlangen übrig, Lebewesen mit ungeschützter oder besonders empfindlicher Haut.

Wir können nur ahnen, was den Prozess der Aufklärung, den die Menschheit ja noch keineswegs durchgängig erlebt hat, in der Praxis ausmacht. So können wir auch den Suchbegriff »Wappentiere der Aufklärung« breit ansetzen.

Setzt man, berichtet ein Biologe, eine Biene und eine Fliege in ein verschlossenes Gefäß, das nur einen Ausgang besitzt, so wird die Biene planmäßig und sorgsam sich auf die Suche machen, aber verhungern, bevor sie den Ausgang gefunden hat. Die Fliege dagegen wird panisch und chaotisch so viele Zick-Zack-Kurven fliegen, dass ihre Chance, durch Zufall den rettenden Ausgang zu finden, 99 Prozent beträgt. »Kenntnis der Notausgänge ist der Anfang der Philosophie«.

Seite 584

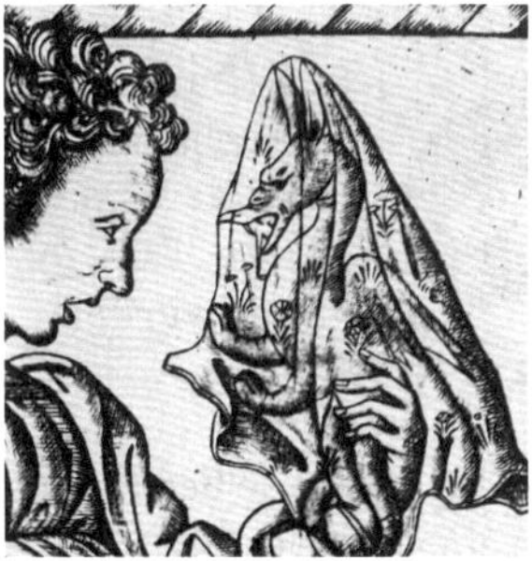

»Frau spricht zu einem Schlangenwesen mit einem katzenartigen Körper«. Ausschnitt aus Tafel 50/51 im *Mnemosyne-Atlas* von Aby Warburg, sog. Mantegna Tarocchi E-Serie *The arts and the muses*. Aus dem Jahr 1465. Bennung der Allegorie »Logica« = »Die Logik«.

Die Schlange gilt in der Paradies-Erzählung als Provokateurin. Sie gilt als Meisterin der Fragestellung. Schlangen hören mit dem Kiefer. Sie legen diesen Kiefer fest auf den Boden auf und registrieren so die Erschütterungen, wenn eine Beute herannaht. Dieses Gehör hat einen weiteren Radius als das auf Infrarot eingestellte Auge, das nachtsichtig ist. Das Hörorgan der Schlangen, der Kieferknochen, ist in der Evolution bei den Menschen ins Ohr gewandert. Das Knöchelchen unterscheidet Musik, Sprache und ist zuständig für das Gleichgewicht und den aufrechten Gang.

Seite 587

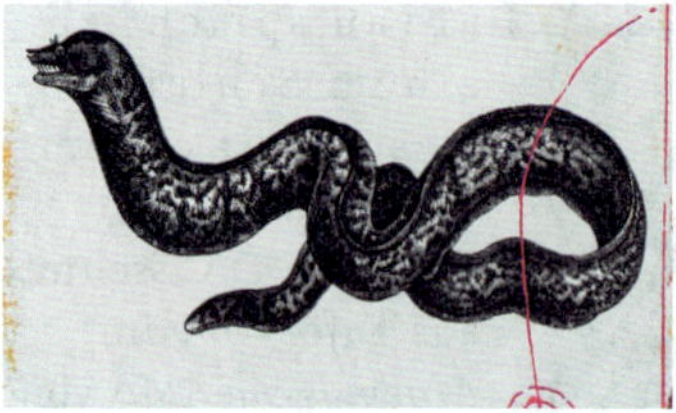

»Bild der Schlange« aus: Bertuchs *Bilderbuch für Kinder*, Band 9, Tafel 19: »Merkwürdige Fische«. Hier: die surinamische Halskieme.

Es heißt dort: »Bei diesem Fischgeschlechte sind die Kiemenöffnungen in eine einzige unter der Kehle vereinigt. Der Körper ist schlangenförmig schuppenlos. Der Kopf ist etwas dicker als der Rumpf. Die Rückenseite ist olivenfarben, die Bauchseite gelblich-grün. Sein Aufenthalt sind die süßen und sumpfigen Wasser von Surinam.«

Seiten 588–589

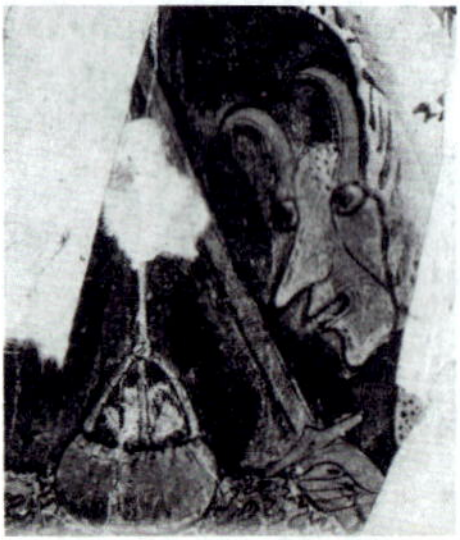

Der Teufel als Tierkörper. Er hütet seine »Jungen«. Die »kochen« in einem alchemistischen Gefäß. Miniatur aus dem *Mnemosyne-Atlas* von Aby Warburg.

Seiten 590–591

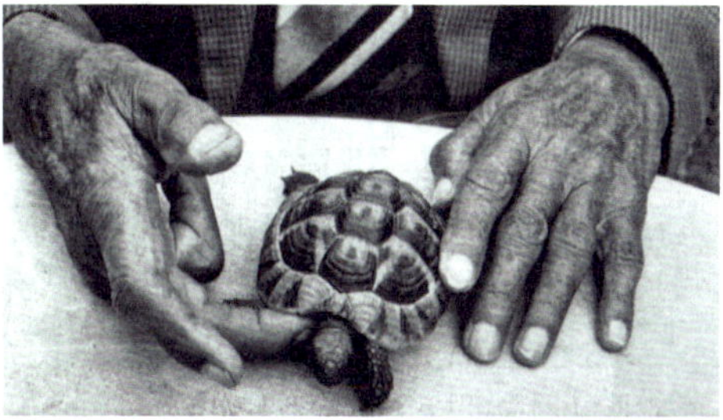

Schildkröte mit den Händen von Ernst Jünger. Fotografie von Stefan Moses. Aus: Stefan Moses / Alexander Kluge: *Le Moment fugitif*, Nimbus Verlag.

Seite 592

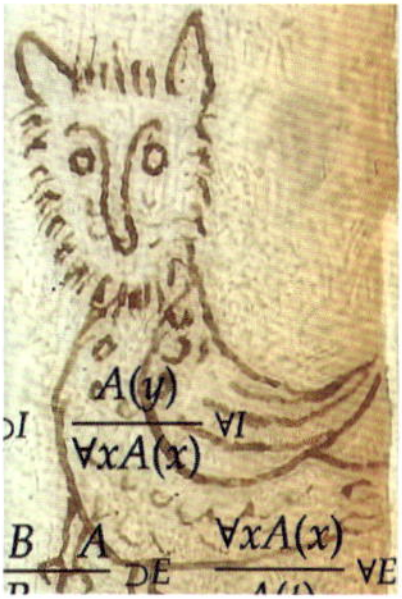

Die Eule der Minerva

Die Eule der Minerva
Filmtriptychon
02:55

Seite 596

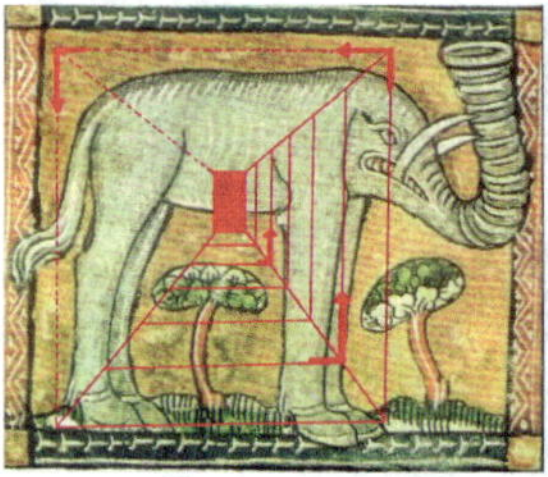

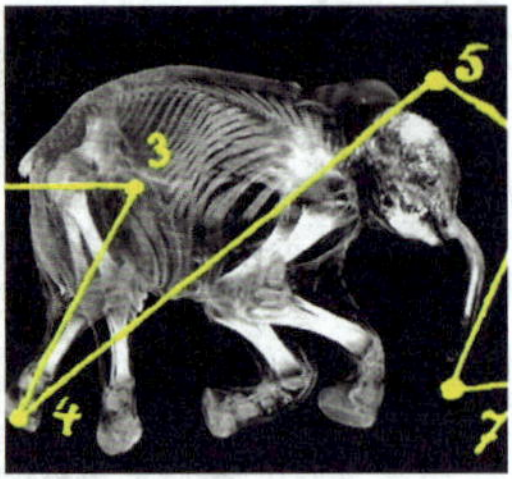

Abb.: *Links:* Buchillustration Elefant Karls des Großen. *Rechts:* Zwergelefant, entdeckt auf Sumatra.

Seite 603

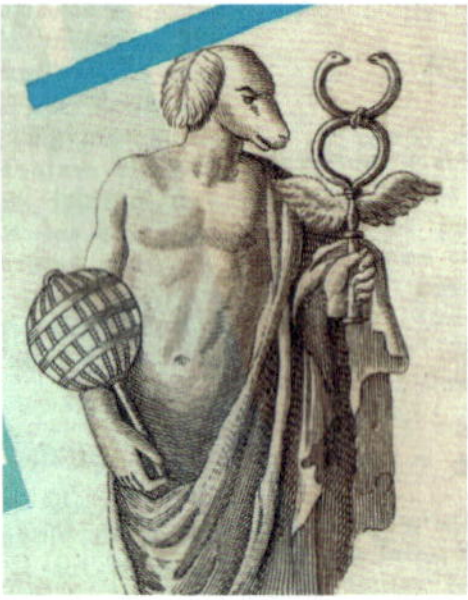

Der Arzt Asklepios, Sohn des Apoll. Hier in der Gestalt des ägyptischen Anubis, eines Sohnes des Osiris, ebenfalls Arzt. In allegorischer Darstellung ist ihm ein Tierkopf zugeteilt. Die HEILKUNST soll in dieser Weise ausgezeichnet werden.

Seite 604

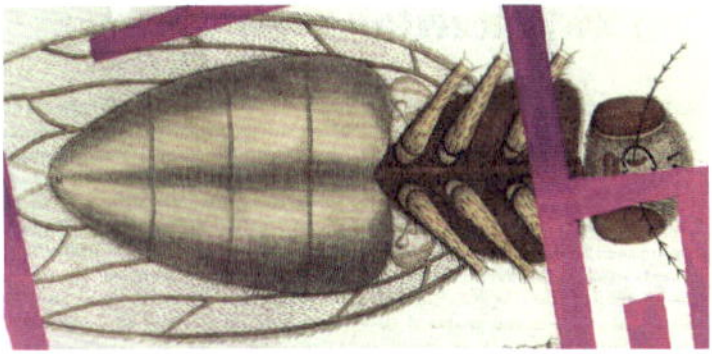

Schemazeichnung einer Fliege aus Bertuchs *Bilderbuch für Kinder*, 1807.

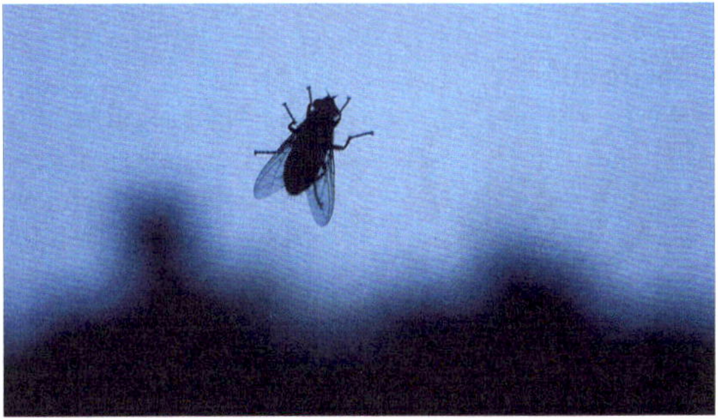

Die Fliege im Pernod-Glas. Sie scheint unbeweglich. Mit dem Gummi meines Bleistifts hole ich sie aus der grünen Flüssigkeit und lege sie auf dem Korbgeflecht ab. Ich nehme an, dass sie tot ist. Das Tier aber, nach einigen Sekunden, bewegt sich heftig. In der nächsten Minute ist die Fliege, die kurzlebige, aus meinen Augen verschwunden. Offenbar flugfähig. Sie schien nicht »betrunken«. Ein zähes Tier, das meine Achtung besitzt. Sie hat in der Zeit unserer Begegnung viele Jahre (ihrer Zeitrechnung) verlebt. Sollte sie je Nachkommen haben, wird ihr Stamm mich überleben. Er existiert seit 18 Millionen Jahren.

Kleinflieger dieser Art haben durch ihre günstige Haltung zu den Zufällen der Welt ein fast ewiges Leben.

Fliege im Pernod-Glas
01:29

Seite 605

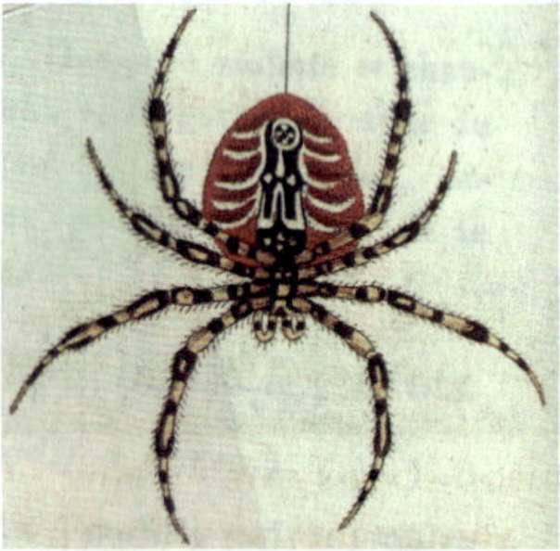

Arachne, die Spinne. Arachne heißt auf Griechisch »Spinne«. In Ovids *Metamorphosen* wird eine hochbegabte Weberin beschrieben, welche die Weltgeschichte in Kleider einwebte. Die Göttin Athene, so erzählt es Ovid weiter, in Fragen der Kunst auf diese Rivalin eifersüchtig, verwandelte die junge Frau in eine Spinne. Seither ist die Spinne das Symbol der Webkunst und heute Patronin des World Wide Web.

Seiten 612–13, 615

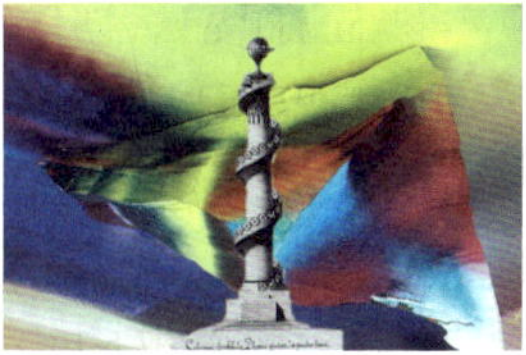

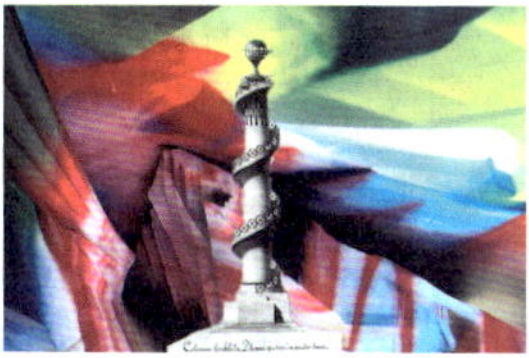

»Leuchtturm für Wanderer in der Wüste«. Skulptur des Architekten der Französischen Revolution Lequeu. Die Säule existiert in *einem* Exemplar im Louvre in Paris und hat die Wüsten Afrikas nie erreicht. Filmstill der Säule auf dem Hintergrund eines Details der Ausstellung von Katharina Grosse *It Wasn't Us*, 2020. Acryl auf Boden, Polystyrol und Bronze; Farbe auf Asphalt, Beton, Ziegel und Metall, 7×65×183 m, Hamburger Bahnhof – Museum für Gegenwart – Berlin

Seite 614

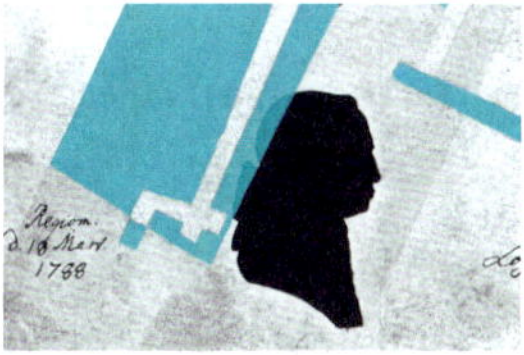

Schattenriss von Immanuel Kant mit Bauhaus-Kennzeichen als Hommage.

Seite 617

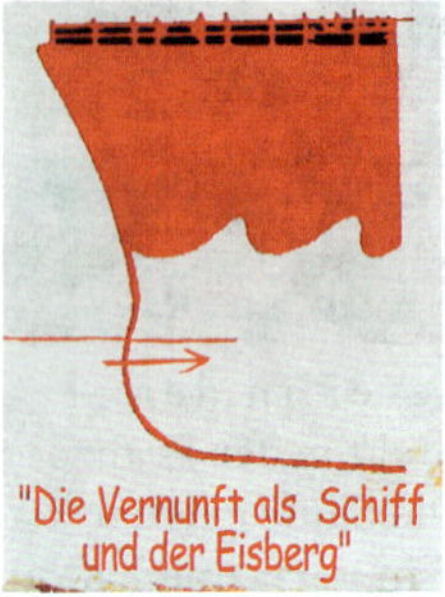

Die Vernunft als *Titanic*. Die Vernunft, dargestellt als Schiff fährt in Richtung der Seelenkräfte des Menschen, die als Eisberg dargestellt sind. Die italienische Inschrift des Eisbergs bezeichnet das Bewusstsein, das Unbewusste, das Vorbewusste, die symbolischen Repräsentanzen vergessener Konflikte und andere Mechanismen in der Innenausstattung des Menschen. Die Seelenkräfte bilden eine Vertikale in sechs Etagen. Bis hin zu den Grundwassern des subjektiven Charakters im Menschen, die unverändert aus der Evolution stammen. Sie wissen nichts von »Gut und Böse«. Vorsicht bei Crash zwischen Dampfer und Eisberg!

Seite 620

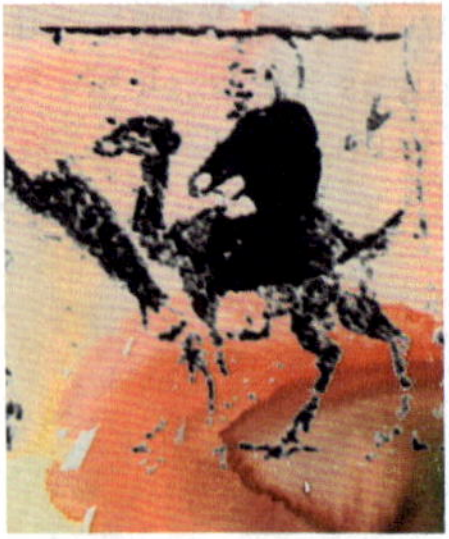

Arabischer Kaufherr auf Dromedar. Detail aus dem *Mnemosyne-Atlas* von Aby Warburg.

Erst entsteht der Handel, dann die Buchhaltung. Daraus erfolgt die Schriftlichkeit. Am Ende steht die Philosophie.

Seite 622

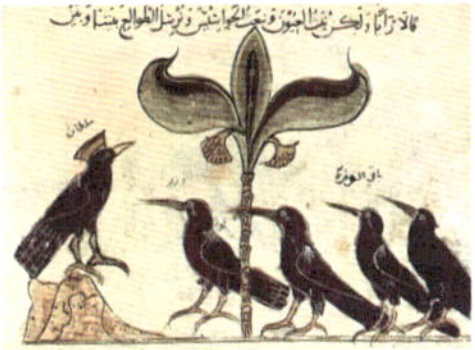

Der König der Raben unterrichtet Jung-Raben. Arabisches Emblem.

Bittere Kälte, Regen und Raben
Triptychon
01:58

Seiten 626, 628

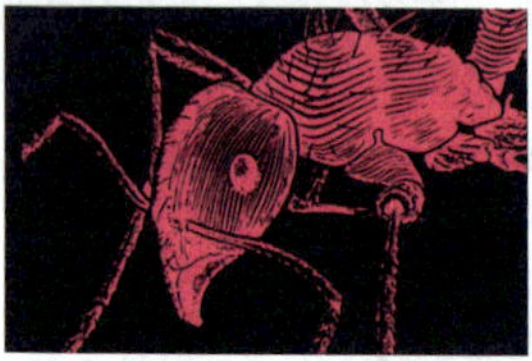

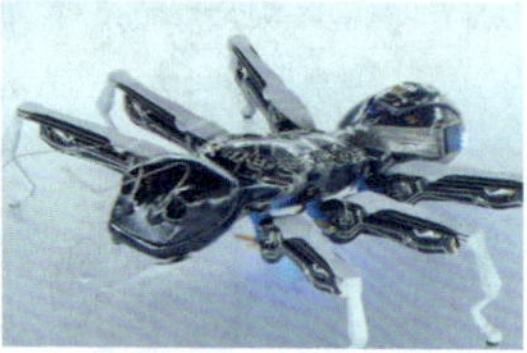

A m e i s e n. Das hohe Niveau der gesellschaftlichen Struktur der Ameisen trennt sie von den anderen Wappentieren der Aufklärung. Aufklärung wird traditionell mit dem Prozess der Individualisierung verknüpft, nicht mit dem gesellschaftlichen Kollektiv. Tatsächlich gilt es, die verschiedensten Arten der Intelligenz zu unterscheiden. Die Intelligenz, welche die Evolution selbst in ihrer langen Geschichte hervorbringt, bildet ein Kollektiv. Für die künstliche Intelligenz – das ist ungenügend erforscht – können Ressourcen dieser Evolution und somit auch die Intelligenz der Ameisen, einen wichtigen Zufluss bilden. Die Vielfalt der Erkenntnisformen – einschließlich der Überlebensintelligenz in den Vorstädten und Slums – ist eine Herausforderung an das Ahnungsvermögen der Kunst.

R wie Roboterameisen
03:19

Seite 631

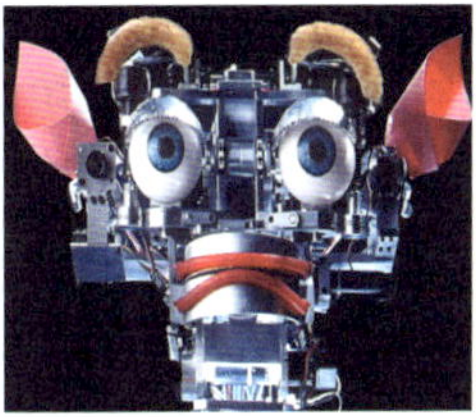

Roboterin Kismet. Eine der ersten Konstruktionen der K.I., geschaffen von Dr. Cynthia Breazeal im Laboratorium von Rodney Brooks am MIT. Das Geschöpf kann hören und antworten. Es besitzt drei Augen.

Seite 634

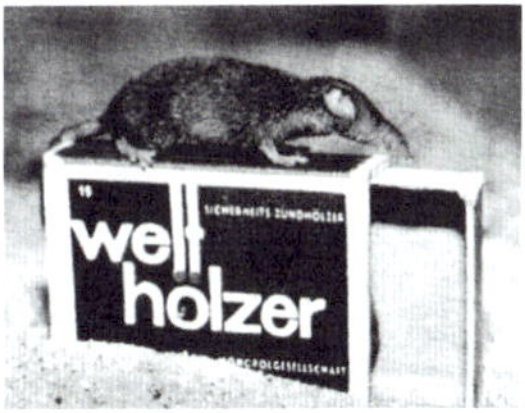

Etruskische Zwergmaus. Zum Größenvergleich auf einer Streichholzschachtel dargestellt. Diese Tiergattung gehört zur Linie der Vorfahren der Menschen. Die winzigen Tiere müssen unermüdlich jagen, um ihren Kreislauf aufrecht zu erhalten.

Seite 635

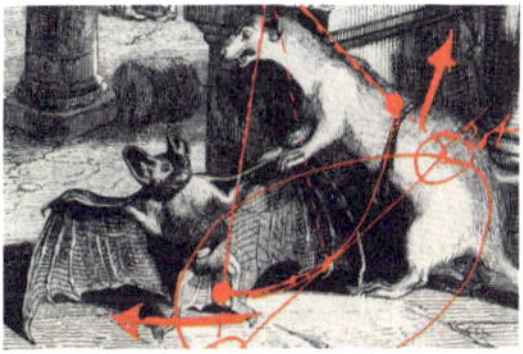

Dialog zwischen Wiesel und Fledermaus. Nach einer Zeichnung von Grandville.

Seite 638

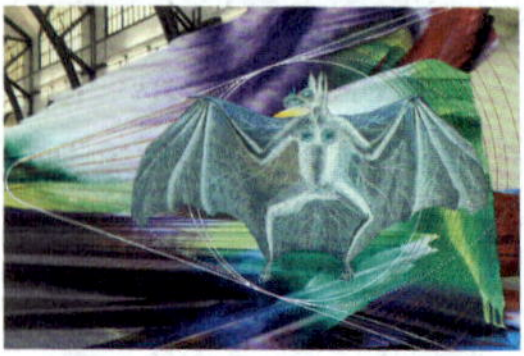

Fledermaus aus Bertuchs *Bilderbuch für Kinder*, Band 9, Tafel 12. Auf Detail aus Katharina Grosses Ausstellung, *It Wasn't Us*, 2020, Hamburger Bahnhof – Museum für Gegenwart – Berlin.

Zu der Fledermaus heißt es bei Bertuch: »Der wahre Vampyr. Dieser Vampyr, der einzige, welcher wirklich aus schlafenden Säugethieren Blut sauget, ist in Südamerica zuhause und von der Größe eines Eichhörnchens. Die Farbe ist fahl grau.«

Seite 656

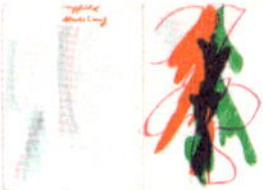

Aus: Katharina Grosse, Skizzenbuch, 2021, Filzstift auf Papier, 25×19×1,5 cm

IMPRESSUM
Band #10 der Reihe *Volte expanded*,
herausgegeben von Dorothee Elmiger,
Mathias Zeiske und Jan Wenzel

Katharina Grosse und Alexander Kluge:
Das SEPARATRIX Projekt

- Gestaltung und Satz: Wolfgang Schwärzler
- Bildbearbeitung: Ralf Lenk,
  Scancolor Reprostudio Gmbh, Leipzig
- Schriften: Walbaum B Regular,
  Walbaum 10 Italic
- Materialien: Fancy Linen, Surbalin 115 g/m², Lonaopak 50 g/m²
- Druck und Bindung: Gutenberg Beuys
  Feindruckerei Gmbh, Langenhagen

Fotonachweis
- Seiten 10–11, 14, 17, 28–37, 40–41, 75, 77, 194, 244–247, 250–251, 254–255, 258–261, 264–265, 270–277, 284, 300, 323, 375, 450–461, 467, 470, 478–488, 542 und 543: Fotos von Jens Ziehe
- Seiten 13, 15, 18–26, 39, 252, 253, 462, 472–476, 544–545 und 562: Fotos von Sam Hartnett
- Seiten 215–216, 234–235, 284, 304, 316 und 464: Fotos von Katharina Grosse

Erschienen im Verlag
Spector Books
Harkortstraße 10
04107 Leipzig
www.spectorbooks.com

Distribution

- Deutschland, Österreich: GVA, Gemeinsame Verlagsauslieferung Göttingen GmbH & Co. KG
www.gva-verlage.de
- Schweiz: AVA Verlagsauslieferung AG
www.ava.ch

Unterstützt durch die
Wunderblock Stiftung

Wunderblock

Erste Auflage: 2022
Printed in Germany
ISBN 978-3-95905-678-6

INHALT